श्री शिवकृपानंद स्वामी

हिमालय का समर्पण योग

भाग - 3

हिमालय के एक साक्षात्कारी ऋषि की आत्मकथा

एक आध्यात्मिक प्रवास

हार्पर
हिन्दी

हार्पर हिन्दी
(हार्परकॉलिंस पब्लिशर्स इंडिया) द्वारा प्रकाशित
बिल्डिंग नं. 10, टावर A, 4th फ्लोर,
डीएलएफ साइबर सिटी, फेज II, गुरुग्राम 122002, भारत
www.harpercollins.co.in

P-ISBN: 9789362137340
E-ISBN: 9789362131164

कवर डिजाइन © : श्री शिवकृपानंद स्वामी फाउंडेशन—गुरुतत्त्व
टाइपसेटिंग : निओ साफ्टवेयर कन्सलटैंट्स, प्रयागराज (इलाहाबाद)
मुद्रक : थॉम्सन प्रेस (इंडिया) लि.

प्रकाशक की ओर से

'हिमालय का समर्पण योग' ग्रंथ परमपूज्य श्री शिवकृपानंद स्वामीजी द्वारा लिखा गया एक जीवंत ग्रंथ है। पूज्य गुरुदेव की भाषा हृदय से हृदय तक की भाषा है। उनकी लेखनशैली उनकी तरह ही सहज-सरल है। उनके लेखन में तीन भाषाओं का प्रभाव दृष्टिगोचर होता है। चूँकि गुरुदेव के गुरुजनों की भाषा पर संस्कृत का प्रभाव अधिक था, अतः गुरुदेव की भाषा पर भी उसका प्रभाव पड़ा है। दूसरा, गुरुदेव की मातृभाषा मराठी होने के कारण मराठी भाषा के शब्द सहज ही उनके लेखनप्रवाह में आ जाते हैं। तीसरा, चूँकि गुरुदेव ने स्नातकोत्तर की शिक्षा भी ग्रहण की हुई है, अतः अंग्रेजी भाषा के शब्द भी उनके लेखन का अंग हैं। साक्षात पूज्य गुरुदेव की वाणी होने के कारण उनकी वाणी को मुमुक्षु साधकों तक यथावत पहुँचाना अत्यावश्यक था। उसी उद्देश से गैर-हिन्दी शब्दों को यथावत रखते हुए उनका अर्थ-आशय कोष्ठक में दिया गया है। दूसरा, चूँकि गुरुदेव की लेखनशैली सहज-सरल है, पाठक-साधक से निवेदन है कि इस ग्रंथ का पठन बौद्धिक स्तर पर न करते हुए भावनात्मक स्तर पर करें।

जिन्होंने इस ग्रंथ को पढ़ लिया है, आत्मसात कर लिया है उनसे यह निवेदन है—कृपया इस ग्रंथ को उन खोजियों तक पहुँचाएँ जो इस संसार की भीड़ में कहीं अपने-आपको खोज रहे हैं। आपका यह छोटा-सा निःस्वार्थ कार्य किसी का जीवन परिवर्तन कर सकता है।

अनुरोध

'हिमालय का समर्पण योग' परमपूज्य शिवकृपानंद स्वामीजी के आध्यात्मिक प्रवास का स्वलिखित वर्णन है। यह कोई सामान्य पुस्तक नहीं है, बल्कि सजीव अनुभूति प्रदान करने वाला सजीव व पवित्र ग्रंथ है। इस ग्रंथ से आने वाली अनेक पीढ़ियाँ उस सजीव अनुभूति को बड़ी आसानी से प्राप्त कर सकेंगी, जिस सजीव अनुभूति को प्राप्त करने के लिए पूज्य स्वामीजी ने कई वर्षों तक कठोर साधना की।

इस ग्रंथ के माध्यम से स्वामीजी के गुरुजनों की शक्तियाँ सहज ही प्रवाहित हो जाती हैं। अत: पाठकों से सप्रेम निवेदन है कि वे इस ग्रंथ का पठन योग्य भावना के साथ करें और इस ग्रंथ की गरिमा बनाए रखें।

जय बाबा स्वामी!

आपकी

गुरुमाँ

ॐ

सभी परमात्माओ मेरा नमस्कार - - -

आश्रम मे किये गये गहन ध्यान अनुष्ठान के दौरान अनुभव हुआ की सतत ही हिमालय से "गुरुकृपा" की वर्षा हो रही थी। और जो उर्जा उतर रही थी। वह सदैव कुछ लिखने के लिये ही प्रेरीत कर रही थी। और मै एक माध्यम बन कर लिख रहा था। और यह कार्य केवल सुबह ३।। से ६।। के बीच ही होता था, ऐसा लग रहा था मानो गुरुदेव आने वाली अगली पिढी के लिये ही संन्देश दे रहे थे। और अब जिवन मे आंनद केवल इसी कार्य मे आता था। मानो इन ४५ दिनो की प्रतीक्षा के लिये ही मै बाकी 320 दिन व्यतीत करता था इन ४५ दिनो मे मै सपुर्ण तह मेरे गुरुओ के सानिध्य मे ही रहता था।

Babaswami

ॐ

माँ

यह "ग्रंथ पुष्पं मेरी माँ" के चरणो मे समर्पीत कर रहा हु। जिसके द्वारा दिये गये 'संस्कारो' के कारण ही मैं मेरे जिवन मे "जिवन्त गुरु" तक पहुंच सका और मान सका। और मोक्ष प्राप्ती कर सका।

Guruma

सद्गुरु श्री शिवकृपानंद स्वामीजी का परिचय

सद्गुरु श्री शिवकृपानंद स्वामी वे 'भगीरथ' हैं जो 'हिमालयीन ध्यानयोगरूपी (मेडिटेशन)' 'भागीरथी', हिमालय की कंदराओं से समाज तक लाए। यह ध्यान संस्कार पहले 'समर्पण ध्यानयोग' के नाम से जाना जाता था। 'समर्पण ध्यानयोग' संस्कार का ज्ञान हिमालय में ध्यान कर रहे मुनियों, तपस्वियों तथा कैवल्यकुंभक योगियों को ही था। स्वामीजी उन तक कैसे पहुँचे? यह जानने के लिए, आइए, स्वामीजी को उनके बचपन से जानें।

स्वामीजी का जन्म एक निम्न मध्यमवर्गीय महाराष्ट्रीय ब्राह्मण परिवार में हुआ। माता धार्मिक विचारों वाली, सौम्य, शांत तथा मितभाषी महिला थीं। स्वामीजी को अपने नाना-नानी तथा माँ से धार्मिक संस्कार प्राप्त हुए थे। किन्तु उन सबसे स्वामीजी की खोज भिन्न थी... वे ईश्वर से मिलना चाहते थे... उनकी अनुभूति करना चाहते थे।

पिता की सीमित आय होने के कारण स्वामीजी ने मैट्रिक (एस. एस.सी.) से स्नातकोत्तर (वाणिज्य) तक की पढ़ाई का खर्च स्वयं वहन किया। वे अपने खाली समय में विद्यार्थियों को पढ़ाते। इससे जो आय होती उसी से शिक्षा शुल्क (फीस) तथा शिक्षण सामग्री का खर्चा चलता था।

बचपन से ही उन्हें घूमने का बहुत शौक था। बचपन में रेल की पटरी पर चलते-चलते आसपास के गाँव, खेत देख आते। थोड़े बड़े हुए तो दोस्तों की साईकल से दूर, जंगल-पहाड़ों की यात्रा कर

आते। नौकरी लगने पर उन्होंने लगभग पूर्ण भारत भ्रमण किया। भ्रमण करते समय वे दर्शनीय स्थान तो देखते ही थे, साथ-ही-साथ स्थान विशेष के आध्यात्मिक व्यक्तियों से आध्यात्मिक चर्चा भी करते।

जप-जाप करते हुए जब भी उनका ध्यान लग जाता, ध्यान में उन्हें तीन आकृतियाँ एक के बाद एक नजर आतीं—1. श्री पशुपतिनाथ मंदिर (नेपाल) 2. एक तपस्वी जो छह फुट लंबे थे तथा जिनकी नीली आँखें, गौर वर्ण तथा लंबी, श्वेत दाढ़ी थी। 3. एक टेकड़ीनुमा स्थान पर महादेव का मंदिर।

ऐसे ही, नौकरी के कार्य के सिलसिले में वे कानपुर गए थे। तब वहाँ किसी कारण से बैंक की हड़ताल थी। वह कुछ दिन और चलने वाली है, ऐसा लगा। अत: स्वामीजी ने सोचा, क्यों न पशुपतिनाथ के दर्शन कर आएँ? वे नेपाल गए, पशुपतिनाथ के दर्शन किए। वहीं एक वृद्ध सज्जन जो सुदूर शिबू गाँव से आए थे, उन्होंने स्वामीजी से कहा, "शिवबाबा आपकी राह देख रहे हैं, चलिए।" स्वामीजी शिवबाबा से मिले तो जाना वे वही तपस्वी मुनि थे, जिनके दर्शन उन्हें ध्यान में अक्सर होते थे। शिवबाबा ने अपनी सभी आध्यात्मिक शक्तियाँ स्वामीजी में संक्रमित कीं तथा आध्यात्मिक प्रगति का मार्ग प्रशस्त किया। स्वामीजी नेपाल से लौट आए।

उनकी नौकरी यथावत चल रही थी। शीघ्र उनका विवाह हुआ तथा एक पुत्ररत्न की प्राप्ति हुई। पुत्र जब डेढ़ वर्ष का हुआ, तब एक और गुरु उनके घर आए तथा पत्नी की सहमती से स्वामीजी को हिमालय ले गए। वहाँ अनेक मुनियों, तपस्वियों तथा कैवल्यकुंभक योगियों को गुरु के रूप में मानते हुए स्वामीजी ने उनकी सेवा की। गुरु सेवा करते हुए उन्हें ज्ञान प्राप्त हुआ।

प्रत्येक गुरु ने ज्ञान प्रदान कर दूसरे गुरु के पास स्वामीजी को भेजा। विभिन्न गुरुओं से ज्ञान प्राप्त करते हुए स्वामीजी को ध्यान के उस संस्कार का पता चला जो प्रत्येक आत्मा के लिए मोक्ष का मार्ग प्रशस्त करता है। वह ध्यान संस्कार धर्म, जाति, भाषा तथा लिंग से परे है अर्थात विश्व की सभी आत्माएँ उस ध्यान संस्कार से ध्यान कर सकती हैं।

गुरु आज्ञा से स्वामीजी उस ध्यान संस्कार को समाज में लाए। गुरुओं के प्रति समर्पण भाव के कारण ही गुरुदेव इस ध्यान संस्कार को जान सके। विश्व का प्रत्येक मानव आत्मा के पूर्ण समर्पण द्वारा इस ध्यान के ज्ञान को प्राप्त कर सकता है। आज यह ध्यान संस्कार 'हिमालयीन ध्यानयोग' के नाम से विश्वभर में प्रसिद्ध है।

स्वामीजी के जीवन का उद्देश विश्व की सभी आत्माओं का आध्यात्मिक विकास तथा उन्हें जीते-जी मोक्ष की स्थिति प्रदान करना है। इसलिए वे इस अमूल्य ज्ञान को विश्वभर में निःशुल्क बाँट रहे हैं। स्वामीजी स्वयं चैतन्य सागर हैं, किंतु स्वयं को गुरु ऊर्जा का माध्यममात्र मानते हैं। उनकी इस सौम्यता-सादगी को शत-शत नमन!

—सहधर्मचारिणी

Guruma

'समर्पण ध्यानयोग' का परिचय

'समर्पण ध्यानयोग' (अब 'हिमालयीन ध्यानयोग' नाम से जाना जाता है) को सद्गुरु श्री शिवकृपानंद स्वामीजी ने कुछ ऐसे समझाया है—

समर्पण

"आज विश्व में जितनी भी ध्यान की पद्धतियाँ हैं, उन पद्धतियों में या तो सांस पर चित्त रखकर ध्यान किया जाता है या दीये की ज्योति पर चित्त रखकर ध्यान किया जाता है या भस्त्रिका प्राणायाम करके ध्यान किया जाता है। 'समर्पण ध्यानयोग' कोई भी उपरोक्त पद्धति नहीं है। समर्पण ध्यानयोग कोई ध्यान की पद्धति नहीं है। यह तो एक पवित्र आत्मा द्वारा एक पवित्र आत्मा पर किया गया एक संस्कार है। बस, यह संस्कार पाने के लिए पवित्र आत्मा होना पड़ता है और परमात्मा के माध्यम द्वारा परमात्मा को पूर्ण समर्पित होना पड़ता है। बस, 'संस्कार' घटित हो जाता है!"

संस्कार

"समर्पण ध्यानयोग का संस्कार पाने के लिए जंगल में जाने की जरूरत नहीं है, समाज छोड़ने की जरूरत नहीं है, यहाँ तक कि आपका कर्म छोड़ने की जरूरत भी नहीं है। आप जो भी कर्म करते हो वह अपेक्षा रहित होकर करने की जरूरत है। फिर वह 'कर्म' तुम करोगे नहीं, तुमसे होगा। जो भी 'कर्म' पहला करोगे, वह तुम

अपनी इच्छा से करोगे, बाकी बाद के कर्म तुम्हारे से हो जाएँगे। अच्छा कर्म करोगे तो अच्छी शक्तियाँ तुम्हारे पीछे हो जाएँगी, बुरा कर्म करोगे तो बुरी शक्तियाँ तुम्हारे पीछे हो जाएँगी। यह मेरे मुस्लिम गुरु कहा करते थे।"

"एक पवित्र और शुद्ध आत्मा के द्वारा एक पवित्र और शुद्ध आत्मा पर किया गया यह एक संस्कार है। इस प्रक्रिया को घटित होने के लिए और इस संस्कार हो ग्रहण करने के लिए प्रथम आत्मा होना पड़ता है। आत्मा ही इस संसार में नाशवान नहीं है। बाकी सब नाशवान हैं। जब आप इस पवित्र संस्कार को ग्रहण करते हैं और अपने भीतर विकसित करते हैं तो आप मानव से महामानव हो जाते हैं और फिर आपका शरीर तो माध्यम बन जाता है। और फिर मेरे जैसे एक सामान्य मनुष्य के माध्यम से भी 22 वर्ष में ही विश्वस्तर का कार्य हो जाता है और यह हो सकता है। इसका उदाहरण मुझे हिमालय से समाज में भेजकर 'हिमालय के गुरुओं' ने दिया है। यह केवल 'समर्पण संस्कार' से ही संभव हो सका है।"

"यह संस्कार विश्व का कोई भी मनुष्य ग्रहण कर सकता है। जो भी ग्रहण करना चाहे, 'परमात्मा' के दरवाजे सभी के लिए खुले हैं। समान भाव और निःशुल्क यह 'परमात्मा' की विशेषताएँ हैं।"

—सद्‌गुरु श्री शिवकृपानंद स्वामीजी

26/11/2017

'समर्पण ध्यानयोग' संस्कार को थियोसोफिकल सोसायटी (यू.के.), ऑल इंडिया मेडिकल एसोसिएशन, आयुष मंत्रालय, रेडक्रॉस सोसायटी ने अनुमोदित किया है।

अद्भुत! हिमालय के संतों के बारे में सुना था पर उनकी कहानी, उनका संघर्ष और उनके समर्पण का इतना विस्तृत विवरण आज पहली बार पढ़ा।

—भूषणकुमार उपाध्याय

(डीजीपी, महाराष्ट्र)

हिमालय के गुरुओं के सान्निध्य में 'आत्मज्ञान' प्राप्त होना और उनके द्वारा अधिकृत होकर यह 'आत्मज्ञान' समाज में आकर बाँटना यह एक अद्भुत घटना है। यह ग्रंथ पढ़ते समय हम भी चित्त से हिमालय के उस विश्व में अपने-आप ही चले जाते हैं और हम उस दिव्य चेतना से जुड़ जाते हैं, यह इस ग्रंथ की विशेषता है।

—श्री संदीप पाटील

(स्पेशल इन्स्पेक्टर जनरल ऑफ पुलिस,
एन्टि नेक्सल ऑपरेशन, महाराष्ट्र)

विषय-सूची

प्रकरण 1

अनुभूति का प्रथम प्रयोग पत्नी पर

परमात्मा अविनाशी है। परमात्मा कल भी था, परमात्मा आज भी है और परमात्मा कल भी रहेगा। इस प्रकार से देखा जाए तो हमारे पास का परमात्मा आज के स्वरूप में ही होगा, आज की परिस्थिति के अनुसार होगा, आज हम पहुँच सकें, ऐसे रूप में होगा। वह रूप कैसा होगा, वह साकार होगा या निराकार होगा, इस प्रकार के हजारों प्रश्न मनुष्य के मन में आते हैं क्योंकि मनुष्य जानता है कि दूध तो केवल जीवंत गाय ही दे सकती है। पुस्तक की, चित्र की गाय तो गाय की जानकारी ही दे सकती है। यह भी जानता है, पर मानता नहीं है। मानने के लिए मनुष्य की बुद्धि आड़े आ जाती है। जब तक परमात्मा की अनुभूति नहीं होती, तब तक बुद्धि नहीं गिरती है और बुद्धि नहीं गिरती है, तब तक आत्मज्ञान नहीं हो सकता है। यह ऐसा धागा लग रहा था जो इतना उलझ गया था कि उसका अंतिम सिरा ही नहीं मिल रहा था। अब क्या किया जाए, यही सोच रहा था और फिर अनायास ही गुरुदेव शिवबाबा की ही याद आई और मैंने उनसे ही प्रार्थना की, “आपने मुझे जो अनुभूति का ज्ञान कराया, वह ज्ञान मैं दूसरों को करा सकूँ, ऐसा कोई मार्ग बताइए।” क्योंकि अनुभूति का ज्ञान पाना आसान कार्य था क्योंकि उसमें मेरा कोई श्रम नहीं था। जो कुछ घटित हुआ, वह तो गुरुदेव की कृपा में ही घटित हो गया। पर तब प्रश्न था—यह आत्मज्ञान बाँटा कैसे जाए? और इसका पहला प्रयोग किस पर किया जाए? और वह क्या सफल हो सकेगा? और अगर प्रयोग सफल न हो सका, तो क्या होगा? कौन-सा ऐसा

आसान मार्ग है जिस मार्ग से यह प्रयोग मैं आसानी से कर सकूँ? मैं जानता था, यह प्रयोग लेने वाले व देने वाले दोनों के संयुक्त प्रयास से ही संभव है। प्रयास शुद्ध इच्छा से होना चाहिए। दोनों की शुद्ध इच्छा होनी चाहिए। एक को देने की शुद्ध इच्छा होनी चाहिए, दूसरे को लेने की शुद्ध इच्छा होनी चाहिए।

मैंने सहजता से ही निर्णय लिया कि अनुभूति को कराने का प्रयोग प्रथम अपनी पत्नी पर ही करना चाहिए। फिर एक दिन बड़े सबेरे पत्नी से कहा, "नहा-धोकर तैयार हो जा। आज मैं मेरे गुरुदेव से प्राप्त हुई आत्मज्ञान की अनुभूति तुझे कराना चाहता हूँ। मैं यह प्रयोग कर रहा हूँ, पर अगर गुरुदेव की कृपा रही, तो ही सफल हो पाएगा।" पत्नी को भी जिज्ञासा थी कि मैं घण्टों ध्यान-साधना कैसे कर पाता हूँ। इस कारण वह भी तैयार हो गई। एक घी का दीपक जलाया और फिर दीपक की ओर मुँह करके उसे बैठने के लिए कहा। मैं उसकी पीठ के पीछे खड़ा हो गया और मैंने गुरुदेव से प्रार्थना करके अपने भीतर की शक्तियों को जगाया और प्रथम सारी शक्तियाँ अपने सहस्रार चक्र पर केंद्रित कर लीं और सारी शक्तियों को अपने दाहिने हाथ में प्रवाहित कर दिया। फिर वे ही सारी शक्तियाँ प्रथम पत्नी की सूर्यनाड़ी में प्रवाहित कर दीं। धीरे-धीरे सूर्यनाड़ी शुद्ध होने लग गई। जब पूर्ण रूप से शुद्ध हो गई, तो बाद में वे ही शक्तियाँ चंद्रनाड़ी में भी प्रवाहित कर दीं और चंद्रनाड़ी को भी शुद्ध किया। बाद में उसके मूलाधार चक्र पर सारी शक्तियाँ केंद्रित कर दीं और फिर एक-एक चक्र पर शक्तियों को ले जाना प्रारंभ किया। बीच-बीच में पत्नी से पूछता था कि क्या अनुभव हो रहा है? उसे प्रथम गर्मी का अनुभव होता और बाद में, चक्र की शुद्धि के बाद ठण्डक महसूस होती थी। ऐसे एक-एक चक्र शुद्ध करता गया और बाद में सारी शक्तियाँ अपने दाहिने हाथ में लेकर पत्नी के सामने आकर खड़ा हो गया और उसके तालु भाग पर हाथ रख दिया और हाथ से उसके शरीर के चक्रों की जो खराब ऊर्जा थी, वह सारी खींच ली। बाद में पत्नी ने अनुभूति बताई, "सिर में से कुछ गरम-गरम हवा निकल रही थी और वह गरम हवा निकलने के बाद अब ठण्डी हवा निकल रही है। दोनों हथेलियों और दोनों पैरों के

तलवों को भी ठण्डक लग रही है।" बाद में उसकी सुध-बुध जाती रही और पत्नी ध्यान की स्थिति में ही चली गई।

इस प्रकार आत्मज्ञान की अनुभूति का प्रथम प्रयोग पत्नी पर ही किया और जब वह अनुभूति उसे हो गई, तब उससे कहा, "अब तक तुझे अकेले ही घर सँभालने की आदत हो गई है और अगर तू चाहे, तो तू बाद में भी घर को, बच्चों को सँभाल। मैं यह अनुभूति का प्रसाद उस प्रत्येक मनुष्य को बाँटना चाहता हूँ जो परमात्मा को पाना चाहता है। क्योंकि यह गुरुदेव के माध्यम से प्राप्त हुआ परमात्मा का प्रसाद है जो 800 सालों से अब तक एक गुरु से एक गुरु तक ही बँट पाया है। अब इसके लाखों लोगों में बँटने का समय आ गया है। केवल यह बाँटने का कार्य करना होगा। पर यह बाँटने का पवित्र कार्य मैं तेरे सहयोग के बिना नहीं कर सकता हूँ। क्योंकि इसमें हमें भौतिक सुख-सुविधाओं का त्याग करना होगा। अपने घर की आर्थिक स्थिति को सँभालना होगा और बच्चों की पढ़ाई, उनका भविष्य, सभी दाँव पर लगा रहा हूँ। यह हम दोनों की जवाबदारी है। इसलिए तेरे सहयोग के बिना यह संभव ही नहीं है। एक अच्छा कार्य करना और एक अच्छे कार्य में सहयोग करना, दोनों ही कार्य समान हैं। तेरे सहयोग के बिना यह संभव नहीं है। तुझे मेरे सान्निध्य का त्याग करना होगा। मेरे सान्निध्य का एक-एक पल दूसरों को देना होगा।" पत्नी भी बड़ी खुशी के साथ तैयार हो गई। "जो आत्म-अनुभूति आपने कराई है, वह अनुभूति, मैं भी चाहूँगी कि उस प्रत्येक मनुष्य तक पहुँचे जो उसे ग्रहण करना चाहता है। आपका कार्य इतना महान है कि उसके सामने यह घर सँभालना तो बड़ा आसान कार्य है। मैं प्रत्यक्ष रूप में तो आपकी कोई मदद नहीं कर सकती, पर अप्रत्यक्ष रूप से आपके कार्य में सहभागी होना चाहूँगी। यह मेरे लिए बड़ा आनंद का क्षण होगा।" फिर मैंने यह अनुभूति के ज्ञान को बाँटने का कार्य प्रारंभ किया था।

यह सब मैं सोचते ही बैठा था कि पत्नी अपनी स्कूल (विद्यालय) से आ गई। वह बोली, "आप शांत होकर कुछ सोच रहे थे तो इतने सुंदर लग रहे थे! एक प्रकार का तेज आपके मुखमण्डल पर दिख रहा था। इसलिए मैंने आपको उठाना उचित नहीं समझा।" मैंने कहा,

"कुछ नहीं, मैं याद कर रहा था, कैसे प्रथम तुझे ही आत्म-अनुभूति कराई थी और बाद में तेरे सहयोग से यह आत्म-अनुभूति बाँटने का कार्य प्रारंभ किया।" वह बोली, "वह प्रथम अनुभूति होने के बाद में कई दिनों तक वह अनुभूति की स्थिति नहीं मिल रही थी। पर एक बार उस उच्च स्थिति को अनुभव किया। उसका आत्मविश्वास साथ में था और नियमित रूप से सुबह ध्यान करती रही और बाद में अनायास ही वही स्थिति मिल गई। अब रोज बच्चों के पहले उठना और नियमित रूप से ध्यान करना आदत-सी बन गई है।" मैंने कहा कि प्रथम बार जो अनुभूति होती है, वह तो गुरुकृपा में होती है, पर बाद में साधक को उसके लिए साधना करनी पड़ती है।

पत्नी कपड़े बदल रही थी, उतने ही समय में मैंने चाय बना ली। मैं जब घर पर रहता था, तो घर के सब काम मैं ही करता था। उन्हें करने से मुझे समाधान मिलता था। वास्तव में, मेरे भीतर कहीं आत्मग्लानि का भाव था कि मैं घर में कुछ भी मदद नहीं कर पाता हूँ, सदैव जंगलों में भटकता रहता हूँ। इसीलिए, जब भी घर पर रहता था तो घर के सभी कार्य करता था और उससे मुझे एक प्रकार का समाधान मिलता था। बाद में हम बच्चों को लेकर बाहर घूमने पैदल ही जाते थे। यह एक नियम-सा बन गया था। हमारी आवश्यकताएँ बहुत कम थीं। इसी कारण हमारा गुजारा कम पैसों में भी हो जाता था। ना बचत थी और न ही भविष्य की कोई योजनाएँ। इसी कारण कम पैसों में भी हमारा काम चल जाता था। बच्चों की पढ़ाई उस स्कूल में ही हो रही थी जिस स्कूल में पत्नी पढ़ाती थी। बच्चों की पढ़ाई की भी चिंता नहीं थी। मेरे में और पत्नी में बड़े मधुर, आत्मीय संबंध थे। ये संबंध ही हमारी आध्यात्मिक प्रगति का आधार थे। वह मेरे कार्य की कट्टर समर्थक बन गई थी। वह मेरे इस कार्य की बुराई मेरे पिताजी से सुनने के लिए भी तैयार नहीं होती थी। वह मेरे पिताजी से भी कहती, "वे कितना महान कार्य कर रहे हैं, उसका आपको अंदाजा भी नहीं है। अच्छा होगा कि आप उनके कार्य के बारे में कुछ भी नहीं बोलें।" वैसे मेरी पत्नी के मेरे पिताजी के साथ अच्छे संबंध थे, बस मेरे कार्य का विषय निकला तो विवाद खड़ा हो जाता था। मेरी माँ की तो मेरे कार्य से मौन सम्मति

थी क्योंकि वह स्वयं गुरुमार्गी ही थी। वह पिताजी से भी कहती थी, "उसकी पत्नी को सब चल रहा है तो आप क्यों दुःखी होते हो? उनकी माली हालत अच्छी भले ही न हो, वे दोनों सुखी हैं ना? बस और क्या चाहिए? वे दूसरे की कभी शिकायत करते हैं क्या? कभी नहीं। उन दोनों के आपस में आत्मीय, मधुर संबंध हैं। बस, लोग क्या कहते हैं, वह छोड़ो ना!"

मैं अनुभव से यह जान गया था कि पति और पत्नी के संबंध बहुत ही गहरे रहते हैं, साइन्स की लॅब (विज्ञान की प्रयोगशाला) में रखी 'यू' ट्यूब ('U' के आकार की नली) के समान होते हैं। उस ट्यूब के दो सिरे होते हैं, पर किसी भी सिरे में पानी डालो, दोनों सिरों में पानी का स्तर एक ही हो जाता है। ठीक इसी प्रकार, पति और पत्नी वैसे भले दो शरीर दिखते हों, पर वे आपस के शारीरिक संबंधों के कारण भीतर से जुड़े होते हैं। पति-पत्नी को समागम के समय एक शून्य की स्थिति प्राप्त हो जाती है और उस शून्य की स्थिति में वे दोनों ही एक ही स्थिति को प्राप्त हो जाते हैं। एक अच्छी आध्यात्मिक स्थिति भी दूसरे में चली ही जाती है। इसलिए एक भी अच्छी आध्यात्मिक स्थिति पाता है, तो दूसरे की अनायास ही हो जाती है। पत्नी भी धीरे-धीरे उसी आध्यात्मिक स्तर तक पहुँच गई थी, जिस स्तर पर मैं पहुँचा था। यही कारण था कि वह शीघ्र ही इस मार्ग में प्रगति कर सकी और इस आत्म-अनुभूति के महत्त्व को समझ सकी और मेरे इस कार्य में सहयोग प्रदान कर सकी। मुझे तो कभी-कभी लगता था कि पत्नी ही शक्तिस्वरूपा है जो सदैव मुझे कार्य करने के लिए शक्ति प्रदान करती रहती है और इसी कारण मैं सदैव कार्य कर पाता हूँ। क्योंकि वह मेरी क्रियाशक्ति थी। केवल इच्छाशक्ति से कार्य हो नहीं सकता था। कार्य का संपन्न होना दोनों शक्तियों के संयोग से ही संभव होता था। मेरी पत्नी मेरे कार्य में संपूर्ण सलाहकार, आलोचक, सबकुछ थी। वह मेरी 'हाँ' में 'हाँ' नहीं मिलाती थी; उसके आत्मा को जो उचित लगता था, वह कहती थी। मेरे कई निर्णय भावनाप्रधान

होते थे। तब वह मुझे संतुलित करती थी। हमारा जीवन बस आनंद से चल रहा था।

मैंने जो मेरी दीदी को घर के भगवानों की मूर्तियाँ दी थीं तब से मेरे बारे में अलग-अलग बातें बोली जा रही थीं। कोई कहते थे कि मैं पागल हो गया, कोई कहते थे कि मैंने धर्म छोड़ दिया, कोई कहते थे कि मैंने बौद्ध धर्म अपना लिया। कोई कुछ, कोई कुछ कहता था। ध्यान के बारे में कोई कुछ नहीं कहता था क्योंकि ध्यान के बारे में समाज को कोई जानकारी ही नहीं थी और जो भी ध्यान-साधना सिखाई जाती थी, वह भी केवल आज्ञा चक्र तक सीमित थी। संपूर्ण ध्यान का ज्ञान किसी को भी समाज में नहीं था और बहुत-सा धन लेकर थोड़ा-सा ध्यान कराया जाता था। मेरे विचार में ध्यान-साधना तो ईश्वर को पाने का मार्ग है। इसे पैसों से बाँधकर केवल पैसे वालों तक इसे कैसे सीमित रखा जा सकता है? इसे प्रत्येक मनुष्यमात्र के लिए खोलना होगा। ध्यान का प्रचार-प्रसार करना होगा। प्रत्येक मनुष्य ध्यान कर सके, ऐसी आसान व्यवस्था करना होगी। इस विषय पर मेरी पत्नी के साथ कई बार चर्चा होती थी। हमारे पास सीमित साधन थे, पर असीमित सोच थी, असीमित प्रार्थना थी जो हम दोनों सदैव परमात्मा से करते थे कि ध्यान का मार्ग प्रत्येक मनुष्यमात्र के लिए होना चाहिए। परमात्मा को पाना प्रत्येक का अधिकार है, वह तो प्रत्येक मनुष्य को मिलना ही चाहिए। "वह प्रत्येक मनुष्य इसे किस प्रकार प्राप्त करे, परमात्मा आप ही ऐसा कोई मार्ग निकालें," यही प्रार्थना हम दोनों करते थे।

मैंने एक दिन मेरी माँ को समझाने का प्रयास किया और कहा, "माँ, नानी कहती थी कि परमात्मा प्रत्येक समय में विद्यमान होता ही है। हाँ, उसका स्वरूप बदला हुआ होगा और मैंने उस स्वरूप को मेरे गुरुदेव के रूप में प्राप्त कर लिया है। गुरुदेव से मिलने के बाद मुझे एक दिशा प्राप्त हो गई और मैंने जाना कि परमात्मा मेरे ही अंदर बैठा हुआ है। पर यह सब तब जान पाया, जब मुझे आत्म-अनुभूति

हुई। यानी आत्म-अनुभूति कराने वाला परमात्मा मुझे मेरे गुरु के रूप में मिला, तभी यह संभव हो सका। अब परमात्मा की बाहर की खोज ही समाप्त हो गई, सारी यात्रा तो भीतर की हो रही है और मैंने बचपन में नानी को आश्वासन दिया था कि मुझे जब परमात्मा की अनुभूति होगी, तो वह अनुभूति मैं सब लोगों में बाँटूँगा। मैं वही कार्य कर रहा हूँ। माँ, मेरे गुरु कहते हैं, "हिंदू 'धर्म' नहीं है, हिंदू एक 'संस्कृति' है जो प्रकृति के साथ जुड़ी हुई है और वह विशाल है, वह प्रत्येक मनुष्य का विचार करती है। फिर वह मनुष्य चाहे किसी भी जाति का हो, धर्म का हो, वह सबके लिए विचार करती है, सब मनुष्यों के आध्यात्मिक उत्थान के विषय में सोचती है।" मैं भी उसी हिंदू संस्कृति के अनुसार चल रहा हूँ। हिंदू धर्म को तू 'धर्म' मत समझ। धर्म समझकर तू उस संस्कृति को छोटा कर रही है। पूजा-पाठ व कर्मकाण्ड तक सीमित कर रही है। वे सब तो साधन हैं उस परम स्थिति को प्राप्त करने के। वह परम स्थिति प्राप्त हो जाने पर ये सब छूट जाते हैं और इसी स्थिति तक पहुँचे हुए संत अभी हिमालय में विद्यमान हैं और उनके आशीर्वाद मेरे साथ हैं। तू मेरी चिंता बिल्कुल मत कर! पृथ्वी गोल है। हम जो देते हैं, वही बाद में हमको प्राप्त होता है। जब मैं एक अच्छा कार्य कर रहा हूँ, तो जीवन में मेरा बुरा कैसे हो सकता है? आप दोनों मेरे माँ-बाप हो, इसीलिए ममता के कारण असंतुलित हो रहे हो।"

"वास्तव में, माँ, तू तो गुरुमार्गी है। जब हम गुरु का कार्य करते हैं, तो उन्हें अपना सबकुछ, जीवन ही समर्पित कर देते हैं। जब अपना कुछ रहा ही नहीं, तो फिर भविष्य भी अपना कहाँ रहेगा? सबकुछ मैंने मेरे गुरुदेव को समर्पित कर दिया। मेरी पत्नी तो मेरे जीवन में अभी आई है, तो भी वह ये सब बातें समझती है। वो मेरे कार्य में मेरे साथ है। आप दोनों ने तो मुझे जन्म दिया है, आप मुझे क्यों नहीं समझ पा रहे हो? मैंने मूर्तिपूजा छोड़ी नहीं है, मुझसे छूट गई है। यह प्रक्रिया तो उत्क्रांति-प्रक्रिया है। जैसे अगली कक्षा में जाने के बाद बच्चे से पिछली कक्षा की किताबें छूट जाती हैं। यह ठीक ऐसा ही है। मूर्तिपूजा मन को एकाग्र करने का सशक्त माध्यम है, पर मन की एकाग्रता मिल जाने पर उसकी आवश्यकता नहीं होती

है। यह तो आत्मा का क्रमिक विकास है। ये सब आध्यात्मिक पड़ाव हैं। भगवान के बहुत से स्वरूपों को मानना और बहुत से स्वरूपों की पूजा करना, यह पहली पादान है। पर इसमें चित्त विभक्त होता है और चित्त कमजोर हो जाता है। इसी कारण भगवान के बहुत से स्वरूपों को मानने वालों में आत्मविश्वास नहीं होता है। वे भगवान के बहुत से स्वरूपों पर विश्वास करके वास्तव में किसी पर भी विश्वास नहीं करते हैं। उनका अपने ऊपर भी विश्वास नहीं होता है। इसी कारण जीवन की छोटी बातों से भी वे विचलित हो जाते हैं। ये लोग भगवान को तो मानते हैं, पर अनेक रूपो में मानते हैं। दूसरे, अगली पादान के वे लोग होते हैं जिनका एक ही भगवान होता है। वे भगवान के एक ही स्वरूप को मानते हैं। इनका आराध्य देव एक ही होता है। उनकी सारी श्रद्धा एक ही स्थान पर होती है। वे भी भगवान के सब स्वरूपों का सम्मान करते हैं, पर हृदय से एक ही को मानते हैं। उनके मनमंदिर में एक ही स्वरूप विद्यमान होता है। उनके जीवन में कभी उतार-चढ़ाव आए, तो भी वे स्थिर रहते हैं। ये भगवान के उस एक ही स्वरूप को पूर्ण समर्पित रहते हैं। वे केवल उसी के उत्सव मनाते हैं, उसी की जयंती मनाते हैं, उसी के मंदिर में जाते है, उस एक ही माध्यम की नियमित रूप से आराधना करते हैं। जो उनके जीवन में अच्छा हो रहा है या बुरा भी हो रहा है, वह उनकी ही इच्छा से हो रहा है, ऐसा मानते हैं। यह देवता के एक ही स्वरूप को मानना उन लोगों को एक नया विश्वास दिलाता है। ये अपने-आपको भी एक ही भगवान का भक्त कहलाना पसंद करते हैं। यह आध्यात्मिक मार्ग का अगला पड़ाव होता है। इसके भी आगे की आध्यात्मिक पादान है—किसी समाधिस्थ गुरु को मानना। प्रायः यह देखा गया है कि समाधिस्थ गुरु का जीवन सामान्य ही रहता है और इसी कारण उनके जीवनकाल में बहुत ही विरले लोग उन्हें जान पाते हैं और जो जान पाते हैं, उनमें बहुत कम ही उन्हें मान पाते हैं। पर इनके समाधिस्थ होने के बाद लोग उन्हें मानना प्रारंभ करते हैं। इसके कारण दो प्रकार के होते हैं। पहला तो, वे जब देहत्याग कर देते हैं, तो उनके दोष या शरीर के विकार जो भी थे, वे दिखने बंद हो जाते हैं। ये विकार ही मनुष्य को भ्रमित करते रहते हैं और इसी

के कारण सामान्य मनुष्य भ्रमित होता रहता है। समाधिस्थ होने के बाद यह भ्रमजाल ही समाप्त हो जाता है। वास्तव में, यह भ्रमजाल ही है जो सद्‌गुरु को उनके जीवनकाल में एक प्रकार की सुरक्षा देता है। यह भ्रमजाल तो उनकी देह का सुरक्षाकवच होता है। इसे तोड़कर भीतर झाँकना असंभव होता है। सद्‌गुरु के बहुत विरले शिष्य ही संपूर्ण श्रद्धा से इस कवच को भेद पाते हैं। इसीलिए देखा गया है कि सद्‌गुरु को मानने वाले शिष्य उनके जीवनकाल में बहुत कम ही होते हैं और दूसरा कारण है—सामूहिकता की कमी। उनके शरीर की अपनी एक सीमा होती है। वे उसी सीमा में रहकर कार्य करेंगे, तो उनके कार्य का विस्तार भी उसी सीमा में ही होगा। इस देह की ही सीमा में उनके बँधे होने के कारण उनका कार्य एक निश्चित दायरे में ही होता है और वे स्वयं भी उसे बढ़ाना नहीं चाहते हैं। उनकी अपनी कोई महत्त्वाकांक्षा नहीं होती है। वे तो ईश्वरीय कार्य के माध्यम होते हैं। इसी कारण से भी उनके जीवनकाल में उन्हें कम ही लोग मानते हैं। पर देह का त्याग करने के बाद उनकी आत्मा मुक्त हो जाती है और कार्य का विस्तार होने लग जाता है और फिर उन्हें जानने वाले, उन्हें मानने वाले अचानक ही बढ़ जाते हैं। एक बहुत बड़ी सामूहिकता उनके साथ हो जाती है और उस बड़ी विशाल सामूहिकता के कारण अनेक लोग उनसे ऐसे ही जुड़ जाते हैं। इस प्रकार से, सद्‌गुरु के समाधिस्थ होने के बाद उनको मानने वाले लोग बड़ी संख्या में हो जाते हैं।"

"प्राय: देखा गया है कि मनुष्य अपने जीवनकाल में कोई सहारा ढूँढ़ता है जहाँ वह अपना दु:ख-सुख बाँट सके, अपने असंतुलन के समय कहीं जाकर संतुलित हो सके, अपनी भौतिक व सांसारिक इच्छाएँ पूर्ण कर सके। यह समाधिस्थ गुरु भी शिष्य की वे सब भौतिक, सांसारिक इच्छाएँ पूर्ण करते रहते हैं। वास्तव में, वे उन्हें पूर्ण कर शिष्य के हृदय में अपने प्रति भाव निर्माण करते रहते हैं और जब अधिक श्रद्धाभाव निर्माण हो जाता है, तब वे उस शिष्य को इन सबसे दूर भी करने लग जाते हैं ताकि शिष्य भी इन सांसारिक बातों से अंततः मुक्त हो सके। वास्तव में, भौतिक वस्तुएँ देकर और सांसारिक समस्याओं का हल निकालकर गुरु केवल शिष्य को

अपने साथ बाँधते रहते हैं क्योंकि शिष्य और गुरु का संबंध जितना नि:स्वार्थ हो, जितना निर्मल हो, जितना पवित्र हो, उतना ही शिष्य की मुक्ति का मार्ग आसान होता है। समाधिस्थ गुरु की, समाधिस्थ होने के बाद की अपनी सीमाएँ होती हैं। वे भौतिक वस्तुएँ दे सकते हैं| सांसारिक समस्याएँ दूर कर सकते हैं| पर आत्म-अनुभूति नहीं करा सकते। पर हाँ, शिष्य अगर आत्म-अनुभूति की शुद्ध इच्छा करें, तो वे आत्म-अनुभूति का मार्ग बता सकते हैं| समाधिस्थ गुरु का यही एकमात्र उद्देश होता है कि शिष्य आत्म-अनुभूति की इच्छा करे और उसे वे उस मार्ग को बता सकें। पर देखा गया है कि कई शिष्य सांसारिक बातों में ही अटककर अपना जीवन समाप्त कर लेते हैं, वे आगे बढ़ ही नहीं पाते और समाधिस्थ गुरु चाहे तो भी आगे बढ़ा नहीं पाते। वे केवल राह देखते रहते हैं कि अब शिष्य आगे बढ़ेगा, अब आगे बढ़ेगा। पर सब शिष्य आगे बढ़ते ही हैं, यह जरूरी नहीं है।"

"यह बात अवश्य है कि समाधिस्थ गुरु विश्व के वह एकमात्र वर्तमानकाल के माध्यम हैं जो स्वयं भूतकाल के होने पर भी शिष्य को आज के माध्यम के साथ जोड़ते हैं। या यह कहा जा सकता है कि परमात्मा के आज के, वर्तमान के स्वरूप तक इस समाधिस्थ गुरु के माध्यम से पहुँचा जा सकता है। समाधिस्थ गुरु अपने समाधिस्थ स्थान पर ही स्थित होकर कार्यरत होते हैं।"

"इसके आगे की पादान है—जीवंत सद्गुरु को मानना। यह सबसे आसान और सबसे कठिन कार्य है। सबसे आसान इसलिए है क्योंकि परमात्मा के इस माध्यम के पास आसानी से पहुँचा जा सकता है। क्योंकि यह माध्यम शिष्य के जीवनकाल में जीवंत रूप से उपस्थित होता है।"

"एक मनुष्य जो अपने ही जैसा दिखता है, अपने ही जैसे हाव-भाव करता है, अपने ही जैसे सामान्य व्यवहार करता है, उसे परमात्मा मानना बड़ा कठिन मालूम होता है। ऐसा इस कारण होता है कि हमने सदियों से यह मान रखा है कि परमात्मा यानी वह जो वर्तमान में नहीं है, भूतकाल में ही है। यह केवल हमने मानकर रखा है जबकि वह वर्तमान में तो होता ही है। पर यह जो हम मानते हैं,

उसी के कारण, वर्तमान में परमात्मा हो सकता है, यह हम मान ही नहीं सकते हैं। जब यह दुनिया आज भी विद्यमान है, हम आज भी इस दुनिया में साँस ले रहे हैं, तो परमात्मा की शक्ति इस संसार में किसी-ना-किसी माध्यम में तो होगी ही और वह माध्यम भी होगा ही जिस माध्यम से विश्वचेतना बह रही होगी। वही आज का परमात्मा होगा। वास्तव में, परमात्मा विश्व को संतुलित करने वाली, विश्व का संचालन करने वाली एक शक्ति है। जो उसे समर्पित हो गया, वह उसका माध्यम हो गया और वह विश्वचेतना उसके माध्यम से बहने लग गई। विश्वशक्ति के माध्यम के बिना तो हम एक साँस भी नहीं ले सकते हैं। हम जो एक साँस भी ले रहे हैं, वह भी उस जीवंत माध्यम के कारण ही है। वह जीवंत माध्यम करुणा का सागर होता है। उसे आप मानो या न मानो, वह तो अपना कार्य अविरत करता ही रहता है। या यह कहें कि यह कार्य उस शरीर के माध्यम से होता ही रहता है। ये माध्यम होते हैं। जीवंत सद्‌गुरु इनका अपना अलग से कोई अस्तित्व नहीं होता है और इसी, अपना अलग अस्तित्व नहीं होने के कारण ही उनके माध्यम से हमें किसी भी महापुरुष के, किसी भी देवता के, किसी भी समाधिस्थ गुरु के दर्शन होते हैं। प्राय: समाधिस्थ गुरुओं के ही दर्शन अधिक होते हैं। समाधिस्थ गुरु थोड़े पास के होते हैं, देवता तो बहुत दूर के होते हैं। उनके दर्शन होना कठिन कार्य है। जीवंत सद्‌गुरु का अपना, शरीर का कोई अलग अस्तित्व नहीं होता है। वे तो एक निखालस, खाली पाईप (जलवाही) के समान होते हैं जिसमें से परमात्मा एक प्रवाह के रूप में प्रकट होता ही रहता है। वे तो परमात्मा के माध्यममात्र होते हैं। वास्तव में, परमात्मा तो विश्व का संचालन करने वाली शक्ति है। वह कभी कोई शरीर नहीं रहा है और न कोई शरीर हो सकता है। क्योंकि शरीर तो नाशवान है और परमात्मा तो अविनाशी है, फिर कोई भी शरीर परमात्मा कैसे हो सकता है? जिसे भी हम परमात्मा मानते हैं, वह तो परमात्मा का केवल माध्यम होगा। इसीलिए आज तक किसी माध्यम ने यह नहीं कहा कि 'मैं भगवान हूँ'। क्योंकि वास्तव में, भगवान कोई मनुष्य है ही नहीं। सद्‌गुरु भी शरीर ही है, पर एक ऐसा शरीर जिसने शरीर होकर भी शरीर से मुक्ति पा ली है, जो शरीर होकर भी शरीर नहीं

है, एक स्व-अस्तित्वविहीन शरीर जिसमें आप किसी को भी देख सकते हो। अपना अस्तित्व विलीन करने के कारण ही वह परमात्मा का माध्यम बन सका। पर ऐसे जीवंत गुरु का निर्माण कई जन्मों के बाद ही संभव होता है। यह मनुष्य-योनि की अंतिम स्थिति है। यह सद्‌गुरु का अंतिम जन्म होता है। वे अपने अंतिम जीवन के समय ही पहचाने जाते हैं। क्योंकि तब तक वे मुक्त हो चुके होते हैं। इस प्रकार, जीवंत गुरु को मानना शिष्य के आध्यात्मिक क्षेत्र की एक ऊपर की पादान है और कठिन पादान भी है क्योंकि अपने ही जैसा सामान्य शरीर दिख रहा है, फिर उस शरीर के आवरण के भीतर झाँकना होता है।"

"यही कार्य बड़ा कठिन होता है। सद्‌गुरु कभी आचार्य नहीं होते हैं। आचार्य वे मनुष्य होते हैं जो अपने अच्छे आचरण के कारण, अपने अच्छे आचार और विचार के कारण समाज में वंदनीय होते हैं। आचार्य अपने पवित्र, शुद्ध वातावरण से दूसरों को प्रभावित करते हैं। वे अपने-आपको एक मर्यादा में, सीमा में, आचरण में बाँधे रखते हैं और इसी आचरण के कारण वे समाज में वंदनीय होते हैं। पर वास्तव में, ये भी शारीरिक स्तर पर किए गए प्रयत्न ही होते हैं; अच्छा आचरण करने के शारीरिक प्रयत्न और इसी कारण ये समाज में अलग से दिखाई दे जाते हैं। उसी अलग अस्तित्व के कारण ही इन्हें पहचानना आसान होता है।"

"सद्‌गुरु तो आचरण से भी परे होते हैं। सद्‌गुरु को अच्छे आचरण से पहचाना नहीं जा सकता है और न ही अच्छा आचरण रखकर वे समाज को प्रभावित करना चाहते हैं। प्रायः देखा गया है कि सद्‌गुरु का आचरण तो एकदम उलटा ही होता है। वे कुछ ऐसी हरकतें करते हैं जिससे मनुष्य उनसे दूर ही हो जाए। कभी ये गालियाँ देते हुए दिखते हैं, कभी पत्थर मारते हुए दिखते हैं। ये जानबूझकर ऐसा कोई मिथ्या आवरण ओढ़े रहते हैं ताकि सामान्य मनुष्य उन तक नहीं पहुँच सके। न ही ये किसी से मिलना चाहते हैं और न ही वे किसी को प्रभावित करना चाहते हैं। ये कुछ भी 'करने' के लिए कार्यरत नहीं रहते हैं, इनसे तो कार्य बस होता है। ये स्वयं कोई कार्य नहीं करते, पर इनसे सब कार्य संपन्न होते हैं। कोई भी

कार्य किया जाता है शरीर से, पर ये तो शरीर से भी परे होते हैं। प्राय: यह देखा गया है कि ये अपने दोषों को छुपाते नहीं हैं क्योंकि दोष छुपाना एक शरीर के स्तर का कार्य होता है और ये शरीर से परे होते हैं। ये उलटा अपने दोषों को और अधिक सामने रखते हैं ताकि लोग उनके दोषों को देखकर ही भाग जाएँ और उनके पास नहीं आएँ।"

"इसी कारण दोषों की ओर ध्यान न देते हुए सद्‌गुरु को पहचानना बड़ा कठिन कार्य होता है। दोषों के पार देख पाना संपूर्ण समर्पण से ही संभव है। क्योंकि जहाँ शरीर आया, वहाँ दोष आएँगे ही। बिना दोष का कोई मानव-शरीर नहीं हो सकता है। सद्‌गुरु का निर्माण भी तीन बातों से ही होता है। एक है—वह शुद्ध आत्मा जो उत्क्रांति के लिए जन्मों-जन्मों से कार्यरत है और उसके साथ होता है अच्छे कर्मों की शक्ति का एक संकलन जो कुण्डलिनी शक्ति के रूप में होता है। तीसरा होता है—मानव-शरीर, जो माँ और बाप के संयोग से निर्माण होता है। इस शरीर का निर्माण जब माँ और पिता से होता है, तो माँ और पिता के अनुवांशिक दोष तो आ ही जाते हैं और वे ही दोष 'शरीर के दोष' कहलाते हैं। इसलिए किसी भी आत्मा ने शरीर धारण किया तो उसके साथ दोष तो आएँगे ही। अब किसी भी जीवंत, शरीरधारी सद्‌गुरु से मिलेंगे तो हमें उस शरीर के दोषों के परे झाँकना होगा। तभी गुरुतत्त्व तक पहुँच सकते हैं। जीवंत गुरु तक पहुँचना इसलिए भी आवश्यक है क्योंकि जीवंत गुरु ही जीवंत अनुभूति करा सकते हैं। यह ठीक वैसा ही है कि जीवंत गाय ही दूध दे सकती है, जीवंत माता ही जन्म दे सकती है। वैसे ही अनुभूति भी जीवंत प्रक्रिया है। वह जीवंत शरीर से ही संभव है। दूसरा, जीवंत शरीर जीवंत है यानी वर्तमान समय का है और हम जीवंत समय के हैं यानी वर्तमान समय के ही हैं। जिस प्रकार दूध पीने के लिए जीवंत शरीर चाहिए और दूध देने के लिए जीवंत गाय भी चाहिए, ठीक वैसा ही है—परमात्मा की अनुभूति कराने के लिए जीवंत सद्‌गुरु चाहिए और जीवंत अनुभूति लेने के लिए हम भी जीवंत होने चाहिए। देने वाला व लेने वाला दोनों ही जीवंत होने चाहिए क्योंकि अनुभूति एक जीवंत प्रक्रिया है।"

“जीवंत सद्‌गुरु परमात्मा के आज के माध्यम होते हैं। इसलिए पास होते हैं, आसानी से पकड़े जा सकते हैं। आज की परिस्थिति के अनुसार होते हैं, आम होते हैं, सामान्य होते हैं। आज के प्रश्नों के उत्तर दे सकते हैं, आज की, वर्तमान की स्थिति समझ सकते हैं। वे परमात्मा के आज के माध्यम होते हैं और आज की परिस्थिति में जो योग्य हो, वही उपदेश वे करते रहते हैं। या यह कहें कि परमात्मा आज की परिस्थिति के अनुसार मार्गदर्शन करता रहता है। परमात्मा निरंतर कार्यरत विश्वचेतना है। वह समय-समय पर बदलती रहती है। इसका प्रभाव भी सद्‌गुरु के क्रियाकलापों पर पड़ता है। क्योंकि वे जो भी करेंगे, वह आज की आवश्यकता के अनुसार होगा। आज जो उपयुक्त है, वैसा ही होगा। उनके क्रियाकलाप उस समय समझ में नहीं आते, पर वे भविष्य को देखकर होते हैं, इसलिए एक समयावधि बीत जाने के बाद ही समझ में आते हैं। जब उनकी बातें ही उनके जीवनकाल में समझ में नहीं आती हैं, तो उन्हें तो उनके जीवनकाल में जाना ही नहीं जा सकता है। इसी कारण ही, उनके जीवनकाल में उन्हें बहुत कम, भाग्यशाली आत्माएँ ही जान पाती हैं, मान पाती हैं। मनुष्य-योनि में जन्म लेने के बाद मनुष्य को शुद्ध इच्छा का वरदान मिलता है कि वह जैसी इच्छा करे, वैसा ही स्वयं का निर्माण कर सकता है। शुद्ध इच्छा के द्वारा मनुष्य अपने जीवन में क्रांति कर सकता है। शुद्ध इच्छा करके आत्मज्ञान प्राप्त कर सकता है। मनुष्य-योनि का शाप भी है कि बुद्धि के कारण भ्रमित भी होता है और जब तक बुद्धि गिर नहीं जाती, आत्मज्ञान प्राप्त नहीं हो सकता है। जीवंत गुरु की जीवंत सामूहिक शक्तियाँ होती हैं। क्योंकि जिन लोगों का समर्पण उनके प्रति हुआ है या जिसे वे समर्पित हुए हैं, उन शुद्ध आत्माओं की सामूहिकता की एक बड़ी शक्ति उनके साथ सदैव होती ही है।”

“इस प्रकार जीवंत सद्‌गुरु से जुड़कर, वास्तव में, हम जीवंत शक्तियों के साथ जुड़ जाएँगे और जीवंत शक्तियाँ आज की होती हैं, इसलिए आज के अनुसार ही होती हैं। इसी कारण उनके साथ हमारा जीवन एक प्रवाह में कब राजी-खुशी से बीत गया, उसका हमें पता भी नहीं चलता है। यह सामूहिक शक्ति हमें हमारे जीवनकाल

में एक सुरक्षाकवच प्रदान करती है। एक ओर यह सुरक्षाकवच हमें कभी अलग-थलग नहीं पड़ने देता है और दूसरी ओर, किसी भी दुर्घटना के समय आश्चर्यजनक रूप से हमारी रक्षा करता है। जीवंत गुरु तो साक्षात परमात्मा ही होते हैं। वे कभी किसी का बुरा कर ही नहीं सकते हैं क्योंकि वे तो सृजनात्मक शक्ति है। वह सदैव सकारात्मक दिशा में बहती ही रहती है। वे कभी किसी का बुरा कर ही नहीं सकते हैं। वे तो किसी का बुरा सोच ही नहीं सकते क्योंकि वह विचार भी उनके अपने अस्तित्व के विरोध में होता है। जीवंत सद्गुरु परमात्मा के आज के माध्यम होते हैं। स्थापित नहीं होते हैं क्योंकि वे आज के हैं। इसी कारण उन्हें मानने वाले बहुत कम ही होते हैं। यही कारण है कि मनुष्य की बुद्धि उन्हें परमात्मा मानने के लिए तैयार नहीं होती है और इसी कारण जीवंत सद्गुरु को मानने वाले लोग बहुत कम ही होते हैं। वैसे तो देह के आकर्षण से उनके आसपास हजारों लोग जमा होते हैं, पर वे केवल देह के आकर्षण के कारण होते हैं।"

"देह के आकर्षण से मेरा आशय उनके शरीर के आभामण्डल से है जो आभामण्डल ध्यान-साधना के कारण उनके शरीर के आसपास निर्मित हो गया है। उसी आभामण्डल को देख मनुष्य के भीतर की आत्मा उसकी ओर आकर्षित हो जाती है, पर शरीर अपनी बुद्धि के कारण अलग ही तर्क देता रहता है। इस कारण जीवंत सद्गुरु के पास इस प्रकार के लोगों की भीड़ होती है, पर उन्हें मानने वाले बहुत थोड़े होते हैं। क्योंकि वे आज के माध्यम हैं, स्थापित नहीं हैं और जब वे स्थापित हो जाते हैं, तब वे भूतकाल के हो जाते हैं। इस प्रकार हम समझ सकते हैं -- जीवंत सद्गुरु परमात्मा के आज के माध्यम हैं। परमात्मा उनके माध्यम से हमें आज की स्थिति के अनुसार मार्गदर्शन करते रहते हैं। पर वे पास के माध्यम होने पर भी स्थापित नहीं होते हैं, इसीलिए उन्हें मानना कठिन होता है।"

"इसके ऊपर की पादान है कि आप स्वयं ही अपने गुरु हो जाओ और आपका सारा मार्गदर्शन आपकी आत्मा करने लग जाए। यह स्थिति सर्वोत्तम स्थिति है, सर्वोच्च स्थिति है। आध्यात्मिक क्षेत्र में यह सबसे अंतिम स्थिति है। यह स्थिति एक आत्मसाक्षात्कारी व्यक्ति

को प्राप्त हो जाती है। यह प्राप्त होने के बाद उसकी परमात्मा की बाहरी खोज समाप्त हो जाती है। वह अपने ही भीतर परमात्मा के दर्शन करता है। परमात्मा आत्मा के रूप में प्रत्येक शरीर में होता है, बस जागृत नहीं होता है। इस व्यक्ति में जागृत स्वरूप में होता है। फिर उसे सब ज्ञात हो जाता है—क्या करना चाहिए और क्या नहीं करना चाहिए। ऐसा हो जाने पर वह अपने स्वयं के निर्णय स्वयं ही लेता है। वह व्यक्ति अनुभूति करता है कि उसने परमात्मा को पा लिया है और एक प्रकार का समाधान उसे प्राप्त हो जाता है। उसकी सारी खोज, उसकी सारी भटकन समाप्त हो जाती है और 'मैंने परमात्मा को पा लिया,' यह समाधान ही उसमें एक आध्यात्मिक क्रांति लाता है और इस क्रांति के कारण ही उसकी आध्यात्मिक प्रगति होती है।"

"यह स्थिति व्यक्ति को मिले, उसके लिए पहले उसे इस स्थिति को प्राप्त कर चुके किसी जीवंत गुरु की आवश्यकता होती है। कोई जीवंत गुरु अगर कृपा करे और उस व्यक्ति को समर्पित हो जाए, तो उस व्यक्ति में भी वह स्थिति निर्मित हो जाती है। जीवंत सद्‌गुरु वे हैं जो प्रथम अपना समर्पण का भाव शिष्य में स्थापित करते हैं। शिष्य का सद्‌गुरु के प्रति समर्पण तो केवल क्रिया की प्रतिक्रिया ही है। आत्मा की ऐसी स्थिति किसी जीवंत गुरु के माध्यम से ही प्राप्त की जा सकती है। एक बार आपको यह ज्ञान हो गया कि परमात्मा मेरे ही भीतर बैठा हुआ है, तो फिर सारा ज्ञान आपको आपके भीतर से ही प्राप्त होना शुरू हो जाएगा। परमात्मा की अनुभूति अपने-आप होने लग जाएगी। जीवंत सद्‌गुरु यह अनुभूति कराता नहीं है, पर जीवंत सद्‌गुरु के बिना यह संभव भी नहीं है। यह अनुभूति जीवंत सद्‌गुरु के सान्निध्य में हो जाती है। यह ठीक ऐसा ही है जैसे कि जलते हुए दीपक की लौ से बुझे हुए दीपक की बाती टकरा जाए और बुझा हुआ दीपक जल उठे। तो जलता हुआ दीपक बुझे हुए दीपक को जलाता नहीं है, वह तो अपने ही जगह स्थित होकर जलता रहता है, बल्कि बुझा हुआ दीपक उसके पास जाकर जल उठता है। इस प्रकार आत्मा अपने जीवनकाल में आध्यात्मिक प्रगति की अलग-अलग पादानें चढ़कर आगे बढ़ती रहती है।"

मैंने एक दिन पत्नी को बताया, "सारा बदलाव, सारी अनुभूति सान्निध्य में ही प्राप्त होती है, मेरा स्वयं का कोई अस्तित्व नहीं है। मैं समाज में रहता हूँ, तो समाज की सामूहिकता के कारण एक सामान्य मनुष्य के जैसा जीवन व्यतीत करता हूँ और हिमालय की गुफाओं में रहता हूँ, तो वहाँ की सामूहिकता के कारण यह तपस्वी-जीवन व्यतीत करता हूँ।"

"मुझे कोई प्रेरणाशक्ति बार-बार समाज में भेजती रहती है क्योंकि मेरा कार्यक्षेत्र समाज है। मैं समाज से भी जुड़ा रहूँ, यही उनकी इच्छा है क्योंकि वे अपना कार्य करने के लिए समाज में नहीं आ सकते हैं। मेरे गुरुदेव सदैव कहते थे कि कीचड़ के अंदर ही कमल खिलता है, पर कमल कीचड़ नहीं होता और न ही कमल पर कोई कीचड़ होता है। कमल कीचड़ में होने पर भी अपनी पवित्रता, अपनी शुद्धता, अपना सौंदर्य बनाकर रखता है। फिर भी वह कीचड़ से अलग नहीं होता है। वैसे ही तू सहस्रार चक्र तक पहुँच जा, तेरे भीतर सहस्र कमल खिलें। फिर तू समाज से जुड़ा रह। जैसे कमल अपनी जड़ों को तो कीचड़ में ही रखता है, ठीक इसी प्रकार से, तू भी मनुष्य-समाज के वैचारिक प्रदूषण के कीचड़ में अपनी जड़ें जमाकर रखना क्योंकि यही तेरे जीवन का उद्देश है। मनुष्य-समाज में, तेरी गृहस्थी में तेरी जड़ें हैं, उन जड़ों को कभी मत छोड़ना, अन्यथा तेरी जीवंतता नहीं रह पाएगी। क्योंकि बाद में तुझे समाज में ही जाना होगा, अपने कार्य को पूर्ण करना होगा। तेरा कार्यक्षेत्र गुजरात है। तुझे गुजरात में जाकर कार्य करना होगा।" मैंने पत्नी से पूछा, "तू तो अहमदाबाद में रही है, सारी स्नातकोत्तर शिक्षा अहमदाबाद में ही हुई है, तुझे तो गुजराती भाषा आती ही होगी? " वह बोली, "आती है, पर अभी काफी दिनों से अभ्यास नहीं है क्योंकि गुजराती भाषा बोलने वाला कोई मिला ही नहीं है। कोई भी भाषा आना और उस भाषा के संपर्क में रहना दोनों अलग-अलग बातें होती हैं।" मैंने कहा, "गुजरात की मुझे तो कोई जानकारी नहीं है, पर गुरुदेव ने कहा है तो होगा ही। हमें सब तरफ से मानसिक स्थिति रखनी चाहिए।" मैंने आगे कहा, "मुझे नहीं, पर तुझे तो गुजरात का ज्ञान है! अच्छा है!"

मैं, पत्नी, दोनों, इस ध्यानमार्ग में आने के बाद समाज द्वारा, रिश्तेदारों द्वारा बहिष्कृत किए गए थे। मेरे पिताजी कहते थे, "वह भी पागल है, अपनी पत्नी को भी पागल बनाया है।" लेकिन इसी कारण हम दोनों में बड़ी आत्मीयता हो गई थी। इसी स्थिति के कारण हम दोनों बहुत पास आ गए थे। हमारे बीच आत्मीय संबंध निर्मित हो गए थे। क्योंकि ये सब बातें करने के लिए हम दोनों के सिवा कोई होता ही नहीं था, हम आपस में ही अपने अनुभव बाँटते रहते थे। हम घण्टों बातें करते रहते थे। वह देखकर अन्य पति-पत्नी भी सोचते थे, "ये क्या घण्टों बातें करते रहते हैं, क्या मालूम!" उनके लिए हम एक अनबुझी पहेली ही थे। हमारी अधिकतर बातें अनुभूतियों पर ही होती थीं। एक ही विषय को लेकर चिंतन करते थे। मैं मेरी यात्राओं की बातें इतनी विस्तृत रूप में बताता था कि पत्नी अनुभव करती थी कि वही हिमालय की यात्रा कर रही हो! उसे वे बातें सुनने में बहुत आनंद आता था। हमारे दिन बड़े आराम से कट रहे थे।

घर के अधिकतर कार्य मैं करता था और पत्नी को आराम देने का प्रयास करता था। पत्नी के घर लौटने के पहले घर के सारे कार्य करके रखता था ताकि जब वह आए तो अधिकतर समय हमें बातें करने के लिए मिले। पत्नी को भी एहसास हो गया था कि पति जिस मार्ग पर चल रहा है, वह एक अलग ही मार्ग है, विरला ही मार्ग है। वह एक अलग ही दुनिया से जुड़ा हुआ है। इसीलिए सामान्य मनुष्यों को उसकी बातें समझ में नहीं आती हैं। मैं घर के सब कार्य इसलिए भी करता था क्योंकि जब मैं घर पर नहीं रहता था तो सारे कार्य तो बेचारी पत्नी को अकेले ही करने पड़ते थे। मेरा बड़ा लड़का समझदार था। वह अपनी माँ की सहायता करता था। माँ को भी वह सहारा लगता था। कहते हैं न, 'डूबते हुए को तिनके का सहारा,' वैसे ही कुछ था। हमारी आवश्यकताएँ कम थीं, इसलिए हम सुखी थे। पत्नी ने साईकल, कुकर आदि भी किश्तों में लेकर इकट्ठा कर लिए थे। बच्चे छोटे-छोटे थे, इसीलिए घर के भी खर्चे कम ही थे। बच्चों की शिक्षा मुफ्त में होती थी। वह खर्च नहीं था। समाज में आना-जाना भी अधिक नहीं था, इसलिए सामाजिक व्यवहार नहीं थे और

न ही भविष्य की कोई योजना थी, न ही कोई बचत हो पाती थी। महीने का आखिरी सप्ताह पहली तारीख के इंतजार में ही बीतता था। वार-त्यौहार पर बोनस या अंतरिम भत्ते की राशि मिल ही जाती थी। बस जीवन कट रहा था। जब मैं घर रहता था, तब मैं बच्चों को पूरा वक्त देता था क्योंकि जब मैं घर नहीं रहता था, तब उन्हें मेरे प्रेम से वंचित रहना पड़ता था। इन सब स्थितियों में मेरी पत्नी मेरे साथ सदैव होती ही थी। जीवन के बड़े-बड़े निर्णय मैंने उसके सहारे व विश्वास के साथ ही लिए थे। शादी के एक-डेढ़ साल बाद ही मैंने मेरी कलकत्ते की नौकरी छोड़ देने का निर्णय लिया था। मैंने नौकरी छोड़ी, तब तक मैं कंपनी (प्रतिष्ठान) में पूर्णतः जम चुका था। जो भी कार्य दिए जाते, मैं सभी कार्य करता था। इसलिए मालिक भी यह नहीं चाहते थे कि मैं नौकरी छोड़ूँ। एक दिन जब मैंने उन्हें मेरा निर्णय बताया, तो वे बोले, "तुझे कितना बड़ा ऑफर (प्रस्ताव) मिला है, बता! मैं ही तुझे उससे अधिक, उसकी दुगुनी तनख्वाह देता हूँ। बता!" मैंने कहा, "मुझे कोई भी ऑफर नहीं मिला है। मुझे अब नौकरी करनी ही नहीं है, इसीलिए छोड़ रहा हूँ। मैं नौकरी करता हुआ कहीं भी दिखूँ, तो आप मुझे कान पकड़कर वापस ला सकते हो।" जब मैंने मालिक से ऐसा कहा, तब उन्हें विश्वास हो गया कि मैं, वास्तव में, कहीं नहीं जा रहा हूँ। मेरे उनसे भावनात्मक रिश्ते हो गए थे। वे बोले, "यह निर्णय तू अपनी भावना में ले रहा है, पर याद रख, तुझे जीवन में कभी भी नौकरी की आवश्यकता हो, तो मेरी कंपनी के दरवाजे तेरे लिए सदैव ही खुले हैं।" मैंने उन्हें धन्यवाद दिया, उनके पैर पड़ा और उनसे विदाई ली। यह निर्णय लेने के बाद केवल मेरी पत्नी ही मेरे साथ थी, बाकी सारी दुनिया मेरे इस निर्णय के विरोध में थी। यह निर्णय लेकर क्या करना है, वह भी निश्चित नहीं था। ऐसे ही अनिश्चित वातावरण में मेरे जीवन में मेरे गुरुदेव आए और मैं इस मार्ग पर चल पड़ा। आत्मा को जो उचित लगा, वह किया, इस कारण मैं खुश था, मैं प्रसन्न था। लोग मेरे बारे में क्या सोचते हैं, उधर मेरा ध्यान ही नहीं था। मेरे जीवन में ईश्वरीय संकेत ही सदैव महत्त्वपूर्ण रहे हैं। मेरे जीवन के सारे निर्णय उन्हीं ईश्वरीय संकेतों के कारण लिए गए हैं। वे निर्णय उस समय भले ही ठीक न

लगे हों, पर सारे निर्णय बाद में सही सिद्ध हुए और बाद में उनसे समाधान प्राप्त हुआ। जीवन में कोई भी कार्य केवल विचार करने से व सोचने से सिद्ध नहीं होता है, उस कार्य के लिए अपने जीवन की ही आहुति देनी होती है। संपूर्ण जीवन उस कार्य में बिना किसी स्वार्थ के लगाना पड़ता है। लेकिन यह बात अवश्य है कि अपनी आत्मा जो कार्य करने के लिए कहती है, वह अगर हम करते हैं, तो सदैव उसके अच्छे परिणाम नजर आते हैं और एक आत्मिक सुख की प्राप्ति होती है जो जीवन में बड़ा आनंद देता है।

मेरी पत्नी का सदैव कहना था, "परमात्मा हमसे हमारे ही आत्मा के माध्यम से मिलता है। वह हमसे हमारे ही आत्मा के माध्यम से संपर्क करता रहता है, मार्गदर्शन करता रहता है। भविष्य में क्या योग्य है, क्या योग्य नहीं है, यह भी बताता रहता है। बस हम ही अपनी आत्मा के करीब नहीं होते हैं। इसलिए लोग क्या कहते हैं, रिश्तेदार क्या कहते हैं, वे सब बातें छोड़ दो। तुम्हारी अंतरात्मा क्या कहती है, वह सुनो और उसी पर ध्यान दो। अगर तुम्हारी अंतरात्मा कह रही है कि नौकरी छोड़ दो, तो छोड़ दो।" वैसे भी मुझे नौकरी से बंधन ही लगता था। केवल आर्थिक सुरक्षा चाहिए थी, वह मेरी पत्नी ने मुझे दे दी। बस मैं मेरे जीवन में आध्यात्मिक मार्ग पर आगे बढ़ गया।

मुझे समाज में आए हुए भी काफी दिन हो गए थे और मेरा ध्यान भी बार-बार हिमालय की ओर जा रहा था, मैं समझ गया कि मेरा वापस जाने का समय आ गया है। वैसी अनुभूतियाँ होने लग गई थीं। फिर एक दिन मैंने वापस हिमालय की यात्रा पर निकलने का निर्णय लिया और पत्नी-बच्चों से मिलकर, आवश्यक सामान लेकर चल दिया। वापस कब आऊँगा, यह निश्चित नहीं था। मैं ट्रेन (रेलगाड़ी) से वापस गुवाहाटी आया और बसयात्रा कर हिमालय की ओर चल दिया। कहाँ जाना है, वह भी निश्चित नहीं था। एक शून्य की ओर चल दिया था। बस जा रहा था, कहाँ, वह भी नहीं मालूम था। कोई

अज्ञात शक्तियाँ मुझे अपनी ओर मानो खींच रही थीं। मेरी यात्रा चल रही थी किसी अज्ञात स्थान की तलाश में। एक-एक गाँव आते थे, मैं थोड़ा पड़ाव लेता था और फिर आगे बढ़ जाता था। फिर धीरे-धीरे रास्ते में गाँव भी लगने समाप्त हो गए। फिर हिमालय पर्वत से निकली हुई नदियाँ लगतीं जिनमें पानी का बहाव तेज होता था, पर गहराई अधिक नहीं होती थी। उन नदियों के किनारों पर कहीं-कहीं ही थोड़ी-थोड़ी बस्तियाँ दिखती थीं। फिर घने-घने जंगल आते थे जो लताओं से लिपटे हुए वृक्षों के होते थे। उन जंगलों का अपना एक संगीत होता था। पैरों की आवाज थोड़ी-सी भी होती थी तो कई मीलों तक सुनाई आती थी। वहाँ पर शांति का एक संगीत गूँजता रहता था जो मुझे अतिप्रिय था। पता नहीं, क्या हो गया था, मैं अधिक दिनों तक समाज में रह ही नहीं पाता था।

मनुष्य-बस्ती बाद में कम-कम होने लग गई थी और उसके साथ-साथ मेरे में भी निर्विचारिता स्थापित होने लग गई थी। वैचारिक प्रदूषण भी एक प्रकार का प्रदूषण ही है जो मनुष्य की बस्ती में पाया जाता है। यह महानगरों में तो अधिक ही होता है। इसी कारण उसमें अपना स्वयं का, अलग अस्तित्व ही नहीं रह जाता है। जो आसपास का समाज सोचता है, वही हम सोचते हैं क्योंकि आसपास, वायुमण्डल में इतने विचार होते हैं कि वे कुछ अपना स्वयं का सोचने ही नहीं देते हैं। पर इस वैचारिक प्रदूषण के बारे में मनुष्य-समाज को जानकारी ही नहीं है। अन्य प्रदूषणों से भी यह अधिक घातक है। इस जंगल में अपने-आपको इससे मुक्त पा रहा था। अपने-आपको अपने करीब ही पा रहा था। यहाँ पर जो शांति का एक संगीत चल रहा था, उसकी भी अपनी एक लय थी, ताल थी। वह भी बज ही रहा था और महसूस हुआ कि भीतर भी एक नाद चल रहा है जो उस बाहर के संगीत के साथ एकरूप हो रहा है। बड़ा अच्छा लग रहा था। टेलीफोन के एक खाली खंभे को कान लगाओ तो नाद सुनाई देता है, वैसा ही नाद मुझे मेरे सहस्रार चक्र पर सुनाई देने लग गया था और चलता, तो वह कम होता था, मैं स्थिर होकर बैठ जाता, तो वह बढ़ जाता था। मेरा एक प्रकार का खेल ही चल रहा था। वह नाद भी साथ-साथ ही चल रहा था। मैं प्रायः सुबह से दोपहर

तक चलता था और दोपहर से दूसरे दिन, सुबह तक किसी स्थान पर रुकता था। जब रुकता था, तो मेरे श्वास और प्रश्वास भी स्पष्ट सुनाई देते थे, इतनी शांति थी। इस श्वास के माध्यम से ही मनुष्य प्राणवायु को ग्रहण करता है। प्राणवायु शहरों में उतनी शुद्ध नहीं रहती है और लेने वाले भी अधिक होते हैं। यहाँ जंगल में प्राणवायु अधिक शुद्ध थी और लेने वाला मनुष्य तो मैं ही दिख रहा था।

मैं किसी निर्जन स्थान पर पहुँच गया था। अभी कुछ शिखरों पर बर्फ जमा थी और जब सूरज की किरणें उस पर पड़ती थीं, तो वह बर्फ भी चमकती थी। कुछ जगह बर्फ पिघल गई थी। जंगल में न तो कोई पगडण्डी थी और न ही कोई रास्ता था। सब जगह रास्ता बनाना पड़ रहा था क्योंकि इतना भीतर कोई आया ही नहीं था। इसी कारण आगे बढ़ने में दिक्कत आ रही थी। मेरे पास का खाने-पीने का सारा सामान भी समाप्त हो गया था। जंगल में जो लाई पत्ते मिल जाते थे, उन्हें ही उबालकर या कच्चा, जैसा हो पाता, खा लेता था। कहीं-कहीं कुछ फल भी मिल जाते थे। मेरी यात्रा चल रही थी। यहाँ के जंगल की विशेषता थी कि वृक्षों की ऊँचाई बहुत ही अधिक थी और सब पर लताएँ चढ़ी ही हुई थीं। मैं चलते-चलते एक बहुत बड़ी पहाड़ी की चोटी पर आ गया था। शाम होने वाली थी। कोई सहारा खोजना आवश्यक था। मैंने पहाड़ी के शिखर की दूसरी ओर, थोड़ा नीचे एक बड़ा-सा वृक्ष देखा जिसकी जड़ें बता रही थीं कि वह काफी पुराना था। उस वृक्ष के नीचे ही रात बिताने का निर्णय मैंने लिया। पता नहीं क्यों, वह वृक्ष मुझे आकर्षित कर रहा था। वह कुछ तो भी विशेष था, पर क्या विशेष था, वह पता नहीं था, पर रात मैंने वहीं बिताने का निर्णय लिया।

उस वृक्ष के पास मैं पहुँचा और बड़ी श्रद्धा के साथ उस वृक्ष को नमस्कार किया और उस वृक्ष से ही प्रार्थना की, "हे वृक्षराज, आपको देखकर मेरा मन प्रसन्न हो गया है। आपके दर्शन पाकर मेरा जीवन धन्य हो गया है। मैं सत्य की खोज में निकला हुआ एक यात्री हूँ और अगर आपकी आज्ञा हो, तो आज की रात मैं आपके आश्रय में बिताना चाहता हूँ।" ऐसा कहकर मैंने दोनों हाथों से वृक्ष

को छुआ और बाद में उसे नमस्कार किया। तो मुझे बहुत अच्छा लगा और मेरी सारी थकान ही चली गई।

मैंने उस वृक्ष के नीचे ही थोड़ी लकड़ियाँ जमाकर आग जलाई और वह रात वहीं बिताने का निश्चय किया। वास्तव में, वह वृक्ष पहाड़ी-शिखर की आड़ में होने के कारण हवा और आँधियों से सुरक्षित था। लेकिन उसके नीचे की ओर घनी झाड़ियाँ थीं, इन झाड़ियों में जानवर होने का खतरा था। फिर पता नहीं, मैंने वहीं रुकने का मन बना लिया। रात के समय हवा तेज चल रही थी, पर मैं उस शिखर की आड़ में सुरक्षित था। मैं इतना थका हुआ था कि रात में कब नींद लग गई, वह पता ही नहीं चला। सुबह जब थोड़ा प्रकाश होने लग गया, तो नींद खुली और ऐसा लगा मानो किसी ने जगाकर उठाया हो। मैंने सोचा, "यहाँ कौन हो सकता है?" पर जो लगा, वह भी सच था। पर मैं ही मेरे ऊपर हँसा कि यह मेरा ही वहम होगा, यहाँ पर कौन आ सकता है?

मैं दिनभर वहीं, आसपास ही घूमता रहा। वहाँ से जाने का मन ही नहीं हो रहा था। ऐसा तीन दिनों तक चला; रोज रात के समय उसी वृक्ष के नीचे जाकर सो जाता था, रोज मुझे, कोई अज्ञात शक्ति जगा रही है, ऐसा लगता था और उसका जगाना मुझे बड़ा अच्छा लगता था। ऐसा क्यों हो रहा था, पता नहीं, पर हो रहा था। मैंने मेरे जीवन में इतना अच्छा वृक्ष कभी भी नहीं देखा था। वह ऊँचा अधिक नहीं था, पर घना बहुत था और पहाड़ी की दूसरी ओर की ढलान पर था, फिर भी सालों से खड़ा ही था। किसी ध्यानस्थ ऋषि जैसा ही वह सदैव मुझे लगा और यह भी लगा कि इसके आसपास एक शक्ति का आभामण्डल-सा बना है और मैं उसके बाहर जा ही नहीं पा रहा हूँ। मैं बाहर जाने का प्रयास भी करता हूँ, तो भी घूमते-फिरते शाम हो जाती है और फिर शाम के समय इस वृक्ष के पास ही आ जाता हूँ।

मैंने फिर आखिर इस स्थिति में से निकलने के लिए गुरुआह्वान कर ध्यान ही करने का मन बनाया। गुरुदेव से प्रार्थना की, "गुरुदेव, जो जनमा है, वह एक दिन तो मरेगा ही। मुझे इस देह का कोई मोह

नहीं है। यह एक दिन तो जानी ही है। मैं जिस विषय में सोच रहा हूँ, वह है केवल गुरुकार्य जो आपने मुझे सौंपा है। वह कार्य ही मेरे जीवन का एकमात्र उद्देश है। उसी एक उद्देश को पूर्ण करने के लिए यह सारा जीवन समर्पित किया है। मैं यहीं पर अटककर रह गया, तो वह कार्य कौन करेगा? मैं तो तीन दिनों से यहाँ से निकलना चाह रहा हूँ, पर वृक्ष के मायाजाल से मैं निकल ही नहीं पा रहा हूँ। मुझे लग रहा है कि किन्हीं अज्ञात शक्तियों से मैं घिर गया हूँ। मैं चाहता हूँ—मैं यहाँ से बाहर निकलूँ और आत्म-अनुभूति का प्रसाद जो आपने मुझे दिया है, वह प्रसाद मैं उस प्रत्येक आत्मा तक पहुँचाऊँ जो आत्मा उसे ग्रहण करना चाहती है। अगर यह सब इसी जीवन में होना हो, तो हो, अन्यथा अगर अगले जीवन में होना हो, तो कोई बात नहीं है। यहाँ पर जो भी हो, वह आपकी इच्छानुसार हो। यहीं पर रखना हो, तो रखें और मुझसे गुरुकार्य इसी जन्म में कराना हो, तो यहाँ से बाहर निकालें। मैं यह सब आपके ऊपर सौंपता हूँ।" ऐसा कहकर मैं शांत हो गया और बाद में देखा, तो बड़ा अच्छा ध्यान लग गया था। मुझे अचानक वह स्थान ही चैतन्यपूर्ण लगने लग गया था। वास्तव में, आसपास की परिस्थिति तो समान ही थी, मेरा परिस्थिति की ओर देखने का नजरिया सकारात्मक हो गया था। ऐसा लगा कि ध्यान करने से हम वास्तव में हमारे गुरु से जुड़ जाते हैं। गुरु सकारात्मक सामूहिक शक्ति के साथ ही रहते हैं, इसीलिए उससे जुड़ने से हम सकारात्मक शक्तियों के साथ जुड़ जाते हैं और फिर हम सकारात्मक हो जाते हैं। एक बार हम सकारात्मक हो गए, तो सारा नजरिया ही बदल जाता है और विश्व भी शांत व सकारात्मक लगने लग जाता है। ऐसा ही अनुभव ध्यान के बाद मुझे आया।

वह स्थान इतना सुंदर था कि उस पेड़ पर बैठकर सामने के हिमालय के शिखरों की श्रृंखला भी देखी जा सकती थी। बहुत ही आनंददायक दृश्य था। मेरा कभी इस ओर ध्यान ही नहीं गया था। ऐसा लगता था—यह स्थान बड़ा ही सुंदर है। ऐसा लगा कि प्रकृति ने स्वयं ही, अपने हाथों से इस स्थान का निर्माण किया हो। मैंने उस वृक्ष के नीचे ही लकड़ियाँ तिरछी लगाकर एक छोटा-सा स्थान बना लिया था। वहीं पर रात के समय सो गया। सुबह उठा और फिर मैंने

वह स्थान साफ करने का निश्चय किया। मैंने वृक्ष के जिस तरफ वह स्थान बनाया था, उसकी विरुद्ध दिशा में, वृक्ष के पीछे एक ढलान थी। उस ढलान पर बहुत झाड़ियाँ थीं। मैंने उन झाड़ियों को साफ करना प्रारंभ किया तो अचानक मेरा ध्यान उस गुफा की तरफ गया जो झाड़ियों के पीछे थी। बाद में गुफा में झाँककर देखा तो काफी बड़ी लग रही थी। गुफा के भीतर कोई जानवर भी हो सकता था। यही सोचकर मैंने आसपास देखना शुरू किया कि कहीं कोई पंजों के निशान दिखते हैं क्या? लेकिन ऐसे कोई निशान नहीं थे। फिर मैंने तीन दिनों तक उस स्थान पर ध्यान रखा कि कोई उस गुफा में आ रहा है क्या, वहाँ से कोई निकल रहा है क्या? पर उन तीन दिनों में कोई भी जानवर न तो वहाँ से आया था और न ही गया था। मेरी जिज्ञासा बढ़ रही थी।

प्रकरण 2

गुरुदेव नागप्पा से भेंट होना

दूसरे दिन मैंने उस गुफा में जाने का निर्णय लिया। वह गुफा वहाँ हो सकती है, कोई सोच ही नहीं सकता था। ऊपर के वृक्ष की जड़ें उस गुफा के दरवाजे पर जाली का कार्य कर रही थीं। वह देखकर मैं यह समझ गया—कोई बड़ा जानवर तो यहाँ, अंदर आ ही नहीं सकता है। बड़ी कठिनाई से दो जड़ों को हटाकर मैंने भीतर प्रवेश किया तो मेरे शरीर के स्पंदन बढ़ गए। मेरे तालु भाग पर भी स्पंदन स्पष्ट रूप से अनुभव होने लग गए थे। मैं अपने अनुभव से समझ गया कि यह किसी मुनि की साधनास्थली ही है। हो सकता है अंदर भी कोई हो। मैं एक जिज्ञासा से भीतर घुसता गया। मेरे हाथ में एक जड़ी थी जो मोमबत्ती की तरह जल रही थी। अंदर अँधेरा था। मैं थोड़ी देर रुककर पहले उस अँधेरे से अभ्यस्त हो गया। अब मुझे थोड़ा-थोड़ा दिख रहा था। मैं फिर आगे बढ़ा तो देखा कि एक बड़े से पत्थर के सामने कोई मुनि ध्यान कर रहे थे। उनकी पीठ मेरी ओर थी। उनके आसपास उनका तेजस्वी आभामण्डल स्पष्ट दिख रहा था। मैंने अधिक देखने का प्रयास किया, पर चैतन्य के कारण मेरी आँखें ही बंद हो रही थीं। मैंने वहाँ पर रहकर उनकी साधना में विघ्न डालना उचित नहीं समझा और मैं धीरे-धीरे गुफा के बाहर हो गया। बाद में मेरी समझ में आ गया कि ये ही मुझे यहाँ से जाने से रोक रहे हैं, वे मिलना चाहते हैं। मैंने वहीं रहने का निर्णय किया। फिर रोज का नियम ही बन गया। उस गुफा के सामने की झाड़ियाँ साफ करता था, बाद में एक केले के पत्ते पर कुछ फूल लेकर उसे

उस गुफा के सामने रख देता था और नमस्कार करता था। तीन दिनों के पश्चात, मैं रोज की तरह फूल रख रहा था, तो देखा—वे मुनि उन जड़ों को हटाकर बाहर आ रहे थे। वे जैसे ही बाहर आए, मैंने उन्हें नमस्कार किया। वे छोटे-से कद के, साँवले-से, दुबले-पतले-से थे। उनकी आँखें बड़ी पानीदार थीं। उनके बाल भी अव्यवस्थित रूप से बढ़े हुए थे, दाढ़ी भी वैसे ही, अव्यवस्थित-सी फैली हुई थी। उनकी ऊँचाई पाँच फुट की रही होगी। नीचे, कमर पर एक पत्ता लंगोट जैसा लगा हुआ था।

वे बोले, "यह मेरे गुरुदेव का स्थान है। मैं यहाँ पर गुरुदेव की कृपा में आया और फिर यहीं का होकर रह गया। साऊथ (दक्षिण भारत) का रहने वाला हूँ। यहाँ ध्यान-साधना के कारण आया था। एक जीवंत गुरु की खोज में निकला था और बाद में यहाँ आया था। जब सालों भटकने के बाद मुझे मेरे गुरु मिले तो मैं उन्हें छोड़कर फिर कहीं भी जा ही नहीं सका। मैं तुम्हारा ही इंतजार कर रहा था।" मैंने कहा, "जो आज्ञा हो, बताइए।" वे मौन ही रहे। फिर अचानक बोले, "आत्मज्ञान की तलाश में मेरे गुरु यहाँ पर आए और यहीं रह गए। मैं यहाँ पर आया और मैं भी वापस समाज में नहीं जा सका। लेकिन मेरी इच्छा है कि जो आत्मज्ञान हमने प्राप्त किया है, वह समाज तक पहुँचे। जो प्राप्त करता है, वह इतना संवेदनशील हो जाता है कि वह उस स्थिति में नहीं रहता कि वह आत्मज्ञान समाज में बाँट सके। हमें हमारा ज्ञान समाज तक पहुँचाने के लिए कोई माध्यम चाहिए था। इसीलिए मैं आपकी राह देख रहा था। आपका जन्म ही माध्यम के रूप में हुआ है। आप जन्म से संदेशवाहक ही हो और इसी कारण अनेक गुरुओं ने आपको माध्यम बनाया है और मैं भी चाहता हूँ कि आप मेरा माध्यम बनकर मेरा कार्य करें, मुझे प्रसन्नता होगी।" मैंने बड़ी विनम्रता से उन्हें कहा, "आप जो भी आज्ञा देंगे, वह मेरे लिए सौभाग्य की बात होगी।" वे बोले, "जो मैं देना चाहता हूँ, उसके लिए तुम्हें यहाँ पर कुछ दिन रहना होगा, मेरे सान्निध्य में रहना होगा। तभी सुप्त आत्मज्ञान का हस्तांतरण संभव हो पाएगा। यह ज्ञान न तो दिया जा सकता है और न ही लिया जा सकता है। यह तो अनुभूति के माध्यम से ही हस्तांतरित हो सकता है।"

मैंने बाद में उन्हीं के साथ रहने का निर्णय किया। वे या तो बोलते ही नहीं थे या फिर जब बोलते थे, तो ऐसा लगता था कि सैलाब आ गया हो। एक बार वे बोले, "आध्यात्मिक मार्ग में आगे बढ़ने के लिए पहला कदम है—सद्गुरु पर विश्वास। क्योंकि विश्वास ही एक सकारात्मक भाव का निर्माण करता है। यह सकारात्मक भाव जब अपने भीतर विकसित होने लग जाता है, तो फिर सद्भावना का जन्म होता है। सबके प्रति सद्भावना रखने से अपना हृदयकमल विकसित होता है। इसीलिए कोई अपने प्रति कैसा भी भाव क्यों न रखे, हमें उसके प्रति अच्छा ही भाव रखना चाहिए, अपना हृदय सदैव स्वच्छ रखना चाहिए। वह क्या सोचता है, वह उसका मानसिक स्तर है। तुम उसके लिए क्या सोचते हो, वह तुम्हारा मानसिक स्तर है। सामने वाला मनुष्य नीचे के स्तर का है, तो तुम भी नीचे के स्तर तक जाकर बोलो, इसकी कोई आवश्यकता नहीं है। हमें अपना स्तर सदैव बनाए रखना चाहिए। मैं भी समाज का त्याग करके यहाँ पर आया था। जब मैं समाज में था, तो समाज का प्रभाव था, पर यहाँ आकर धीरे-धीरे सत्य को जाना, तो वह सत्य सोच से भी अलग था और जो जाना, मैं चाहता हूँ कि प्रत्येक साधनारत साधक वह जाने और जो गलतियाँ हमने कीं, वे गलतियाँ वह न करे। क्योंकि यह एक भटकाव है, उसमें ही सारी जिंदगी चली जाती है और अंततः हाथ में कुछ नहीं रहता है। बाद में, मृत्यु के क्षणों में, 'मैंने जीवन व्यर्थ गँवाया, यह भावना मनुष्य को होती है। मृत्यु के समय मनुष्य सत्य के एकदम करीब होता है। सब सच-सच मालूम पड़ जाता है। इस मार्ग में सारी कठिनाइयाँ शारीरिक स्तर पर ही होती हैं। उस स्तर से आत्मिक स्तर पर पहुँच जाने के बाद फिर सब आसान हो जाता है। पर शारीरिक स्तर से आत्मिक स्तर पर पहुँचना ही बड़ा कठिन कार्य है। कई लोगों का, कई साधकों का जीवन इसी स्तर को पार करने में ही बीत जाता है।"

"मेरा नाम नागप्पा है। मैं दक्षिण भारत का रहने वाला हूँ। मुझे मेरे जीवन में सत्य के दर्शन इसी स्थान पर आकर हुए हैं। समाज में सत्यशोधी पुरुषों का स्त्रियों से दूर भागना भी स्त्रियों के प्रति आसक्ति का दूसरा सिरा है। स्त्रियों की ओर आकर्षित होना एक

शारीरिक भाव है। उस भाव पर नियंत्रण करने के लिए एकदम दूसरा सिरा है—स्त्रियों को देखकर कामवासना जागृत होती है, ऐसा सोचना। दोनों ही दो अति के सिरे हैं और दोनों ही सत्य नहीं हैं। मुझे भी बताया गया था कि ध्यान-साधना करनी हो तो स्त्रियों से दूर रहना होगा। इसी सोच के कारण सत्यशोधी पुरुष भागकर यहाँ, जंगलों में ध्यान करने आते हैं। पर यह भी एक प्रकार के डर का ही दूसरा सिरा है। स्त्री का सबसे अच्छा रूप माँ का होता है। अगर स्त्रियों के प्रति तुम्हारे मन में वैसा ही पवित्र भाव है, जैसा माँ के लिए होता है, तो तुम्हारे आसपास कितनी स्त्रियाँ रहती हैं, उससे कोई अंतर नहीं पड़ता। मुख्य बात है—भाव; आप स्त्रियों को किस भाव से देखते हैं? उस भाव को बदलना आसान कार्य है। इस प्रकार से हिमालय में भाग आना कठिन कार्य है। ये सब बातें मैं अब कह रहा हूँ, यह एक कटु सत्य है, पर यह बताने कोई समाज में जाएगा ही नहीं, तो समाज यह कैसे जान पाएगा कि स्त्री और पुरुष, दोनों, एक ही सिक्के के दो पहलू हैं? दोनों के बिना कोई सिक्का पूर्ण नहीं कहलाएगा।"

"साधना करने की इच्छा रखने वाले व्यक्तियों को यह संदेश दो कि स्त्रियों को इस मार्ग की बाधा मत समझो। केवल उनके प्रति अपने भाव को बदलो। बस वह भाव बदलना आवश्यक है। देवी की प्रतिमा कितनी भी सुंदर क्यों न हो, मनुष्य के मन में कभी कामवासना जागृत नहीं होती है क्योंकि वह देवी की मूर्ति को माँ के रूप में देखता है। अगर साधक अपना नजरिया बदल दे, तो दुनिया की कोई भी स्त्री कितनी ही सुंदर हो, तो भी उस स्त्री के रूप की मोहिनी साधक पर कोई प्रभाव नहीं डाल सकती है। इसलिए अत्यंत आवश्यक है कि स्त्रियों के प्रति अपने भाव को बदलें। भाव को न बदलते हुए, भय के मारे इस प्रकार हिमालय में भाग आना कायरता है। वह कायरता मैंने की, लेकिन दूसरे वह न करें।"

"केवल अपने भीतर के भाव को बदलें। केवल यह भाव ही साधक को शारीरिक स्तर से आत्मिक स्तर पर ले जाने में सहायक सिद्ध होगा। एक बार आप शारीरिक स्तर को पार कर आत्मिक स्तर तक पहुँच जाते हैं, तो यह बात कोई मायना ही नहीं रखती है

क्योंकि आपका नजरिया दूसरे को आत्मा के रूप में देखने का हो जाता है। फिर वह शरीर स्त्री का हो या पुरुष का, क्या फर्क पड़ता है? पर यह सब आत्मज्ञान-प्राप्ति के बाद ही पता चलता है। क्योंकि बाद में तो सामने से आने वाला व्यक्ति स्त्री है या पुरुष, यह भी पता नहीं चलता, प्रत्येक का आत्मस्वरूप ही नजर आता है। जब अपनी आत्मा का नियंत्रण शरीर पर हो जाता है, तब आत्मा भी सामने वाली आत्मा को ही देखती है; सामने आने वाली आत्मा कैसी है? अच्छी है, बुरी है, पुण्यात्मा है, पापात्मा है। सारा नजरिया ही बदल जाता है। वह यह नहीं देखती कि सामने आई हुई आत्मा स्त्री है या पुरुष है। क्योंकि यह भेद तो शरीर का है और शरीर तो नाशवान है, शरीर तो आत्मा का आवरण है। वह आवरण स्त्री का हो या पुरुष का हो, क्या फर्क पड़ता है? जब तक आत्मा आवरण के अधीन रहती है, तब तक सामने वाले का आवरण ही दिखता है, पर जब आवरण आत्मा के अधीन हो जाता है, तब केवल आत्मा ही दिखती है।"

"इसका ज्ञान बहुत बाद में, अंतिम स्थिति में होता है। उस अंतिम स्थिति तक पहुँचने के लिए जो भी साधक चलते हैं, वे सब एक-सा ही सोचते हैं। यह सोचना आज का नहीं है। श्री गौतम बुद्ध, श्री महावीर भी ऐसा ही सोचकर सबकुछ त्यागकर जंगल में आ गए थे। लेकिन बाद में, अंतिम स्थिति में यह ज्ञान उन्हें भी हो गया था। सबकुछ मनुष्य के भाव पर ही निर्भर होता है। एक तो पवित्र भाव और दूसरा, पवित्र भाव वाली सामूहिकता, ये दोनों मनुष्य को नर से नारायण बनाते हैं। नारायण कहीं बाहर नहीं है। नारायण नर के ही भीतर छुपा हुआ, आत्मा के रूप में परमात्मा का स्वरूप है। एक बार वह, नारायण का स्वरूप मनुष्य के भीतर प्रकट हो जाता है, तो फिर सब बाहरी भेद समाप्त हो जाते हैं। नर तो नारायण में ही विलीन हो जाता है। तो जब अपना नर ही नारायण हो गया, तो दूसरे का नर कैसे नजर आएगा। यह नर सबकुछ नहीं है, केवल आवरण है। भीतर का परमात्मा एक है। वह सबके भीतर समान ही होता है। जब आत्मदीपक जल जाता है और आत्मा का प्रकाश हो जाता है, तब सब स्पष्ट-स्पष्ट दिखाई देता है और आत्मस्वरूप इतना स्पष्ट दिखाई देता है कि देह का आवरण नजर ही नहीं आता

है। यह स्थिति बिल्कुल ऐसी ही है जैसे रात होने पर अँधेरे में तारे नजर आते हैं, पास घूमने वाले जुगनू भी नजर आते हैं पर सूर्योदय होने पर सब अदृश्य हो जाते हैं। फिर न तो आकाश में कोई तारा दिखता है और न ही जमीन पर कोई जुगनू दिखता है, बस दिखता है तो सूर्य का प्रकाश। ठीक ऐसा ही है। जब भीतर का आत्मा का सूर्य उदय होता है, तो आत्मा के प्रकाश में सब भेद समाप्त हो जाते हैं, सब आवरण लुप्त हो जाते हैं; स्त्री-पुरुष का लिंगभेद समाप्त हो जाता है, जाति और धर्म का आवरण समाप्त हो जाता है, सुंदर और बदसूरत का भेद समाप्त हो जाता है। ये सब शरीर के भेद हैं, आत्मा तो एक ही है।"

"पुरुष के शरीर की संरचना और स्त्री के शरीर की संरचना में अंतर है और इसी संरचना के कारण भेद है स्वभाव का। स्वभाव शरीर से संबंधित है। पुरुषशरीर में अहंकार की प्रधानता होती है। यह अहंकार पुरुषशरीर का मूल स्वभाव है। कर्ता का अहंकार पुरुष में इसलिए अधिक होता है क्योंकि वह कार्य को अधिक प्रधानता देता है। कार्य की प्रधानता पुरुषशरीर का स्वभाव है, पर यह कार्य करने की शक्ति, यह कार्य करने की प्रेरणा उसे स्त्री के शरीर के माध्यम से ही मिलती है। स्त्री का शरीर भावनाप्रधान होता है। भावना-प्रधानता के कारण उनमें समर्पण का भाव अधिक होता है। इसलिए उनकी गुणग्राहकता अधिक होती है। वह शक्तियाँ ग्रहण कर सकती है और शक्तियाँ ग्रहण कर उन्हें क्रियान्वित करने के लिए पुरुष को प्रेरित कर सकती है। यही कारण है कि प्रत्येक सफल पुरुष की प्रेरणा कोई-ना-कोई स्त्री ही होती है। सर्वस्व देने की क्षमता जितनी स्त्री में होती है, उतनी पुरुष में नहीं होती है। क्योंकि देना उसका दूसरा सिरा है और पाना उसका पहला सिरा है। जो सर्वस्व पा सकता है, वही सर्वस्व दे सकता है। यह स्त्रीशरीर का मूल स्वभाव है और जब तक पुरुष भी स्त्री के मूल स्वभाव तक नहीं पहुँचता, तब तक वह सद्गुरु नहीं हो सकता है। यानी कोई भी पुरुष जब तक स्त्री नहीं बनता, वह संपूर्ण आत्मस्वरूप नहीं हो सकता और जब तक आत्मस्वरूप नहीं होता, वह दूसरी आत्मा को जन्म नहीं दे सकता है। गुरु को भी शिष्य को जन्म देना पड़ता है।"

"शिष्य के आत्मा का जन्म शिष्य के गुरु से होता है। गुरु तो आत्मा की माँ है। जिस प्रकार माँ अपना सर्वस्व देकर बच्चे को जन्म देती है, ठीक वैसे ही गुरु भी अपना सर्वस्व देकर शिष्य को जन्म देते हैं। किसी शिष्य की आत्मा को जन्म देना, यह कार्य एक आत्मसाक्षात्कारी सद्‌गुरु ही कर सकते हैं। यह सद्‌गुरु युगपुरुष होते हैं। जिस प्रकार से दो सूर्य नहीं हो सकते, जिस प्रकार, माँ जो जन्म देती है, वह केवल एक ही होती है, वैसे ही आत्मा को जन्म देने वाले सद्‌गुरु भी एक ही होते हैं। इस सद्‌गुरु तक पहुँचना बड़ा कठिन है। जन्मों-जन्मों की साधना के बाद आत्मजागृति प्राप्त हो सकती है। आत्मज्ञान विश्व का अंतिम ज्ञान है। क्योंकि वह ज्ञान हो जाने पर सारा ज्ञान प्राप्त हो जाता है। एक बार आत्मसूर्य जागृत होने के बाद शरीर के सब भेद समाप्त हो जाते हैं। इसलिए आध्यात्मिक क्षेत्र में स्त्री और पुरुष ऐसा कोई भेद नहीं है और न ही स्त्रियों से दूर भागने की आवश्यकता है। केवल अपने भीतर के पवित्र भाव को जागृत करने की आवश्यकता है। स्त्रीशरीर और पुरुषशरीर दोनों ही एक-दूसरे के पूरक हैं। एक के बिना दूसरे के बारे में सोचा भी नहीं जा सकता है। कोई कितना भी बड़ा महापुरुष हो, वह पुरुष जनमा तो स्त्री की ही योनि से है। यानी स्त्री के बिना पुरुष का जन्म संभव ही नहीं है। ठीक इसी प्रकार, बिना स्त्री के आत्मा का जन्म भी संभव नहीं है। सद्‌गुरु जब स्त्री बनता है, जब सद्‌गुरु का स्वभाव भी स्त्री के समान कोमल और दात्री जैसा होता है, तभी वह किसी शिष्य को जन्म दे सकता है।"

बातें करते हुए गुरुदेव मुझे उस गुफा के भीतर, और अंदर की ओर ले गए और उन्होंने बताया, "यह जो पत्थर है, उसी पर बैठकर मेरे गुरुदेव ध्यान-साधना करते थे। इसलिए मैं भी उसी पत्थर के सामने बैठकर ध्यान-साधना करता हूँ।"

ऊपर, पहाड़ से आ रहा पानी एक स्थान पर बूँद-बूँद लगातार गिर रहा था। वहाँ एक खड्‌ढा हो गया था। पानी वहाँ से बहकर नीचे, ढलान की ओर जा रहा था और नीचे एक गड्‌ढे में एकत्र हो रहा था। एक छोटी-सी नाली-सी ही बन गई थी। गुरुदेव ने कहा, "ध्यान में अपने शरीर की आवश्यकता भी कम हो जाती है और

गतिविधियाँ भी कम हो जाती हैं। इसीलिए मैं भी गुफा के बाहर कम ही निकलता हूँ। यहाँ का काफी परिसर मैंने देखा हुआ है। गुरुदेव जब थे, तब मैं लकड़ियाँ लेने व फल-फूल लेने के लिए बहुत घूमता था। गुरुदेव के देहत्याग करने के बाद से मेरा बाहर घूमना धीरे-धीरे कम हो गया है। उनके देहत्याग करने के बाद ही मैं उन्हें जान पाया था। जब जीवित थे, तब तक मैं उन्हें कभी नहीं समझ सका। वे एकदम सामान्य मनुष्य जैसे लगते थे। एक आदिवासी, जंगली मनुष्य के समान ही दिखते थे। वे यतिपुरुष थे। उनके हाव-भाव, उनकी बातें, उनका व्यवहार एकदम सामान्य था। असामान्य थी अनुभूति; उनके साथ हुई अनुभूतियाँ असामान्य थीं। वे भी मनुष्य-समाज से यहाँ आए और बाद में यहीं के होकर रह गए। मैं भी दक्षिण भारत से पैदल चलकर, भटकते-भटकते यहाँ आया और यहीं का होकर रह गया। यह स्थान ही ऐसा है कि यहाँ आने पर कहीं जाने का मन ही नहीं होता है। हिमालय में ऐसे कई स्थान हैं। उन स्थानों का अपना आभामण्डल है और उस आभामण्डल में पहुँचकर मनुष्य को पूर्ण प्राप्ति हो जाती है, पूर्ण समाधान हो जाता है। फिर उस स्थान को छोड़कर मनुष्य कहीं भी नहीं जा सकता है। इन स्थानों तक पहुँचना प्रत्येक आत्मा का उद्देश होता है। कई जन्मों के प्रयास के बाद आत्मा उस स्थान तक पहुँचती है क्योंकि वहाँ पर पहुँचने के बाद कहीं जाना बाकी ही नहीं रह जाता है। यहाँ पहुँचकर आज मैं भी यहीं का होकर रह गया हूँ। अब मुझे भी कहीं जाने की इच्छा नहीं रह गई है।"

मैंने बड़ी विनम्रता से गुरुदेव से प्रार्थना की, "गुरुदेव, बहुत ही कम भाग्यशाली आत्माएँ हैं जो इन गुरुक्षेत्रों तक अपने जीवन में पहुँच पाई हैं और यह सफर अनेक जन्मों का है। मुझे भी यहाँ तक पहुँचने में 800 साल लग गए हैं। पर पिछले 800 सालों से जो एक ही लक्ष्य रखकर साधना की है, सालों से अपने-आपको मुक्त रखा है, सबके लिए तो यह सब करना असंभव है। इसी कारण आत्मसाक्षात्कारी-पुरुषोंरूपी माध्यम समाज तक नहीं पहुँच पाए हैं। आज मनुष्य-समाज की अवस्था बहुत खराब है। आपके समय जो भी रही होगी, आज उससे भी खराब स्थिति है। चित्त को नष्ट किया

जा रहा है। सभी ओर वैचारिक प्रदूषण फैला हुआ है और आत्मा अपना अस्तित्व खो रही है। जो धर्म मनुष्य के आत्मा को जागृत करने के लिए बनाए गए थे, वे सब पुस्तकों तक ही सिमटकर रह गए हैं। आज मनुष्य उन्हीं धर्मों को मुद्दा बनाकर समूची मनुष्यता को ही नष्ट करने पर तुला हुआ है। जब इस धरती पर मनुष्य ही नहीं रहेंगे, तो धर्मों को कौन पूछेगा? सब धर्म महापुरुषों ने केवल मनुष्य-धर्म को बचाने के लिए बनाए थे। आज उन्हीं धर्मों को आधार बनाकर मनुष्य आपस में झगड़ रहे हैं। मनुष्य, मनुष्य को धर्म के आधार पर मार रहा है। सारी, समूची मनुष्यता ही नष्ट हो रही है। यह मनुष्यता का पतन है। आज के धर्म अनुभूतिविहीन हैं, पुस्तकों में सिमटे हुए हैं। पुस्तकें हजारों साल पुरानी हैं। उनकी भाषा आज के युवाओं को नहीं समझती है। आज की युवा पीढ़ी आध्यात्मिक मार्ग से दूर हो रही है। हजारों साल पुरानी पुस्तकें आज के परिवेश में उपयुक्त नहीं मालूम पड़ती हैं। पुस्तकें निर्जीव हैं और धर्म सजीव अनुभूति है, वह निर्जीव पुस्तकें नहीं करा सकती हैं। आज सजीव ज्ञान की आवश्यकता है। सजीव ज्ञान के लिए किसी सजीव माध्यम की आवश्यकता है। जब तक कोई सजीव माध्यम इस हिमालय के गुरुक्षेत्र से मनुष्य-समाज में वापस यह ज्ञान लेकर नहीं जाता, यह सारा ज्ञान इस हिमालय की वादियों में रहस्य बनकर रह जाएगा। क्योंकि यहाँ जो पहुँचा, वह यह पाएगा, पर प्रश्न है—यहाँ पहुँचेगा कौन और पाएगा कौन? सामान्य मनुष्य के लिए तो यह कल्पनामात्र है। वह चाहकर भी यहाँ कभी नहीं पहुँच सकता। यहाँ पहुँचने के लिए एक जन्म काफी नहीं है। मुझे भी यह अनुभव आया है। तो क्या यह ज्ञान हिमालय की इन गुफाओं में ही सिमटकर रह जाएगा और मनुष्य धर्म की अज्ञानता से मनुष्य-समाज को ही नष्ट कर देगा? जब सारी मनुष्य-जाति ही नष्ट हो जाएगी, तो फिर यह ज्ञान ग्रहण कौन करेगा? कोई ग्रहण करने के लिए ही नहीं रहेगा। क्योंकि अभी ऐसा ही हो रहा है, सारा विश्व ही समाप्त हो रहा है। आज मनुष्य को बचाना बहुत जरूरी हो गया है। भविष्य में आने वाले खतरों से मनुष्य को कोई बचा सकता है, तो वह है मनुष्यता। अगर मनुष्यता बची रही, तो ही मनुष्य बचा रहेगा। आज तो मनुष्यता ही खतरे में

है। यह आत्मज्ञान का प्रकाश अगर आज समाज तक नहीं पहुँचा, तो बाद में बहुत देर हो जाएगी। आने वाली प्रलय में मनुष्य को कोई बचा सकता है, तो वह है मनुष्यता। मनुष्य की सामूहिक इच्छाशक्ति ही एकमात्र उपाय है जो मनुष्य को बचा सकता है। भविष्य में, आगे बड़ा अंधकार दिख रहा है। इसलिए, गुरुदेव, इस ज्ञान को मैं मनुष्य-समाज तक पहुँचा सकूँ और एक पवित्र, निखालस माध्यम बन सकूँ, ऐसा मुझे आशीर्वाद दीजिए।"

गुरुदेव एकदम गंभीर हो गए। वे बोले, "आने वाला समय बहुत खराब है। अनेक संकटों को मनुष्य स्वयं अपनी अज्ञानता से ही आमंत्रित करने वाला है। वैचारिक प्रदूषण से भी कई असंतुलन प्रकृति में निर्मित होने वाले हैं। उन सबके परिणाम मनुष्य को ही भोगने होंगे। इन सबसे बचने का एकमात्र मार्ग है—सकारात्मक सामूहिक शक्तियों का उदय। क्योंकि नकारात्मक शक्तियाँ संगठित होकर प्रयास करेंगी। इस मनुष्यता को नष्ट करने के सामूहिक प्रयास भविष्य में प्रारंभ होंगे। जितने सामूहिक प्रयास होंगे, उनसे घबराकर मनुष्य और भयभीत होगा और बिखर-सा जाएगा। इसके लिए आवश्यक है—सामूहिकता में सकारात्मक प्रयास क्योंकि सामूहिक शक्ति ही मनुष्य को भविष्य के खतरे से बचा सकती है। एकाकी मनुष्य का अस्तित्व ही खतरे में पड़ जाएगा। एक मनुष्य के पीछे अगर सामूहिक नकारात्मक शक्तियाँ लग जाएँ, तो उस मनुष्य को तो वे नष्ट कर ही देंगी। नकारात्मक सामूहिक शक्तियों का सामना सकारात्मक सामूहिक शक्तियों द्वारा ही किया जाएगा और कोई, दूसरा मार्ग नहीं है। मेरा आशीर्वाद है—तुम भविष्य में मनुष्यता के अच्छे माध्यम सिद्ध होओगे। तुम्हारा जन्म ही सकारात्मक सामूहिक शक्तियों के संयुक्त प्रयास से हुआ है। सामूहिक शक्तियों ने तुम्हारा निर्माण विशेष रूप से इसी के लिए किया है। तुम्हारा जन्म ही सकारात्मक सामूहिक शक्तियों का उदय है। तुम्हारा जीवन भी निमित्य (निमित्त) है। क्योंकि सकारात्मक शक्तियों का कार्य तो तुम्हारे जीवनकाल के बाद प्रारंभ होगा। तुम उनके प्रेरणास्थान बनोगे। तुम्हारा जीवन उनका गुरुक्षेत्र होगा।"

"तुम्हारे गुरुक्षेत्र तक पहुँचकर वे आत्म-अनुभूति को प्राप्त करेंगी, आत्मशांति को प्राप्त करेंगी। तुम्हारा जीवन एक नई आध्यात्मिक क्रांति की शुरुआत है। मैंने भी तुम्हें माध्यम जानकर ही बुलाया है। मैं भी सभी तपस्वियों की तरह स्त्रियों से दूर भागने की प्रवृत्ति के कारण ही यहाँ जंगल में भाग आया हूँ। पर मैंने भी यहाँ ध्यान-साधना कर यह जाना कि हम जब तक शारीरिक स्तर पर रहते हैं, तभी हमें स्त्री-पुरुष का भेद नजर आता है। आत्मिक स्तर पर आने पर दोनों में कोई अंतर नहीं है। पर यह ज्ञान भी मैंने यहाँ आकर, अनुभव लेकर ही सीखा है। परमात्मा आत्मा के रूप में प्रत्येक के भीतर ही बसता है। वह एक ही है। हम बाहर से ही अलग हैं, भीतर से एक ही हैं। इसलिए बाहर के भेद देखने की जगह भीतर झाँको, तो सत्य सामने आ जाएगा। पर यह ज्ञान होने के बाद समाज में कोई गया ही नहीं है। इसलिए मेरी इच्छा है कि तुम यह ज्ञान लेकर समाज में जाओ और जो भी साधक इस आत्मज्ञान की राह पर इसे खोजने निकले, उन्हें यह राह दिखाओ। यही बात कहकर यह ज्ञान मेरे गुरु ने मुझे दिया था और कहा था—तेरा यहाँ से जाना असंभव है, पर जब इस आत्मज्ञान के प्रसार का समय आ जाएगा, तब कोई-ना-कोई माध्यम बनकर यहाँ आएगा। जब तुम यहाँ आए, तभी मैं समझ गया कि वह समय आ गया है। पर यह इंतजार इतना लंबा हो गया था कि मुझे लग रहा था कि शायद मेरी उम्र ही समाप्त हो जाएगी इस इंतजार में। पर अच्छा है कि तुम आ गए हो। यह एक बड़ा शुभ संकेत है।"

"मनुष्य का स्वभाव है—सामान्यतः नकारात्मक बातें आसानी से सीख लेता है। क्योंकि वे उसके स्वभाव के अनुकूल ही होती हैं। पर सकारात्मक बातें सीखने में समय लगता है और इसलिए लगता है क्योंकि वे बातें मनुष्य-स्वभाव के प्रतिकूल होती हैं। इसी कारण नकारात्मक सामूहिकता का प्रभाव व्यापक स्तर पर आसानी से हो सकता है। सकारात्मक सामूहिकता हमें केवल 'गुरुचरण' पर ही प्राप्त होती है। 'गुरुचरण' से मेरा आशय किसी सामान्य गुरु के चरणों से नहीं है। 'गुरुचरण' से मेरा आशय किसी आत्मसाक्षात्कारी संत के चरणों से है। जिसने लाखों लोगों की सामूहिकता प्राप्त की हो, जिसके सान्निध्य में आत्मा की अनुभूति होती हो, जो अनुभूति

प्रत्येक व्यक्ति कर सकता हो, ऐसे गुरु विरले ही होते हैं। क्योंकि ये अपने अंतिम जन्म में ही यह कार्य कर पाते हैं, बाकी सारे जन्म इनके ध्यान-साधना में ही बीतते हैं। ये अपने ज्ञान का खजाना अपने अंतिम जन्म में लुटाकर, इस तरह खाली होकर, मुक्त होकर मोक्ष-प्राप्ति करते हैं और लाखों लोगों के साथ करते हैं क्योंकि इनका अपना अलग अस्तित्व नहीं होता है। ये अपना सारा अस्तित्व बाँटकर ही मोक्ष-प्राप्ति कर सकते हैं।"

"चलो, अब सो जाओ। यह विषय बहुत गहरा है। इसे धीरे-धीरे ही समझो तो अच्छा है। कल हम दोनों भी बाहर लकड़ियाँ बीनने साथ में चलेंगे और मैं तुम्हें बाहर की जानकारी दूँगा।" बाद में हम दोनों भी सोने चले गए। मैं दरवाजे के पास ही सो गया था।

श्री गुरुदेव के साथ मैं दूसरे दिन सुबह-सुबह ही निकल पड़ा। कई स्थानों पर बर्फ जमा हो गई थी और काफी कड़ी हो गई थी, एकदम पत्थर जैसी ही हो गई थी। वहाँ पर से सँभल-सँभलकर चलना पड़ रहा था। कुछ वृक्षविशेष थे जिनकी छाल इकट्ठा करने का कार्य उन्होंने मुझे दिया था। उनका कहना था कि उस छाल को भुंजकर, सेककर खाया जाता है ताकि शरीर का तापमान ठण्ड में भी गरम बना रहे।

काफी जगह बर्फ पिघल गई थी। वहाँ पर अलग-अलग प्रकार की वनस्पतियाँ उग आई थीं। उन्हें भी खाने के लिए तोड़ लिया और उन्हें केले के पत्तों में बाँधकर रख दिया। गुरुदेव ने कहा, "आत्मा जब शरीर का उपयोग माध्यम के रूप में करती है, तो आवश्यक ही है—शरीरधर्म का पालन किया जाए। इसीलिए तुम भी अपने शरीरधर्म का ध्यान रखो। प्राय: यह देखा गया है कि योगी का सारा ध्यान भीतर के आत्मधर्म पर ही केंद्रित हो जाता है और वे अपने शरीर की ओर ध्यान नहीं देते हैं। लेकिन मैंने ऐसा नहीं किया और मैंने साथ-साथ शरीरधर्म का भी पालन किया, शरीर की आवश्यकताएँ भी पूर्ण कीं। तभी मैं तुम्हारे यहाँ पर आने तक जीवित रहा हूँ। क्योंकि मेरा भी एक उद्‌देश था और वह उद्‌देश मेरा शरीर ही पूर्ण कर सकता था, इसलिए शरीर की ओर ध्यान

रखना पड़ता था। मेरा कार्य तो बहुत छोटा है, तुम्हारा कार्य तो बहुत बड़ा है। तुम्हारे लिए आवश्यक है कि तुम शरीर के धर्म का, शरीर की आवश्यकताओं का ध्यान रखो ताकि शरीर स्वस्थ बना रहे और उसके माध्यम से अधिक-से-अधिक कार्य हो सके। शरीर महत्त्वपूर्ण नहीं है, कार्य महत्त्वपूर्ण है, पर कार्यरत रहने के लिए शरीर की आवश्यकता है। तुम भी जीवन में शरीरधर्म का पालन करो। तभी अच्छा गुरुकार्य हो सकता है। गुरुकार्य ही एक ऐसा कार्य है जो हमें आत्मसमाधान देता है।"

"हमें भौतिक साधनों से सुविधाएँ मिल सकती हैं, आराम मिल सकता है, पर सुख की प्राप्ति नहीं हो सकती है। सुख की प्राप्ति भीतर से ही होती है और वह सुख दूसरे को भीतर से सुखी करने पर ही प्राप्त होता है। यह अनुभव तुम्हें भी जीवन में आएगा। इस आनंद की तुलना केवल माँ के आनंद से की जा सकती है। एक माँ जब अपने बच्चे को नौ माह पेट में पालती है, तो माँ का बच्चे के साथ सूक्ष्म रूप से जुड़ाव हो जाता है। उस बच्चे को माँ जब अपनी प्रसववेदना सहनकर जन्म देती है, तो उस बच्चे को देखकर वह सारी प्रसववेदना भूल जाती है और उस क्षण आत्मिक आनंद को प्राप्त करती है। बच्चे के बढ़ने के साथ-साथ यह आनंद भी बढ़ता है। तो सोचो कि एक शरीर के जन्म से इतनी खुशी मिलती है, तो आत्मा के जन्म से कितनी खुशी मिलेगी? और वह आत्मानंद तो केवल अनुभव लेकर ही जाना जा सकता है। यह सुख जितना तुम्हारे माध्यम से लोगों को दिया जाएगा, जितनी आत्माएँ यह सुख प्राप्त करेंगी, उतना ही शाश्वत सुख तुम स्वयं भी पाओगे। क्योंकि पृथ्वी गोल है; जो हम दूसरों को देते हैं, वही हम कई गुना वापस पाते हैं।"

कुछ टूटी हुई डालियाँ-लकड़ियाँ हमने जलाने के लिए इकट्ठा कीं। बार-बार आना भी संभव नहीं होता था। गुफा के भीतर ही सुरक्षित वातावरण था, बाहर वातावरण में बड़ी ठण्ड थी। शरीर का तापमान बनाए रखने के लिए चलते रहना ही आवश्यक होता था। बाहर तेज हवा भी चल रही थी। शाम के पूर्व हमें वापस गुफा

तक पहुँचना था। तेज बहने वाली हवा एक निश्चित दिशा का ज्ञान करा रही थी।

यहाँ पर भी कबूतर काफी बड़ी मात्रा में दिख रहे थे। मेरी इस पक्षी से मित्रता हो गई थी, एक प्रकार का लगाव-सा हो गया था। क्योंकि मैं कहीं भी रहा था, कितनी ही कठिन से कठिन जगह रहा था, यह पक्षी सदैव मेरे साथ रहा था। प्रायः इसे जोड़ी में ही देखा था। वह सब स्थानों पर मेरे साथ था ही। यह गरम प्रदेशों में भी रहता था, ठण्डे प्रदेशों में भी रहता था। निर्जन स्थानों पर रहने के लिए ये अभ्यस्त थे। इनका रंग प्रायः तो स्लेटी या भूरा ही होता है, पर लाल, काले, सफेद रंग का मिश्रण भी इनमें देखा गया है। इन्हें पारवा भी बोलते हैं। यह पक्षी बचपन में मुझे मंदिरों में अधिक दिखता था। इसलिए इसे मैं देवदूत कहता था और तबसे यह सदैव मेरे साथ ही रहा है। इसी कारण इससे मुझे एक लगाव-सा हो गया है।

गुरुदेव के साथ में समय का पता नहीं चलता था। सूर्योदय होता था, सूर्यास्त होता था, फिर सूर्योदय होता था, सूर्यास्त होता था। सबकुछ एक गति से चल रहा था।

मेरे गुरुदेव उनके गुरुदेव के साधनास्थल, जो एक बड़े पत्थर के रूप में था, उसके सामने बैठकर ही साधना करते थे। वे कहते थे, "मेरे गुरुदेव का चैतन्य मैं आज भी इस पत्थर से अनुभव कर रहा हूँ। पत्थर का कोई आकार नहीं है, पत्थर की कोई प्रतिमा नहीं है, फिर भी उस पत्थर से मुझे मेरे गुरुदेव के चैतन्य की अनुभूति होती है। इस पत्थर की एक विशेषता है। यह अत्यंत छोटे-छोटे कणों से बना हुआ है और यही कारण है कि इस पत्थर में लाखों कणों की सामूहिकता है। ये कण तो मेरे से भी अधिक भाग्यवान हैं। उन्हें गुरुदेव का सान्निध्य मिला है; मुझसे अधिक सान्निध्य इन पत्थर

के कणों को मिला है और इन पत्थर के कणों ने इसे आज तक सँभालकर रखा है।"

"पत्थर, कहते हैं कि निर्जीव होते हैं। पर उन्हें अगर किसी सजीव का सान्निध्य मिल जाए, तो उस सजीव के सान्निध्य को वे सँभालकर रखते हैं। मेरे गुरुदेव के स्पंदनों को भी इस पत्थर ने आत्मसात कर लिया है। तुम थोड़े समय उसके पास बैठो और उसे समर्पित भाव से देखो, तो यह अनुभूति होगी।" ऐसा कहकर गुरुदेव ने मुझे उस बड़े पत्थर के सामने बिठाया। मैं वज्रासन की मुद्रा में बैठ गया। दोनों हाथ जो मैंने सामने किए थे, उनमें चैतन्य अनुभव होने लग गया था, प्रमुख रूप से हाथों की अँगुलियों के सिरों पर और वह स्पंदन पूरे शरीर में फैल गया। मेरी रीढ़ की हड्डी में एक चैतन्य की लहर नीचे से ऊपर बह रही है, ऐसा अनुभव हुआ। मूलाधार पर प्रथम गरम महसूस हुआ और मलद्वार से कुछ गरम-गरम हवा पृथ्वी की ओर खींची जा रही है, ऐसा लगा। मैंने उसे जाने दिया। मैं केवल, जो हो रहा था, उसे साक्षीभाव से देख रहा था।

मेरा मलद्वार आकुंचन कर रहा था, फैल रहा था। यह क्रिया बार-बार, तेजी से हो रही थी और फिर महसूस किया कि मेरी रीढ़ की हड्डी में कुछ तेजी से ऊपर की ओर उठ रहा है। वह शक्ति जो उठ रही थी, वह भी कम और अधिक हो रही थी। होते-होते वह हृदय चक्र तक धीरे-धीरे पहुँच ही गई थी। बाद में उसका हृदय चक्र पर ही विस्तार-सा हो गया और वह सारे शरीर में फैल गई। अनायास ही मेरी रीढ़ की हड्डी एकदम सीधी हो गई और उसी का ही अस्तित्व है और बाकी शरीर कुछ नहीं है, ऐसा अनुभव होने लगा था। धीरे-धीरे सारा शरीर ही ठण्डा पड़ता गया। मेरे हृदय में मैं असीम शांति का अनुभव कर रहा था। यह सारी अनुभूति मुझे मेरे गुरुदेव के सान्निध्य के कारण मिली थी क्योंकि वे मेरे साथ थे।

मैंने बचपन में सुना था—किसी भी पवित्र स्थान पर जाओ, किसी भी तीर्थक्षेत्र में जाओ तो अपने गुरु के साथ जाओ। ऐसा क्यों कहते थे, वह पता नहीं था। पर लगा कि आज का अनुभव यह बताता है कि किसी पवित्र स्थान पर अगर आप अपने गुरु के

साथ जाते हैं, तो वे गुरु उस स्थान के चैतन्य को ग्रहण करेंगे और आपको उस चैतन्य का लाभ अनायास ही हो जाएगा। इसलिए गुरु के साथ किसी पवित्र स्थान पर जाने का बड़ा महत्त्व बताया गया होगा। आज उसका अनुभव मुझे भी जीवन में हुआ। हम जीवन में कितना भी पढ़ें या कितना भी सुनें, वह जब तक अनुभव नहीं होता, तब तक वह संपूर्ण समझ में नहीं आता है। एक अनुभूति ही मनुष्य को सब समझा देती है। यह ठीक ऐसा ही है कि शक्कर कितनी मीठी है, उसके ऊपर एक पुस्तक लिख दो और कोई वह पूरी पुस्तक भी पढ़ ले, तो भी शक्कर कितनी मीठी लगती है, वह जान नहीं सकता है। उससे अच्छा है कि एक चिमटीभर चुटकीभर) शक्कर ही उसे खिला दो। वह सब जान जाएगा कि शक्कर कितनी मीठी होती है और यह अनुभूति उसे जीवनभर शक्कर की मिठास की याद कराएगी। आत्मज्ञान का भी ऐसा ही है। कितनी ही बातें सुन लें या कितने ही ग्रंथ पढ़ लें, आत्मज्ञान की अनुभूति जब तक आपको नहीं होती, तब तक इसे संपूर्ण समझा ही नहीं जा सकता है। यह अनुभूति भी एक विचित्र अनुभव ही है जिसमें अनुभूति पाने वाला अपनी ही मस्ती में मस्त रहकर आनंद-प्राप्ति करता रहता है और बाहर से उसे देखने वाले उसे पागल ही समझते हैं। लोग सोचते हैं, "पागल है, ऐसा भी कभी अनुभव होता है क्या?" वे उसे पागल समझते हैं और अनुभूति-प्राप्त आत्मज्ञानी दूसरे लोगों को पागल समझता है। वह सोचता है, "समुद्र में कूदने पर ही तो समुद्र का आनंद लिया जा सकता है। समुद्र में तैरने वाले क्यों घण्टों पानी में ही रहते हैं, क्यों जल्दी बाहर नहीं आते, वह तो समुद्र में जाकर ही पता चल सकता है।" समुद्र के बाहर रहकर तो आप कह सकते हैं—पागल हैं। घण्टों समुद्र में रहते हैं, ठण्ड नहीं लगती क्या? पर समुद्रकिनारे पर खड़े रहकर समुद्र को जाना नहीं जा सकता है। यह भी ठीक ऐसा ही है। आत्म-अनुभूति का अनुभव इस मनुष्य-जीवन का सर्वश्रेष्ठ अनुभव है। यह अनुभव लेने पर फिर कोई और अनुभव लेने का मन ही नहीं करेगा। आत्म-अनुभूति एक शाश्वत सुख की अनुभूति प्रदान करती है जो कभी जीवन में प्राप्त हुई ही नहीं थी। इसे तो जिसने अनुभव किया है, वही जान सकता है। यह अभिव्यक्त की ही नहीं

जा सकती है। यह गुलाब के फूल की सुगंध के समान है। फूल की सुगंध महसूस की जा सकती है, पर दिखाई नहीं जा सकती है, देखी नहीं जा सकती है, लिखी नहीं जा सकती है, पढ़ी नहीं जा सकती है। गुलाब के फूल के सान्निध्य में रहनेमात्र से ही नैसर्गिक रूप से आ ही जाती है। उसके लिए गुलाब के फूल से प्रार्थना नहीं करनी पड़ती है। गुलाब की खुशबू देना गुलाब के फूल का स्वभाव है। वह यह गुलाब की खुशबू सबको समान रूप से देता है। फिर वह लेने वाला पुण्यात्मा हो या पापी आत्मा हो। वास्तव में, न तो कोई पुण्यात्मा होता है और न कोई पापी आत्मा होता है। पुण्य और पाप, अच्छा या बुरा, ये तो बाहर के, शरीर के संस्कार से होते हैं।

सद्‌गुरु एक गुलाब के फूल की तरह होते हैं। उनसे आत्मज्ञान की अनुभूति हमें लेनी नहीं पड़ती है और न ही उन्हें देनी पड़ती है। आत्म-अनुभूति देना उनका स्वभाव बन जाता है। हमें बस उनका सान्निध्य मिलना चाहिए। जीवन में गुरुसान्निध्य ही सबकुछ है। वास्तव में, मनुष्य का जन्म ही गुरुसान्निध्य के लिए हुआ है। लेकिन यह गुरुसान्निध्य मनुष्य को किस जन्म में मिलेगा, वह निश्चित नहीं होता है। जब भी प्राप्त हो, उसे अपने जीवन की धरोहर समझकर सँजोना चाहिए। पता नहीं, वह क्षण फिर जीवन में मिले, न मिले। क्योंकि ये क्षण वे होते हैं जिन्हें याद कर हम जीवनभर ऊर्जा पाते हैं, जीवनभर एक आत्मिक सुख का अनुभव करते हैं। मेरी भी स्थिति ऐसी ही थी। गुरुदेव के सान्निध्य को मैं सँजोकर रख रहा था। ऐसा लग रहा था—इस अनुभूति में ही जीवन व्यतीत हो जाए, मैं इसी स्थिति में ही रहूँ, अब सबकुछ ठहर जाए।

गुरुदेव ने बड़े प्रेम से मेरे सिर पर हाथ फेरा और कहा, "बेटा, जीवन में जो भी पाना चाहते हो, वह देना सीख लो। फिर पाना नहीं पड़ेगा, स्वयं ही मिल जाएगा। आध्यात्मिक क्षेत्र में प्रयत्न को कोई स्थान नहीं है। क्योंकि सारे प्रयत्न अपने लिए होते हैं, पाने के लिए होते हैं और आध्यात्मिक क्षेत्र में पाना नहीं पड़ता, केवल देना पड़ता है। देने का ही प्रतिफल पाना है। केवल जीवन में आत्मिक सुख बाँटो, आत्मिक सुख मिलता ही चला जाएगा। उठो और आज जो चैतन्य मिला है, उसे नापो मत; कितना मिला, कितना मिलना चाहिए था।

क्योंकि यह सारा बुद्धि का तमाशा है। यह चैतन्य जितना भी मिला है, तुम इस चैतन्य को बाँटो। जितना बाँटोगे, उतना ही बढ़ेगा। तुम्हारे बाँटने पर ही तुम्हें मिलना निर्भर होता है। प्राप्त करना तुम्हारे हाथ में नहीं है, पर बाँटना तुम्हारे हाथ में है। इसलिए जीवन में आत्म-अनुभूति को बाँटो, वह स्वयं ही प्राप्त हो जाएगी।"

गुरुदेव का एक-एक शब्द मेरे हृदय में उतर रहा था। मैं उस चैतन्य का आकण्ठ पान कर रहा था। गुरुदेव ने कहा, "इसीलिए सारे धर्मों में दान को बड़ा महत्त्व दिया गया है। वास्तव में, दान देने का अर्थ धन या कपड़ा, अन्न आदि देने से नहीं है। ये भौतिक साधन हैं जिनके माध्यम से मनुष्य अपना भाव प्रकट करता है। वास्तव में, दान का उद्देश सबके प्रति अच्छा भाव प्रकट करना है। पर भाव आत्मिक रूप से प्रकट करने की अपेक्षा वस्तुओं के रूप में प्रकट करना आसान होता है, इसलिए वस्तुओं के माध्यम से करता है। मुख्य बात है—सभी के प्रति सद्भावना रखना। वास्तव में देखा जाए तो दान करने में भी आत्मशुद्धि का ही भाव है। आत्मशुद्धि करने के बाद में ही आध्यात्मिक प्रगति संभव होती है। बाँटना ही आध्यात्मिक प्रगति में पहली और अंतिम पादान है। केवल अंतर है—भौतिक वस्तुओं और आत्मीय अनुभूति का। अब वह समय आ गया है जब आत्मीय अनुभूति को भी बाँटा जा सकता है। यह सब प्रकृति के एक चक्र के तहत होता रहता है। ठीक रात के बाद सुबह होती है। ऐसा ही कुछ है। आने वाला समय गतिप्रधान होगा। यानी आप जो भी कार्य करेंगे, गति के साथ होगा और कार्य कैसा होगा, अच्छा या बुरा, यह व्यावहारिक ज्ञान का विषय है, पर आप जो भी करोगे, गति के साथ होगा। यानी अगर अच्छा कार्य करोगे, तो भी वह गति के साथ बढ़ेगा और बुरा कार्य करोगे, तो भी वह गति के साथ बढ़ेगा। यानी कोई भी कार्य करोगे, उसको गति होगी। गति आने वाले समय की विशेषता रहेगी। सकारात्मक शक्तियाँ जहाँ सकारात्मक कार्य करेंगी, वहीं दूसरी ओर, नकारात्मक शक्तियाँ नकारात्मक कार्य करेंगी। दोनों कार्य बड़ी गति के साथ बढ़ेंगे।"

"अगर तुम्हारा चित्त अच्छे कार्यों की ओर होगा, तो तुम्हारे हाथ से अच्छे कार्य होंगे और तुम्हारा चित्त बुरे कार्यों की ओर होगा, तो

तुम्हारे हाथ से बुरे कार्य होंगे। कितने लोगों की सामूहिकता कार्यरत है, यह बात यह निर्धारित करेगी कि कौन-से कार्य होंगे और कौन-से कार्य अधिक होंगे और कौन-से कार्य कम होंगे। जिस दिशा में अधिक सामूहिकता होगी, वे कार्य अधिक होंगे। सबकुछ सामूहिकता पर ही निर्भर होता है। आप जो भी सोचोगे, वह घटित होगा। अगर सामूहिकता में अच्छा सोचोगे, तो अच्छा होगा और सामूहिकता में बुरा सोचोगे, बुरा होगा। क्योंकि सामूहिक शक्ति ही महत्त्वपूर्ण सिद्ध होगी। अब तुम क्या सोचते हो, वह तुम्हारे ही ऊपर निर्भर है।" बातें करते-करते कब रात हो गई, पता भी नहीं चला।

इस बड़े वृक्ष के समान वृक्ष इस भाग में प्रायः नहीं पाए जाते हैं। वही कैसे वहाँ था, पता नहीं। दूर से उस वृक्ष की ओर देखता था तो लगता था कि कोई ऋषि ही ध्यान की मुद्रा में बैठे हुए हैं और वह कौन-सा वृक्ष था, वह पता नहीं, पर वह कोई दुर्लभ वृक्ष ही था। ऐसा वृक्ष मैंने मेरे जीवन में कभी देखा नहीं था। उसका तना भी दुर्लभ ही था। वह वड़ (बरगद) के वृक्ष के समान बड़ा था और चिनार के वृक्ष के समान ऊँचा भी था। छोटे-छोटे ही पत्ते थे, लेकिन था बड़ा आकर्षक और उसकी जड़ें गुरुदेव की गुफा के दरवाजे की चौखट का कार्य करती थीं। उसके सान्निध्य में पक्षी भी अपने-आपको सुरक्षित समझते थे। वह वृक्षराज था। मैंने मेरे जीवनकाल में कभी इतना आकर्षण वृक्ष में नहीं देखा था। एक आत्मशांति का अनुभव उसके सान्निध्य में होता था। उस वृक्ष के नीचे ही गुरुदेव की गुफा थी और इसी कारण गुरुदेव की साधना का चैतन्य उसे खाद की तरह मिलता था। मैंने उस पर चढ़ने की कोशिश कभी नहीं की क्योंकि वह मेरे लिए वंदनीय था। मैं रोज सुबह उसको नमस्कार करता था और वह भी पत्ते हिलाकर मानो मुझे आशीर्वाद देता था।

गुरुदेव के साथ जब मैं आसपास घूमता था, तब देखता था कि गुरुदेव भी किसी वृक्ष से फल तोड़ते, तो वे पहले उस वृक्ष को नमस्कार करते थे, उस वृक्ष से प्रार्थना करते थे, "हे वृक्षराज, आपके वृक्ष से मैं थोड़े फल तोड़ रहा हूँ, कृपया तोड़ने की आज्ञा दें।" बाद में बड़ी सरलता व शांति के साथ फल तोड़ते थे। फल तोड़ते समय

वृक्ष कम-से-कम हिले, इस बात का भी वे ध्यान रखते थे। फल अनावश्यक नहीं तोड़ते थे। कच्चे फल भी नहीं तोड़ते थे।

वे सदैव कहते थे, "मानव और वृक्ष का बड़ा पुराना, प्रेम का रिश्ता है और दोनों एक-दूसरे के पूरक हैं। मानव रहेगा तो ही वृक्ष रहेंगे और वृक्ष रहेंगे तो ही मानव भी रह पाएगा। प्रकृति का अपना एक चक्र है और उस चक्र के अंतर्गत ही सबकुछ प्राकृतिक रूप से होता है। बनाना और बिगाड़ना, दोनों ही कार्य प्रकृति करती रहती है। वास्तव में, बिगड़ता कुछ भी नहीं, बिगड़ना यानी फिर से घड़ना है। सारी प्रक्रिया ही सृजनात्मक है, एक ही दिशा में है, पर हम उस चक्र की गति से पीछे चलते हैं, इसीलिए हमें लगता है कि प्रकृति विनाश कर रही है। वास्तव में, प्रकृति विनाश कभी भी नहीं करती है, बल्कि हमें जो विनाश दिखता है, वह किसी निर्माण की ही तैयारी होती है। हमारी अज्ञानता से हमें लगता है कि विनाश हो रहा है। वास्तव में, यह पुनर्निर्माण की ही शुरुआत होती है। प्रकृति का अपना एक चक्र है, अपनी एक लय है, अपनी एक गति है और यह सब एक संतुलन के साथ ही होता रहता है। प्रत्येक वनस्पति, प्रत्येक वृक्ष के जंगल, जंगल के प्राणी, प्रत्येक मनुष्य, प्रत्येक जीव सब इस प्रकृति के ही अभिन्न अंग हैं। इसमें से हम हमारे स्वार्थ के लिए कुछ कम या अधिक करने का प्रयास करेंगे तो वह प्रकृति के बीच हस्तक्षेप ही होगा। सारे जीव-जंतु भी इस प्रकृति के चक्र के तहत ही रहते हैं। हमारे मन में केवल मनुष्य ही नहीं, जीव-जंतुओं के प्रति भी सद्भावना होनी चाहिए। सृष्टि के प्रत्येक जीव-जंतु को भी जीने का उतना ही अधिकार है जितना कि मनुष्य को है। मनुष्य सब प्राणियों में अधिक बुद्धिमान प्राणी है। इसलिए मनुष्य का नैतिक दायित्व है कि वह बाकी सभी प्राणियों को सँभाले और उन्हें भी विकसित होने में मदद करे। प्राकृतिक संतुलन को बनाए रखना मनुष्य के लिए आवश्यक है। मनुष्य अपने जीवन के अधिकारों के लिए तो संगठित होकर प्रयास करता है, पर ऐसा ही प्रयास उसने औरों के जीवन के अधिकारों के लिए करना चाहिए। प्रत्येक जीव-जंतु को भी जीने का उतना ही अधिकार है जितना कि मनुष्य को है। क्योंकि किसी भी जीव-जंतु का निर्माण मनुष्य नहीं कर सकता है, तो किसी भी जीव-

जंतु को मार डालने का या नष्ट करने का अधिकार भी मनुष्य को नहीं है। किसी को मार डालना प्रकृति के नियम के विरुद्ध है, फिर चाहे वह जीव-जंतु ही क्यों न हो।"

"इस पृथ्वी पर प्राकृतिक जंगल होने चाहिए जो प्रकृति के संतुलन को बनाते हैं और प्राकृतिक तरीके से ही बढ़ते हैं। अपने जंगल ही हैं जो पर्यावरण को बनाए रखते हैं। जंगल की प्रत्येक वनस्पति महत्त्वपूर्ण है। सब मिलकर ही एक प्राकृतिक वातावरण बना है। हमारा, प्रत्येक का कर्तव्य है कि हम उसे बनाए रखें। प्राकृतिक वातावरण ही मनुष्य को शांति दे सकता है।"

"प्राकृतिक शांति वह संगीत है जो प्रकृति की शरण में आने के बाद ही सुनाई देता है। मनुष्य कभी भी उसका निर्माण नहीं कर सकता है। यह संगीत सकारात्मक है, जोड़ता है। यह कारण है कि मनुष्य जब अशांत होता है तो प्रकृति की शरण में जाता है। मनुष्य ने सदैव प्रकृति की शरण में ही रहना चाहिए ताकि प्रकृति के साथ समरस हो सके। क्योंकि मनुष्य प्रकृति से जितनी समरसता स्थापित करेगा, उतना ही वह स्वयं भी अपने मूल स्वभाव को प्राप्त होगा, उतनी ही उसे शांति प्राप्त होगी। उसी प्राकृतिक शांति को प्राप्त करने के लिए ऋषि-मुनि जंगल की ओर आते हैं।"

"यह हिमालय भी अपने-आपमें एक विश्व ही है। वह जितना बाहर है, उससे अधिक वह भीतर है। इसके भीतर जितना जाते हैं, गहराई बढ़ती ही जाती है। सामान्यत: इस हिमालय के पवित्र क्षेत्र में दो प्रकार के लोग आते हैं। एक वे पर्वतारोही होते हैं जो इस हिमालय की ऊँचाई नापना चाहते हैं। कई उस ऊँचाई को पाने में ही अपना जीवन लगा देते हैं। कई उस ऊँचाई को प्राप्त कर पाते हैं, तो कुछ नहीं कर पाते हैं। कुछ पर्वतारोही तो उस ऊँचाई को पाने की इच्छा में ही काल के ग्रास बन जाते हैं। यह हिमालय के क्षेत्र का आकर्षण इतना अधिक होता है कि मृत्यु का भय भी नहीं रहता है। वह भय

भी समाप्त हो जाता है। मनुष्य को सबसे अधिक भय मृत्यु का ही होता है। वह भय भी यहाँ आकर समाप्त हो जाता है।"

"इसका कारण है निर्विचारिता की स्थिति। यहाँ पर आकर मनुष्य को निर्विचारिता की स्थिति प्राप्त हो जाती है। कई बार भोजन का भी ध्यान नहीं रहता है। कई बार मौसम का ध्यान नहीं रहता है। कई बार ठण्ड से ही कई पर्वतारोहियों की मृत्यु हुई है। कई बार वे मृत्यु के द्वार तक की यात्रा भी कर चुके हैं। फिर भी एक प्रकार का जुनून उन पर हावी रहता है। एक बार जो इस क्षेत्र में आया, वह बार-बार आता ही है। ये सभी पर्वतारोही यहाँ शारीरिक स्तर पर आते हैं। उनके प्रयत्न भी शारीरिक स्तर पर ही होते हैं क्योंकि ये हिमालय की ऊँचाई पाना चाहते हैं। इस प्रयास में भी वे कब हिमालय के हो गए, उसका उनको भी पता नहीं चलता है। पर्वतारोही तो पता नहीं विश्व के किन-किन कोनों से आते हैं। वे बार-बार प्रयास करते रहते हैं। वे जब अपने देश जाते हैं, तब भी वे चित्त से हिमालय में ही रहते हैं। हिमालय का आकर्षण ही कुछ ऐसा है। कई बार अधिक ऊँचाई पर साँस लेने की समस्या भी आ जाती है क्योंकि प्राणवायु की कमी हो जाती है। कई बार इस कारण भी ऊँचाई पर पहुँचकर वे वापस नीचे सुरक्षित नहीं आ पाते हैं। सबका अपना अभ्यास है, साधना है। इन सबके लिए भी मनुष्य को प्रकृति में समाहित होते आना चाहिए। जो प्रकृतिमय हो गया, वह प्रतिकूल स्थिति में भी अपना जीवन सुरक्षित रख पाता है। एक ओर ऐसे पर्वतारोही होते हैं, तो दूसरी ओर ध्यानयोगी होते हैं। जब भी मनुष्य को सत्य को जानने की इच्छा होती है, वह हिमालय की ओर भागता है। इसका मुख्य कारण है—हिमालय में जो भी योगी आए, वे हिमालय के ही होकर रह गए। वापस कोई नहीं गया है।"

"मैं भी इसका अपवाद नहीं हूँ। मैं भी यहाँ आया और यहीं का होकर रह गया, वापस नहीं जा पाया। जो हिमालय से समरस हो जाता है, वह उसी का अंग बन जाता है, वापस जा ही नहीं पाता है। योगियों का मार्ग अलग है। वे हिमालय की ऊँचाई नापने नहीं आते, वे उसकी गहराई नापने आते हैं। योगी हिमालय पर विजय नहीं पाना चाहते हैं, वे तो अपने-आपको ही हिमालय को समर्पित कर देना

चाहते हैं और अंत में समर्पित कर देते हैं। फिर उनमें भी हिमालय का स्थाई भाव आ जाता है। इसी कारण यहाँ पर प्राप्त हुआ ज्ञान का खजाना लेकर कोई वापस जा ही नहीं सका है। जो आया, वह आया, जाने का रास्ता भी नहीं ढूँढ़ पाया क्योंकि वापस जाने की किसी की इच्छा ही नहीं थी। इसी कारण ध्यान का सही स्वरूप आज तक समाज में नहीं पहुँच पाया है। ध्यान के संपूर्ण ज्ञान को अभी समाज जान नहीं पाया है। इसी कारण से मनुष्य-समाज समझता है—निर्विचारिता यानी ध्यान। वास्तव में, निर्विचारिता तो केवल एक स्थिति है जिसमें से ध्यान में जाया जाता है, पर निर्विचारिता यानी ध्यान नहीं है। निर्विचारिता तो एक शारीरिक स्थिति है। अपने-आपको किसी एक बिन्दु पर केंद्रित करके अपने विचारों को नियंत्रित कर लेने की अवस्था निर्विचारिता की स्थिति कहलाती है। विचारों को नियंत्रित 'करने' में भी कर्ता का भाव है। इस स्थिति तक भी मनुष्य का शारीरिक अस्तित्व बना ही रहता है। यह स्थिति मनुष्य को थोड़ी शांति अवश्य प्रदान करती है, पर निर्विचार स्थिति यानी ध्यान नहीं है। यह भी शारीरिक स्थिति है। इस स्थिति में भी मनुष्य शारीरिक स्तर पर ही रहता है।"

"निर्विचार स्थिति वह माध्यम है जिस स्थिति में से ध्यान की उच्च अवस्था में जाया जा सकता है, पर अपने शरीर के अस्तित्व को भुलाकर ही और यह अस्तित्व भुलाया जा सकता है केवल समर्पण करके। इसीलिए ध्यान की उच्च स्थिति सामूहिकता में अपना समर्पण करके ही पाई जा सकती है। ध्यान की उच्च अवस्था पाने का यह एकमात्र मार्ग है। यहाँ पर, हिमालय में, जो भी योगी आता है, वह प्रथम निर्विचारिता की स्थिति प्राप्त करता है, फिर हिमालय के ही किसी गुरु से अनुभूति को प्राप्त करता है और फिर अपने-आपको अपने उस गुरु को ही समर्पित कर देता है। वास्तव में, गुरु भी माध्यम है उस सामूहिकता तक पहुँचने का। क्योंकि वह सामूहिक शक्ति ही परमात्मा है। इस प्रकार फिर परमात्मा में अपना अस्तित्व विलीन करने के बाद योगी का अपना अस्तित्व ही बाकी नहीं रह जाता है, तो हिमालय से वापस कौन जाएगा? वापस जाने के लिए अलग अस्तित्व होना तो आवश्यक है। इसीलिए जो भी हिमालय में गया, वह

हिमालय का ही हो गया और वह समर्पण का ज्ञान भी इन हिमालय की वादियों में ही सिमटकर रह गया। ध्यान की संपूर्ण पद्धति आज भी मनुष्य-समाज को मालूम नहीं है। क्योंकि वह जानकर कोई वापस नहीं गया है, जबकि हिमालय के प्रत्येक गुरु की इच्छा है कि यह ज्ञान सामान्य-से-सामान्य मनुष्य तक पहुँचे। पर आज तक नहीं पहुँचा है क्योंकि वैसा घटित होने का समय नहीं आया था। पर अब वह समय आ गया है कि यह ज्ञान सभी लोगों तक पहुँचे। इसीलिए उन गुरुओं ने अपनी इच्छाशक्ति से एक माध्यम का निर्माण किया है जिस माध्यम का जन्म ही पाने के लिए नहीं, देने के लिए हुआ है। वह माध्यम तुम हो। वे गुरु अपना सारा ज्ञान तुम्हारे माध्यम से मनुष्य-समाज को देना चाहते हैं और उस ज्ञान के प्रचार-प्रसार का समय भी आ गया है।"

"मैं जानता हूँ—यह कार्य बड़ा कठिन है। मनुष्य-समाज में इसे ग्रहण करने वाले भी बहुत कम हैं। पर जो हैं, वे ही इसे अगली पीढ़ी तक पहुँचाएँगे। क्योंकि यह ध्यान की सर्वोच्च स्थिति का ज्ञान है, इसे बहुत कम आत्माएँ ही ले पाएँगी। मैं जानता हूँ—ज्ञान प्राप्त करना आसान होता है क्योंकि उसके लिए केवल शुद्ध इच्छा करनी पड़ती है। पर ज्ञान देने के लिए तो माता ही बनना होता है क्योंकि अपना सर्वस्व देना केवल माता का ही स्वभाव है। तुम्हें भी माँ बनना होगा। माँ बने बिना पिता नहीं बन सकते हो। माँ का स्वभाव और पिता का कार्य, ऐसी दोहरी भूमिका अब तुम्हें निभानी है। इस संपूर्ण ध्यान-पद्धति को समाज के उन आत्माओं तक पहुँचाना है जो उसे पाना चाहते हैं। निर्विचार स्थिति वह स्थिति है जिस स्थिति में से ध्यान की उच्च अवस्था में जाया जाता है। अपने एक के अस्तित्व को मिटाकर अनेक के अस्तित्व में जोड़ा जाता है। यह एक से अनेक की यात्रा है। यह ज्ञान ही योगी को हिमालय की गहराइयों में ले जाता है। इसलिए यहाँ जो योगी आते हैं, वे तो हिमालय की गहराइयाँ नापते हैं और इतने गहरे उतर जाते हैं कि ऊपर ही नहीं आ पाते हैं। उनके शरीर का नियंत्रण ही समाप्त हो जाता है। क्योंकि वे इस इच्छा को लेकर ही हिमालय में आते हैं। जो भी यहाँ जो कोई भी इच्छा लेकर आया है, उसकी वह इच्छा फलीभूत हुई है। क्योंकि यहाँ पर जो सिद्धयोगी

बैठे हैं, महात्मा बैठे हैं, यद्यपि वे अपने स्थानों पर ही स्थित हैं, पर उनका सकारात्मक आभामण्डल उस इच्छा को फलीभूत कर देता है। लेकिन तुम उनसे अलग हो। तुम्हारा जन्म ही ज्ञान पाने के लिए नहीं, ज्ञान बाँटने के लिए हुआ है। तुम्हारे जन्म का रहस्य है—अपने आश्वासनों को पूर्ण करना और वही कार्य तुम्हें करना है।"

"इस पाने की धारा को ही बदलना है। अब उसे देने की धारा में ही परिवर्तित करना है। अब इस ज्ञान को जितना बाँट सको, बाँटो। जितना बाँटोगे, उतना बढ़ेगा। क्योंकि यह कार्य तो बहुत बड़ा है जो अनंतकाल तक चलने वाला है। कुछ ही पवित्र आत्माएँ हैं जो तुमको जान पाएँगी, मान पाएँगी और तुम्हारा माध्यम बन पाएँगी। वे ही इस ज्ञान को अगली पीढ़ियों तक पहुँचाएँगी। अब यह कार्य सामूहिकता में होगा।"

"इस एक से अनेक तक की प्रक्रिया में इस ज्ञान को पहुँचाना है। नर से नारायण तक की यात्रा है। शक्ति को एक से अनेक में विकेंद्रित करना है। यह एक बड़ी जटिल प्रक्रिया है। यह आज तक इसी कारण नहीं हो पाया है। आज भी केवल प्रकृति की वर्तमान प्रतिकूल परिस्थिति को संतुलित करने की व्यवस्था के कारण होने वाला है। परमात्मा की शक्तियाँ भी इस धरती पर संतुलन बनाए रखती हैं। जब-जब नकारात्मक शक्तियाँ इस पृथ्वी पर बढ़ी हैं, तब-तब सकारात्मक शक्तियाँ भी प्रकट हुई हैं। तभी यहाँ का वातावरण संतुलित रह सकता है। यह सारी प्रक्रिया प्रकृति की संतुलन की प्रक्रिया का ही एक भाग है और इसीलिए यह शक्तियों का विकेंद्रीकरण होने वाला है। नवनिर्माण हो या नया जन्म, वह मनुष्यता का हो या मनुष्य का, दोनों कार्य केवल माँ ही कर सकती है। यह बात तपस्वियों ने यहाँ, हिमालय में आकर, सालों तपस्या करने के बाद जानी है। तब उन्होंने भी जाना कि इस नवनिर्माण के कार्य में, इस नया जन्म देने के कार्य में वे अक्षम हैं। वे यह कार्य नहीं कर सकते हैं क्योंकि उनकी उम्र हो गई है, संवेदनशीलता बढ़ गई है। ये दोनों बातें उन्हें समाज तक जाने नहीं देंगी और प्रमुख बात है—मातृत्व का अभाव। एक स्त्री जब तक माँ नहीं बनती, तब तक

पूर्णत्व तक नहीं पहुँच पाती है। 'माँ' बनना यानी दूसरे को जन्म देना है। नारी जीवन का सारा रहस्य इस 'माँ' शब्द में छुपा हुआ है।"

"आध्यात्मिक क्षेत्र में 'माँ' का आशय उस शरीर से है जिसमें देने का भाव पाने के भाव से अधिक होता है। वह भाव वाला शरीर ही सद्‌गुरु कहलाता है, माऊली (माँ) कहलाता है, माँ कहलाता है। हिमालय के इन गुरुओं को उस माँ की खोज थी, उस सद्‌गुरु की खोज थी जिसने देने के उद्‌देश से ही जन्म लिया हो। किसी को भी शक्तियाँ प्रदान करने के लिए देने का भाव होना चाहिए। इसी आवश्यकता को जानकर उन्होंने अपनी इच्छाशक्ति से माँ जैसे शरीर का निर्माण किया। वह शरीर, वह माध्यम तुम हो। तुम्हारे इस शरीररूपी माध्यम से ही वे अपना सारा ज्ञान, जो आज तक उन्हीं तक सीमित था, वह मनुष्य-समाज को देने जा रहे हैं। जिस प्रकार माँ अपने बच्चे के जन्म के लिए अपना सर्वस्व दाँव पर लगा देती है और अपने बच्चे को जन्म देती है, ठीक वही कार्य तुम्हें तुम्हारे जीवन में करना है। तुम्हें तो लाखों आत्मारूपी बच्चों को जन्म देना है। तुम्हें तो लाखों आत्माओं की माँ बनना है और यह तुम्हारे से होगा क्योंकि इसी के लिए तुम्हारा जन्म हुआ है। अपने जन्म के इस रहस्य को जानो और उसी के अनुसार आचरण करो, तभी शरीर का कार्य पूर्ण अर्थ में संपन्न होगा। प्रत्येक बच्चे के जन्म के समय माँ को प्रसववेदना सहन करनी पड़ती है। पर प्रत्येक बच्चे के जन्म के बाद वह एक समाधान भी प्राप्त करती है। यही समाधान पाना तुम्हारे जीवन का लक्ष्य है। तुम लाखों आत्माओं की माँ हो। शरीर से शरीर का जन्म होता है, पर 'आत्मा की करुणा' से ही आत्मा का जन्म होता है। तुम करुणामई माँ हो जो लाखों आत्माओं को जन्म देगी।"

मैं सब आश्चर्य से सुन रहा था। गुरुदेव क्या बोल रहे थे, वह कुछ भी समझ में नहीं आ रहा था। पर इतने अधिक चैतन्य का अनुभव कर रहा था कि ऐसा लगा मानो सारा जीवन ही मैं इसी प्रकार सुनता रहूँ और वे इसी तरह बोलते रहें और सारा जीवन ही इसी तरह बीत जाए। यह कैसे संभव होगा, यह एक प्रश्न था क्योंकि मनुष्य-समाज में रहना ही मुझे अच्छा नहीं लगता था और वे बोल रहे हैं, तो वह तो होगा ही, यह पूर्ण विश्वास था।

गुरुदेव के भी विश्राम का समय हो गया था, मैं भी सोने के लिए चला गया। कुछ पत्तों के ऊपर घास बिछाकर मैंने अपना बिस्तर तैयार किया था। बाहरी, ठण्डे वातावरण के तापमान से बचे रहने के लिए एक छोटा-सा खड्ढा बनाकर उसमें बिस्तर तैयार किया था। ऐसा करने पर ठण्ड कम लगती थी। ऐसा लगता था मानो मैं अपनी माँ की गोद में ही सो रहा हूँ। वास्तव में भी मैं मेरी धरती माँ की गोद में ही सोने जा रहा था। मुझे बहुत देर तक नींद नहीं आई क्योंकि भविष्य में काफी बड़ा कार्य देख रहा था। मैं कैसे कर पाऊँगा, ऐसा लगा। दूसरे ही क्षण विचार आया, "मैं एक माध्यम हूँ। यह कार्य मेरा थोड़ी ही है। जिसका है, वह करा ही लेगा। चलो, सो जाओ।" और मैं सो गया।

दूसरे दिन बड़े सबेरे ही मैं अकेला ही जंगल में फल तोड़ने के लिए चला गया। उस जंगल में फल तो थे, पर सब फलों की जानकारी मुझे नहीं थी। जंगल में आने के लिए शिखर से काफी नीचे आना पड़ता था। सामान्यतः पर्वत की उस ओर वृक्ष अधिक नजर आते थे जिस ओर तेज हवा और बर्फ के थपेड़े नहीं लगते थे। क्योंकि तेज हवा और बर्फ के थपेड़े पेड़ों को बढ़ने ही नहीं देते थे। फल विभिन्न प्रकार के थे जो प्रकृति को संतुलित करने के लिए ही होते थे। प्रत्येक फल की अपनी उपयोगिता थी। कुछ ही फल खाने योग्य होते थे, अधिकतर फल दवाई बनाने के काम के होते थे। पर इन सब बातों का ध्यान से अध्ययन करना आवश्यक था। इस घने जंगल में बड़े-बड़े साँप भी पाए जाते थे। सामान्यतः, अगर हमने उन्हें परेशान नहीं किया, तो वे भी हमें परेशान नहीं करते थे। प्रत्येक जीव-जंतु किसी अन्य जीव का आहार ही होता था और प्रत्येक जीव-जंतु जन्म लेकर दूसरे का जीवन बचाने का कार्य करता था। प्रकृति ने सबको एक माला जैसे आपस में पिरोकर रखा था। कई साँप उसी रंग के होते थे जिस रंग का पेड़ होता था। इसलिए पेड़ पर चढ़ना बड़ा कठिन था, सबसे कठिन था। अपनी गलती का खामियाजा अपने को ही भरना पड़ता था क्योंकि वहाँ कोई भी मदद संभव नहीं थी। हाँ, विपदा पल-पल होती थी। बड़ा ही सँभलकर चलना होता था। जितना घना जंगल होता था, खतरा उतना ही अधिक होता

था, पर फल भी उतने ही अधिक प्राप्त होते थे। क्योंकि भीतर फल सुरक्षित रहते थे। सामान्यत: जिन्हें पक्षी खाते हैं, वे फल खाने-योग्य होते हैं। यह मैंने अनुभव से सीखा था। कई जहरीले फलों को पक्षी छूते तक नहीं थे। मैं फलों का चुनाव करने में पक्षियों की मदद लेता था। एक विशेष प्रकार की छोटी चिड़ियाँ होती थीं। वे दिखती भी बड़ी सुंदर थीं और वे अपनी लंबी, सुई जैसी चोंच से फूलों में से मीठा रस चूस लेती थीं। वे फूल के भीतर चोंच घुसाकर उसके रस को चूसती थीं, मैं फूल को तोड़कर, उसके डण्ठल को मुँह में रखकर भीतर की ओर चूसता था, तो थोड़ा-सा रस आ जाता था। थोड़ी ऊर्जा उससे भी प्राप्त होती थी। मैंने फल के साथ थोड़े फूल भी गुरुदेव के चरणों पर समर्पित करने के लिए तोड़ लिए थे।

इस स्थान पर फूलों की विभिन्न प्रकार की प्रजातियाँ पाई जाती थीं। किसी में खुशबू होती थी, तो किसी में नहीं होती थी। सबके आकार भी विभिन्न प्रकार के थे, पर एक समानता थी—उनकी जामुनी छटा। जामुनी छटा लिए हुए फूल हिमालय के आसपास के जंगलों में पाए जाते हैं। यहाँ के वातावरण का, यहाँ के तापमान का प्रभाव होगा, ऐसा मुझे लगता था। कई वनस्पतियाँ भी पाई जाती थीं। इस जगह में चलना भी एक परीक्षा ही होती थी। क्योंकि कहाँ पर क्या होगा, इसका अंदाजा नहीं लगाया जा सकता था। दूसरा, प्रत्येक स्थान नया ही होता था। कुछ फूल सूर्योदय के समय खिलते थे और सूर्यास्त के समय मुरझा जाते थे। एक दिन का जीवनकाल होता था। कई स्थानों पर तो इतने अधिक फूल होते थे कि वृक्ष के पत्ते भी दिखाई नहीं देते थे। मुरझाने पर फूल गिर जाते थे और उसी वनस्पति के लिए खाद का कार्य करते थे और उस वनस्पति का विकास इसी, प्रकृति के चक्र के तहत होता था। इन झाड़ियों में साँप भी पाए जाते थे और वे उसी रंग के होते थे जिस रंग की झाड़ियाँ होती थीं। इसलिए उन्हें पहचानना बड़ा कठिन मालूम होता था। प्रकृति का अपना एक संतुलन है और उसमें प्रत्येक जीव को, प्रत्येक वनस्पति को एक विशेष स्थान प्राप्त है। इन सबको मिलाकर ही संपूर्ण संतुलन बनता है। इस प्राकृतिक वातावरण में रहते-रहते मनुष्य स्वयं ही प्रकृतिमय हो जाता है और प्राकृतिक वातावरण उसके

भीतर के प्राकृतिक स्वभाव को जन्म देता है। कुछ-कुछ जगह बाँस के भी जंगल होते थे। कहीं कम घने होते थे, कहीं ज्यादा घने होते थे। इनकी बढ़ने की गति बहुत तेज होती थी। एक सालभर में काफी बड़ी ऊँचाई वे प्राप्त कर लेते थे। ये जब छोटे रहते हैं, तो नाजुक होते हैं। उन्हें कच्चा भी खाया जा सकता है। पर बाद में वे कड़े, और कड़े होते जाते हैं। ये जंगलवासियों का प्रमुख आधार होते हैं। क्योंकि वे भोजन से लेकर मकान की छत बनाने तक के सभी कार्यों में उपयोग में आते हैं। ये कच्चे भी खाने में अच्छे लगते हैं। थोड़ा खट्टापन होता है। इनका ही बना एक डण्डा मैं सदैव साथ रखता था जो समय-समय पर अलग-अलग उपयोगों में आता था। हाथ में डण्डा होता था तो शरीर का वजन भी दो पैरों पर ही नहीं होता था। इसी कारण अधिक चलना संभव होता था। वह डण्डा पैरों को राहत देने वाला सिद्ध होता था।

मैंने बाँस और लताओं से एक गोल टोकरी बनाई। उसमें चारों ओर पत्ते रख दिए और तीन प्रकार के फूल जमाकर रख दिए। पहले थोड़े लाल, फिर उनके आसपास पीले और उनके आसपास सफेद फूल रखकर वह टोकरी लेकर मैं गुरुदेव के पास गया। उन्हें वह टोकरी अर्पण करके उन्हें नमस्कार किया। वे बोले, "बहुत अधिक समय लग गया। उन नीचे के जंगलों में दिशा का भ्रम होता है। इसलिए वहाँ पर सँभलकर ही जाया करो क्योंकि थोड़ी भी गलत दिशा पकड़ते हैं, तो कहाँ-के-कहाँ निकल जाते हैं। जाते समय रास्ते में अपने निशान बनाकर आगे बढ़ा करो ताकि आते समय वे निशान वापसी का रास्ता बता सकें। इन जंगलों में अकेले घूमते समय रास्ता भटक जाने का भी भय होता है क्योंकि 'निश्चित रास्ता' ऐसा कुछ नहीं होता है। इसलिए, रास्ता भटकना व दिशा का भ्रम, ये जंगल के प्रमुख खतरे हैं। मैं यहाँ कई सालों से रह रहा हूँ।"

"मैं जब आया था, तब और भी घना जंगल था। अब धीरे-धीरे जंगल कम हो रहे हैं तथा तापमान भी बढ़ रहा है और इसी कारण जंगल के प्राणियों की संख्या भी कम हो रही है। हम हिमालय में और भीतर जाएँगे, तो बर्फ ही बर्फ है जो सालभर बनी ही रहती है। जमी हुई बर्फ पर, आसपास भी धीरे-धीरे वनस्पतियाँ उग जाती हैं।

यहाँ की प्रकृति बड़ी आकर्षक है। इसीलिए हिमालय अपने आपमें एक आकर्षण लिए हुए है। हिमालय में जिन तपस्वियों ने साधना की है, उनकी साधना की सूक्ष्म शक्तियाँ आज भी विद्यमान हैं जो दिखती नहीं हैं, पर अनुभव की जा सकती हैं। दूसरा, इनका विश्व केवल इतना ही है, इसीलिए यहाँ दूसरे कोई विचार नहीं आते। यहाँ पर पवित्रता व ऊँचाई दोनों ही बनी हुई हैं। पवित्रता व ऊँचाई, वास्तव में, अध्यात्म के दो सिरे हैं। पवित्रता अध्यात्म की शुरुआत है। पवित्रता से आशय केवल देह की पवित्रता से ही नहीं, चित्त की पवित्रता से भी है। चित्त की पवित्रता तो यहाँ के वातावरण में भी व्याप्त है। पवित्र चित्त अध्यात्म का आधार है। इसके बिना आगे का कुछ हो ही नहीं सकता है। चित्तशुद्धि का एक मार्ग है—साधना। साधना करते-करते अपने चित्त को इतना शुद्ध करते हैं कि उस चित्त की शुद्धता के कारण परमात्मा की करुणा, परमात्मा की कृपा बरसती है। परमात्मा की करुणा उनकी स्वयं की होती है। वह प्राकृतिक है। बरसे तो बरसे, नहीं बरसे तो नहीं बरसे। करुणा पर किसी का भी नियंत्रण नहीं होता है। वह कभी-कभी ही बरस सकती है। इसके लिए साधक को सदैव याचक के समान तैयार रहना पड़ता है। करुणा परमात्मा की वह असीम कृपा है जो उनके प्रसन्न होने पर बरसती है। जिस प्रकार बरसात का कोई भरोसा नहीं होता; कभी भी बरसती है; यह करुणा भी वैसी ही बरसात है, चैतन्य की बरसात है।"

"यह मार्ग कठिन है, पर इस मार्ग पर भी काफी लोग चले हैं। पर सालों साधना करनी होती है। इस मार्ग में साधना को प्रधानता है। साधना में सालों लग जाते हैं। प्राकृतिक वातावरण में साधना करते-करते प्रकृति के साथ समरसता स्थापित हो जाती है और उसके कारण प्रकृति और साधक दोनों एक हो जाते हैं। साधक का कोई अलग अस्तित्व नहीं रहता है। वह स्वयं ही प्रकृति हो जाता है। वह जीवन में सबकुछ प्राप्त तो कर लेता है, पर वह स्वयं ही प्रकृति का हिस्सा बन जाता है; वह दे नहीं सकता। क्योंकि उसने वह स्थिति प्राप्त कर ली होती है कि वह देने के परे हो चुका होता है। ऐसी ही कुछ अवस्था मेरी है। सालों साधना करते-करते मैं इस

स्थान के साथ समरस हो गया हूँ। मैं इस स्थान से जाना भी चाहूँ, तो भी नहीं जा सकता क्योंकि मेरा एक आभामण्डल हो गया है, उस आभामण्डल के द्वारा मैं आसपास के वातावरण से, प्रकृति से जुड़ गया हूँ, प्रकृतिमय हो गया हूँ। मेरा इस प्रकृति से अलग कोई अस्तित्व ही नहीं है और इसी कारण मैं इस स्थान के बाहर नहीं जा सकता हूँ। मैं यहाँ स्थानबद्ध हूँ, इस स्थान के साथ बँधा हुआ हूँ। मैं इस स्थान को छोड़कर जा ही नहीं सकता क्योंकि मैं स्वयं ही यह स्थान हो गया हूँ। यह स्थान मेरे गुरुदेव का स्थान है। गुरुदेव के इस स्थान के साथ मैंने अपने-आपको जोड़ लिया है। सालों यहाँ रहते-रहते इस स्थान के साथ समरसता स्थापित हो गई। अगर तुम स्वयं यहाँ नहीं आते, तो मैं तुम्हारे पास नहीं पहुँच सकता था।"

"इस स्थान पर ही बैठकर अपने मोक्ष के लिए साधनारत था। अपने सद्गुरु से प्राप्त हुई ज्ञान की अनुभूति दूसरे को देना, दूसरे तक पहुँचाना ही सही मायने में गुरुदक्षिणा है। वह दिए बिना मुझे भी मोक्ष नहीं मिल सकता था। मैं कितना भी गुरुदक्षिणा देना चाहूँ, गुरुशक्तियों ने वह स्वीकार करनी चाहिए। कहते हैं न कि गुरुदक्षिणा दिए बिना गुरुज्ञान संपूर्ण फलीभूत नहीं होता है। बस ऐसा ही कुछ मेरा भी था। मेरा भी गुरुज्ञान फलीभूत नहीं हुआ था। मैं भी साधनारत था कि कभी तो गुरुदेव की कृपा होगी और मुझे मेरी गुरुदक्षिणा देने का अवसर प्राप्त हो जाएगा। गुरु से बड़ा गुरु का कार्य होता है क्योंकि गुरु तो शरीर की सीमा में बँधे होते हैं। उसका अपना दायरा होता है, उसकी अपनी सीमाएँ होती हैं। पर गुरु के कार्य की कोई सीमा नहीं होती है और इसीलिए गुरु से बड़ा गुरु का कार्य होता है। उस कार्य को पकड़ने की आवश्यकता होती है और उस कार्य को करना ही सही अर्थ में गुरुदक्षिणा देना है और गुरु का शरीर नाशवान है, गुरु का कार्य अविनाशी है। वह तो सदा ही रहता है। गुरु के कार्य तक पहुँचने का मार्ग गुरुनाम है। गुरुनाम किसी भी सीमा में बँधा नहीं है। वह सर्वत्र है। उस गुरुनाम को पकड़कर ही मैं गुरुकार्य तक पहुँच पाया और गुरुकार्य से ही गुरुदक्षिणा तक पहुँच पाया हूँ। तुम्हारे रूप में मुझे मेरे गुरु ही मिल गए जो मेरी गुरुदक्षिणा स्वीकार कर सकते हैं।"

मैं बड़ी अचरजभरी दृष्टि से गुरुदेव की ओर देख रहा था क्योंकि वे क्या कहना चाह रहे थे, मैं वह समझने के लिए प्रयासरत था। गुरुदेव ने मेरी स्थिति का अंदाजा लगा लिया। वे बोले, "अरे बाबा, ऐसा समझो, किसी से तुमने कुछ धन उधार लिया है। ठीक है? वह धन तुम्हारी आवश्यकता पूर्ण होने पर उसे वापस तो करना ही होगा और अगर वह व्यक्ति जीवित ही नहीं रहा, तो क्या करोगे? तुम उसके लड़के को वह धन सौंप दोगे। लेकिन उसके लड़के को वह धन सौंपने के लिए लड़के को तो ढूँढ़ना होगा? जब तक नहीं ढूँढ़ लेते, तब तक उस व्यक्ति का नाम लेकर ही भटकना होगा कि जिस व्यक्ति को मुझे धन वापस करना है, उस व्यक्ति का लड़का कौन है? बस ऐसा ही कुछ हुआ है। मेरे गुरुदेव वे व्यक्ति थे जिनसे मैंने 'अनुभूति का ज्ञानरूपी' धन लिया था। बाद में मुझे उन्हें वापस करना था, तो मैं क्या करता? उन्हीं के नाम के साथ बना रहा तो उन्होंने अपने पुत्र को यानी उनके उत्तराधिकारी को मेरे पास भेज दिया। तुम उनके उत्तराधिकारी हो और वही 'अनुभूति का ज्ञानरूपी' धन अब मैं तुम्हें वापस सौंपने वाला हूँ ताकि मैं गुरु के इस ऋण से मुक्त हो सकूँ। इस ऋण-मुक्ति के बिना किसी को भी मोक्ष संभव नहीं है। मेरे गुरुदेव का आभामण्डल इस स्थान पर ही स्थित है। उनकी इच्छा के बगैर तो यहाँ पशु-पक्षी भी नहीं आ सकते हैं, तो तुम कैसे आते? तुम्हें उन्होंने ही भेजा है। भले ही तुम्हारा और उनका शरीर से संबंध न हो, तुमने उनको देखा भी न हो, पर फिर भी गुरुकार्य के कारण ही तुम उनके उत्तराधिकारी हो। मेरे गुरुदेव के देहत्याग करने के बाद मुझसे मिलने वाले पहले और एकमात्र व्यक्ति तुम हो। गुरुकार्य का संबंध बहुत बड़ा होता है। यह संबंध बड़ा सूक्ष्म होता है जो दिखता नहीं है, पर होता है। मान लो कि मैंने वह गुरुदक्षिणा तुम्हें देकर मोक्ष प्राप्त कर लिया, पर अब आगे तुम्हें वह ज्ञान की अनुभूति दूसरों को कराकर मोक्ष प्राप्त करना है।"

"इसके लिए मैंने वर्षों यहाँ पर बैठकर साधना की है। अब वह पल आया है कि मैं मुक्त हो सकूँ। मैं गुरु के नाम के सहारे ही गुरुकार्य तक पहुँचा हूँ। गुरु कोई शरीर नहीं है। क्योंकि जो शरीर में है, पर शरीर में नहीं है, वही गुरु है। यानी जो शरीर में होते हुए भी

शरीर के दोषों से मुक्त है, वह आत्मा ही गुरु है। ऐसी आत्मा अपना समर्पण अपने कार्य को करती है। इसलिए गुरुकार्य तो गुरु से भी बड़ा है। गुरुकार्य को करना ही सही अर्थों में गुरुदक्षिणा है। गुरु के ऋण से न तो कोई मुक्त हुआ है और न होगा। जिस प्रकार से माँ के ऋण से कोई बेटा मुक्त नहीं हो सकता, वैसे ही गुरु के ऋण से भी कोई मुक्त नहीं हो सकता। पुत्र कभी माँ को छोड़ सकता है, पर माँ कभी भी पुत्र को नहीं छोड़ सकती। ठीक इसी प्रकार, शिष्य गुरु को छोड़ सकता है, पर गुरु शिष्य को कभी नहीं छोड़ सकता है।"

"गुरुकार्य की गंगा सभी काल में अविरत बहती रहती है, माध्यम बदलते रहते हैं। इसलिए माध्यम नहीं, कार्य महत्त्वपूर्ण है। गुरु गुरुकार्य के रूप में कल भी थे, आज भी हैं और कल भी रहेंगे। गुरुकार्य के रूप में गुरु सदैव जीवित रहते हैं। उनके कार्य में योगदान देना, उनका कार्य बढ़ाना ही सही अर्थ में गुरुदक्षिणा देना है। मैं यहाँ गुरुदक्षिणा देने के लिए सालों से तैयार था, गुरुदक्षिणा देने की राह देख रहा था, पर सालों से यहाँ कोई गुरुदक्षिणा लेने नहीं आया। तुम वह पहले माध्यम हो जिस माध्यम से मेरे गुरु गुरुदक्षिणा स्वीकार कर रहे हैं। इसलिए मैं तुम्हें ही गुरु का रूप मानकर चैतन्य की अनुभूति के रूप में गुरुदक्षिणा दे रहा हूँ। आत्मिक स्तर पर तुम मेरे गुरु हो और शारीरिक स्तर पर मैं तुम्हारा गुरु हूँ। पर अनुभूति भी आत्मिक स्तर पर ही होती है... यह गुरु और शिष्य का संबंध बड़ा विचित्र है। यह आदि और अंत है। इसलिए सभी रिश्तों से, सभी संबंधों से बड़ा संबंध गुरु और शिष्य का होता है। गुरु को अपने शिष्य में अपने गुरु के दर्शन करने होते हैं और इसीलिए मैं तुममें मेरे गुरु के दर्शन कर रहा हूँ। उसी दर्शन को चित्त में रखकर मैं तुम्हें अपना अस्तित्व समर्पित कर दूँगा। यह समर्पण का भाव ही तुम्हें अनुभूति का ज्ञान देगा और जो अनुभूति का ज्ञान मैंने मेरे गुरु से प्राप्त किया, वही अनुभूति का ज्ञान मैं तुम्हें देने जा रहा हूँ। जाने-अनजाने में मेरे गुरु के कार्य को ही बढ़ावा दे रहा हूँ। भले ही मेरे गुरु देहत्याग कर चुके हों, पर अनुभूति के रूप में वे आज भी जीवित हैं। पर यह मैं लाख करना चाहूँ, तो भी मैं तब तक नहीं कर सकता, जब तक कोई लेने वाला जीवधारी आत्मा

मेरे तक नहीं आता। अब तुम आ गए हो तो मुझे कोई लेने वाला तुम्हारे रूप में मिल गया है। तुम ही मेरे मोक्षदाता हो क्योंकि तुम्हारे बिना मैं इस गुरुऋण से मुक्त ही नहीं हो पाता था। ऋण, हत्या और वैरभाव, ये सब मोक्ष के मार्ग में बाधक होते हैं। ये सब बाधाएँ मनुष्य को पार करनी ही होती हैं। हिमालय में कई तपस्वी, कई महायोगी, कई कैवल्यकुंभक योगी, कई मुनि इसी गुरुऋण में अटके हुए महसूस कर रहे थे क्योंकि यहाँ कोई आया ही नहीं था।"

"यहाँ प्रत्येक अपने आभामण्डल में, अपने क्षेत्र में ही सिमटकर रह गया है। वह उस क्षेत्र के बाहर कभी आ ही नहीं सकता है और उसके आभामण्डल में उसकी इच्छा के बिना कोई आ ही नहीं सकता है। तुम्हें भी यहाँ भेजा गया है। पर तुम अस्तित्वविहीन हो, इसीलिए ही शक्तियाँ तुम्हें भेज सकीं और तुम यहाँ आ सके। वास्तव में, हिमालय में बैठे सिद्ध-महात्माओं ने ही यह प्रार्थना की थी कि कोई ऐसे माध्यम का निर्माण हो जो सबसे गुरुदक्षिणा ग्रहण कर सके और सभी सिद्ध-महात्मा उसे अपना ज्ञान गुरुदक्षिणा में देकर मोक्ष-प्राप्ति कर सकें। इसी इच्छा के कारण, इसी प्रार्थना के कारण ही तुम्हारा जन्म हुआ है। तुम्हारे माँ और बाप तो निमित्यमात्र हैं, तुम्हारे वास्तविक जन्मदाता तो सब यहीं, हिमालय पर ही बैठे हैं जिनकी शुद्ध इच्छा के कारण तुम्हारा जन्म हुआ। वे इच्छा तो सालों से कर रहे थे, पर जब तक उचित समय नहीं आया, यह हो न सका। क्योंकि जब तक अच्छा समय नहीं आएगा, इस कार्य का विस्तार नहीं होगा। क्योंकि विस्तार होने के लिए आवश्यक होंगी लाखों लेने वाली आत्माएँ जो बाद में करोड़ों लोगों तक पहुँचाएँगी। इस कार्य का विस्तार बाद में ऐसे ही होता जाएगा। सब सही समय का इंतजार कर रहे थे। अब तुम्हारे माध्यम से वे सिद्ध-महात्मा अपना कार्य करा ही लेंगे। इसलिए कितना भी बड़ा कार्य हो, वह आसानी से हो जाएगा। क्योंकि वह कार्य केवल तुम्हारा है, ऐसा दिखता है, पर ऐसा है नहीं; वह कार्य अनेक सिद्धपुरुषों का है। तुम तो केवल माध्यम हो। इसलिए अपने-आपको सदैव माध्यम ही समझना। अपना स्वरूप एक माध्यम का है, तुम्हें केवल यह एक अस्तित्व ध्यान में रखना है।"

"एक माध्यम से सारी शक्तियाँ प्रवाहित हो जाएँगी और एक महान कार्य संपन्न हो जाएगा क्योंकि तुम्हारा जन्म ही इसी कार्य के लिए हुआ है। तुम एक बड़ा पात्र लेकर ही जनमे हो, इसीलिए उसमें चैतन्यानुभूतिरूपी अमृत प्रत्येक सिद्ध-महात्मा डाल रहा है। क्योंकि प्रत्येक जानता है कि इस माध्यम का पात्र बड़ा है। इसका अर्थ है—इस पात्र से अधिक-से-अधिक आत्माएँ तृप्त होने वाली हैं, तुम्हें अधिक-से-अधिक कार्य करने का अवसर मिलने वाला है। वह अवसर मिलने के बाद तुम भी यह कार्य करोगे नहीं, बल्कि तुम्हारे माध्यम से कार्य होने लग जाएगा। जैसे मैं तुम्हारी राह देखता बैठा था, वैसे तुम केवल राह देखते बैठोगे; लाखों लोग चलकर तुम्हारे पास आएँगे। जिस किसी को अनुभूति की प्यास लगेगी, वह अपनी प्यास बुझाने तुम्हारे पास आएगा। मरुस्थल में पानी का स्रोत जब एक ही होता है, तो सारे प्राणी उसी स्रोत की ओर भागते हैं। वैसी ही कुछ स्थिति होगी। आसपास के वातावरण की ऐसी स्थिति होगी कि अपनी प्यास बुझाने का एक ही माध्यम होगा। यही कारण है कि तुम्हें लाखों आत्माओं तक पहुँचने का अवसर मिलेगा। तब प्रत्येक में अपने गुरुओं के दर्शन करना, प्रत्येक आत्मा को अपनी गुरुदक्षिणा देने का अवसर तुम्हें मिलने वाला है। गुरु और शिष्य का संबंध एक आत्मिक संबंध है। इसलिए, गुरु और शिष्य शरीर से अलग-अलग दिखते हैं, पर वे अलग-अलग होते नहीं है। दोनों एक ही धारा के हैं। तभी तो यह गुरु और शिष्य का संबंध स्थापित हो पाया है।"

"अब मुझे तुम्हारे माध्यम से मुक्ति मिल रही है, तुम्हें तुम्हारे शिष्यों के माध्यम से मुक्ति मिलेगी, उन्हें उनके शिष्यों के माध्यम से। अब यह कार्य एक नहीं, अनेक स्तरों पर होगा। अब यह कार्य सामूहिकता में होगा। अब तक एक से एक तक की यात्रा थी, अब यात्रा का स्वरूप बदल गया है; अनेक से अनेक तक की यात्रा होगी। इतनी सारी आत्माएँ जब तक जन्म नहीं लेतीं, तब तक माध्यम के रूप में तुम्हारा कार्य पूर्ण नहीं हो सकता। वे आत्माएँ, कुछ अवतरित हो चुकी हैं और कुछ होने वाली हैं। इसीलिए तुम्हारा जन्म हुआ है। आत्मजागृति का कार्य एक से अनेक में होने का समय आ गया है। यह सारा प्रकृति के चक्र के अंतर्गत चलता रहता है। अति खराब

वातावरण होने पर अधिक अच्छी आत्माओं का जन्म होता है ताकि एक संतुलन रखा जा सके। यह सारी संतुलन की प्रक्रिया है। हम सब उसी प्रक्रिया के माध्यममात्र हैं।"

"अब मैं इस, गुरुदेव के स्थान वाली शिला के पास बैठता हूँ, तुम मेरे सामने बैठो।" मैं उनके दस फीट दूर, सामने बैठ गया। वे बोले, "अब मैं ध्यान करने के लिए बैठ रहा हूँ। तुम तुम्हारा संपूर्ण चित्त मेरे ऊपर एकाग्र कर दो। वह एकाग्रता ही तुम्हें ध्यान की एक विशिष्ट स्थिति प्रदान करेगी और तुम्हारे भीतर क्या अनुभव होता है, वह देखो। किसी जल्दबाजी की, हड़बड़ की आवश्यकता नहीं है। एकदम शांतचित्त होकर बैठ जाओ।" और मैं शांतचित्त होकर बैठ गया। फिर गुरुदेव ने अपनी एक अंगुली से मेरे आज्ञा चक्र पर स्पर्श किया, तो उनका स्पर्श ऐसा था कि लगा—सारे शरीर का रक्तप्रवाह आज्ञा चक्र की ओर ही जा रहा है। बाद में गुरुदेव ने अपनी हथेली से मेरे सहस्रार चक्र पर दबाया और बाद में तीन बार हाथ घुमाया, तो वह सारी ऊर्जा आज्ञा चक्र से सहस्रार की ओर जमा हो गई और तीन बार हाथ घुमाया तो लगा कि जैसे सहस्रार चक्र पर कोई चक्र ही चल रहा हो। ऐसा करके वे मेरे सामने ध्यान करने के लिए बैठ गए।

बाद में देखा तो उनके सहस्रार चक्र पर जैसे फौवारा निकलता है, ऐसा कुछ निकलने लग गया जो चंद्रमा के प्रकाश के समान था। बाद में वह उनके आसपास फैल गया। तब तो उनका सारा शरीर ही उस प्रकाश में समा गया था। उनके शरीर से दो फीट दूर तक वह प्रकाश था और उसके किनारे पर उसी प्रकाश की एक गहरी-सी पट्टी बॉर्डर (किनारी)के समान सभी ओर दिखाई देने लग गई। वह पट्टी भी चंद्रमा के प्रकाश के समान ही थी, पर वह पट्टी अधिक गहरे रंग की थी। फिर वही प्रकाश एक प्रवाह के रूप में ऊपर उठने लग गया और धीरे-धीरे मेरी ओर बढ़ने लग गया। पर, जाने क्यों, मुझे एक क्षण थोड़ा भय-सा लगा। पर थोड़े ही क्षणों में प्रकाश का वह प्रवाह मेरे सहस्रार चक्र पर भी वैसे ही प्रवाह का निर्माण कर रहा था। मुझे लग रहा था मानो मैं किसी दुग्धप्रपात में नहा रहा हूँ और फिर वह सारा प्रकाश मेरे भी शरीर के आसपास फैल गया। वह

प्रकाश ही सभी ओर घूम रहा था। वह क्षण-क्षण में कम या अधिक हो रहा था और धीरे-धीरे उसका दायरा बढ़ रहा था और मुझे लगा कि मेरी सुध-बुध जा रही है क्योंकि यह सब देखने के लिए खूब प्रयास करने पड़ रहे थे। मेरी पलकें भारी हो रही थीं। आँखें स्वयं ही बंद हो रही थीं। बड़े प्रयास से नयन आधे खुल पा रहे थे। कुछ समय बाद मेरी आँखें स्वयं ही बंद हो गईं और उसके बाद क्या हुआ, वह मालूम नहीं पड़ा।

कुछ समय के बाद में मैं मेरे ही शरीर को देख पा रहा था जो ध्यान की अवस्था में बैठा था। गुरुदेव भी मेरे ही सामने ध्यान की अवस्था में बैठे थे और मैं गुफा के बाहर, आकाश में था, पर फिर भी गुफा के भीतर अपने-आपको देख पा रहा था। सामान्यतः, ऐसा संभव नहीं था; आकाश से गुफा के भीतर का दृश्य नहीं देखा जा सकता था। फिर भी मैं कैसे देख पा रहा था, पता नहीं, पर मैं देख पा रहा था, एकदम स्पष्ट रूप से देख पा रहा था। मेरे शरीर के आसपास प्रकाश-ही-प्रकाश था। मेरे शरीर के आसपास प्रकाश का एक वर्तुल बन गया था जिससे मेरे पास का अँधेरा स्वयं ही दूर हो गया था, पर बाकी सब ओर अँधेरा-ही-अँधेरा था। ऐसा लगा कि कोई मुझसे कुछ कह रहा है और देखा तो गुरुदेव भी मेरे साथ थे। मैं एक ओर गुरुदेव को देख रहा था और दूसरी ओर गुफा के भीतर के उनके शरीर को देख रहा था।

कौन-से सच्चे हैं, यही विचार कर रहा था, तो उन्होंने मुस्कराते हुए कहा, "मैं भी तुम्हारे साथ ही हूँ, घबराओ मत।" ऐसा कहकर उन्होंने कहा, "हम, विश्व में अँधेरा कहाँ तक है, यह खोजने जाएँगे, तो उसकी सीमा हमें कभी नहीं मिलेगी और अँधेरा खोजने में ही सारा जीवन चला जाएगा। इसलिए हमारी दृष्टि अँधेरे पर नहीं होनी चाहिए। हम केवल अपने आसपास का अँधेरा दूर कर सकते हैं। हमारे आसपास का अँधेरा दूर हो सकता है तो केवल आत्मप्रकाश से। जब हमारे भीतर आत्मा की जागृति हो जाती है, तो हमारी आत्मा का प्रकाश हमारे चारों ओर जमा हो जाता है और अज्ञानरूपी अँधेरा स्वयं ही दूर हो जाता है। अँधेरा दूर करने का एक ही मार्ग है कि बस अपना दिया जला लो। यही सबसे सरल मार्ग है, सबसे आसान

मार्ग है। पर यह सब होने के लिए हमें किसी जलते हुए दिये की आवश्यकता होती है यानी कोई ऐसा व्यक्ति जिसने आत्मसाक्षात्कार प्राप्त किया हो, जो आत्मजागृति प्राप्त कर चुका हो। आत्मजागृति प्राप्त करने के लिए बड़ी सामूहिक शक्ति की आवश्यकता होती है। वह सामूहिक आत्मिक शक्ति गुरुदेव थे जिनके सान्निध्य में मैंने यह जागृति का ज्ञान पाया और आज वही ज्ञान मैं तुम्हें देकर उस ज्ञान को जीवित रख रहा हूँ। शरीर आते हैं, जाते हैं, पर ज्ञान जीवित रहना चाहिए। शरीर त्यागने के पूर्व मेरा कर्तव्य है कि इस ज्ञान को किसी सुपात्र मनुष्य को प्रदान करूँ ताकि यह ज्ञान जीवित रह सके। तुम्हें यह ज्ञान सौंपकर मैं अपने-आपको बड़ा निश्चिंत पा रहा हूँ। अब तुम्हें यह आत्मज्ञान सौंपकर मुझे बड़ा हलका लग रहा है। मुझे लग रहा है मानो मैंने अपनी गुरुदक्षिणा दे दी हो।"

मैं गुरुदेव को भी देख पा रहा था और गुफा में स्थित उनके शरीर को भी देख पा रहा था। दोनों ही आसानी से कर पा रहा था जबकि वह गुफा बहुत नीचे थी और बड़ी सूक्ष्म दिख रही थी और हम तो आकाश में बादलों के भी पार थे। यह सारा स्वप्न जैसा ही लग रहा था।

गुरुदेव ने कहा, "हम साधना करके चित्त को शुद्ध कर सकते हैं, पवित्र कर सकते हैं, उपयुक्त कर सकते हैं ताकि परमात्मा की करुणा उस पर बरस सके। साधना साधनारत होकर करनी पड़ती है, किन्तु गुरु-करुणा अनायास, किसी भी दिन हो जाती है। करुणा होने की क्रिया एक क्षण में भी हो सकती है, बस हमें सदैव ग्रहण करने के लिए तैयार होना चाहिए।"

फिर पता नहीं, हम दोनों बादलों के पार कहाँ-कहाँ घूम रहे थे। कई जगह बहुत अच्छा चैतन्य भी अनुभव हो रहा था। गुरुदेव ने कहा, "चलो, अब काफी समय हो गया, अब गुफा में वापस चलते हैं।" हम दोनों वापस गुफा में आ गए और बाद में हम धीरे-धीरे अपने-अपने शरीरों में समा गए थे।

थोड़ी देर के बाद गुरुदेव ने आँखें खोलीं और मुझे बताया, "यह अनुभव इसलिए हो पाया क्योंकि तुम्हारे और मेरे बीच समरसता

स्थापित हो गई थी। वास्तव में, गुरु अपने शिष्य में ही अपना भविष्य देखते हैं। गुरुतत्त्व शिष्य के माध्यम से सदैव जीवित रहता है। इसलिए कहा गया है कि गुरुतत्त्व ही वह तत्त्व है जो सूक्ष्म रूप से इस विश्व का संचालन करता है। गुरुतत्त्व एक निरंतर बहने वाला प्रवाह है जो समय-समय पर परिस्थिति के अनुसार, उस समय की आवश्यकता के अनुसार माध्यम बदलता रहता है। वास्तव में देखा जाए तो, वह बदलता रहता है, ऐसा नहीं है; वह तो अपनी जगह ही बहता रहता है, माध्यम बदलते रहते हैं। यानी उसे ग्रहण करने वाले, उससे एकरूप होने वाले बदलते रहते हैं और जो माध्यम होते हैं, वे उस समय के अनुसार ही होते हैं।"

"जैसे कि गंगा नदी बहती है, वह तो एकसमान ही बहती है; एक ही जलधारा है, एक जैसा प्रवाह है। सारी गंगा नदी एक ही है, गंगा नदी का पानी फिर भी एकसमान नहीं है। वह पानी एक जलधारा में है, पर फिर भी एक जैसा इसलिए नहीं है क्योंकि पानी जिस स्थान से बहता है, उस स्थान का प्रभाव उस पानी पर पड़ता ही है। कहीं स्वच्छ है, कहीं गंदा है, कहीं बहुत ही स्वच्छ है, तो कहीं बहुत ही गंदा है। यानी जल की धारा एक होते हुए भी जल का स्वरूप वहाँ के स्थान के अनुसार ही होता है। ठीक इसी प्रकार से, गुरुतत्त्व का प्रवाह एक ही है। आदिगुरु दत्तात्रेय मुख्य प्रवाह हैं जिनमें सारी नदियाँ मिलती हैं और फिर उनका प्रवाह ही सारे विश्व में बहता रहता है। कोई भी मनुष्य यदि अपने-आपको समर्पित कर देता है, तो वह प्रवाह उस मनुष्य के भीतर से बहने लग जाता है। प्रवाह आदिकाल का है, पर मनुष्य-शरीर वर्तमानकाल का है। तभी तो तुम्हारे पास है। तो गुरु-शरीर आज के अनुसार ही होता है। प्रवाह एक ही है, नदी के घाट अलग-अलग हैं और वे घाट उन स्थानों के अनुसार ही होंगे। घाट उन स्थानों के अनुसार होंगे, तभी तो तुम उन स्थानों से उन घाटों तक पहुँच सकोगे।"

"जिस प्रकार गंगा नदी का पानी एक घाट से दूसरे घाट तक बहता रहता है, वैसा ही गुरुशक्तियों का है; वे भी निरंतर बहती रहती हैं, एक शरीर से दूसरे शरीर तक अविरत बहती रहती हैं। इसलिए हमारा चित्त उस शरीर पर नहीं, उस शरीर से बहने वाली

शक्तियों पर होना चाहिए। जिस प्रकार स्थान-स्थान पर, समय-समय पर गंगा के घाट बदलते रहते हैं, ठीक उसी प्रकार से गुरुशक्तियाँ एक ही प्रवाह हैं, पर उनके शरीररूपी माध्यम बदलते रहते हैं। जो शरीर उनको समर्पित हो जाए, वे उसमें से बहने लगती हैं। गुरुशक्तियाँ माध्यम नहीं बनाती हैं, माध्यम उन्हें ग्रहण कर लेते हैं। यह ग्रहण करने के लिए ही साधना आवश्यक है। साधना से अपनी ग्रहण करने की क्षमता बढ़ती है। अपना पात्र जितना विशाल होगा, करुणा भी उतनी ही अधिक बरसेगी। यह प्रकृति का नियम है। माध्यम पास का होने से सामान्य ही लगता है। क्योंकि माध्यम भी वर्तमानकाल का ही होता है, तो शारीरिक स्तर पर उसका परिवेश तो वर्तमानकाल के अनुसार ही होगा। वह शारीरिक स्तर पर, उसका परिवेश तो सामान्य होता है, पर आत्मिक स्तर पर सामान्य नहीं होता है। जो व्यक्ति अपने-आपको समर्पित करता है, शून्य करता है, अपनी ग्रहण करने की क्षमता इतनी करता है कि गुरुशक्तियाँ उसके भीतर से बह सकें, तो वह सामान्य कैसे हो सकता है? पर फिर भी वर्तमानकाल का होने के कारण सामान्य लगता है। इसी कारण माध्यम उनके जीवनकाल में पहचाने नहीं जा सकते हैं। हम सदैव भूतकाल में रहते हैं, इसीलिए हम भूतकाल के माध्यमों को ही माध्यम मानते हैं। हमारी एक मानसिकता हो गई है—परमात्मा का माध्यम यानी भूतकाल का, मरा हुआ। इसीलिए वर्तमान के माध्यमों को हम अनदेखा करते हैं। यानी हम भूतकाल के माध्यमों पर ध्यान रखकर वर्तमान के माध्यमों से चेतना प्राप्त करते रहते हैं। यह ठीक ऐसा ही है, जैसे जो पानी घाट से बह गया, उसे देखना और जो पानी वर्तमानकाल में घाट से बह रहा है, उसे पीना। जबकि सत्य तो यह है कि भूतकाल का, घाट से बहा हुआ पानी ही वर्तमानकाल के पानी को जगह देता रहता है।"

"चैतन्यशक्ति सदैव आज के, वर्तमान के माध्यमों से बहती है। जो भी शुभ घटित होता है, जो भी सकारात्मक घटित होता है, वह सब आज के माध्यमों से ही घटित होता है। क्योंकि घटित होने के लिए चैतन्य की आवश्यकता होती है और चैतन्य तो केवल वर्तमान में ही होगा, जीवित माध्यम में ही होगा। फिर भी हमारा ध्यान

उन वर्तमान माध्यमों की ओर कभी नहीं होता है क्योंकि हम सदा भूतकाल में ही रहते हैं। हम इन माध्यमों को तब माध्यम मानेंगे, जब ये भी भूतकाल के हो जाएँगे। भूतकाल का मनुष्य और भूतकाल के देवता, यह दृष्टिकोण होता है। जितना भूतकाल का होगा, वह उतना ही दूर का होगा, उसकी शक्तियों को पकड़ना उतना ही कठिन होगा। जबकि जीवंत माध्यम पास का होता है, उसकी शक्तियों को पकड़ना आसान होता है। पर हम उसके पास होकर भी पास नहीं होते हैं। इसी कारण मनुष्य की आध्यात्मिक प्रगति नहीं हो पाती है क्योंकि उसका अस्तित्व तो वर्तमान में होता है, लेकिन भूतकाल से ऊर्जा ग्रहण करने का प्रयास करता है। जबकि यह बात सत्य नहीं है; ऊर्जा कभी भी भूतकाल से नहीं मिलती है।"

"चैतन्य की अनुभूति एक जीवंत प्रक्रिया है। इस अनुभूति को अनुभव कराने वाला और करने वाला, दोनों ही जीवंत होने आवश्यक हैं। तभी अनुभूति हो सकती है। यह ठीक वैसा ही है कि जीवंत गाय ही दूध दे सकती है और जीवंत प्राणी ही यह दूध पी सकता है। जीवंत गाय ही जब तक नहीं मिल जाती, तब तक दूध पीने के लिए नहीं मिल सकता है। चित्र की गाय से गाय के बारे में जानकारी ही प्राप्त हो सकती है—गाय चार पैरों की होती है, गाय के दो सींग होते हैं, गाय की एक पूँछ होती है, गाय लाल, सफेद, काले, पीले रंग की हो सकती है, गाय दूध भी देती है, दूध पीने से मीठा लगता है। गाय के बारे में यह सारी जानकारी चित्र की गाय दे सकती है। पर यह गाय के बारे में जानकारीमात्र है। आप दूध की अनुभूति करना चाहो, तो चित्र की गाय आपको अनुभूति नहीं करा सकती है। अनुभूति के लिए आपको जीवंत गाय के पास ही जाना होगा। दुनिया की कोई भी पुस्तक दूध की अनुभूति नहीं करा सकती है। क्योंकि पुस्तक निर्जीव है और मनुष्य सजीव है, तो निर्जीव पुस्तक सजीव मनुष्य को अनुभूति कैसे करा सकती है? सजीव मनुष्य को दूध की अनुभूति प्राप्त करने के लिए सजीव गाय ही लानी होगी। जब मनुष्य व गाय दोनों ही जीवंत होंगे, तभी दूध की अनुभूति की प्रक्रिया घटित हो सकती है। दुनिया की सभी पुस्तकें निर्जीव हैं। वे अनुभूति नहीं करा सकतीं, वे हमें केवल जानकारी देती हैं।"

"ठीक उसी प्रकार से, अनुभूति का ज्ञान होना एक जीवंत प्रक्रिया है। यह ज्ञान पाने के लिए हमें जीवंत गुरु के पास ही जाना होगा। पुस्तकें पढ़कर हमें जीवंत गुरु के बारे में संपूर्ण जानकारी मिल सकती है। पुस्तकें पढ़कर हम जीवंत गुरु को पहचान सकते हैं क्योंकि पुस्तकों में जीवंत गुरु के बारे में लिखा जाता है। जानकारी, पहली बात, अनुभूति नहीं होती; दूसरी बात, जानकारी तो जो हो चुका है, केवल उसकी जानकारी होती है। अब जो होने वाला है, वह पुस्तकों में नहीं होता है। इसलिए पुस्तकें, जीवनचरित्र पर लिखी गई पुस्तकें सब भूतकाल में जो बीता, केवल वह बताती हैं। वह सारी जानकारीभर (जानकारीमात्र) है। सही अर्थ में, जानकारी व ज्ञान में अंतर है। ज्ञान एक अनुभूति के द्वारा भी हो सकता है। अनुभूति का ज्ञान देना आसान कार्य नहीं है। अनुभूति का ज्ञान देने वाले को अपना सर्वस्व दूसरे को बिना किसी अपेक्षा के, बिना किसी प्रलोभन के समर्पित करना होता है। तभी गुरु अपने शिष्य को यह अनुभूति का ज्ञान करा सकते हैं। गुरु को अपने शिष्य में ही अपना गुरु खोजना होता है। यह शरीर के स्तर की क्रिया नहीं है, आत्मा से आत्मा तक का अंतरंग संबंध है। शिष्य शरीर से ग्रहण करता है, पर उसे, शिष्य को शिष्य न समझते हुए अपना गुरु समझना, अपने गुरु के दर्शन अपने शिष्य में पाना और गुरु के दर्शन अपने शिष्य में पाकर शिष्य को ही अपनी अनुभूति गुरुदक्षिणा के रूप में समर्पित करना बड़ा कठिन कार्य है। पर यह कार्य तब आसान हो जाता है, जब गुरु अपने शरीर से परे हो जाते हैं और संपूर्णतः परमात्मा की चैतन्यशक्ति के साथ विलीन हो जाते हैं और एक परिपक्व, संपूर्ण निखालस माध्यम बन जाते हैं। फिर गुरु का स्वयं का, अलग से कोई अस्तित्व नहीं होता है और उनके माध्यम से कार्य होने लगता है। ऐसी देहातीत अवस्था जब गुरु प्राप्त कर लेते हैं, तभी वे अपने शिष्य में भी अपने गुरु को ही देखते हैं। उन्हें सर्वत्र ही गुरु दिखने लग जाते हैं। ऐसी अवस्था में पहुँचे हुए गुरु के लिए ही कहा गया है, 'गुरु साक्षात परब्रह्म।' यानी परब्रह्म, परमेश्वर साक्षात, प्रत्यक्ष कहीं है, तो वह गुरु के रूप में ही है, परमात्मा वर्तमान में गुरु के रूप में है।"

"'गुरु साक्षात परब्रह्म' इस एक वाक्य में ही सबकुछ छुपा है। वास्तव में, परमात्मा एक वैश्विक चेतना शक्ति है जो चराचर में व्याप्त है। वह प्रत्येक जीव में आत्मा के रूप में बहती रहती है। वैश्विक चेतनाशक्ति से एकाकारिता प्राप्त होने के बाद 'वही सब जगह है, वही सर्वत्र है' इसका ज्ञान हो जाता है। वह गुरु को अपने गुरु के रूप में इसलिए दिखती है क्योंकि गुरु ने वह अपने गुरु के माध्यम से ही प्राप्त की होती है। तो परमात्मा की शक्ति तो एक ही है, पर गुरु ने उसकी अनुभूति अपने गुरु से प्राप्त की होती है, इसीलिए वह केवल अपने गुरु के रूप में जानता है। वास्तव में, उसका गुरु परमात्मा नहीं है क्योंकि परमात्मा कोई व्यक्ति नहीं है, वह तो चेतनाशक्ति है। पर जिससे मिली, उसी माध्यम को पकड़कर ही परमात्मा तक पहुँचा जा सकता है। परमात्मा जिस रूप में हमें मिला, वही रूप हमारे लिए परमात्मा हो जाता है। वास्तव में, वह भी परमात्मा नहीं होता, पर उसी रूप को हम परमात्मा मानते हैं। क्योंकि परमात्मा मानने के लिए चाहिए भाव और वह भाव तब तक नहीं आता, जब तक आप किसी माध्यम को परमात्मा मानकर झुकते नहीं हैं। आपके झुकने के लिए कोई भी आत्मसाक्षात्कारी व्यक्ति निमित्य बन जाए, आप तो परमात्मा की अनुभूति प्राप्त कर ही लेते हैं। वह व्यक्ति भी निमित्य होता है, पर उस निमित्य के बिना भी परमात्मा तक पहुँचा नहीं जा सकता है। यानी गुरु भी निमित्य है परमात्मा तक पहुँचने का, गुरु परमात्मा नहीं है। पर गुरु के बिना परमात्मा तक पहुँचा ही नहीं जा सकता है।"

"अपने गुरु को ही परमात्मा मानना पड़ता है क्योंकि परमात्मा तो सारे विश्वभर में है, पर वह विश्वभर की चेतनाशक्ति आपको किस माध्यम से मिली, उसने आपसे मिलने के लिए कौन-सा माध्यम चुना, वही माध्यम आपके लिए परमात्मा है। क्योंकि वह माध्यम आपके अनुकूल है, आपके पास का है, आपको अनुभूति करा सके, ऐसा है। वास्तव में, हम भूतकाल के गुरुओं के जीवनचरित्र पढ़ते हैं और अपने मन में गुरु की एक छवि बना लेते हैं और उस छवि के अनुसार गुरु को खोजते हैं। यदि हम भूतकाल की छवि के अनुसार गुरु को खोजेंगे, तो जीवनभर भटकते रहेंगे, पर गुरु नहीं

मिलेंगे क्योंकि छवि भूतकाल की है और गुरु तो वर्तमानकाल के हैं। वर्तमानकाल के गुरु वर्तमानकाल के अनुसार ही होंगे। यह तो ठीक ऐसा ही है कि किसी की पाँच साल की आयु की तस्वीर लेकर उसे आज, पच्चीस सालों के बाद खोजना। तो वह व्यक्ति तस्वीर जैसा बच्चा थोड़े-ही होगा, वह तो बड़ा, जवान हो गया होगा। तो वह तस्वीर वाला, पाँच साल का बच्चा तुम्हें जीवनभर नहीं मिलेगा। वह बच्चा मिलेगा, पर जवान के रूप में मिलेगा। इस प्रकार की गलती मैंने भी जीवन में की। सदैव भूतकाल के गुरुओं की छवि को मन में बिठाकर गुरु को खोजा। तो वे मुझे नहीं मिले क्योंकि वर्तमानकाल के गुरु तो वर्तमानकाल के समान ही होते हैं। समय के साथ-साथ रूप में भी परिवर्तन होता रहता है क्योंकि रूप तो जीवंत है और जो जीवंत है, वही परिवर्तनशील है और परिवर्तनशील है, इसीलिए जीवंत है। इसलिए पुस्तक की जानकारी से अनुभूति का ज्ञान कभी प्राप्त नहीं किया जा सकता है। अनुभूति का ज्ञान भी वही ले सकता है जो वर्तमान में है। क्योंकि भूतकाल से चिपका हुआ व्यक्ति अनुभूति को प्राप्त कर ही नहीं सकता है जो वर्तमान में रहने से होती है।"

"अनुभूति सदैव आत्मिक स्तर पर जाने के बाद प्राप्त होती है। जब मनुष्य शारीरिक स्तर पर होता है, वह बुद्धि के स्तर पर होता है और जब तक बुद्धि के स्तर पर होता है, वह केवल तर्क कर सकता है, तुलना कर सकता है। तुलना या तर्क अनुभूति नहीं करा सकते हैं। जब मनुष्य शारीरिक स्तर से आत्मिक स्तर पर जाता है, तो बुद्धि गिर जाती है, प्रयत्न समाप्त हो जाते हैं क्योंकि आत्मिक स्तर पर प्रयत्नों का कोई स्थान नहीं होता। अनुभूति होने पर मनुष्य को पहली बार यह ज्ञान होता है कि जो मैं अपने-आपको समझ रहा था, वह 'मैं' यह शरीर नहीं है, वह 'मैं' आत्मा है और मेरे सारे विचार या सारी समस्याएँ तो इस शरीर से संबंधित हैं। तो यह एहसास उसे आत्माओं की एक सामूहिकता प्रदान करता है जो प्रत्येक आत्मा को उपलब्ध है। जिसे प्राप्त करना प्रत्येक आत्मा का अधिकार है। जैसे-जैसे आत्मा को अच्छी आत्माओं की सामूहिकता मिलने लग जाती है, आत्मा और अधिक सशक्त व बलशाली होती जाती है और शरीर का, बुद्धि का अहंकार कम होने लग जाता है। यह अहंकार

ही मनुष्य की सारी समस्याओं की जड़ है। यह अहंकार जितना कम होगा, मनुष्य की समस्याएँ उतनी ही कम होंगी। समस्याएँ जितनी कम होंगी, मनुष्य को उतना ही आत्मिक सुख मिलेगा और जितना आत्मिक सुख मिलेगा, मनुष्य-समाज उतनी ही उन्नति करेगा, उतना ही मनुष्य-समाज का कल्याण होगा। कमल सदा कीचड़ होने पर ही खिलता है, यह प्रकृति का एक नियम है। इसी प्रकार से, सदैव खूब खराब परिस्थितियाँ निर्मित होने पर उन्हें संतुलित करने के लिए किसी महान आत्मा का जन्म होता है और यह संतुलन बना रहता है।"

"ये महापुरुष कमल के समान ही होते हैं। ये विपरीत परिस्थितियों में पैदा होते हैं और अपनी आध्यात्मिक स्थिति के कारण आसपास का माहौल बदल देते हैं और प्रकृति में भी संतुलन बनाए रखते हैं। एक ही समय खराब परिस्थितियों का होना और अच्छे, पुण्य-आत्माओं का जन्म होना, ये दोनों संतुलन की ही प्रक्रियाएँ हैं। बस, अंतर यह है—अब सबकुछ गति के साथ होगा। समय की गति उसे मिलने वाली है। समय की इस गति का फायदा दोनों ओर दिखाई देगा। एक ओर बुराइयाँ तेजी से बढ़ेंगी, प्राकृतिक विपदाओं की संख्या तेजी से बढ़ेगी, विनाश की घटनाएँ तेजी से होंगी, दूसरी ओर निर्माण का कार्य भी तेजी से होगा। समाज के नवनिर्माण का कार्य होगा। ये दोनों प्रक्रियाएँ साथ-साथ चलेंगी। वास्तव में, विनाश तो नवनिर्माण की पहली सीढ़ी है। विनाश ही नहीं होगा, तो नवनिर्माण कैसे होगा? ये दोनों एक ही सिक्के के दो पहलू हैं। मृत्यु होगी, तभी नया जन्म होगा। मृत्यु ही नहीं होगी, तो नया जन्म कैसे मिलेगा? आत्मा नया जन्म लेना चाहती है, इसीलिए तो मृत्यु होती है। नए जन्म की प्रक्रिया में पहला कदम मृत्यु ही है। उसी प्रकार, भविष्य में मनुष्य-समाज में भी इन दोनों दिशाओं में कार्य होने वाला है। सकारात्मक प्रयास करने के लिए उसी स्तर की आत्माओं की सामूहिकता बनाना मेरा कार्य है क्योंकि भविष्य में सामूहिकता का युग आने वाला है। समाज के नवनिर्माण का कार्य हो या फिर समाज के पतन का, दोनों ही सामूहिकता में होंगे। अच्छा कार्य होगा तो भी सामूहिकता में होगा, बुरा कार्य होगा तो भी सामूहिकता में होगा।

आने वाले समय में सामूहिकता को महत्त्व प्राप्त होगा। अकेला मनुष्य कोई काम का ही नहीं रहेगा। अकेला मनुष्य न तो अच्छा कार्य कर सकेगा और न बुरा कार्य कर सकेगा।"

"समूचे युग में ही सामूहिकता की प्रधानता होगी। विश्व के सारे कार्य सामूहिकता में ही होंगे। कार्य अच्छा करना है या बुरा, यह तो मनुष्य पर ही निर्भर होता है। कार्य स्वयं तो निर्जीव होता है, मनुष्य जीवंत होता है और उसका उद्देश जीवंत होता है। उसी उद्देश को पूर्ण करने के लिए मनुष्य प्रयासरत रहता है। उद्देश महत्त्वपूर्ण है। जैसा मनुष्य का उद्देश होगा, वैसा ही उससे कार्य होगा। सबकुछ उद्देश पर ही निर्भर होता है। अब इस सामूहिकता के युग में मनुष्य को अपना निर्णय लेना होगा कि उसे कैसे उद्देशों के लिए कार्य करना है। उद्देश को उसकी व्यापकता और प्रभावकाल की दृष्टि से विभाजित किया जा सकता है। व्यापकता की दृष्टि से देखें, तो उद्देश को विशालस्तरीय या संकुचित कहा जा सकता है और प्रभावकाल की दृष्टि से उसे तत्कालीन या दीर्घकालीन कहा जा सकता है। विशालस्तरीय उद्देश एक विशालता लिए हुए होता है; सब मनुष्यों के लिए होता है, सभी आत्माओं के लिए होता है। संकुचित उद्देश संकुचित भावना के साथ होता है; केवल किसी संगठन के लिए होता है, किसी विशिष्ट समाज के लिए होता है। तत्कालीन उद्देश के फायदे तत्कालीन होते हैं और दीर्घकालीन उद्देश के फायदे तो सदियों तक होते रहते हैं। मनुष्य को अपना निर्णय लेना होगा कि उसे किस ओर जाना है। यह मनुष्य का अपना, निजी निर्णय होगा। वह अपना निर्णय लेकर किसी भी ओर जाएगा, उसे उस ओर की सामूहिकता मिल ही जाएगी और सामूहिकता को एक बड़ी गति प्राप्त रहेगी। वह कार्य गति से करा ही लेगी।"

"किए गए कार्य अति तेजी के साथ होंगे। अच्छे व बुरे, दोनों ही कार्य हो सकते हैं। गुरुशक्तियाँ तो उस माँ के समान हैं जो किसी बाढ़ के आ जाने पर अपने बच्चों को पुकारती है, एकत्र करती है और प्रयास करती है कि पानी की बाढ़ से उसके बच्चे न बह जाएँ। बाढ़ का प्रकोप कितना भी अधिक हो, माँ की बचाने की इच्छा उतनी ही

तीव्र होती है और जो उसके बच्चे होते हैं, वे उसका कहना मानकर बच ही जाते हैं।"

"ऐसे ही सामूहिक विनाश की बाढ़ आने वाली है। उसके लिए गुरुशक्तियाँ भी सामूहिकता के लिए प्रयत्नरत हैं क्योंकि सामूहिकता के युग में बिना सामूहिकता के किसी का भी अस्तित्व नहीं होगा। मनुष्य को अपना अस्तित्व बचाने के लिए सामूहिकता की शरण में जाना ही होगा। अपने-आपको बचाए रखने के लिए दूसरा कोई मार्ग नहीं होगा। इसी आत्मिक सामूहिकता से जुड़ने का माध्यम जीवंत गुरु है। क्योंकि इस जीवंत गुरु के साथ लाखों लोगों की सामूहिकता जुड़ी होती है। जीवंत गुरु अपना अस्तित्व लाखों लोगों में बाँटकर सकारात्मक सामूहिकता का निर्माण करते हैं। इसीलिए यह सकारात्मक सामूहिकता अपने जीवंत गुरु से जुड़ी होती है। जीवंत गुरु वे गुरु हैं जिन्होंने अपना सारा अस्तित्व ही लाखों छोटे-छोटे अंशों में विभाजित कर दिया है और उनका स्वयं का, कोई अलग अस्तित्व ही नहीं बचा है। वे अपना अस्तित्व लाखों आत्माओं में बाँटकर उनसे अपने आत्मिक संबंध स्थापित कर लेते हैं और इसी संबंध का परिणाम यह होता है कि लाखों आत्माएँ उनसे जुड़ जाती हैं और एक बड़ी सामूहिक शक्ति का निर्माण हो जाता है।"

"ऐसा ही, जीवंत गुरु का कार्य तुम्हें भविष्य में करना होगा। यही होने वाला है। मैं तुम्हें केवल मार्ग बता रहा हूँ क्योंकि तुम्हारा पात्र बड़ा है और वह पात्र ही बताता है कि कितना विशाल कार्य तुम्हारे जीवनकाल में और उसके बाद होने ही वाला है। तुम उस कार्य के केवल माध्यम हो। तुम्हें तुम्हारे कार्यकाल में गति को अनुकूल परिस्थितियाँ प्राप्त होंगी और इसीलिए कार्य का विस्तार गति के साथ होगा। ध्यान-साधना करने के लिए ऋषि-मुनि हिमालय का आश्रय लेते रहे हैं, यहाँ आकर यहाँ की सामूहिकता प्राप्त करते रहे हैं, पर यहाँ से वापस कोई नहीं गया है। इसीलिए इस ध्यान-साधना के बारे में मनुष्य-समाज में एक रहस्य-सा बना हुआ है। लेकिन जब तक उचित समय नहीं आया, तब तक यह कार्य नहीं हो सकता था। इसलिए सभी गुरुओं ने इस सही समय का इंतजार किया है।"

गुरुदेव तो बोलकर मौन हो गए, लेकिन मैं बहुत समय तक सोचता रहा—ये गुरु दिखते अलग-अलग हैं, रहते अलग-अलग हैं, ये आपस में कभी मिले होंगे, ऐसा भी नहीं लगता है, पर ये सब एक ही ध्यान-पद्धति की ओर संकेत दे रहे हैं; वह है—अनुभूति का ज्ञान। वे एक ही भाषा बोल रहे हैं—उचित समय और कार्य का विस्तार और सब मुझे ही माध्यम मानकर चल रहे हैं। क्या मैं सचमुच इतना अच्छा माध्यम बन पाऊँगा? क्या वास्तव में मेरे माध्यम से इतना कार्य होगा? क्या इसी जन्म में होगा? और ये जो विशालता की बात कर रहे हैं, वह एक मनुष्य के माध्यम से कैसे संभव है? या मेरे भी अनेक माध्यम बनेंगे? पता नहीं, इतने प्रश्न आने लग गए। मैंने अपने-आपको समझाया—यह मेरा कार्य नहीं है। जिसका कार्य है, वह कार्य करा ही लेगा। मैं क्यों सोचूँ? कार्य कैसे होगा, यह मेरा कार्यक्षेत्र ही नहीं है। फिर मैं सो गया।

दूसरे दिन सबेरे ध्यान-साधना के बाद गुफा के बाहर आया क्योंकि भीतर गुरुदेव अभी भी ध्यान में ही थे। बाहर आया और पहाड़ी के शिखर पर पहुँचा और देखा तो आसपास का दृश्य बड़ा सुंदर था। सामने ही हिमालय की पर्वतमाला थी। पर ऊपर आने पर ठण्डी, जमा देने वाली हवा चल रही थी। गुफा के ऊपर का वृक्ष भी हिल रहा था, पर उसकी जड़ें मजबूत थीं। मैं जल्दी ही शिखर से नीचे आ गया क्योंकि शिखर पर तेज हवा चल रही थी। वह वृक्ष शिखर की आड़ में होने के कारण तेज हवा से सुरक्षित था। एखादे (किसी) बच्चे के चेहरे पर बाल सामने आ जाते हैं, गुफा का मुँह सामने से वैसा ही लगता था। उस वृक्ष की जड़ें गुफा के मुँह के सामने आ गई थीं और उसके भी नीचे जाकर जम गई थीं। वे जड़ें ही दरवाजे का काम करती थीं। उस गुफा में की गई ध्यान-साधना का प्रभाव उस वृक्ष पर अलग ही दिखता था। वह वृक्ष वृक्षों का राजा था। वह एक राजा के समान पूरे जंगल में अलग ही दिखता था। उसके पत्ते तक चमकीले थे। ऐसा लगता था मानो कोई महात्मा ही तपस्यारत बैठा हुआ है। ढलान के कारण उस वृक्ष की जड़ के पास कटाव हो गया था। मिट्टी बह गई होगी और जड़ें बाहर आ गई

होंगी। पर वह केवल एक ही तरफ से था, बाकी तीनों दिशाओं से जड़ें वृक्ष को थामे हुए थीं।

वह किसी दुर्लभ प्रजाति का वृक्ष था। उस जाति के वृक्ष प्रायः वहाँ नहीं पाए जाते हैं। जैसे ही मैंने कहा, वैसे ही हवा से वृक्ष के पत्ते भी हिले। मानो वे कह रहे थे, "हाँ, हाँ, तुम बराबर ही सोच रहे हो। मैं केवल एक हूँ और दुर्लभ हूँ।" सामान्यतः ऐसे बड़े वृक्ष को सुरक्षित मानकर पक्षी उस पर घोंसला बनाते हैं। पर वहाँ पर अधिक बहाव वाली हवा के कारण घोंसला नहीं बनाया था। जंगल में मैंने देखा कि पक्षी अधिकतर जिस तरफ से वृक्ष को हवा लगती है, उसकी विरुद्ध दिशा में ही घौंसले बनाते हैं। यानी पक्षियों को भी हवा का और हवा की दिशा का पूरा-पूरा ज्ञान होता है। कई बार मैंने बड़ी गहराई में जाकर अध्ययन किया, तो जाना कि वे विचार भी नहीं करते हैं। हाँ, भूख लगने पर भोजन का विचार उनके मन में आता है, पर बाकी समय उनके मन में कोई विचार नहीं आता है। पक्षियों की कई दुर्लभ जातियाँ उस भाग में मुझे देखने मिली थीं। आसपास के प्राकृतिक वातावरण का प्रभाव पक्षियों के भी रंग पर और आकार पर पड़ता है। कई प्रवासी पक्षी होते थे जो अधिक बर्फबारी होने पर किसी अन्य स्थान पर चले जाते थे। पक्षी अपना बसेरा अपनी आवश्यकता के अनुसार बनाते हैं। वे ऐसे वातावरण में रहना पसंद करते हैं जो उनके लिए आवश्यक हो।

कई प्रजातियों में नर पक्षी सुंदर घोंसला बनाता है। उस नर को नहीं, बल्कि सुंदर घोंसले को देखकर ही मादा पक्षी उसकी ओर आती है। घोंसलों को देखकर फिर जब मादा पक्षी आती है, तब नर पक्षी उससे प्रणय-निवेदन करता है। अपने सुंदर पंखों से, सुंदर आवाज से, नाचकर उसे मनाने और रिझाने का प्रयास करता है। अगर वह मादा को मनाने में सफल हो जाता है, तभी उनका समागम होता है। यह प्राकृतिक क्रिया पूर्णतः मादा के निर्णय पर ही संपन्न होती है। नर पक्षी को बार-बार निवेदन करना होता है, मादा पक्षी को मनाना होता है, तभी वह राजी-खुशी से तैयार होती है और तभी यह क्रिया होती है। मुझे उनका समागम देखकर लगा कि यही सही तरीका है समागम का। इसमें दोनों की रजामंदी है।

दोनों बड़े आनंद से और उत्साह से उसमें सहभागी होते हैं। पक्षियों की कामक्रीड़ा हो या प्रणयक्रीड़ा हो, एक निश्चित समय पर और एक निश्चित अवस्था में ही होती है और दोनों की रजामंदी से होती है। जबकि मनुष्यों में कई बार पुरुष अपनी पत्नी पर बलात्कार ही करता रहता है। स्त्री की कोई स्वतंत्रता नहीं होती है। स्त्री की इच्छा का कोई महत्त्व नहीं होता है। स्त्री की शारीरिक स्थिति का भी कोई ध्यान नहीं रखा जाता। पुरुष समझता है—स्त्री को क्या करना है, केवल पड़े ही तो रहना है। जो कुछ करना है, वह तो मुझे ही करना है। केवल मेरे करने से यह क्रिया संपन्न हो जाएगी। वास्तव में, पुरुष केवल स्वार्थ को देखता है। वह अहंकार के कारण अपना ही विचार करता है, अपनी वासना का विचार करता है। पर वह यह नहीं जानता कि यह संभोग है, इसमें दोनों का सम भोग करना आवश्यक है, दोनों का आनंद लेना आवश्यक है। जब इस कामक्रीड़ा से दोनों शारीरिक सुख प्राप्त करेंगे, तभी यह क्रिया संपूर्ण होगी। केवल पुरुष के सुख प्राप्त करने से यह क्रिया संपूर्ण नहीं होती है। पर पुरुष केवल अपना विचार करता है। उसकी सोच संकुचित होती है। स्त्री बेचारी, उसकी इच्छा हो या न हो, वह स्वस्थ हो या न हो, पति की एकतरफा कामक्रीड़ा को सहन करती ही रहती है, उसके बलात्कार को सहन करती ही रहती है और 'उफ़' भी नहीं कर पाती है। इसी के प्रभाव के कारण स्त्रियों की कामेच्छा मर जाती होगी। ऐसे में वे उस क्रिया से कभी भी आनंद नहीं ले सकती हैं।

उस दृष्टि से यह मादा पक्षी कितनी भाग्यवान है कि शरीर का समर्पण करना उसका निजी निर्णय होता है। जब तक वह अपने शरीर का समर्पण नहीं करती, तब तक वह नर पक्षी उससे समागम नहीं कर पाता है। जब वह अपनी इच्छा से उस समागम में शामिल होती है, तब वह भी उतना ही आनंद लेती है जितना कि नर पक्षी लेता है। इसलिए ये दोनों जब समागम करते हैं तो दोनों के चेहरों पर समाधान नजर आता है, दोनों आनंदित नजर आते हैं। दूसरा एक यह अच्छा लगा कि पक्षी विशेष समय पर ही समागम करते हैं। इस कारण भी मादा पक्षी उसमें रस लेती होगी। स्त्रियों को तो मजबूरी में सालभर इसमें शामिल होना पड़ता है। इसीलिए स्त्रियों में

कामक्रीड़ा के प्रति एक प्रकार की नीरसता आ जाती है और जीवन के इस आनंद के क्षण से वे वंचित हो जाती होंगी। स्त्रियाँ इस चरम रतिसुख के क्षण से दो कारणों से ही विमुख हो जाती हैं। एक तो अनिच्छा से इसमें शामिल होना पड़ता है और दूसरा, रोज-रोज के कारण भी इसमें नीरसता व ऊबाऊपन आ जाता है। पुरुष भी इसमें कुछ आनंद लेते हुए नहीं दिखते हैं। वे केवल उस आनंद के लिए यह कामक्रीड़ा नहीं करते, उनका मुख्य उद्देश तो जीवन में आया हुआ काम का तनाव कम करना होता है। उन्हें यह संभोग अपने मानसिक तनाव व शारीरिक तनाव को दूर करने का आसान-सा मार्ग लगता है। थोड़े-से समय में भी सारा तनाव मुक्त हो जाता है। वह तनाव के कारण इसमें शामिल होता है और पत्नी को सारा तनाव दे देता है और पत्नी भी तनावपूर्ण हो जाती है। यानी पत्नी तनाव कम करने वाली मशीन या यंत्र ही बन जाती है या कचरे का डब्बा जिसमें मनुष्य अपना तनावरूपी कचरा डालता है। पत्नी जब कचरे का डब्बा हो जाती है, तो कचरे के डब्बे की भी एक सीमा होती है, बाद में वह बदबू मारने लग जाता है। वैसे ही पत्नी भी एक समय के बाद बीमार व मानसिक दृष्टि से कमजोर हो जाती है। उन पक्षियों की तुलना मनुष्यों से करने पर लगा—संभोग तो केवल पक्षी करते हैं। समागम का आनंद पक्षियों में जहाँ नर पक्षी के साथ-साथ मादा पक्षी भी लेते हैं, वहीं मनुष्यों में स्त्री बेचारी पुरुष को सहती रहती है। इसीलिए, मनुष्य-समाज में स्त्री एक कुंठित जीवन ही जीती रहती है और उसी कुंठित जीवन में उसकी मृत्यु होती है।

यह समाज की विडंबना है। क्या मनुष्य-समाज इन पक्षियों के समाज से कोई सीख ग्रहण करेगा? ऐसा लगता है कि स्त्री और पुरुषों ने केवल नर पक्षी व मादा पक्षी के समागम का दृश्य देखना चाहिए ताकि वे समझ सकें कि संभोग क्या होता है, कामक्रीड़ा कैसे संपन्न होती है, किस ऋतु में यह क्रिया की जानी चाहिए, यह क्रिया करते समय प्राकृतिक वातावरण कैसा होना चाहिए, प्रकृति कब अनुकूल होती है, मादा पक्षी की रजामंदी क्या महत्त्व रखती है और उसकी रजामंदी से क्या आनंद इस कामक्रीड़ा में आता है। यह आनंद कामक्रीड़ा करते, प्रणय-निवेदन करते इन पक्षियों के चेहरों

पर साफ झलकता है। समागम का आनंद सही अर्थ में तो पक्षी-जगत ही उठाता है।

समागम हो जाने के बाद भी नर पक्षी मादा पक्षी का साथ देता है। मादा पक्षी जब अंडे देती है, तब नर पक्षी उन्हें सँभालने में, बच्चे निकलने में, उन बच्चों को बड़ा करने में पूरा सहयोग करता रहता है। नर पक्षी बाद में भी अपने सारे कर्तव्यों का पूर्णतः पालन करता है। सबकुछ तो वह नर पक्षी करता है जो एक पुरुष करता है। वह नर पक्षी एक अच्छा पिता साबित होता है। उनकी पारिवारिक व्यवस्था मुझे बड़ी अच्छी लग रही थी। पक्षी अपने घोंसले सुरक्षा की दृष्टि से जंगलों में घने स्थानों पर बनाते थे। वहाँ वे हवा से भी बचे रहते थे और परभक्षियों का आतंक भी नहीं रहता था। कई बार देखता था कि उनके चूजे बड़े-बड़े हो जाने पर भी माँ और बाप से ही दाने खाने के आदी रहते थे। कभी-कभी तो दृश्य यह भी दिखता था कि चूजों के माँ-बाप जान-बूझकर दाना नहीं देते थे ताकि भूख लगने पर वे चूजे स्वयं ही दाना चुगना सीख सकें। जब उन चूजों को ऐसा लगता था कि माँ-बाप ध्यान नहीं दे रहे हैं, तो वे ही दाना चुगना प्रारंभ कर देते थे। वे धीरे-धीरे आत्मनिर्भर होने लगते थे और धीरे-धीरे छोटी-छोटी उड़ानें भी भरने लगते थे और फिर एक दिन स्वयं ही अलग ही उड़ जाते थे।

उस दिन सुबह-सुबह जब ध्यान-साधना कर रहा था, तो मैंने गुरुदेव ने बताए हुए प्रयोग से ही शुरू किया था। पहले अपने चित्त को एकाग्र किया और फिर अपने मलद्वार को संकुचित करना और ढीला छोड़ना प्रारंभ किया। तो अनुभव किया कि धीरे-धीरे मूलाधार चक्र से ऊर्जा का एक स्रोत फूट रहा था जो धीरे-धीरे ऊपर की ओर जा रहा था। धीरे-धीरे वह सहस्त्रार तक भी पहुँच गया। वह स्पंदन इतना प्रभावशाली था कि ऐसा लगा—पीठ में एक बड़ा-सा पाईप ही है जिसमें से एक तेज प्रवाह नीचे से ऊपर लगातार हो रहा है। पहले थोड़ी गर्मी महसूस हुई, लेकिन बाद में ठण्डा लगने लग गया और रीढ़ की हड्डी में बह रही ठण्डी-ठण्डी संवेदनाएँ सारे शरीर में फैल गईं। थोड़े समय गर्दन पर अवरोध लग रहा था, पर बाद में वह अवरोध भी दूर हो गया। बाद में सारी संवेदनाएँ समाप्त हो

गईं और फिर बड़ा अच्छा ध्यान लग गया। ध्यान की उस स्थिति में काफी समय तक रहा था।

जब ध्यान पूरा हुआ, तो शाम हो गई थी। उस वातावरण में समय का तो पता ही नहीं चलता था कि कब सुबह हुई, कब शाम हुई। जिंदगी बड़ी ही शांति से बीत रही थी। न कॅलेंडर (तिथिपत्रक) था, न घड़ी थी और न कोई जल्दी थी। न कोई मंजिल थी, न कोई लक्ष्य था और न कोई योजना थी। न कोई अपेक्षा थी, न कोई उपेक्षा थी, न कोई अच्छे विचार थे और न कोई बुरे विचार थे। मैं अपने-आपको इन शारीरिक संवेदनाओं से परे अनुभव कर रहा था। ध्यान तो हो गया था, परंतु फिर भी उठते नहीं आ रहा था और मैं समझने की कोशिश कर रहा था कि मैं कहाँ हूँ। इतने अधिक स्थानों पर घूम चुका था कि एकदम समझ में नहीं आ रहा था कि मैं कहाँ पर हूँ। किसके सान्निध्य में हूँ, मैं कौन हूँ, यह भी समझ में नहीं आ रहा था। शरीर के अस्तित्व से मैं अपने-आपको मुक्त पा रहा था। मुझे अनुभव हुआ कि मैं एक आत्मा हूँ; एक पवित्र, स्वतंत्र आत्मा; और यह शरीर मैंने इस जन्म में धारण किया है। जिन अन्य शरीरों की यादें आ रही थीं, उनसे यह शरीर अलग ही दिख रहा था। उससे मैंने अंदाजा लगाया कि यह शायद मेरा वर्तमान का शरीर है। फिर अपने ही शरीर का मैं अध्ययन करने लग गया तो देखा कि इस शरीर का निर्माण किया गया है और निर्माण इस प्रकार से किया गया है कि वह अस्तित्वविहीन हो, केवल एक खाली नली के समान जो लेना नहीं जानती या लेने की कोई व्यवस्था ही भीतर न हो। न लेना जानता है और न ही लेने की कोई व्यवस्था अंदर है। क्योंकि शरीर को आवश्यक लगने वाली सभी शक्तियाँ, सारी ऊर्जा उस शरीर को अनायास ही प्राप्त हो रही है। उसका न तो लेने का प्रयत्न है और न ही लेने की इच्छा है। शरीर मानो झोली ही फैलाकर खड़ा है और गुरुशक्तियाँ उसकी झोली में अपनी शक्तियाँ प्रवाहित कर रही हैं। वह शरीर वह झोली लेकर ही जगह-जगह घूम रहा है। जिसको आवश्यकता है, वह उस शरीररूपी झोली से ग्रहण कर रहा है। मुझे मेरे शरीर का अस्तित्व झोली के समान लग रहा था। न ले रहा था और न दे रहा था। शरीर बस झोली के समान घूम

रहा था। उस झोली में देने वाले दे रहे थे और लेने वाले ले रहे थे। सब 'हो' रहा था।

मैं यह सब एक मूकदर्शक बनकर देख रहा था। जितना लोग लेते थे, झोली का आकार उतना ही बड़ा हो जाता था। सबकुछ 'हो' रहा था। झोली न तो कुछ ले रही थी और न कुछ दे रही थी। वह तो बस घूम रही थी। झोली में जो कुछ आता है, वह न तो उसने पाया रहता है और न कुछ पाने की इच्छा रहती है। सब गुरुकृपा से, गुरु की करुणा से ही बरसता रहता है और न ही झोली किसी को स्वयं कुछ दे सकती है क्योंकि झोली लेने-देने से भी परे है। वह तो आपके सामने केवल आ सकती है। आप चाहें, तो उसमें से कुछ ले सकते हैं, पर उसमें आप कुछ डाल ही नहीं सकते हैं। क्योंकि उसमें जो डाला जा सकता है, वह आपके पास ही नहीं है, फिर आप डाल ही कैसे सकते हो? झोली से केवल ग्रहण कर सकते हो, वह भी आपकी पात्रता के अनुसार और वर्तमान में रहने की स्थिति के अनुसार। क्योंकि मनुष्य को, अपने पास क्या है, वह जीवन में दिखता ही नहीं है। वह या तो जो झोली चली गई, उसी को याद करता है या काल्पनिक झोली की कल्पना में खोया रहता है। आज मेरे सामने कौन-सी झोली जा रही है, किस झोली से मैं कुछ ग्रहण कर सकता हूँ, इस ओर ध्यान ही नहीं होता है। परमात्मा बड़ा दयालु है। वह प्रत्येक को जीवन में अवसर देता है। प्रत्येक के सामने झोली ला देता है। मनुष्य ले या न ले, मोक्ष का अवसर प्रत्येक मनुष्य को जीवन में मिलता ही है। परमात्मा अपना कार्य करता रहता है। क्योंकि अगर मोक्ष पाने का अवसर ही नहीं मिला, तो मनुष्य-जीवन देने का कोई अर्थ ही नहीं है। इसलिए परमात्मा न केवल मनुष्य-जन्म देता है, बल्कि मनुष्य-जीवन में एक बार मोक्ष-प्राप्ति का, अपने मनुष्य-जीवन को सार्थक करने का अवसर भी देता है। इसलिए प्रत्येक मनुष्य के जीवन में एक बार तो झोलीरूपी माध्यम उसके सामने आता ही है। मनुष्य उससे ग्रहण करे, न करे, यह उसके ऊपर ही है।

प्रत्येक मनुष्य को परमात्मा समान अवसर देता है। ऐसे ही अवसर की झोली बनकर मेरा शरीर चल रहा है। जो न तो देता है और न लेता है। बस चल रहा है। मेरे शरीर का निर्माण भी

गुरुशक्तियों ने इसी उद्देश से किया है। मुझे इस शरीर को धारण करने के पीछे का उद्देश समझ में आ गया। जो अन्य शरीर मुझे दिखे, यह शरीर उनसे अलग था। वे शरीर आश्वासनों के साथ थे, वे शरीर आश्वासनों के बंधनों से बँधे हुए थे। यह शरीर सभी आश्वासनों से मुक्त था, भूतकाल के कोई आश्वासन नहीं थे। पर फिर भी पिछले शरीर इस शरीर की ओर ही इशारा कर रहे थे, कुछ संकेत दे रहे थे। मानो सारे शरीरों का प्रवाह इस शरीर के पास आकर समाप्त हो रहा था। मानो जैसे सारी नदियाँ आकर समुद्र में समा जाती हों। ऐसी ही कुछ स्थिति थी। मुझे मेरे शरीर का कार्य समझ में आ गया। इसका स्वयं का कोई कार्य बाकी नहीं रह गया था, पर पिछले शरीर के कार्य का यह शरीर माध्यम था; केवल खाली, निखालस माध्यम, केवल एक झोली जिसका अपना कोई अलग अस्तित्व ही न हो। मानो झोली बस चल रही हो। इस द्वार से उस द्वार तक झोली चल रही थी। एक द्वार से चले जाने के बाद वह झोली फिर कभी उस द्वार पर नहीं गई थी यानी केवल एक ही अवसर वह द्वार को प्रदान करती थी। सामने वाला उससे ग्रहण करे या न करे, वह फिर वापस नहीं आती। मैं सोच रहा था, परमात्मा इतना निष्ठुर क्यों है? क्यों दूसरा अवसर मनुष्य को नहीं देता है? लेकिन दूसरे ही क्षण लगा, नहीं, परमात्मा का कार्य बहुत बड़ा है। उसके राज्य में सभी समान है। सभी मनुष्यों को समान अवसर प्राप्त है और उसे मनुष्य को समान रूप से, जीवनभर में एक बार तो अवसर देना ही है। उस मनुष्य के ऊपर है, वह उस अवसर का लाभ ले या न ले। परमात्मा सबको एक अवसर तो देता ही है। तभी मनुष्य-जीवन की सार्थकता है।

मैं वापस गुफा की ओर चला। गुफा में जाने के पूर्व, सदैव की तरह, मैंने उस वृक्ष को देखा जो मेरी गतिविधियाँ मानो देख रहा था और मेरी झोली से मानो कुछ ग्रहण करते हुए कह रहा था, "परमात्मा ने मुझे भी एक ही अवसर दिया है। मैं भी उसे खोना नहीं चाहता हूँ।" मैंने वृक्ष को नमस्कार किया और कहा, "वृक्षराज, मैं आपकी शरण में आ रहा हूँ।" ऐसा कहकर गुफा में प्रवेश किया।

गुरुदेव ध्यान में से बाहर आ गए थे। वे हवनकुण्ड की अग्नि को ठीक से प्रज्ज्वलित कर रहे थे। मैंने आकर उन्हें नमस्कार किया। उन्होंने मुझे पास बैठने का इशारा किया और मैं भी यंत्रवत बैठ गया। बैठे-बैठे ही मुझे समाधि-अवस्था प्राप्त हो गई। यह सब अचानक ही हो गया। सबकुछ सहजता के साथ हो गया। यह एक ऐसी अनुभूति थी मानो गंगा नदी के पवित्र पानी की तेज धार में समर्पित हो जाना और उसी के साथ ही बह निकलना और अंत में मोक्षरूपी सागर में समा जाना।

सामान्यतः ध्यान के लिए बैठने पर पहले निर्विचारिता की स्थिति प्राप्त होती है। वह कुछ समय रहती है और उसके बाद ध्यान में जाया जाता है। निर्विचारिता की स्थिति तक पहुँचने में ही कई योगी अपने जीवन का बहुमूल्य समय खर्च कर देते हैं। कई योगी उस अवस्था को ही अंतिम समझकर ठहर जाते हैं। निर्विचारिता की स्थिति भी मानो एक भुलावा है; जो वहाँ तक पहुँचा नहीं है, वह वहाँ तक पहुँचना चाहता है और जो पहुँचा होता है, वह वहीं बैठ जाता है। लेकिन एकदम समाधि की अवस्था तक पहुँचना, वह तो केवल गुरुकृपा में हो सकता है। गुरु करुणा के सागर होते हैं। उनकी करुणा तो बरसती ही रहती है, हमें केवल उसका पात्र बनते आना चाहिए। हम जब भी कभी उनके अनुकूल होते हैं, उनके कृपाप्रसाद को पाते हैं। मुझे लगा कि मानो गुरुकृपा एक बड़ा जलप्रपात है जो अपने ही स्थान पर रहकर बरसता रहता है। बस हमें उसके नीचे बराबर खड़े रहते आना चाहिए, स्नान तो स्वयं ही हो जाएगा। ऐसा ही अनुभव उस दिन हुआ और उस स्थान को ही गुरुदेव ने क्यों चुना होगा, इसका भी एहसास हुआ। उस वृक्ष की जड़ें बहुत गहरी थीं और इसी के कारण उसके सान्निध्य में गुरुत्वाकर्षण शक्ति भी अधिक अनुभव होती थी। इसीलिए उस वृक्षराज के सान्निध्य में एक असीम शांति का अनुभव वहाँ हो रहा था। ध्यान करने के लिए एकदम अनुकूल वातावरण वहाँ पर था।

जब मैं समाधि से बाहर आया, तो देखा—गुरुदेव बड़े शांतचित्त होकर मुझे ही निहार रहे थे। उस समय उनके चेहरे पर मैंने वह समाधान का भाव देखा जो एक माँ को अपने बच्चे को स्तनपान

कराने पर मिलता है। एक माँ अपना स्तनपान कराकर तृप्त हो जाती है, एक समाधान को प्राप्त होती है और उसका बच्चा भी उसका स्तनपान करके तृप्त हो जाता है। उसका पेट भर जाने के बाद स्तनों से ही खेलने लग जाता है। फिर कभी चुपके से अपनी माँ की ओर भी देखता है। माँ बड़े शांत भाव के साथ सब देखती रहती है क्योंकि वह भी स्तनपान कराकर एक समाधान की स्थिति प्राप्त कर लेती है। ठीक ऐसा ही समाधान उस दिन मेरे गुरुदेव के चेहरे पर भी साफ दिख रहा था। चेहरा संपूर्ण शांत था। उनकी आँखें ही सबकुछ कह रही थीं, वे ही सब देख रही थीं। वे आँखें ही कह रही थीं, "गुरु को मोक्ष उसका शिष्य ही दे सकता है। अपना सर्वस्व देना गुरु का स्वभाव होता है और जब तक वे अपना सर्वस्व नहीं दे देते, उन्हें भी मोक्ष की प्राप्ति नहीं हो सकती है। इसलिए जब तक सर्वस्व लेने वाला शिष्य गुरु के जीवन में नहीं आता, गुरु चाहकर भी मोक्ष प्राप्त नहीं कर सकते हैं। क्योंकि देना बाकी रह गया है।"

गुरु को 'माँ' क्यों कहते हैं, इसका अनुभव उस दिन मैंने कर लिया था। उस दिन लगा कि इसीलिए गुरु को 'गुरुमाऊली' कहते हैं। आत्मिक ज्ञान भी आत्मा ने आत्मा को कराया हुआ स्तनपान ही है। स्तनपान कराना जैसे माँ की आवश्यकता बन जाती है, ठीक ऐसे ही, आत्मज्ञान शिष्य को संपूर्ण रूप से प्रदान करना गुरु की आवश्यकता हो जाती है। इसलिए जब तक ऐसा शिष्य नहीं मिल जाता, गुरु मुक्त नहीं हो सकता है। गुरुदेव की आँखें कह रही थीं—मैं इसी क्षण के लिए जी रहा था।

बाद में पता चला कि समाधि में आठ दिनों की समयावधि बीत गई थी। वे आठ दिन तो एक क्षण जैसे ही प्रतीत हुए थे। उन आठ दिनों में गुरुदेव ने अपना सर्वस्व, समस्त ज्ञान मुझे दे दिया था। मुझे भी लगा कि किसी को देने के लिए यही प्रक्रिया अब मुझे मेरे जीवन में करनी होगी। मुझे भी खोजना होगा उन शिष्यों को जो इस ज्ञान को ग्रहण कर सकें और इस ज्ञान को ग्रहण कर मुझे मोक्ष प्रदान कर सकें।

गुरु द्वारा दिया गया आत्मज्ञान तो ऋण जैसा ही लगा, मानो यह ऋण किसी शिष्य के रूप में अपने ही गुरु को चुकाना होता है। इस गुरुऋण का हिसाब चुकता किए बिना मोक्ष संभव ही नहीं है। क्या मुझे भी ऐसे शिष्य मिलेंगे जो मेरे सर्वस्व को ग्रहण करेंगे? और क्या यह स्तनपान कराने का परमसुख मुझे भी प्राप्त होगा? लेकिन लगा कि माँ को स्तनपान का सुख प्राप्त करने के लिए संतान को जन्म देना आवश्यक है। ठीक इसी प्रकार, शिष्य को आत्मज्ञानरूपी दूध का पान कराने के लिए शिष्य को तैयार करना आवश्यक है। मुझे लगा—अभी तो मैं ही शिष्य हूँ। अभी काफी बड़ी जीवनयात्रा तय करनी है। इतनी अधिक गुरुकृपा बरसी है, तो गुरुकार्य भी बड़े स्तर पर होगा, यह बात निश्चित लग रही थी। इतने बड़े स्तर पर गुरुकार्य करने का अवसर प्राप्त होगा, इस कल्पना से ही मैं खुश हो गया और देखा, तो गुरुदेव ने भी गर्दन हिलाकर मेरी बातों को सहमति प्रदान कर दी थी। वे भी कह रहे थे कि मानो यही सत्य है, यही होगा। वे तो त्रिकालदर्शी थे। वे सब जानते ही थे, अनजान तो केवल मैं था।

मैंने उठकर उनकी चरणवंदना की। उसी समय अनुभव हुआ कि गुरुदेव की आँखों से भी आँसुओं की दो बूँदें मेरे सिर पर गिरीं। वह अनुभूति ऐसी हुई जो केवल अनुभव ही की जा सकती है।

उन्होंने मुझे उठाया और गले से लगा लिया और अपने दोनों हाथों से मेरे सिर को सराह रहे थे और कह रहे थे, "यही प्रकृति का नियम है। एक ओर लेना और एक ओर देना, यही प्रकृति का चक्र है। हमें भी उसी चक्र के अनुसार चलना पड़ता है। हम सब प्रकृति के ही अंश हैं। उसके अनुसार ही चलना पड़ता है। बनाना व बिगाड़ना प्रकृति का स्वभाव है। बिगड़ रहा है, ऐसा हमें लगता है, पर वास्तव में, वह भी नया बनने की प्रक्रिया ही है। इस प्रकृति में कुछ भी नष्ट नहीं होता है, केवल रूपांतरित होता रहता है, रूप-परिवर्तित होता रहता है।"

मुझे अनुभव हो रहा था—परमात्मा आज गुरु के रूप में आया है, कल वह शिष्य के रूप में आएगा और मुझे मोक्ष प्रदान

करेगा। परमात्मा का रूप परिवर्तित होगा यानी मैं सदैव परमात्मा के सान्निध्य में रहूँगा। उस दिन तो परमात्मा का स्पर्श, परमात्मा का प्यार, परमात्मा का दुलार सबकुछ अनुभव कर रहा था। मेरे लिए मेरे गुरुदेव ही सर्वस्व हो गए।

उन्होंने मेरी आँखें पोंछीं और मुझे सामने स्थिर करके बिठा दिया और मेरे सामने बैठ गए। उन्होंने आँखें बंद कर लीं और कहना प्रारंभ किया, "आज मैं तुझे पाकर धन्य हो गया। गुरुओं से प्राप्त हुए ज्ञान को तुझे संपूर्ण रूप से सौंपकर मैं आज गुरु के ऋण से मुक्त हो गया हूँ। यही मेरे जीवन का उद्देश था जो आज संपूर्ण हो गया है। अब कोई कारण नहीं है कि मैं जीवित रहूँ। अब मैं भी इस शरीर से मुक्त होना चाहता हूँ। मेरे इस शरीर का भी मैं आभारी हूँ जिसने इतनी कठिनाइयों भरे स्थान पर सालों मेरा साथ दिया है। मैं माँ और बाप का भी ऋणी हूँ जिनके कारण यह शरीर मुझे प्राप्त हुआ। इस वृक्षराज का भी मैं ऋणी हूँ जिसने इस शरीर की सालों तक रक्षा की। इस वृक्षराज के सान्निध्य में मैंने मेरे जीवन का लक्ष्य प्राप्त किया और इस वृक्षराज के सान्निध्य में रहकर ही मैं देहत्याग करना चाहता हूँ और शरीररूपी खाद द्वारा वृक्षराज का भी ऋण मैं चुकाना चाहता हूँ। इसीलिए मैं चाहता हूँ कि इसी स्थान पर मेरे शरीर को भूमि में गाड़ा जाए ताकि मैं इस शरीर को वृक्षराज की सेवा में समर्पित कर सकूँ।"

"जीवन में बहुत से लोग मिलते हैं जो जीवन में अनेक लक्ष्यों को लेकर चलते हैं। पर बहुत कम लोग होते हैं जो जीवन में अपने लक्ष्य को प्राप्त कर पाते हैं और जीवन में संपूर्ण समाधान को प्राप्त कर इस दुनिया से विदा होते हैं। अब मेरे सारे लक्ष्य पूर्ण हो गए हैं। अब पाने के लिए कुछ भी नहीं रह गया है। अब यहाँ रहने का कोई औचित्य नहीं है। जब तक शरीर है, तब तक तुझे भी यहाँ से जाते नहीं आएगा। यह शरीर का मोह तुझे आगे जाने ही नहीं देगा और यहाँ से गया नहीं, तो आगे का गुरुकार्य संपन्न नहीं होगा। आगे होने

वाला गुरुकार्य मुझे स्पष्ट रूप से दिख रहा है। तेरे पास भी समय कम ही है और कार्य बहुत अधिक है। तेरा एक-एक क्षण महत्त्वपूर्ण है। मैं जीवित रहकर तेरा समय नष्ट करना नहीं चाहता, इसलिए मैं ही संपूर्ण, अंतिम समाधि लेकर जीवन का अंत करना चाहता हूँ। मेरे शरीर से और तेरे शरीर से बड़ा है गुरुकार्य। वह सदैव होते ही रहना चाहिए। यही परमात्मा की इच्छा भी है और आदेश भी है। हम सब उसके संदेशवाहक हैं। अपना कार्य संपन्न करके हम सबको यहाँ से जाना ही है।"

गुरुकार्य का रहस्य बताते हुए गुरुदेव ने कहा, "परमात्मा विश्वव्यापी चैतन्यशक्ति है जो सदैव विद्यमान होती ही है और सदैव वह किसी-न-किसी माध्यम से बहती रहती है। वह बह रही है, इसीलिए प्राणीमात्र और वनस्पतियाँ जीवित हैं और सारी सृष्टि का कार्य चल रहा है। इसको चलाने वाली शक्ति ही परमात्मा है। जिस मनुष्य ने अपने अहंकार पर विजय पाई है, वह शरीर के दोषों से परे हो जाता है। वह आत्मस्वरूप हो जाता है। उसका स्वयं का अस्तित्व ही नहीं रहता है। जब वह अस्तित्वविहीन हो जाता है, तो वह खाली, निखालस हो जाता है। जब वह खाली हो जाता है, तो यह वैश्विक शक्ति उसके भीतर से बहने लग जाती है और वह इस विश्वचेतना का माध्यम बन जाता है और माध्यम को ही हम परमात्मा समझने लग जाते हैं। वास्तव में, माध्यम तो शरीर है, परमात्मा एक शक्ति है जो माध्यम के शरीर से बहती है। इसलिए शरीर अलग है और शक्ति अलग है। पर शरीर का अस्तित्व शून्य हो जाने के कारण शरीर परमात्मामय हो जाता है और फिर शरीर और शक्ति का अंतर समाप्त हो जाता है। शरीर के भीतर से शक्ति का बहना ही गुरुकार्य है। यह गुरुकार्य, वास्तव में, परमात्मा का प्रकटीकरण है। लेकिन वह प्रकटीकरण गुरु के शरीर से होता है, इसलिए इस परमात्मा के कार्य को हम गुरुकार्य कहते हैं। वास्तव में, यह परमात्मा का कार्य है। परमचैतन्य के प्रसार में माध्यम बनना ही गुरुकार्य है।"

"हमारी संस्कृति में गुरु को परमात्मा का दर्जा दिया गया है क्योंकि ऐसा समझने से परमात्मा हमारे पास नहीं आ जाता, हम उसके पास चले जाते हैं। परमात्मा-परमचैतन्य दिखता नहीं, पर

अनुभव किया जा सकता है। हम गुरु को परमात्मा का दर्जा देते हैं, तो वह अनुभव होने लग जाता है। गुरु के माध्यम से परमात्मा प्रवाहित होता रहता है। गुरु अपनी ओर से गुरुकार्य करते रहते हैं और शिष्य अपने गुरु से जुड़कर उस कार्य में सहयोग करता रहता है। यानी परमात्मा का कार्य करना और परमात्मा के कार्य में सहयोग करना, दोनों ही एक जैसे हैं। इसलिए परमात्मा का कार्य ही गुरुकार्य है।"

"इस कार्य में सहयोग देने का अवसर प्रत्येक मनुष्य को उपलब्ध है, पर वास्तव में, यह अवसर मनुष्यों को उनके अंतिम जन्म में ही मिलता है। क्योंकि मनुष्य को उसके अंतिम जन्म में ही किसी जीवंत सद्‌गुरु का सान्निध्य मिलता है और किसी जीवंत सद्‌गुरु के कार्य में सहयोग करने का अवसर प्राप्त होता है। कई भाग्यशाली इस अवसर का लाभ लेते हैं और कई आत्माएँ अपने पूर्वकर्मों के कारण पूर्वकर्मों के प्रभाव में ही होती हैं। उन पर भूतकाल का प्रभाव इतना अधिक होता है कि वे वर्तमान में जीवंत अवसर भी गँवा देती हैं। जीवंत गुरु के साथ एक बड़ी सामूहिकता होती है और इसी सामूहिकता के प्रभाव में मनुष्य के लिए जुड़ना आसान हो जाता है। इसलिए जीवंत गुरु को अनुभव करना चाहिए। उसके सान्निध्य में जो संवेदनाएँ अनुभव हो रही हैं, अगर हमारा चित्त उन्हीं पर रहे, तो ही हमें वह लाभ प्राप्त होता है।"

"इस प्रकार, गुरुकार्य यानी परमचैतन्य को प्रसारित करना। परमात्मा का कार्य गुरु करते रहते हैं और गुरु का कार्य हम करते रहते हैं, इसलिए हम परमात्मा के कार्य को गुरु के कार्य के रूप में जानते हैं और हम उसे 'गुरुकार्य' कहते हैं।"

"मैंने मेरे जीवन में मेरे गुरु के कार्य के प्रभाव से आत्मसाक्षात्कार को प्राप्त किया और गुरु का ऋण चुकाने के लिए वही अनुभूति, वही शक्ति तुम्हें प्रदान कर दी। क्योंकि गुरु का ऋण तो चुकाना ही था। उन्होंने मुझे अपना सर्वस्व दे दिया, तो मुझे भी अपना सर्वस्व किसी को तो सौंपना ही था। वे सब शक्तियाँ मैं, तुम्हें सौंप रहा हूँ। गुरुकार्य की यही प्रक्रिया युगों-युगों से चली आ रही है। शक्तियाँ समान हैं, हाँ,

शरीर बदल रहे हैं। शरीर समय के अनुसार बदल रहे हैं, परिस्थिति के अनुरूप बदल रहे हैं, आवश्यकता के अनुसार बदल रहे हैं। समय का प्रभाव वातावरण पर पड़ता है, विचारों पर पड़ता है, परिस्थिति पर पड़ता है। इसलिए जैसी वर्तमानकाल की परिस्थितियाँ हैं, वैसे ही शरीररूपी माध्यम का निर्माण होगा। यानी आज के, वर्तमान के परमात्मा का स्वरूप वर्तमान जैसा होगा जिससे हम आसानी से जुड़ सकेंगे। ऐसा माध्यम मुझे मेरे गुरु के रूप में मिला था, अब वैसा ही, वर्तमान जैसा माध्यम तुम्हें मेरे रूप में मिला और भविष्य में तुम्हारे रूप में और किसी को मिलेगा।"

"लेकिन यह श्रृंखला तुम्हारे साथ ही समाप्त हो रही है क्योंकि तुम्हारे हाथों से यह अनुभूति लाखों लोगों तक पहुँचेगी, सारे विश्व में पहुँचेगी और चैतन्य की यह श्रृंखला समाप्त हो जाएगी। क्योंकि तुम्हारे बाद यह एक नहीं, लाखों माध्यमों का निर्माण करेगी। तुम्हारा अस्तित्व सागर जैसा है जहाँ पर आकर सारी श्रृंखला-नदियों की समाप्ति हो जाती हैं। तुम्हारे शरीर की माया के कारण तुम्हें तुम्हारे जीवनकाल में बहुत कम लोग ही जान पाएँगे। तुम्हारे बाद ही तुम्हारे कार्य का प्रारंभ तीव्रता से होगा क्योंकि तब तुम्हें शरीर का बंधन भी नहीं होगा। शरीर के बंधन से मुक्त होने के बाद आठ सौ सालों तक तुम्हारे कार्य का विस्तार होगा। आठ सौ सालों तक तुम कार्यरत रहोगे, पर सूक्ष्म में रहोगे और उस सूक्ष्म की अनुभूति मनुष्य तो क्या, प्राणी भी करते रहेंगे। तुम्हारे कार्य का वास्तविक प्रारंभ तुम्हारे शरीर के अंत के बाद ही होगा। इसलिए तुम्हारे कार्य का विस्तार तुम नहीं देख पाओगे। मैं तुम्हारे जैसे माध्यम को शिष्य के रूप में पाकर धन्य हो गया! इन आठ दिनों में मुझे आगे के आठ सौ सालों का भविष्य नजर आ गया है; तुम्हारा भी और तुम्हारे बाद का भी। तुम्हें अनुभूति कराकर मैं धन्य हो गया हूँ!"

"तुम्हारे शरीर की माया ही तुम्हारे संरक्षण का कार्य करेगी। पर माया का आवरण भी धीरे-धीरे कम होना प्रारंभ हो जाएगा। जब यह माया का आवरण संपूर्ण समाप्त होगा, तब लोग तुम्हें ही परमात्मा समझने लग जाएँगे। तब समझना कि अब शरीर त्यागने का समय आ गया है। क्योंकि मायाजाल ही समाप्त हो गया, तो फिर जो रह

गया, वह तो परमात्मा का विशुद्ध माध्यम ही है। जब तुम्हें परमात्मा का माध्यम समझने वालों की संख्या इतनी बढ़ जाएगी कि तुम्हें यह शरीर परमात्मा के कार्य में रुकावट लगने लग जाएगा, तब तुम स्वयं ही उसके बंधन से मुक्त होना चाहोगे और जब चाहोगे, तभी तुम्हारे शरीर का अंत होगा। यह सब तुम्हारी ही इच्छा पर निर्भर होगा। जब तुम चाहो, देहत्याग कर सकते हो। तुम्हारे लिए परमात्मा का कार्य महत्त्वपूर्ण है। वह अगर शरीर को त्यागने से हो सकेगा, तो शरीर को त्याग दोगे। ये सभी परिस्थितियाँ तुम्हारे जीवन में आने वाली हैं। मैं तो तुम्हें केवल इनकी पूर्वसूचना दे रहा हूँ। यह सब होगा ही। मुझे सब एकदम स्पष्ट-स्पष्ट दिख रहा है।"

"एक इतने बड़े महायज्ञ में आहुति देने का अवसर मुझे तुम्हारे माध्यम से मिला। यह अवसर पाकर मेरा जीवन तो धन्य हो गया! मैंने मेरे जीवन में पुण्य के कोई कार्य किए होंगे, इसी कारण यह अवसर मुझे प्राप्त हुआ है।" ऐसा कहते-कहते गुरुदेव की आँखों से आँसुओं की दो बूँदें छलक पड़ीं जो उनकी मूँछों के ऊपर के भाग से गिरकर दाढ़ी पर आ गई थीं और चमक रही थीं। उन बूँदों से भी चैतन्य प्रवाहित हो रहा था। मैंने पूछा, "गुरुदेव, क्या आप रो रहे हैं?" उन्होंने कहा, "नहीं, ये खुशी के क्षण हैं। यह सब होने वाला है। यह सब मुझे दृश्य के समान सामने दिख रहा है। वह दृश्य देखकर ही मैं भावविभोर हो रहा हूँ। आज यह सब देखकर मेरे गुरु भी प्रसन्न हो रहे होंगे। गुरु अपने गुरुकार्य के प्रति ही संपूर्णतः समर्पित होते हैं। अगर अपने गुरु को प्रसन्न देखना चाहते हो, तो उसके कार्य को पकड़ लो क्योंकि गुरु स्वयं भी कार्य के प्रति ही समर्पित होते हैं। गुरु का संबंध गुरुकार्य से इस प्रकार का होता है, मानो जैसे एक कलाकार का संबंध अपनी कला से होता है। कलाकार शाश्वत नहीं है, पर उसकी कला शाश्वत है। ठीक इसी प्रकार, गुरु शाश्वत नहीं हैं, गुरुतत्त्व शाश्वत है, गुरुकार्य शाश्वत है। आज से तीन दिनों के बाद पूर्णिमा है। मैं पूर्णिमा के दिन देहत्याग करूँगा।"

जब वे बोल रहे थे, तो बड़े शांत थे, मानो सारी दुनिया का समाधान उन्हें प्राप्त हो गया हो। वे बोले, "गुरु की सारी संपत्ति उनका कार्य ही होता है। गुरु अपने अंतिम समय में इस दुनिया से

निश्चिंत होकर जाना चाहते हैं। गुरु सदैव आश्वस्त होकर जाना चाहते हैं कि उनको अपने गुरु से अनुभूतियों का जो खजाना मिला व जिसे उन्होंने जीवनभर सँभालकर रखा, उस अमूल्य खजाने को सँभालने का दायित्व उन्होंने अपने किसी उत्तराधिकारी को इस जगत से विदा होने के पूर्व प्रदान किया। यह प्रकृति का चक्र है जो चलता ही रहता है। जो कल भी चल रहा था, आज भी चल रहा है और कल भी चलता ही रहने वाला है। हम परमात्मा के कार्य में हस्तक्षेप नहीं कर सकते। हमें भी परमात्मा के कालचक्र के साथ-साथ चलना होगा। रात होने वाली है, चलो, अब विश्राम करो।" ऐसा कहकर गुरुदेव भी विश्राम करने चले गए।

दूसरे दिन सुबह ठण्डी-ठण्डी, तेज हवा से मेरी नींद खुली। बड़ी तेज, ठण्डी-ठण्डी हवा चल रही थी। मुझे तो कंप-कंपी होने लग गई। लगा मानो भीतर का सारा खून ही जम जाएगा। तभी गुरुदेव भी उठे। उन्होंने उनके पास रखी हुई एक जड़ी को पत्थर पर घिसकर उसका अवलेह बनाया व मुझे वह अवलेह चाटने के लिए कहा। मैंने जैसे ही उसे चाटा, तो शरीर धीरे-धीरे शांत होने लग गया। भीतर गर्मी भी महसूस होने लग गई। उन्होंने कहा, "इसे सँभालकर रखो। यहाँ के ठण्डे वातावरण में यह तुम्हें अतिरिक्त ऊर्जा प्रदान करेगी। इसे 'मुग्धा' कहते हैं। बड़े काम की चीज है।" उसके बाद हम दोनों पहाड़ी के उच्च शिखर पर गए। वे काफी देर तक वहाँ बैठे रहे, मानो सामने के सारे दृश्यों को अपनी आँखों में समा लेना चाहते हों। ऊपर और ठण्डी हवा चल रही थी, पर तब मुझे उसकी तकलीफ नहीं हो रही थी क्योंकि मुझे भीतर से ऊर्जा प्राप्त हो रही थी।

हिमालय की पर्वतश्रृंखला बड़ी सुंदर दिख रही थी। कहीं तो वह इतनी ऊँची थी कि बादलों के भी ऊपर प्रतीत हो रही थी। कहीं पर्वतशिखर बादलों जैसे दिख रहे थे, तो कहीं बादल पर्वतशिखरों जैसे दिख रहे थे। लेकिन जब सूर्य की किरणें उन शिखरों पर पड़ने लग गईं, तो शिखर भी चमकने लग गए और शिखर कौन-से हैं और बादल कौन-से हैं, यह स्पष्ट मालूम पड़ने लग गया। वहाँ पर मीलों तक कोई मनुष्य-बस्ती नहीं दिखती थी। वह स्थान किस देश की

सीमा में आता होगा, वह भी पता नहीं चल सकता था। वहाँ पर भी प्रकृति का नाद चल रहा था जो भीतर भी सुनाई आने लग गया था। हिमालय का अपना ही एक आभामण्डल था जो अपने-आप में एक शांत, पवित्र वातावरण लिए हुए था। वहाँ पहुँचकर एक शून्य की स्थिति प्राप्त हो जाती थी।

गुरुदेव ने कहा, "मेरे समाधिस्थ होने के बाद तुम वापस घर लौट जाना; समाज में जाना, गुरुकार्य करना। क्योंकि यहाँ थोड़े दिन भी रहोगे, तो फिर वापस ही नहीं जा पाओगे। हिमालय में जो भी आता है, वह केवल आता है, जाता नहीं है। क्योंकि जाने का मार्ग ही नहीं है। मेरे जाने के बाद तुम्हें भी तीन दिनों में ही यह स्थान छोड़ना होगा। चौथे दिन यहाँ पर मत रहना! तुम्हारा कार्य बहुत बड़ा है। बहुत से गुरुओं ने तुम्हें कार्य सौंपा हुआ है। गुरुकार्य महत्त्वपूर्ण है। वही कार्य करने के लिए तुम्हारा जन्म हुआ है। यह तुम्हारा भी आखिरी जन्म है। इसी जन्म में सारे बचे हुए कार्य करने हैं। तुम गुरुशक्तियों के माध्यम हो, अपनी जवाबदारियाँ समझो और शीघ्र समाज में लौट जाओ। मेरे और तुम्हारे में बहुत अंतर है। मैं यहाँ आया था समाज में कभी वापस न जाने के लिए। इसलिए मैं यहीं का होकर रह गया। तुम आए हो दूसरों में बाँटने के लिए; पाने के लिए नहीं आए हो, देने के लिए आए हो। हम दोनों के उद्‌देश ही अलग-अलग थे। मेरा दृष्टिकोण सीमित था—मोक्ष की स्थिति को केवल पाना; मोक्ष की स्थिति को विशाल स्तर पर बाँटना नहीं। तुम्हारा उद्‌देश है—मोक्ष की स्थिति को बाँटना। जो यह स्थिति पा चुका होता है, वही दे सकता है। पर मोक्ष की स्थिति दे वही सकता है जिसने अपने कर्मों से पाई हो। तुमने पाई है, गुरुकृपा में पाई है। इसीलिए वह स्थिति पाने के बाद भी देने के लिए तुम्हारे जीवन में समय अभी शेष है। तुम्हें वह स्थिति पाने के लिए जीवन व्यतीत नहीं करना पड़ा क्योंकि तुम्हें वह गुरुकृपा में ही मिल गई। तुम्हारे लिए तुम्हारे गुरु ने वह प्राप्त करके रखी ही थी, इसीलिए तुम अपने जीवन में बाँट सकोगे।"

"मेरा सारा जीवन उस स्थिति को प्राप्त करने में ही चला गया। मेरे पास उसे बाँटने का समय भी नहीं है और न ही मैं उसे एक से

अधिक व्यक्तियों में बाँटने के लिए अधिकृत किया गया हूँ। परमात्मा ने दूसरों को मोक्ष देने के लिए तुम्हें अधिकृत किया है। प्रत्येक के जन्म के साथ उसका कार्य निश्चित होता है। प्रत्येक मनुष्य प्रत्येक निश्चित कार्य करने के लिए अधिकृत होता है। तुम्हारे जीवन का बहुत बड़ा उद्‌देश है जो तुम्हें समाज में जाकर प्राप्त करना है। कई पवित्र आत्माएँ, जो अपना अंतिम जन्म जी रही हैं, तुम्हारा इंतजार कर रही हैं। वे मोक्ष की अधिकारिणी हैं और उनके अंतिम जन्म का उद्‌देश केवल और केवल मोक्ष को पाना है। मोक्ष की उन्होंने जन्मों-जन्मों से राह देखी है और यह स्थान तुम्हारा कार्यक्षेत्र नहीं है। तुम्हें तुम्हारे कार्यक्षेत्र में जाना ही होगा। मोक्ष एक उच्च स्थिति है। वह न तो दी जा सकती है और न ली जा सकती है। मोक्ष की स्थिति तुम लोगों को दोगे नहीं, लोग तुमसे लेंगे नहीं, पर यह स्थिति तुम्हारे सान्निध्य के बिना मिल भी नहीं सकेगी। क्योंकि वह तुम्हारे सान्निध्य में ही मिलेगी। वह सान्निध्य में अनायास ही प्राप्त हो सकती है। यह सहज होने वाली एक प्रक्रिया है। यह प्रक्रिया घटित होने के लिए देने वाला व लेने वाला, दोनों आत्मिक स्तर पर होने चाहिए क्योंकि यह एक आत्मिक क्रिया है जो आत्मिक स्तर पर ही घटित होती है। अब तुम्हें इसके लिए कुछ करना नहीं है, सब जीवन में उपयुक्त समय आने पर घटित होगा। ईश्वरीय कार्य सदैव घटित होता है, उसे कर कोई नहीं सकता है। समय का इंतजार करो। समय तुम्हारे प्रत्येक प्रश्न को समाधान प्रदान करेगा।"

"आध्यात्मिक क्षेत्र में प्रत्येक घटना का समय निश्चित होता है। उतनी समयावधि बीते बिना आगे की घटना घटित नहीं होती है। इसलिए यह वह मार्ग है जिस मार्ग पर फल के बारे में विचार न करते हुए सदैव कार्यरत रहना आवश्यक होता है। यह तो एक निश्चित लक्ष्य को सामने रखकर किया गया अविरत प्रयास है।"

गुरुदेव कह रहे थे और मैं सुन रहा था। ऐसा लगा, मानो वे सदैव ऐसे ही बोलते रहें और मैं जीवनभर ऐसे ही सुनता रहूँ। पर मैं जानता था, यह संभव नहीं था; उनका बोलना भी एक निमित्य था। मैं महसूस कर रहा था कि उनके बोलने से मेरे भीतर सूक्ष्म संवेदनाएँ जागृत हो रही थीं, मेरे भीतर कुछ घटित हो रहा था।

उनके मुख से शब्दों के माध्यम से जो चैतन्य निकल रहा था, वह मुझे मेरे रोम-रोम में अनुभव हो रहा था। उनको सुनना भी एक जीवंत अनुभूति थी। किसी जीवंत गुरु के सान्निध्य का एक-एक क्षण कितना महत्त्वपूर्ण होता है! वह एक-एक क्षण एक-एक युग के समान होता है। जीवंत गुरु एक साक्षात अनुभूति होते हैं। पर केवल जागृत आत्मा वह अनुभूति ले पाती है, बाकी लोग तो उसका सान्निध्य पाकर भी अनुभूति नहीं ले पाते हैं। क्योंकि उनका ध्यान उस चैतन्य पर होता ही नहीं है। लगा कि शरीर तो एक आवरणमात्र है जो आवरण लेकर, वास्तव में, परमात्मा ही साक्षात प्रकट हो गया है। उनके सान्निध्य में ही परमात्मा के दर्शन हो गए! तब, परमात्मा को पा लिया, यह समाधान भी प्राप्त हो गया। ऐसा लगा—अब जीवन में पाने के लिए कुछ बाकी ही नहीं रह गया, अब मुझे जीवन में कुछ नहीं चाहिए। मैं भी इनके साथ ही देहत्याग कर देता हूँ। अब जीने की इच्छा ही नहीं रही और उनके बिना तो बिल्कुल ही नहीं रही और मैंने भी देहत्याग करने का मन बना लिया।

गुरुदेव अंतर्ज्ञानी थे। उन्होंने उसी क्षण मेरे इस विचार को पहचान लिया और वे बोले, "गुरु शरीर नहीं हैं। शरीर तो वह चोला है जो उन्होंने पहनकर रखा है। गुरु तो साक्षात परमात्मा हैं जो गुरु के कार्य के द्वारा प्रकट होता रहता है। इसीलिए गुरु अपनी देह त्यागने के बाद भी गुरुकार्य के रूप में जीवित रहते हैं। गुरु के देहत्याग करने के बाद अगर उनका सान्निध्य चाहते हो, तो उनके कार्य को पकड़ लो, उसे आगे बढ़ाओ। उनका कार्य करो और गुरु के सान्निध्य को अनुभव करो। गुरु तो साक्षात परमात्मा हैं। वे मर कैसे सकते हैं? मरता तो केवल यह नाशवान शरीर है। प्रकृति का नियम है—जिसने शरीर धारण किया, वह एक दिन छोड़ेगा ही। वास्तव में, शरीर धारण ही छोड़ने के लिए किया जाता है। अनुभूति का ज्ञान अंतिम ज्ञान है। इसके बाद कुछ समझने की, जानने की आवश्यकता ही नहीं होती है। इसीलिए यह अंतिम ज्ञान मनुष्य के अंतिम जन्म में ही मिलता है। जो मोक्ष के मार्ग के अंतिम पड़ाव पर पहुँचे हैं, वे ही लोग इस ज्ञान को ले पाएँगे। यह सामान्य मनुष्य के समझ में नहीं आएगा। यह ज्ञान बड़ा दुर्लभ है। थोड़े ही, विरले ही

लोग उसे ग्रहण कर पाएँगे। कौन इसे ग्रहण करेगा, कौन इसे ग्रहण नहीं करेगा, यह तेरा क्षेत्र ही नहीं है। तू तो समान रूप से अपना गुरुकार्य कर। जिसको लेना है, वह ले लेगा; जिसको नहीं लेना है, वह नहीं लेगा। यह सोचना तेरा कार्य नहीं है कि कौन ले रहा है और कौन नहीं ले रहा है। तू समाज में जाकर सूर्य के समान प्रकाशित हो। जिसको सूर्य का प्रकाश लेना है, वे लोग अपने घर के दरवाजे खुले कर देंगे। जिनको सूर्यप्रकाश नहीं लेना है, वे अपने घर के दरवाजे बंद रखेंगे। वे अपना कार्य करेंगे, सूर्य अपना कार्य करेगा। सूर्य के समान तू सबके भले के लिए कार्य कर। जिनका भला होना है, हो जाएगा। सूर्य जिस प्रकार किसी जाति, किसी धर्म, किसी देश से बँधा नहीं होता; समस्त मानव-जाति के लिए, प्रत्येक प्राणी के लिए होता है; वैसे ही तू भी समाज में जा और प्रत्येक के लिए उपलब्ध हो जा। जो भी ग्रहण करना चाहे, कर लेगा।"

"यही तेरी नियति है और यही तेरा कर्तव्य भी है। तुझे जो शक्तियाँ मैंने प्रदान की हैं, वे बाँटने के लिए हैं। अभी तेरा कार्य बाकी है। इस नाशवान शरीर का मोह मत कर। इस शरीर के साथ अपने शरीर को त्यागने का विचार छोड़ दे। मैं तो मेरे गुरु को गुरुदक्षिणा देकर जा रहा हूँ। उन्होंने दिया हुआ कार्य, उन्होंने दिया हुआ ज्ञान तुझे सौंपकर जा रहा हूँ। तुझे यह ज्ञान सौंपकर मैंने तो मेरी गुरुदक्षिणा दे दी है, लेकिन इन शक्तियों को प्रत्येक मनुष्य में बाँटकर तुझे अभी अपनी गुरुदक्षिणा मुझे देनी है। वह गुरुदक्षिणा जब तक नहीं देता, तू गुरु के ऋण से मुक्त नहीं हो सकता है। गुरु को गुरुदक्षिणा उनके कार्य का विस्तार करके दी जाती है और तेरे माध्यम से तो युग-परिवर्तन होने वाला है! एक युग तेरी राह देख रहा है। उसके भी परिवर्तन का समय आ गया है। केवल वह तेरे माध्यम से ही होगा। न तेरे पहले हुआ है और न तेरे बाद होगा। एक निश्चित समय पर, निश्चित आत्माएँ ही इस अनुभूति के आनंद को ले पाएँगी। जा, समाज में वापस जा। पवित्र आत्माएँ अपने अंतिम पड़ाव में तेरा इंतजार कर रही हैं।"

"आने वाले समय में प्रत्येक मनुष्य अनुभूति का ज्ञान पाना चाहेगा। क्योंकि बाहर अशांत वातावरण हो जाने पर शांति का मार्ग

भीतर ही खोजेगा, क्योंकि जीवन में समाधान का, शांति का दूसरा कोई मार्ग मनुष्य-जाति को उपलब्ध न होगा। प्रकृति का नियम है कि जब रात होती है, तभी सबेरा होता है।"

"इसलिए, अब समाज में रात आने वाली है; ऐसी गहरी अँधेरी रात जिसके खत्म होने का मनुष्य ही नहीं, प्राणी भी इंतजार करेंगे, पक्षी भी इंतजार करेंगे क्योंकि गहरी अँधेरी रात से सब ऊब चुके होंगे और उनके लाख इच्छा करने पर भी रात समाप्त नहीं होगी। ऐसी लंबी, बड़ी गहरी अँधेरी रात समाज में आने वाली है। तब, उस रात में कई आत्माएँ प्रकाश को खोजने निकलेंगी और फिर भी प्रकाश नजर नहीं आएगा, अँधेरे का अंतिम छोर समझ में नहीं आएगा। जब मनुष्य अँधेरे का अंतिम छोर खोजने में असफल होगा, ऐसे समय समाज को तेरी आवश्यकता होगी। तू समाज में जाना और कहना कि यह मत देखो कि अँधेरा कहाँ तक है, मत खोजो कि दुनिया में कितना अँधेरा है। क्योंकि सारी दुनिया में ही रात होगी और सारी दुनिया में ही अँधेरा होगा। इसलिए उन्हें बताना कि बस अपना दिया जला लो, तो सारी दुनिया ही प्रकाशित मालूम होगी। क्योंकि अपना आत्मदीपक जलाना ही अँधेरा दूर करने का एकमात्र उपाय है। जिनके जीवन में अँधेरा दूर होने वाला होगा, वे लोग तेरी बात को समझ सकेंगे; जिनके जीवन में तब भी अँधेरा ही रहने वाला होगा, वे तेरी बात नहीं मानेंगे। यह तेरा क्षेत्र नहीं है। तू अपनी ओर से सबको संदेश दे कि इस दुनिया का अँधेरा अगर हटाना है, तो अपना आत्मदीपक जला लो। अँधेरा दूर करने का बस यही, एकमात्र मार्ग है। यह प्रकाश देने का कार्य परमात्मा का कार्य है। एक बार मनुष्य का आत्मदीपक जल जाए, तो आत्मा के प्रकाश में मनुष्य को सब स्पष्ट-स्पष्ट दिखने लग जाएगा—क्या करना चाहिए, क्या नहीं करना चाहिए, क्या उचित है और क्या अनुचित है।"

"अभी तक यह कार्य गुरु केवल एक शिष्य तक ही कर सकते थे। पर अब वह समय आ रहा है कि एक युगदीपक से सारा युग प्रकाशित होगा। ऐसा प्रथम बार होने जा रहा है। आध्यात्मिक ज्ञान भी समय व परिस्थितियों के अनुरूप बदलता रहता है। वह सदैव स्थिति व समय के अनुसार होता है। नदी का पानी, जैसी स्थिति

हो, वैसे आगे बढ़ता रहता है। कभी-कभी पत्थरों के बाजू से रास्ता बनाता है, पर केवल बहना उसका उद्देश होता है। बहना, निरंतर बहना, यह पानी का गुणधर्म है। इसलिए पानी सदैव बहते रहता है। नदी का पानी बहते-बहते अंततः समुद्र में विलीन हो जाता है। ठीक इसी प्रकार, आत्मा भी परमात्मा तक पहुँचने के लिए निरंतर आगे ही बढ़ती रहती है। वह किसी शरीर में नहीं अटकती है। किसी भी शरीर का मोह उसे बाँध नहीं पाता है। प्रत्येक शरीर के बाँध को तोड़कर वह आगे निकल ही जाती है। शरीर तो उसके वस्त्र हैं जो वह बदलती रहती है। वह ठहरी हुई लगती है, पर वास्तव में प्रत्येक क्षण वह आगे बढ़ती ही रहती है। आत्मा का अस्तित्व अत्यंत सूक्ष्म होता है जो दिखाई नहीं देता, फिर भी अनुभव किया जा सकता है। आत्मा की उपस्थिति में ही मनुष्य के शरीर की साँस चलती है। जब आत्मा शरीर से निकल जाती है, तो रह जाता है शरीर, उस आत्मा का शरीर। लोगों ने उस आत्मा को नाम दिया होता है। वास्तव में, उन्होंने आत्मा को नाम नहीं दिया होता है, दिया होता है आत्मा के शरीर को। जैसे एक शरीर को नाम दिया है—'रामू'। तो उस रामू की आत्मा निकलती है, तो लोग कहते हैं—रामू की मृत्यु हो गई। वे उस शरीर को रामू के नाम से जानते हैं, लेकिन वास्तव में वह रामू है क्या? नहीं। लोगों ने एक अलग पहचान के लिए उस शरीर को नाम दिया रहता है। वह मृत हो जाने पर कहते हैं—रामू की मृत्यु हो गई। फिर रामू और शरीर अलग-अलग हो जाते हैं।"

"प्रत्येक मनुष्य जानता है कि रामू अलग है और रामू का शरीर अलग है। पर रामू नामक मनुष्य नहीं जानता कि वह अलग है और उसका शरीर अलग है। वह जीवनभर अपने-आपको शरीर ही समझकर जीता है और शरीर ही समझकर शरीर छोड़ता भी है। वह कभी नहीं जान पाता कि मैं अलग हूँ; मेरा आत्मा के रूप में अस्तित्व अलग है; और यह शरीर अलग है। वह बोलता भी ऐसे है—यह 'मेरा' हाथ है, यह 'मेरा' पैर है, 'मेरी' पीठ में दर्द है, 'मेरे' पेट में दर्द है। यानी वह पल-पल समझता है—'मैं' यानी 'शरीर' और 'शरीर' यानी 'मैं'। वह अपने-आपको शरीर से अलग होकर देख ही नहीं पाता है। यही शरीर की माया है। हम शरीर से अलग

हैं, यह बोध कराने के लिए आवश्यक है आत्मसाक्षात्कार। वह जब तक नहीं होता, मनुष्य अपने-आपको शरीर ही समझता रहता है। मनुष्य के मरने के बाद भी तीन दिनों तक मनुष्य के शरीर से आत्मा जुड़ी होती है। वह ऊपर से देखती रहती है—यह 'मेरा' शरीर है और जीवन की सारी समस्याएँ इसी शरीर के कारण होती हैं। शरीर एक साधन है। इसका उपयोग आत्मोन्नति के लिए करना चाहिए और आगे बढ़ना चाहिए। उस शरीर की समस्याओं में उलझकर नहीं रहना चाहिए। जीवन की कोई भी समस्या स्थाई नहीं है। सब समय के साथ-साथ बदलती रहती हैं। जब शरीर ही शाश्वत नहीं है, तो शरीर की समस्याएँ कैसे शाश्वत रह सकती हैं? मनुष्य को आत्मसाक्षात्कार के बाद यह सारा ज्ञान स्वयं ही हो जाता है। वह फिर देह के अधीन नहीं रहता है, बल्कि देह आत्मा के अधीन हो जाता है। आत्मसाक्षात्कार के पूर्व वह समझता है कि 'मैं' ही देह हूँ। आत्मसाक्षात्कार के बाद जान जाता है कि मैं अलग हूँ और देह अलग है। फिर मनुष्य देह के बंधन से मुक्त हो जाता है। जब शरीर का भाव कम होने लग जाता है और आत्मा का भाव बढ़ने लग जाता है, तो शरीर पर आत्मा का नियंत्रण भी बढ़ने लग जाता है और परमात्मा ने हमारा जैसा निर्माण किया था, वैसी पूर्वस्थिति आ जाती है।"

"आत्मसाक्षात्कार एक अनुभूति है और ध्यान उस अनुभूति का अनुभव है। ध्यान से यह अनुभूति का प्रभाव जैसे-जैसे होने लग जाता है, वैसे-वैसे शरीर की आवश्यकताएँ कम हो जाती हैं, शरीर की समस्याएँ कम हो जाती हैं, सारे दुःख समाप्त हो जाते हैं और सुख भी शरीर को सुख नहीं दे पाता है। वास्तव में, शरीर तो सुखी कभी होता ही नहीं। शरीर सुविधापूर्ण, आराम की स्थिति में होता है, तो हमें लगता है कि हम सुखी हैं। यानी जिसे हम सुख समझ रहे हैं, वह वास्तव में शरीर का आराम ही है। सुख तो भीतर की प्रक्रिया है जो आपको भीतर जाकर आत्मा को सुखी करके प्राप्त होती है। आत्मा को सुखी करने के लिए दूसरे मनुष्य का होना आवश्यक है। एक मनुष्य चाहे कि वह अपने-आप आत्मा का सुख प्राप्त कर ले, वह संभव नहीं है। क्योंकि आत्मा सुखी तब होती है, जब आपके माध्यम

से कोई दूसरी आत्मा सुखी हो, आनंदित हो, प्रसन्न हो। दूसरी आत्मा का सुख ही हमारा सुख होता है। अब मेरा ही देखो, मैं सालों से हिमालय में तपस्या कर रहा हूँ। यहाँ के वातावरण में रस-बस गया हूँ। हिमालय के बाहर मेरा कोई अस्तित्व नहीं है। यह वृक्ष, हिमालय के ये हिमशिखर ही मेरे साथी हैं। इनके सान्निध्य में मेरा शरीर समा गया है। हिमालय और शरीर अलग नहीं लगते हैं। यहाँ की वनस्पतियाँ, यहाँ के पशु-पक्षी, सब मुझे मेरे ही लगते हैं। लगता है कि ये सब शरीर के साथ ही जुड़े हुए हैं। हिमालय के वातावरण में मैं एकदम लीन हो गया हूँ। यहाँ पर कई सालों से ध्यान कर रहा हूँ। मेरे गुरु की धुँधली यादें हैं, लेकिन लगता है मानो वे पूर्वजन्म की बातें हों। मैंने किस घर में जन्म लिया, कैसे यहाँ तक पहुँचा, कैसे यहाँ रहा, सब यादें और भी धुँधली हो गई हैं। यानी शरीर का संसार तो पूर्वजन्म का लग रहा है।"

"हिमालय में इतने सालों से रहने के बाद भी जी रहा था तो आत्मा को सुखी करने के लिए और आत्मा तभी सुखी हो सकी, जब तुम मेरे सान्निध्य में आए। तुम्हें आत्मसाक्षात्कार करा कर, तुम्हें आत्मसुख देकर मैंने आत्मसुख पाया है। आत्मसुख भी तब प्राप्त हुआ, जब तुम मेरे जीवन में आए। आत्मसुख तभी प्राप्त हो सकता है, जब तुम किसी आत्मा को सुखी करो। जब तुम्हारी आत्मा को सुखी कर पाया, तभी मेरी आत्मा आत्मसुख प्राप्त कर सकी। अब जीवन में पाने के लिए कुछ भी नहीं रह गया है। लेकिन मेरी आत्मा भी तभी सुखी हो सकी, जब उसे किसी अन्य आत्मा को सुखी करने का अवसर मिला। तुमने यहाँ आकर मेरे मोक्ष का मार्ग खुला किया है। जब तक गुरु अपने पास का सारा ज्ञान, सारी शक्तियाँ किसी उपयुक्त शिष्य को नहीं सौंपते, तब तक वे मोक्ष की स्थिति को पाकर भी मोक्ष नहीं पा सकते हैं। क्योंकि वे भी एक सूक्ष्म आत्मबंधन से जुड़े होते हैं। आज तुमने मुझे उस बंधन से भी मुक्त करा दिया।"

"तेरा कार्य तो बड़ा विशाल है। तेरे जीवन का एक-एक क्षण महत्त्वपूर्ण है क्योंकि तेरा जीवन छोटा और कार्य बड़ा है। इसीलिए फिर से याद दिला रहा हूँ—मेरे समाधिस्थ होने के बाद यहाँ समय मत गँवाना, समाज में वापस जाना। तेरा कार्यक्षेत्र समाज ही है।

क्योंकि तू इतनी अधिक गुरुशक्तियों के बंधन से जुड़ा है कि उस बंधन से मुक्त होने के लिए बहुत बड़े कार्य की आवश्यकता है। बहुत बड़ा बंधन, बहुत बड़ा कार्य! जब तक कार्य संपन्न नहीं होता, तू भी मोक्ष प्राप्त नहीं कर सकता है।"

"तुझे भी यह सारा ज्ञान खाली करना होगा। जब तक खाली नहीं करता, तू भी मुक्त नहीं हो सकता है। तुझे अभी कल्पना भी नहीं है—कितने बड़े कार्य के साथ तू जुड़ा है। मेरी भी एक सीमा है। उससे अधिक स्पष्ट मैं नहीं बोल सकता। पर इतना ही कहता हूँ—यहाँ कितना भी अच्छा लग रहा होगा, फिर भी यहाँ पर समय मत गँवाना। यह बात बार-बार इसलिए कह रहा हूँ कि मेरे जाने के बाद तुझे इस बात की याद दिलाने वाला भी कोई नहीं होगा और यहाँ से जाने की याद तो किसी भी व्यक्ति को आती ही नहीं है। हिमालय में कई सालों से तपस्वी ध्यान कर रहे हैं। इसी कारण हिमालय में एक चुंबकीय आकर्षण निर्मित हो गया है। इसी कारण यहाँ से जाने का कभी विचार ही नहीं आता। तेरा कार्य बहुत बड़ा है और समय कम पड़ने वाला है और अगर ऐसा लगा कि समय कम पड़ रहा है, तो अपनी मूर्तियाँ बनवाकर उनमें संकल्पशक्ति से अपनी कार्यशक्ति को प्रवाहित करना ताकि तेरे जाने के बाद भी तेरे उत्तराधिकारी के रूप में, तेरे माध्यम के रूप में मूर्तियाँ तेरा कार्य करती रहेंगी। वे निर्जीव होकर भी सजीव जैसे ही कार्य करेंगी क्योंकि तू तेरे जीवनकाल में उनका निर्माण करवाएगा, तू तेरे जीवनकाल में उनमें तेरी प्राणशक्ति डालेगा। उसी जीवंत प्राणशक्ति के कारण वे उस कार्य को जारी रख सकती हैं। मूर्ति एक ऐसा माध्यम है जो निर्दोष होता है। किसी मनुष्य में शरीर के दोष आ सकते हैं, पर मूर्ति में नहीं आ सकते हैं।"

"जिस प्रकार, कलाकार मर जाता है, पर उसकी कला उसके द्वारा बनाए गए शिल्प के कारण जीवित रहती है। ठीक उसी प्रकार से, तू कल नहीं रहेगा, पर तेरा कार्य तेरी मूर्तियों के माध्यम से जीवित रहेगा। क्योंकि कार्य तो अभी आठ सौ सालों तक चलने वाला है, तेरा जीवन तो आठ सौ सालों तक नहीं रह सकेगा। इसलिए यही एकमात्र उपाय है और तुझे तेरी ही मूर्ति बनवानी होगी क्योंकि पवित्र आत्माओं का भाव उसी माध्यम के प्रति होगा। इसीलिए वही

माध्यम बनाना होगा। मूर्तियाँ तेरा ही आधुनिक रूप होंगी। वे तेरे से भी अधिक अच्छा माध्यम सिद्ध होंगी क्योंकि तेरे दोष भी उन मूर्तियों में नहीं होंगे; वे तेरे शरीर के दोषों से मुक्त होंगी। आज तक किसी ने अपनी मूर्तियाँ बनाकर उनमें अपनी प्राणशक्ति नहीं डाली है। (यानी कि ऐसी मूर्ति जो लोगों को आत्मसाक्षात्कार करा सके।) पर तुझे यह कार्य करने की आवश्यकता होगी क्योंकि जीवन छोटा है और कार्य बड़ा है। जीवन से भी अधिक बड़ा गुरुकार्य होता है। विश्व का एक चक्र है। अगर सारे विश्व में बदलाव लाना है, तो विश्व के कल्याण के लिए विश्वस्तर पर ही कार्य करना होगा। इसीलिए प्रत्येक खण्ड में एक मूर्ति तो होनी ही चाहिए। जब ऐसी आठ मूर्तियाँ आठ स्थानों पर रहेंगी, तो समाधिस्थ होने के समय तू अपनी शक्तियाँ उनमें सूक्ष्म रूप से प्रवाहित कर सकता है। भविष्य में वे आठ स्थान आठ शक्तिपीठ बनेंगे, आठ शक्तिधाम बनेंगे और इन मूर्तियों में अपनी शक्तियाँ, अपना कार्य संक्रमित कर तू भी मुक्त हो सकता है। यह सब समय रहते ही कर लेना क्योंकि यह प्रक्रिया भी बड़ी जटिल है। क्योंकि मूर्तियों में शक्तियाँ स्थापित करना आसान है, पर मूर्तियों में शक्तियाँ स्थापित कर मूर्तियों से बाहर निकलना बहुत कठिन कार्य है। क्योंकि धीरे-धीरे शरीर का मोह कम-कम होने लग जाता है और फिर मूर्ति से शरीर में आने की इच्छा ही नहीं होती है। लेकिन अगली मूर्ति के संकल्प के कारण बाहर तो आना ही पड़ेगा। यह, अगली मूर्ति का संकल्प ही तुझे सदा बाहर आने में मदद करेगा।"

"मूर्ति की प्राणप्रतिष्ठा करते समय सदैव यही संकल्प करना— जैसे मैंने आत्मज्ञान प्राप्त किया और मोक्षरूपी समाधान को प्राप्त हुआ, वैसे ही जो भी मनुष्य इस मूर्ति के दर्शन करे, इसके सान्निध्य में ध्यान करे, उसे आत्मज्ञान प्राप्त हो, वह मनुष्य भी एक आत्मसमाधान को प्राप्त हो और उस मनुष्य को भी मोक्षरूपी समाधान प्राप्त हो जाए। यानी अपना सर्वस्व उन सभी मनुष्यों को मिले जो इसका दर्शन कर प्राप्त करना चाहें। देना तेरे हाथ में है, लेना उस मनुष्य के हाथ में है। कौन मनुष्य वहाँ इस भावना से लेने आ सकता है, कौन नहीं आ सकता, यह तेरा क्षेत्र नहीं है। तेरा क्षेत्र केवल 'प्रत्येक मनुष्य के लिए संकल्प करना' है। इसलिए केवल अपना कार्य कर,

परमात्मा अपना कार्य कर लेगा। मनुष्य आकर एकदम मोक्ष कभी नहीं माँगेगा क्योंकि मोक्ष वह अंतिम समाधान है जो बाकी सब समाधान प्राप्त हो जाने के बाद ही प्राप्त होता है। मनुष्य प्रथम कुतूहलवश जीवंत प्रतिमारूपी माध्यम को देखने आएगा और आ जाने के बाद उसे अच्छा लगेगा और वह बार-बार आएगा और अपने जीवन की समस्या का निदान चाहेगा। तो वहाँ पर प्रार्थना करके उसे अनुभव आएगा कि उसकी समस्या वहाँ प्रार्थना करके दूर होती है, वहाँ ध्यान करके दूर होती है। फिर वह बार-बार अपनी समस्याओं को दूर करने वहाँ आएगा और जब-जब वहाँ पर आएगा, वह थोड़ा-थोड़ा भीतर की ओर जाना प्रारंभ होगा। समस्याएँ तो उसके भीतर जाने का निमित्य बनेंगी। वह अंतर्मुखी होगा। धीरे-धीरे उसके आत्मा का नियंत्रण उसके शरीर पर होने लगेगा। वह मनुष्य आत्मनियंत्रित हो जाएगा। तब उसकी आत्मा ही उसका गुरु हो जाएगी और जब उसकी आत्मा ही उसका गुरु हो जाएगी, तो वही उसे मार्गदर्शन प्रदान करेगी—तेरी प्रत्येक मनोकामना इस शक्तिधाम पर आकर पूर्ण हो रही है, यह अनुभव तुझे बार-बार आ रहा है, तो तू ऐसा कुछ माँग जो माँगने पर जीवन में माँगने के लिए कुछ बाकी ही न रह जाए। इस जीवन की समस्याओं से शाश्वत छुटकारा माँग। यहाँ जो माँगो, मिल सकता है, यह तेरा अनुभव है। अबकी बार वह माँग जो माँगने के बाद माँगने के लिए कुछ रह ही न जाए। यह वह स्थान है जहाँ आकर माँगना भी नहीं पड़ता। आपके माँगने के पूर्व आपकी आवश्यकताएँ पूर्ण हो जाती हैं।”

“ऐसा प्रत्येक को अनुभव आएगा। क्योंकि वह स्थान एक जीवंत स्थान होगा। इस प्रकार, तुम्हें जो आध्यात्मिक स्थिति मिली है, वही स्थिति मूर्ति में स्थापित हो जाएगी और धीरे-धीरे वही स्थिति दर्शन करने वाले को दर्शनमात्र से प्राप्त हो जाएगी। आने वाला मनुष्य कितने भाव से आएगा, उसी के ऊपर सबकुछ निर्भर होगा। क्योंकि आध्यात्मिक क्षेत्र में भाव को ही सर्वोच्च स्थान है। मनुष्य अपने भीतर भाव लाने में जितना सफल होगा, उतना ही वह भाव के कारण समर्पित होगा और जो जितना समर्पित होगा, उतना ही वह शक्तियों से जुड़ेगा और जितना जुड़ेगा, उतना ही उसे आत्मसमाधान प्राप्त

होगा। सब भाव पर ही निर्भर है। जो जैसा भाव देगा, उसे वैसा ही प्रतिफल हजार गुना होकर प्राप्त होगा। इन शक्तिधामों से लोगों का भावनात्मक संबंध स्थापित हो जाएगा।"

"जब भाव की बात कर रहा हूँ, तो थोड़ा स्पष्ट कर दूँ—'स्त्रीशक्ति' का सबसे बड़ा गुण भावप्रधानता होता है। इसलिए इन शक्तिस्थानों से स्त्रीशक्ति का एक विशेष संबंध होगा। स्त्रीशक्ति के भावनाप्रधान स्वभाव के कारण ये स्थान उनके लिए संजीवनी का कार्य करेंगे। उन्हें परिणाम शीघ्र प्राप्त होंगे। जब वे दर्शन का संकल्प भी करेंगी, तो भी उनके कार्य घटित हो जाएँगे। इस प्रकार उनकी इच्छाएँ उनके आने के पूर्व ही पूर्ण हो जाएँगी। इसलिए जब वे दर्शन के लिए आएँगी, तो निष्काम भाव से आएँगी, केवल गुरुशक्तियों से जुड़ने के लिए आएँगी। स्त्रीजाति का दूसरा गुण है—बाँटना। वह अपने पास कुछ रख ही नहीं सकती। वह सदैव बाँटती रहती है। अपने इसी स्वभाव के कारण वह इस स्थान की अनुभूति भी बाँटेगी और वही इन स्थानों का प्रचारकार्य करेगी। इस कार्य में अनुभूतियाँ होंगी और होने वाली अनुभूतियाँ ही इस कार्य का विस्तार करेंगी। इस प्रकार से, इन स्थानों से स्त्रियों को दोहरा फायदा होगा। एक ओर, उनके स्वभाव के कारण गुरुकार्य करने का अवसर प्राप्त होगा और दूसरी ओर, उनके इस कार्य में आत्मीयता से जुड़ जाने के कारण एक विशाल स्त्री संगठन का निर्माण होगा और इस कारण वे आत्मिक रूप से संगठित होंगी और इस कार्य से प्राप्त हुई सफलता से आत्मविश्वास निर्माण होगा कि वे भी सफल हो सकती हैं। आत्मग्लानि करना स्त्री के शरीर का दोष बन गया है। सदियों से स्त्रियों को समाज ने दूसरा दर्जा दे रखा है, अपमानित किया है और इसी कारण यह स्त्रीशरीर का दोष ही बन गया है। स्त्री कमजोर नहीं है, पर बार-बार उसे 'कमजोर' कहने से उसके भीतर एक लघुताग्रंथि निर्मित हो गई कि वह कमजोर है। यह दोष भी इन स्थानों से जुड़ने के कारण चला जाएगा और वे अपनी भीतर की शक्ति, आत्मशक्ति को जानेंगी।"

"एक ओर, स्त्रियों को उनका आत्मग्लानि का भाव समाप्त करने में ये गुरुशक्तिधाम मदद करेंगे, दूसरी ओर, पुरुषशरीर का

दोष है—अहंकार, उस दोष के भी कम होने में ये स्थान सहायक सिद्ध होंगे। क्योंकि आत्मा को प्राप्त हुई अनुभूति के कारण वह समर्पित होगा और धीरे-धीरे उसका अहंकार कम होगा क्योंकि वह कहीं तो झुका हुआ है। यह झुकना ही उसके अहंकार को समाप्त करेगा और पुरुष भी शुद्ध, पवित्र आत्मा के स्वरूप का अनुभव करेगा। इस प्रकार, एक ओर स्त्री आत्मग्लानि के भाव से उभरकर आत्मस्वरूप प्राप्त करेगी, तो दूसरी ओर, पुरुष अहंकाररहित होकर आत्मस्वरूप को प्राप्त करेगा और दोनों ही मध्य की स्थिति में आ जाएँगे।"

"लेकिन ये सब घटनाएँ तेरे जीवन के बाद ही घटित होंगी क्योंकि तब तक तेरे शरीर का चुंबकीय आकर्षण लोगों को उसकी ओर ही खिंचे रखेगा। लाखों आत्माओं के साथ जुड़े होने के कारण लाखों लोगों की सामूहिक शक्ति तुम्हारे शरीर में निर्मित हो जाएगी और उसी सामूहिक शक्ति के कारण, कोई भी आत्मा हो, वह तुम्हारी ओर खिंची चली आएगी। आत्मा तो सामूहिक शक्ति के कारण ही खिंची चली आएगी। तुम्हें उन आत्माओं को परमात्मा की ओर मोड़ना होगा। यह कार्य तुमसे जितना अधिक होगा, तुम्हें तुम्हारे शरीररूपी माध्यम द्वारा कार्य करने का अवसर उतना ही अधिक प्राप्त होगा। अन्यथा तो तुम कार्य कर ही नहीं पाओगे क्योंकि सारी आत्माएँ तुम्हारे शरीर से ही चिमटी रहेंगी। एक ओर तुम्हें इस बंधन से मुक्त रहना होगा और दूसरी ओर अपना गुरुकार्य भी करना होगा। एक होता है शरीर जो वास्तव में माध्यम होता है और दूसरा होता है शक्तियों का शरीर जो साधना से निर्मित होता है, उसे 'सूक्ष्म शरीर' कहते हैं। वह परमात्मामय होता है और परमात्मा-सा ही लगता है। पर वह दिखता नहीं है, अनुभव होता है। उसके साथ भूतकाल के गुरुओं की शक्तियाँ जुड़ी होती हैं। वे शक्तियाँ उसके आसपास ही रहती हैं और वे उस सूक्ष्म शरीर की ओर आत्माओं को आकर्षित करने के उद्देश से उनकी समस्याएँ दूर करती हैं, उनकी मनोकामनाएँ पूर्ण करती हैं।"

"इस प्रकार के कार्यों को सहयोग देने का सूक्ष्म शरीर का उद्देश एक ही होता है—एक सन्मार्ग पर प्रत्येक आत्मा चले। इस

सूक्ष्म शरीर से घटित हुए कार्यों की, चमत्कारों की जानकारी स्थूल शरीर को भी नहीं होती क्योंकि स्थूल शरीर में कर्ता का भाव ही नहीं होता। तो, मैंने किया, यह भाव भी नहीं होता और वह कर्ता होकर भी अकर्ता ही बना रहता है। वह कर्म से बँधा हुआ नहीं है। इसी कारण उसके करते हुए भी उसे मालूम नहीं पड़ता कि उसने किया है। क्योंकि वह स्थूल शरीर तो कर्म और कर्ता के भाव से बहुत ऊपर पहुँचा हुआ रहता है। फिर वह कहता है—यह सब हो गया; लेकिन वास्तव में, कोई भी घटना किसी कर्ता के सिवा हो ही नहीं सकती। पर कर्ता का भाव शून्य होने से, घटना या चमत्कार हो जाने पर भी वह इस, कर्ता के भाव से मुक्त होता है। इसलिए उसके शब्द होंगे—हो गया, सूक्ष्म शरीर ने घटित कर दिया।"

"इस प्रकार, सूक्ष्म शरीर की ओर जितने लोगों का, जितनी आत्माओं का ध्यान आकर्षित कर पाएगा, उतना ही तेरा स्थूल शरीर कार्य करने के लिए मुक्त रह पाएगा। अन्यथा तो, लाखों लोग अगर तेरे स्थूल शरीर से ही चिपके रहे, तो कार्य तो क्या, एक साँस लेनी भी दुर्भर हो जाएगी।"

"इस प्रकार से, अपने शरीररूपी माध्यम के गुरुकार्य को अपनी मूर्तियों के माध्यम से संपन्न कराना होगा। इससे तेरे स्थूल शरीर के बाद भी आठ सौ सालों तक गुरुकार्य घटित होता रहेगा। तेरे जीवन का उद्देश ही है—गुरुकार्य। वह जीवन के पहले भी उद्देश था और जीवन के बाद भी रहेगा क्योंकि तुम्हारी संकल्पशक्ति के कारण तुम्हारी मूर्तियाँ तुम्हारे जीवनकाल से भी अधिक कार्य करेंगी। तुम्हारा शरीररूपी माध्यम तो कई आत्माओं के बंधन से बँधा हुआ है, मूर्तियाँ तो उस बंधन से मुक्त होंगी। वे आठ होंगी, आठ गुना अधिक कार्य होगा, एक साथ सारे विश्व में होगा और उसका क्षेत्र बहुत विशाल होगा। तू तो तेरे जीवनकाल में ये आठ 'कल्पवृक्ष' के बीज बोकर जाएगा जिनके फल आने वाले आठ सौ सालों तक मनुष्य-जाति खाएगी। इन स्थानों पर प्रत्येक मनोकामना पूर्ण होगी। लेकिन मनोकामना क्या की जाएगी, यह उस आत्मा के स्तर पर ही निर्भर होगा। बंधनयुक्त आत्मा साधन माँगेगी और मुक्त आत्मा मोक्ष माँगेगी। आने वाली आत्मा क्या माँगेगी, वह तेरे हाथ में नहीं होगा।

तू तो केवल यह संकल्प कर सकता है कि उसकी मनोकामना पूर्ण हो। यह अवश्य है कि सान्निध्य के कारण आत्मा का स्तर भी दिन प्रतिदिन बढ़ता जाएगा, आत्मा के बंधन भी धीरे-धीरे छूटते जाएँगे और एक दिन वह भी मोक्ष को प्राप्त करेगी। ये स्थान आत्माओं को मोक्ष का मार्ग बताएँगे। आत्माओं के मोक्ष के मार्ग में जो भी बंधन है, वह दूर करेंगे। लेकिन यह सब बड़े सूक्ष्म रूप से घटित होगा। स्वयं उस दर्शन करने वाले व्यक्ति को भी मालूम नहीं पड़ेगा कि वह धीरे-धीरे मुक्त हो रहा है।"

"मूर्तियों की स्थापना करते समय तुम्हारा यह संकल्प होगा कि जो तुम्हें प्राप्त हुआ है, वही आत्मसुख दर्शन करने वाले प्रत्येक मनुष्य को प्राप्त हो और इसी संकल्प के कारण किसी भी मनुष्य को, किसी भी बहाने दर्शन मिला, तो दर्शनमात्र से उसकी भीतर की यात्रा प्रारंभ हो जाएगी। वह दर्शन से ही आत्मसुख का अनुभव करेगा और उस दर्शन की अभिलाषा से बार-बार आएगा। प्रत्येक बार वह भीतर, और भीतर उतरता ही चला जाएगा और अंत में आत्मस्वरूप को प्राप्त हो जाएगा। क्योंकि तुम्हारा ही संकल्प रहेगा कि जो तुम्हें मिला है, आत्मस्वरूप का वह अनुभव प्रत्येक दर्शनार्थी को प्राप्त हो। तुम्हारी इसी शुद्ध इच्छा के कारण यह आत्मस्वरूप की स्थिति प्रत्येक मनुष्य को प्राप्त होगी। वह मनुष्य किसी भी जाति का हो, किसी भी धर्म का हो, किसी भी देश का क्यों न हो, सभी के ऊपर तुम्हारी करुणा समान रूप से बरसेगी, बस वह आत्मा तुम्हारे करुणारूपी झरने के नीचे आना चाहिए। पहले लोग झरना सिर्फ देखने आते हैं, लेकिन बाद में उस झरने के पानी में अन्य लोगों को नहाते हुए देखते हैं और उनसे प्रेरणा लेकर वे लोग भी अपने कपड़े उतारकर उस झरने के नीचे नहाने जाते हैं और नहाने का आनंद प्राप्त करते हैं। फिर बार-बार उस झरने के पास जाते हैं, वह भी देखने के लिए नहीं, नहाने के लिए। क्योंकि नहाने से कैसी ताजगी का अनुभव होता है, कैसी प्रसन्नता होती है, इसका अनुभव वे एक बार नहाकर ले चुके होते हैं। पर नहाने का अनुभव लेने के लिए नंगा होना पड़ेगा, कपड़े उतारने होंगे। तभी नहाने का आनंद ले सकते हो। लेकिन कपड़े कोई एकदम नहीं उतारता, झरने का सान्निध्य वे कपड़े उतरवा ही

लेता है। लोग कपड़े उतारते नहीं हैं, झरने के पास लोगों के कपड़े उतर ही जाते हैं। फिर लोग उसे कहते हैं—अरे, तुम तो झरने को केवल देखने आए थे, कपड़े कब उतार दिए? नहाने कब लग गए? वह मनुष्य बोलता है—पता नहीं, यह सब कैसे हो गया। लेकिन मुझे खूब आनंद आया। अब मैं झरना देखने के लिए नहीं, नहाने के लिए ही जाऊँगा।"

"इसी प्रकार, लोग प्रथम तो श्री गुरुशक्तिधाम की मूर्तियों को कुतूहलवश देखने आएँगे, लेकिन बाद में वहाँ समर्पित लोगों का भाव देखकर वे भी समर्पित हो जाएँगे और वे कब समर्पित हो गए, उसका उनको भी पता नहीं चलेगा। यह सब अपने-आप ही घटित हो जाएगा। क्योंकि यह समर्पण शरीर से नहीं होगा, आत्मा से होगा। इसलिए इस समर्पण का पता शरीर को बाद में चलेगा। प्रथम बार जब कोई मनुष्य समर्पित होगा और तुम्हारी करुणारूपी जलधारा में स्नान करेगा, फिर वह दर्शन करने नहीं आएगा, वह समर्पण करने ही आएगा और समर्पण के माध्यम से वह तुमसे समरस हो जाएगा। (मनुष्य की स्थिति कभी बुद्धिप्रधान होती है, तो कभी आत्मप्रधान होती है। अत: उसका समर्पण स्थाई नहीं होता और उसे समर्पण बार-बार करना पड़ता है।) और तुम्हारी जो संकल्पशक्ति है, उसके कारण तुम्हारी आध्यात्मिक स्थिति, आत्मस्वरूप की स्थिति उस मनुष्य में चली जाएगी और वह भी उस स्थिति का अनुभव करने लगेगा। उसे भी आत्मसुख प्राप्त होगा, वह भी आत्मानंद को प्राप्त करेगा यह सब होने वाला है। एक बहुत बड़ा जनसमूह, साधकों का समूह इच्छा कर रहा है कि उनके भी जीवन में आत्मारूपी सूर्य का उदय हो और उनका भी देहरूपी घर प्रकाशित हो।"

"परमात्मा स्वयं ही प्रकाश के समान है, हम सभी तो केवल उसके माध्यम हैं। हम सभी के माध्यम होते हुए भी सभी को जीवन में अवसर प्राप्त नहीं होता है। यह अवसर ही महत्त्वपूर्ण है। प्रत्येक माध्यम यह अवसर पाना चाहता है, पर सभी माध्यमों को अवसर नहीं मिलता है। परमात्मा की कृपा में तुम्हें अवसर मिला है। परमात्मा ही स्वयं शिवबाबा के रूप में आए और तुम्हें प्रकाशित किया है। जब उन्होंने तुम्हें अधिकृत किया, तो वह देखकर ही सबने तुम्हारे प्रति

अपना-अपना विश्वास व्यक्त किया है। जब गुरुदेव अधिकृत करते हैं, तब सारा कार्य वे ही संपन्न करते हैं। हमें लगता है कि हमने किया है। अब तुम्हें इस संसार को छोड़ने से पूर्व इन आठ जीवंत मूर्तिरूपी माध्यमों को अधिकृत करना है। जीवनकाल में अधिकृत करना, यह महत्त्वपूर्ण है। यही गुरुशक्तियों की इच्छा है और यही तुम्हारे लिए आदेश भी है। इसलिए, इस कार्य को संपन्न करना तुम्हारा कर्तव्य भी है। गुरुशक्तियों को अपने पूर्वानुभवों से लगा होगा कि जीवनकाल में ही अधिकृत करना अधिक उचित है। यह आज के गुरुकार्य के लिए ही नहीं, भविष्य के गुरुकार्य के लिए भी आवश्यक है। क्योंकि तुम्हारा कार्य इतना बड़ा है कि उस कार्य को देखकर ही लग रहा है कि तुम्हारे जीवन के बाद भी तुम्हारी आवश्यकता लाखों लोगों को होगी और जब तुम नहीं रहोगे, तो तुम्हारी प्रतिमा का निर्माण तुम्हें मानने वाले करेंगे ही। यह सब गुरुशक्तियों को दिख रहा है और मुझे भी स्पष्ट दिख रहा है। इसलिए उन प्रतिमारूपी माध्यमों की शुद्धता के लिए, पवित्रता के लिए तुम स्वयं ही अपने जीवनकाल में प्रतिमाएँ बनवाओ और अपने जीवनकाल में ही उन्हें अधिकृत करो। क्योंकि जीवनकाल के बाद लोग क्या करेंगे, इसका कोई विश्वास नहीं है। तुम्हारी प्रतिमा होगी, उसे अधिकृत तुम्हारा कोई शिष्य करेगा जिसे उसे अधिकृत करने का अधिकार नहीं होगा। उससे अच्छा है, तुम स्वयं ही अपने जीवनकाल में यह कार्य संपन्न करो।"

"श्री गौतम बुद्ध ने अपने जीवनकाल में अपने मृत्युपत्र में लिखा था—मेरे मरने के बाद मेरी कोई प्रतिमा न बनाई जाए। तो आज विश्व में सबसे अधिक प्रतिमाएँ गौतम बुद्ध की हैं। उन्होंने अगर एक भी प्रतिमा अपने जीवनकाल में अधिकृत की होती, तो वह आज विश्व की सबसे दुर्लभ कलाकृति होती। पर ऐसी एक भी नहीं है। ऐसी ही सब बातों को देखकर मेरी भी इच्छा है, यह अधिकृत करने का कार्य तुम तुम्हारे जीवनकाल में करो ताकि तुम्हारी ही प्रतिमा हो और तुम्हारी ही प्राणशक्तियाँ हों। तभी वे सही अर्थों में जीवंत प्रतिमाएँ कहलाएँगी जो तुम्हारे बाद भी जीवंत माध्यमों के रूप में तुम्हारे बचे हुए कार्य को करेंगी क्योंकि तुम्हारा कार्य बहुत बड़ा है और इसका एहसास तुम्हें भी तुम्हारे जीवन के उत्तरार्ध में होगा

और यही एक मार्ग तुम्हारी आवश्यकता बन जाएगा। तुम्हारा कार्य तो तुम्हारे जीवनकाल के बाद ही प्रारंभ होने वाला है। चलो, अब रात बहुत हो चुकी है, अब सो जाओ।" गुरुदेव ने उनके जीवन का यह अंतिम संदेश मुझे दिया था। मैं भी मंत्रमुग्ध होकर उसे ग्रहण कर रहा था।

दूसरे दिन बड़े सबेरे ही गुरुदेव जग गए थे। मैं उनकी आहट से ही जग गया था। उन्होंने कहा, "मैं चाहता हूँ—मैं इस गुरुस्थान पर ही समाधिस्थ होऊँ। इसलिए आज हम दोनों मिलकर यहाँ पर एक बड़ा खड्ढा खोदेंगे क्योंकि मैं नहीं चाहता कि मेरे जाने के बाद यह कार्य तुम अकेले करो। इसलिए आज हमें यही कार्य करना है।" फिर वे पत्थर के दो टुकड़ों से ही खोदने लग गए और मैं भी उनकी मदद करने लग गया। थोड़ा खोदने के बाद उस वृक्षराज की एक भारी-सी जड़ निकल आई। गुरुदेव बोले, "इस जड़ को हमें आहत नहीं करना है। थोड़ा बाजू से ही खोद लो। मैं जाते-जाते इस वृक्षराज को आहत नहीं करना चाहता। मेरा अहोभाग्य है जो इसका सान्निध्य मुझे जीवन में मिला! इस वृक्षराज ने मेरी बड़ी सेवा की है।" मेरे गुरुदेव बड़े करुणामय थे। वृक्ष के प्रति भी उनके मन में करुणा थी, दया थी और अनजाने में भी अपने से किसी को कोई कष्ट न हो, यह प्रयास था। वे बड़े कोमल हृदय के थे।

खोदने के लिए मेरे पास का 'डाव' काम आ रहा था जो लकड़ी काटने के लिए मैं साथ लेकर आया था। जब खड्ढा काफी गहरा हो गया, तो गुरुदेव बोले, "अब बाहर आ जाओ। अब शाम हो गई है।" उन्होंने हाथ पकड़कर मुझे ऊपर खींचा। बाद में हम दोनों उस गुफा के बाहर आकर थोड़े समय बैठ गए। फिर गुरुदेव ने कहा, "चलो, मैं अंतिम बार हिमालय की पर्वतश्रृंखला का दर्शन करना चाहता हूँ।" फिर हम दोनों उस वृक्षराज से भी ऊपर की पहाड़ की चोटी पर गए। वहाँ से पीछे की हिमालय पर्वतश्रृंखला बड़ी ही सुंदर दिख रही थी।

वे पर्वतशिखर भी स्तब्ध थे, मानो उन्हें भी गुरुदेव के परलोकगमन की बात मालूम हो गई हो। आज पूरा वातावरण ही शांत-शांत था, मानो सबकुछ थम-सा गया हो। अन्यथा इस पर्वतशिखर पर थोड़े समय भी खड़े रहना कठिन प्रतीत होता था। सब स्थान पर एकदम शांत वातावरण था। सूर्य भी अस्त होने जा रहा था। गुरुदेव ने सूर्य भगवान को नमस्कार किया और उनसे विदाई लेते हुए कहा, "अब कल का सूर्य-उदय मैं नहीं देख सकूँगा। कल सुबह जब तुम उगोगे, तब मैं तुम्हारे दर्शन न कर सकूँगा, इसलिए आज ही नमस्कार कर रहा हूँ। आज तुम्हें गुरुशक्ति मानकर नमस्कार कर रहा हूँ। मेरे पूर्व जो गुरु हुए थे, तब मैं जीवित नहीं था, इसलिए उन भूतकाल के गुरुओं को भी, हे सूर्यदेव, तुम्हारे माध्यम से नमस्कार कर रहा हूँ। आज के बाद भी कई गुरु इस धरती पर अवतरित होंगे, तब मैं जीवित नहीं रहूँगा, इसलिए भविष्य के गुरुओं को भी मैं तुम्हारे माध्यम से नमस्कार कर रहा हूँ। वर्तमानकाल में जो गुरु जीवित हैं और हिमालय में जो गुरु ध्यानस्थ हैं, उन्हें भी मैं तुम्हारे माध्यम से ही नमस्कार कर रहा हूँ।" फिर सूर्यास्त होने ही वाला था कि एक बहुत बड़ी हिमशिला अचानक, हमारे सामने ही एक पर्वत से नीचे की ओर खिसकने लग गई और धीरे-धीरे संपूर्णतः गिर गई; मानो हिमालय भी अपने पुत्र के विरह से रो रहा हो। हिमालय का पुत्र हिमालय से विदा हो रहा था। सूरज की लाल-लाल आभा सारे वातावरण को एक अलग-ही छटा दे रही थी। मेरे सामने दो सूर्यास्त हो रहे थे—एक—सूर्यदेव का सूर्यास्त, दूसरा—गुरुदेवरूपी सूर्य का सूर्यास्त।

मुझे तो लग रहा था, मानो उस दिन की शाम मेरे जीवन की अद्‌भुत शाम हो। दो सूर्यों के अस्त होने का नजारा मैं देख रहा था। दोनों का आभामण्डल एक-दूसरे में ही समा गया था। सूर्यास्त हो रहा था और गुरुदेव उसे नमस्कार करने के लिए खड़े थे। उस क्षण लगा—बस, जीवन यहीं ठहर जाए! उन दो सूर्यों के मिलन की वेला का एक-एक क्षण मेरे हृदय में समाहित हो रहा था। एक सूर्य की दूसरे सूर्य से विदाई का क्षण था। मुझे गुरुदेव के सिर के ऊपर

भी एक सूर्य दिख रहा था और गुरुदेव के सामने भी एक सूर्य दिख रहा था। दोनों इतने समान थे कि कौन-सा सूर्य अस्त हो रहा था, यह समझ में नहीं आ रहा था। उन दो सूर्यों का नजारा मैंने मेरे जीवन में कभी नहीं देखा था। दोनों बिल्कुल समान थे, मानो एक का प्रतिबिंब दूसरा हो, जैसा पानी में दिखता है, वैसा। वैसा ही लग रहा था। आसपास के ऊँचे-ऊँचे वृक्षों पर भी शाम के समय पक्षी चहचहाते रहते थे। उस दिन, मानो वर्ग में मुख्याध्यापक आ गए हों, ऐसा वातावरण था। सब पक्षी भी एकदम शांत थे। मैं बार-बार अपने हाथों की उँगलियाँ दबाकर और अपने बाल खींचकर यह समझने का प्रयास कर रहा था कि कहीं वह स्वप्न तो नहीं था? दो सूर्यास्त एक साथ कैसे हो सकते थे? क्योंकि ऐसा जो दृश्य दिख रहा था उसकी तो मैंने कभी कल्पना भी नहीं की थी। दो सूर्य मुझे एक साथ, स्पष्ट-स्पष्ट नजर आ रहे थे। दोनों का रंग समान था, दोनों की आभा समान थी, दोनों का प्रकाश समान था और देखा तो गुरुदेव के ऊपर का सूर्य ही दिख रहा था, गुरुदेव दिखाई नहीं दे रहे थे। मैं आश्चर्यचकित हो गया—गुरुदेव कहाँ गए? अभी तो यहीं खड़े थे, सूर्य को नमस्कार कर रहे थे। कहाँ गए? मैं थोड़ा घबरा भी गया था कि यह सब कैसे हुआ? उस क्षण इतना अधिक चैतन्य प्रवाहित हो रहा था कि उसे सहन कर पाना मेरे लिए कठिन हो रहा था। केवल दो सूर्य दिख रहे थे। धीरे-धीरे सूर्य अस्त होने लग गया। सूर्य जब संपूर्ण अस्त हो गया, तो गुरुदेव के ऊपर का सूर्य भी अस्त हो गया। धीरे-धीरे गुरुदेव दिखने लग गए जो शांत चित्त से सूर्य को नमस्कार कर रहे थे। उस दिन मैंने दो सूर्यों को अस्त होते हुए देखा था।

बाद में गुरुदेव और मैं दोनों पहाड़ से नीचे ऊतर रहे थे। दोनों मौन थे। मेरे भीतर उस दृश्य के प्रति कुतूहल था कि वह दो सूर्यों वाला दृश्य क्या था? जब हम वृक्षराज के पास पहुँचे, तो गुरुदेव बोले, "मनुष्य प्रकृति का अंग है और जब वह अपना अलग अस्तित्व खो देता है, तो उसकी प्रकृति के साथ समरसता स्थापित हो जाती है और वह एक माध्यम बन जाता है जिसमें प्रकृति का प्रतिबिम्ब देखा जा सकता है। यह दृश्य ऐसा ही था। मैं सूर्यदेवता के साथ समरस

हो गया था। इसलिए सूर्य देवता मेरे ऊपर प्रतिबिम्बित हो रहे थे। क्योंकि मेरे शरीर का अस्तित्व मैंने उन्हें ही समर्पित कर दिया था। जब शरीर का अस्तित्व ही नहीं रहा, तो शरीर दिखेगा कैसे? और जब अस्तित्व ही समाप्त हो गया, तो प्रकृति-ही-प्रकृति रह गई। सूर्य का प्रतिबिम्ब शरीर में दिखने लग गया। वास्तव में, मनुष्य का कोई अस्तित्व ही नहीं है, बस वह समझता है कि उसका कोई अस्तित्व है। वास्तव में, यही मनुष्य का भ्रम है। इसी भ्रम के अहंकार में मनुष्य जीता है और मरता है। इस अहंकार से परे जाना ही मोक्ष है। तुम्हें यह दृश्य सदैव याद रखना है और प्रयास करना है कि ऐसी ही स्थिति तुम्हें भी जल्द-से-जल्द मिले।"

"अपने अंदर के अहंकार को एक सही दिशा देना ही पुरुषार्थ होता है। उसे भीतर की ओर लेकर जाना चाहिए। अपने-आपको जानने के लिए उसका उपयोग होना चाहिए। इससे उसका सही इस्तेमाल होगा और दूसरी ओर उस पर नियंत्रण भी हो जाएगा। तुम जब समाज में जाओगे, तो तुम्हारे ही भीतर की शक्ति लोगों की गुणग्राहकता के कारण बाहर आएगी। तो अहंकार को बढ़ावा मिलेगा और बाहर कार्य होने से अहंकार और बढ़ेगा। प्रत्येक क्षण इसके प्रति सचेत रहना होगा। क्योंकि लाखों लोगों के तुम तारणहार रहोगे। प्रत्येक समय, प्रत्येक क्षण लाखों लोग तुमसे जुड़े होंगे और चित्त से लाखों लोग जुड़े होने के कारण उनका प्रभाव तो शरीर पर आएगा ही। प्रत्येक क्षण अपने अहंकार पर नियंत्रण रखना कार्य करने से भी अधिक महत्त्वपूर्ण है। अहंकार पर नियंत्रण यानी उस अहंकार की दिशा अंदर की ओर होनी चाहिए। वह बाहर की ओर हुई, तो शरीर पर उसके बुरे परिणाम आएँगे। चित्त इतना शक्तिशाली हो जाएगा कि वह लाखों लोगों की सामूहिकता की शक्ति के कारण अहंकार के खतरे से परे ही होगा। पर शरीर का क्या? जब तक शरीर है, तब तक शरीर पर उसके परिणाम होंगे ही। चित्त को बाहर खींचने वाले पल-पल पर मिलेंगे। पल-पल होने वाली घटनाएँ चित्त को बाहर निकालने का प्रयास करेंगी और तुम्हें उसे अंदर की ओर रखने का प्रयास करना होगा। तुम जितना अंदर की ओर लाने

का प्रयास करोगे, बुरी शक्तियाँ उतना ही बाहर की ओर ले जाने का प्रयास करेंगी। तुम्हारा कार्य तो लाखों लोगों के लिए होगा, तो लाखों लोगों की नकारात्मक शक्तियाँ संगठित होकर तुम्हारे विरुद्ध कार्य करेंगी। वे प्रयास करेंगी कि तुम्हारी कोई साधना, कोई तपस्या फलीभूत न हो क्योंकि तुम्हारी साधना से, तुम्हारी तपस्या से लाखों लोगों की नकारात्मक शक्तियाँ नष्ट होंगी।"

"तू घबराना मत, नकारात्मक शक्तियाँ तुझे डरा सकती हैं, धमकियाँ दे सकती हैं, बुरा करेंगी—ऐसा भय दिखा सकती हैं, पर वास्तव में, वे तुझे केवल भयभीत करेंगी; बुरा वे कुछ कर ही नहीं सकेंगी। क्योंकि तेरे साथ गुरुशक्तियाँ होंगी। तू उनका एकमात्र माध्यम होगा। तुझे सुरक्षित करने में ही गुरुशक्तियों का भविष्य होगा। हाँ, तुझे इतना ही करना है कि गुरुशक्तियों पर पूर्ण विश्वास करना है कि मैं गुरुशक्तियों के साथ जुड़ा हुआ हूँ, जीवन में मेरा बुरा कुछ हो ही नहीं सकता है। ऐसा संपूर्ण विश्वास रखकर अपने चित्त को भीतर की ओर ही रख। तेरी रक्षा परमात्मा स्वयं करेगा क्योंकि तू उसका ही माध्यम है। उसकी छत्रछाया में रहकर ही कार्य करना। मेरे आशीर्वाद तुम्हारे साथ हैं। चलो, अब सो जाओ। कल सुबह जल्दी उठना है और कल तो तुम्हें मुझे विदा भी करना है। मैं भी मेरे घर वापस जा रहा हूँ। इसीलिए, जो कहना था, सब कह दिया है। अब रात हो गई है। तो सो जाओ।" वे विश्राम के लिए चले गए।

रात के समय पता नहीं कब मेरी नींद लग गई। दूसरे दिन सुबह गुरुदेव उठे, वे बाहर जाकर आए; प्रातर्विधि-स्नान करके वापस आए और बाद में उन्होंने मुझे स्नान आदि के लिए भेजा।

वे समाधि के लिए बैठ गए। मैंने झरने से थोड़ा पानी लाया था। थोड़े फूल भी लाए थे। उन्होंने मुझसे पूछा, "अब कोई इच्छा रह गई हो, तो बता।" मैंने कहा, "आपकी चरणपूजा करने की इच्छा है।" उन्होंने गर्दन हिलाकर अनुमति दी। मैंने पत्तों के ऊपर उनके चरण रखें। जिन चरणों ने मेरे गुरुदेव के शरीर का भार जीवनभर उठाया था, वे चरण भी विश्राम करने जा रहे थे। उन्हें भी सदा के

लिए आराम मिलने वाला था। जिन चरणों पर चित्त रखकर मैंने ज्ञान प्राप्त किया था, वे चरण परमतत्त्व में विलीन होने जा रहे थे। बड़ी सावधानी से, बड़ा सँभलकर मैंने फूल को पानी में डुबाकर फूल से ही चरणों को स्वच्छ किया। फिर थोड़ा-थोड़ा पानी हाथों में लेकर चरणों को धोया। गुरुदेव के चरणों के नाखून भी थोड़े-थोड़े बढ़ ही गए थे। मैं सोच रहा था—ये नाखून भी कितने भाग्यशाली हैं! उन्हें सदैव चरणों के पास रहने का अवसर मिला है। आज ये भी गुरुदेव के साथ जा रहे हैं। गुरुदेव के दाहिने पैर की एड़ी के ऊपर किसी चोट का निशान था। चोट कभी चलते समय लग गई होगी। मुझे लगा—अच्छे मार्ग पर चलते हुए चोटें तो लगी ही होंगी, फिर भी इन चरणों ने सदैव गुरुदेव का साथ दिया है। उनके बाएँ पैर में दो काँटे लगे थे। मैंने निकालने का प्रयास किया, तो गुरुदेव बोले, "उन्हें पैरों में ही रहने दे। वे मुझे अब समर्पित हो गए हैं। मैंने भी निकालने का प्रयास किया था, पर नहीं निकले। वे भी शायद मेरे साथ घर जाना चाहते हैं।" और वे मुस्करा दिए। मेरे नयनों से पानी की वर्षा हो रही थी। चरणपूजा तो मैं आँसुओं से ही कर रहा था।

यह देखकर वे बोले, "जाते हुए अपने गुरु को क्या प्रसन्नता से विदा नहीं कर सकता? अरे, तू प्रसन्न हो जा! मैं तो मेरे घर जा रहा हूँ। बहुत बाहर रह लिया। मैं खुशी से जा रहा हूँ। तू भी मुझे खुशी से विदा कर। मैं मेरी जीवन-तपस्या का सारा फल, सारी शक्तियाँ तुम्हें सौंपकर जा रहा हूँ। जा तो यह शरीर रहा है; इसने मेरा बहुत साथ दिया, अब बेचारा आराम करना चाहता है; मैं शक्तियों के रूप में तेरे साथ तेरी अंतिम साँस तक रहूँगा ही। यह बात अवश्य ध्यान रखना। जा, अपना गुरुकार्य करके आ। मैं तेरी अपने घर पर राह देख रहा हूँ। मैं अपना कार्य करके जा रहा हूँ, तू भी अपना सारा गुरुकार्य समाप्त कर आ जा।"

मैंने फिर फूलों और लताओं से बनाया हुआ एक हार उनके गले में डाला, पत्तों से सजाया हुआ एक मुकुट उन्हें पहनाया और साष्टांग नमस्कार किया। उन्होंने भी मेरे सिर पर हाथ फेरा था।

उन्होंने कहा, "समय हो रहा है। अब मैं स्वयं ही इस बड़े खड्ढे में जाकर बैठ जाता हूँ।" मैंने कहा, "गुरुदेव, एक क्षण रुकिए।" मैंने बड़े भाव से कुछ फूलों को खड्ढे में आसन के रूप में बिछाया। बाद में गुरुदेव ने कहा, "मैं जाकर समाधिस्थ होता हूँ। मैं जब ॐ का उच्चारण करूँगा, तब एक ऊर्जा मेरे भीतर से निकलेगी और तेरे भीतर चली जाएगी। उसके बाद तुम इस खड्ढे को सूर्योदय के पूर्व ही बंद कर देना ताकि मैं मेरी यात्रा पर निश्चिंत होकर जा सकूँ।"

वे उस खड्ढे में पद्मासन में बैठ गए। उन्हें नमस्कार करके मैं भी वहीं उनके सामने बैठ गया और बाद में गुरुदेव ने ॐ का उच्चारण किया, तो मैंने देखा कि उनके आसपास सूर्यप्रकाश जैसे प्रकाश वाला एक वलय निर्मित हो गया और वह बहुत प्रकाश वाला था। मेरी आँखें चौंधिया रही थीं। मैं उसे देख नहीं पा रहा था। धीरे-धीरे वह छोटा-छोटा होता गया और बाद में एक दीपक की लौ के समान रह गया। बाद में मेरे सहस्रार चक्र से मेरे भीतर आ गया और एक प्रकाश का पुंज गुरुदेव के शरीर से बाहर की ओर निकल गया। यह सब एक साथ घटा कि क्या हुआ, समझ में ही नहीं आ रहा था। आँखें खुल नहीं रही थीं, पर देखने का भी मोह था। बाद में वातावरण एकदम शांत हो गया, मानो जो देखा था, वह कोई सपना ही था। बाद में देखा—गुरुदेव का देह शांत बैठा हुआ था। मैंने उन्हें फिर से साष्टांग नमस्कार किया और बाद में भारी मन से उस खड्ढे में मिट्टी भरना प्रारंभ किया और जल्दी-जल्दी किया क्योंकि गुरुदेव की आज्ञा थी कि सूर्योदय के पूर्व करना है। ठीक वैसा-का-वैसा किया; जमीन को समतल किया और उसके ऊपर पास का एक बड़ा पत्थर लाकर रख दिया और नमस्कार करके गुफा के बाहर आ गया और सूर्योदय की प्रतीक्षा करने लग गया।

थोड़ी देर प्रतीक्षा करने के बाद सूर्योदय हुआ। उस दिन थोड़ी देर से ही हुआ, मानो सूर्यदेव भी अपने पुत्र को विदा करने गए थे। बाद में मैंने सूर्य को नमस्कार किया, तो मुझे उगते हुए सूर्य में भी गुरुदेव के दर्शन हो रहे थे। मुझे लगा कि मैं पागल हो गया हूँ। ऐसा

कैसे दिख सकता है? पर दिख रहा था। मेरे ही सामने के दृश्य पर मेरा विश्वास नहीं हो रहा था। मैं आश्चर्यचकित हो गया था। उस दिन मैं दिनभर गुरुदेव की समाधि के पास ही बैठा रहा। गुरुदेव ने गुरुस्थान को ही अपनी समाधि के लिए चुना था।

श्री गुरुदेव ने देहत्याग के लिए भी गुरुस्थान को ही क्यों चुना, इसका अर्थ भी समझ में आ गया। गुरु यानी परमचैतन्य के माध्यम। वे, वह माध्यम थे जो बहुत बड़ी शक्ति साथ लिए जीवनभर थे। ऐसे गुरुस्थान के पास देहत्याग करना अर्थात वह स्थिति प्राप्त करना जो उन गुरुओं को देहत्याग करने के पूर्व प्राप्त थी; यानी मोक्ष की स्थिति। वही स्थिति पाने के लिए गुरुदेव ने गुरुस्थान को देह त्यागने के स्थान के रूप में चुना और वहीं पर उन्होंने समाधि ली।

मेरे गुरुदेव का उनकी मृत्यु पर संपूर्ण नियंत्रण था और मोक्ष की स्थिति भी उन्हें प्राप्त थी। एक विजेता की तरह उन्होंने अपने-आपको जीता था। कई लोग सर्वस्व जीतकर भी अपने-आपसे ही हार जाते हैं। मेरे गुरुदेव ने अपने-आपको जीतकर मृत्यु के मायाजाल को भी जीत लिया। यानी योग से इच्छामृत्यु प्राप्त हो गई थी। उन्होंने केवल ध्यान में ॐ का उच्चारण किया और देहत्याग किया। उनके प्राण सहस्रार चक्र से निकलकर आसमान में चले गए और उनकी शक्ति मुझमें समा गई। जाते-जाते भी वे इच्छामृत्यु का वरदान देते गए। इच्छामृत्यु कैसे प्राप्त की जा सकती है, यह बतला गए।

ऐसा लगा—जीवन में मुझे मृत्यु की राह नहीं देखनी पड़ेगी। जब चाहूँ, देह का त्याग कर सकता हूँ। क्योंकि देह के मोह का मायाजाल भी आज गुरुदेव की कृपा में टूट गया है। जीने का एक ही उद्देश रह गया है—गुरुकार्य। जब तक गुरुकार्य चलता रहेगा, तब तक यह जीवन की लालसा जीवित रहेगी। जब ऐसा लगेगा कि गुरुकार्य का विस्तार करने की आवश्यकता है और शरीर इस कार्य में बाधक सिद्ध हो रहा है, तभी इस देह का त्याग भी कर दूँगा क्योंकि देह धारण की होने से शरीर की एक सीमा आ जाती है। एक सीमा में रहकर कार्य करना पड़ता है। शरीर-त्याग के बाद

स्वयं को मुक्त पाते हैं और गुरुकार्य का विस्तार हो जाता है। जीवन में सबसे महत्त्वपूर्ण है—गुरुकार्य।

गुरुकार्य कैसे बढ़ाया जाए, उसी पर विचार कर रहा था। वह दूसरा दिन था और गुरुदेव ने 3 दिनों से अधिक वहाँ रहने से मना किया था। तब मुझे वहाँ से निकलना ही था। वह स्थान मैं मेरे मस्तिष्क में एक फोटो (छवि) जैसा पक्का कर रहा था। वहाँ के आसपास के दृश्य देख रहा था। हिमालय के, वहाँ के शिखरों की विशेषता थी कि वे बड़े नुकीले थे। शायद बर्फ पिघलने से सभी को वह रूप प्राप्त हो गया होगा। इसलिए शिखर तक पहुँचना अत्यंत कठिन था और जो सबसे बड़ा शिखर था, वह तो सबसे अधिक ऊँचाई पर था। बादलों से ऊपर वह शिखर था। बादल भी उससे टकरा रहे थे, इतनी ऊँचाई थी! पशु-पक्षी भी न के बराबर ही थे। उन नुकीले शिखरों पर जब सूर्यप्रकाश पड़ता था, तो वे चमकते थे। उस समय उनकी ओर देखा ही नहीं जा सकता था। बड़ी ठण्डी, तेज हवा सदैव चलती रहती थी।

मैं भी वहाँ से निकलने के लिए तैयारी करने लग गया। मन की तैयारी करनी थी क्योंकि गुरुस्थान को छोड़ने की इच्छा बिल्कुल नहीं थी। पर गुरुदेव के शब्द याद आ रहे थे, "गुरु से बड़ा गुरु का कार्य है। गुरु शरीर में नहीं गुरुकार्य में विद्यमान होते हैं। गुरु को पकड़ना है, तो गुरु के कार्य को पकड़ो।" मैंने मेरी मानसिक तैयारी कर ली थी—कल सूर्योदय के साथ इस स्थान से मैं निकल पड़ूँगा और घर जाऊँगा। क्योंकि गुरुदेव का आदेश था—घर जाओ; तो घर ही जाऊँगा। उस स्थान का आकर्षण जबरदस्त था, फिर भी मैं उसको चित्त में रखकर अगले दिन बाहर निकलने का प्रयास करने वाला था। थोड़ी-सी जड़ी-बूटियाँ थीं, वे रख ली थीं। बाकी लेकर चलूँ, ऐसा कुछ नहीं था और मैं उस स्थान की अंतिम रात समझ कर वहाँ सो गया।

दूसरे दिन सबेरे गुरुदेव की समाधि के पास ध्यान किया। उनसे प्रार्थना की, "मैं तो एक अज्ञानी बालक हूँ। आप मुझे आशीर्वाद

दीजिए कि आपका कार्य मेरे हाथों से वैसा ही संपन्न हो, जैसा आप मुझसे कराना चाहते हैं।" ऐसा कहकर मैंने गुरुदेव को अपने चित्त में धारण किया और उन्हें साष्टांग नमस्कार करके मैं वहाँ से चल दिया और गुफा के बाहर आया, तो वृक्षराज की एक जड़ मेरे सिर से टकरा गई। मैंने बाहर निकलकर उस वृक्षराज को भी साष्टांग नमस्कार किया। वह मानो मेरी ओर ही देख रहा था। मैंने कहा, "तू कितना भाग्यवान है कि जीवनभर तुझे गुरुचैतन्य का सान्निध्य प्राप्त होगा। मैं आज गुरु समझकर तुझे ही नमस्कार कर रहा हूँ। मेरा यह नमस्कार मेरे गुरुदेव तक पहुँचाना, हँ!"

फिर मैं पश्चिम दिशा की ओर चल दिया। रात के पहले कोई स्थान भी विश्राम के लिए खोजना था। थोड़ा-थोड़ा नीचे उतरने लग गया। मैं जब वहाँ गया था, तब की स्थिति और मैं जब उतर रहा था, तब की स्थिति, दोनों स्थितियाँ अलग-अलग थीं। कई पर्वतों से हिमखण्ड गिरकर पानी के रूप में बह रहे थे। नीचे आया, तो नीचे ठण्डा पानी बह रहा था जो पहाड़ों के शिखरों से हिमखण्डों के पिघलने से नीचे आया था। मैं दिनभर चलता ही रहा क्योंकि मैं जितना नीचे जा सकता था, ठण्ड से उतना ही सुरक्षित रह पाता। कुछ जड़ियाँ थीं जिनको मुँह में रखनेमात्र से पूरे शरीर का तापमान बढ़ जाता था और ठण्ड से बचाव किया जा सकता था। कुछ विशिष्ट पत्ते थे जिनको शरीर पर मसलकर ठण्ड से बचाव किया जा सकता था। एक बड़ी, पत्थर की शिला दिखी और दूसरा, शाम भी होने वाली थी, अतः उस शिला की आड़ में रुकने का मैंने निर्णय लिया। क्योंकि और आगे जाने पर आवश्यक नहीं था कि कोई और मिलती ही। समस्या ठण्ड की नहीं थी, हवा की थी। तेज हवा थी। उस हवा से बचने के लिए कोई जड़ी-बूटी नहीं थी। उसका एक ही मार्ग था—ऐसी दिशा में रहो जहाँ पर हवा कम से कम लगे। बस और कोई मार्ग नहीं था और वही मार्ग मैंने अपनाया था। रातभर नींद ठीक से नहीं आई। सुबह-सुबह थोड़ी झपकी लगी थी। मैं सामने वाली बर्फ को टटोलने के लिए साथ में एक बाँस का डण्डा रखता था। बस वही मेरा साथी था।

सुबह मैं सूर्योदय की प्रतीक्षा कर रहा था और सूर्योदय होने के बाद मैंने उस स्थान से निकलने का कार्यक्रम बनाया था। मैं गुरुस्थान से काफी नीचे आ गया था। सूर्योदय हुआ और साथ में एक चमत्कार भी हुआ। हिमपर्वत की बड़ी-सी हिमशिला धीरे-धीरे नीचे की ओर खसक रही थी और धीरे-धीरे बर्फ की एक बड़ी मात्रा साथ में लेते-लेते वह नीचे आ रही थी और मैंने देखा कि उस बर्फ में गुरुस्थान संपूर्ण रूप से समा गया था। तब वृक्षराज के केवल ऊपर के भाग को देखा जा सकता था, बाकी वृक्षराज के नीचे की गुफा पूर्णतः बर्फ के नीचे दब गई थी। शायद गुरुदेव ने एकांत चाहा होगा। उनका कार्य समाप्त हो गया था और वे उस अनंत में विलीन हो गए थे। संपूर्ण गुरुस्थान बर्फ के नीचे देखते-देखते दब गया था। तभी मुझे लगा—मैंने गुरु-आज्ञा मानकर वह स्थान छोड़ दिया था, अन्यथा मैं भी वहीं दफन हो जाता और मुझे वहाँ जीवंत समाधि प्राप्त हो जाती। मैं इसलिए बचा क्योंकि मुझे गुरुदेव ने बचाया था। तभी तो गुरुदेव ने बड़े स्पष्ट शब्दों में कहा था, "इस स्थान को तीन दिनों बाद छोड़ देना और सीधे अपने घर जाना।" क्या उन्हें जो होने वाला है, यह पता था? या तो वह हिमखण्ड पहले ही हट चुका था और गुरुदेव ने अपनी योगशक्ति से रोककर रखा था? उस बड़े हिमखण्ड का संबंध मुझे गुरुदेव के साथ प्रतीत हो रहा था। शरीर छोड़ने के बाद मनुष्य की आत्मा को आत्मस्वरूप पूर्णतः प्राप्त करने में तीन दिनों का समय लगता है। यानी गुरुदेव के शरीर के साथ उस हिमखण्ड का संबंध था। तीसरे दिन गुरुदेव आत्मस्वरूप को प्राप्त हो गए, उस शरीर का बंधन छूटा और वह हिमखण्ड भी टूटा था।

वृक्षराज तभी भी शान से खड़ा था, लेकिन उसका आधा, नीचे का भाग पूर्णतः बर्फ की एक परत में धँस गया था। एक क्षण तो लगा कि देहत्याग गुरुदेव ने नहीं, मैंने किया था और वहाँ मैं नहीं खड़ा था, साक्षात गुरुदेव ही खड़े थे। क्योंकि उन तीन दिनों में मेरा अलग अस्तित्व ही समाप्त हो गया था और जो बचा था, वह आत्मा था। अब वही मेरा गुरु था, मेरा गुरुदेव था। अब आत्मा जो भी कहेगी, उसे गुरुदेव की आज्ञा समझकर मैं वही करूँगा, ऐसा मैंने संकल्प किया।

इतनी बर्फ होने पर भी ठण्ड नहीं थी। बस, वह जो तेज, ठण्डी हवा चल रही थी, वही ठण्डी का एहसास करा रही थी। मैं धीरे-धीरे, लकड़ी के सहारे आगे चल रहा था। तभी मुझे ऐसा लगा कि कोई आवाज लगा रहा है। लेकिन मैंने सोचा—यह केवल भ्रम होगा। यहाँ पर कोई मनुष्य कैसे हो सकता है? और मैं आगे बढ़ा। तो भी मेरी दाहिनी ओर से फिर से आवाज आई। तो मैंने रुककर ठीक से देखने का प्रयास किया, तो देखा कि एक मनुष्य, एक मनुष्य को पकड़कर चल रहा था। वह मनुष्य ही मदद के लिए बुला रहा था। मैं उनके पास गया, तो देखा कि वे दो सैनिक थे। उनमें से एक घायल था और दूसरा उसे सहारा देकर चल रहा था। उन्होंने बड़े विचित्र ढंग से मुझे देखा कि मैं एक सामान्य मनुष्य ही हूँ ना! क्योंकि मेरा हुलिया जंगली लोगों जैसा ही हो गया था। उन्होंने पूछा, “अकेले यहाँ क्या कर रहे हैं?” मैंने उस वृक्षराज की ओर संकेत करके कहा, “मैं उस स्थान पर गुफा में रहता था। मेरे गुरुदेव ने हाल ही में समाधि ली है और उन्होंने मुझे घर वापस जाने का आदेश दिया है। इसलिए मैं वापस जा रहा हूँ। मैं कई दिनों से वहाँ था।” फिर सैनिकों ने बताया, “हमें तुम्हारी कद-काठी देखकर लगा था कि तुम चीनी हो। पर बहुत देर तुम्हारा हम ध्यान रख रहे थे। जब लगा कि तुम कोई सैनिक नहीं हो, कोई आदिवासी हो, तब हमने तुम्हें आवाज लगाना प्रारंभ किया। हम आवाजें तो बहुत समय से दे रहे थे। हम लोग उस पहाड़ी की चोटी पर गश्त करने गए थे और अभी हाल ही में जो तूफान आया था, उस समय हमें जाना तो था पहाड़ के उस ओर, पर हम दोनों बर्फ की जिस शिला पर खड़े थे, वही बाद में खसक गई और हम दोनों नीचे की ओर गिर गए और हमारा संपर्क भी सैनिकों के दल के साथ टूट गया था।”

दूसरे सैनिक को साँस लेने में तकलीफ हो रही थी। मैंने कोई वनस्पति निकाली और अपने हाथ से मसलकर थोड़े समय उसके नाक के पास रखी, तो उसे शीघ्र ही आराम होने लग गया। दोनों सैनिक जवान ही दिख रहे थे। मैंने कहा, “मैं पहले तुम्हें चीनी सैनिक

समझ रहा था और मैंने समझा कि मैं ही चीन देश की सीमा में गलती से आ गया हूँ।"

हिमालय में कई दिनों के बाद मैंने मेरे गुरुदेव के अलावा किसी को देखा था। फिर मैं वहाँ कैसे पहुँचा, कैसे गुरुदेव के साथ रहा, गुरुदेव ने क्या कहा, सब बताने लग गया और हमारा रास्ता कैसे कट गया, हम तीनों को भी पता नहीं चला। वे दोनों उत्तरप्रदेश के देवरिया के पास के रहने वाले थे। वे भी वापस जाने ही वाले थे कि वह घटना हो गई थी। उन्होंने बड़े भाव से कहा, "हमने सुना था कि हिमालय में इतने भीतर भी कुछ मुनि ध्यान करते रहते हैं; पर आज तक हमने किसी को देखा नहीं था। आज तुम्हारे रूप में तुम्हारे गुरुदेव के ही हमें दर्शन हो गए।" जो घायल सैनिक था, उसके हाथ में और एक पैर पर चोट लगी थी। उसे ही साँस लेने में भी तकलीफ हो रही थी। वही वनस्पति उसे बार-बार सुँघानी पड़ रही थी। वह घायल सैनिक 50 साल के लगभग रहा होगा और दूसरा सैनिक 25 साल के लगभग रहा होगा। दोनों के आपस में बड़े मधुर संबंध थे। उन्हें कुछ जड़ी-बूटियाँ शरीर का तापमान बनाए रखने के लिए दीं और उनसे उन्हें शक्ति भी प्राप्त हुई। फिर उस घायल सैनिक को दो पत्ते दिए। जिन्हें उसे चबाने के लिए कहा था। वह चबा रहा था और उसके शरीर में रक्त का संचार भी ठीक से हो रहा था। पहले उसके जूते उतारकर उसके तलवों पर और बाद में हथेलियों पर मैंने कुछ वनस्पतियों का रस मसला। उससे उसे बहुत आराम हो गया था। बड़े सैनिक का नाम रामसिंह यादव था और दूसरे सैनिक का नाम घीसूसिंह था। उन्होंने बताया, "हमें जब कुछ शक या संदेह होता है, तभी हम इतनी ऊँचाई पर जाते हैं। ऐसा ही कुछ हुआ था। इसलिए ही देखने गए थे।"

मैंने कहा, "तुम्हें देखकर मुझे लगा कि चीन ने फिर से आक्रमण कर दिया है क्योंकि 1962 की यादें हैं। पर हम दोनों की शंका शंका ही साबित हुई।" फिर ऐसी ही बातें चलती रहीं। वह घीसूसिंह थोड़ा मजाकिया था। वह बोला, "मेरे बाप ने मेरा नाम घीसूसिंह

रखा। वह बताने में मुझे शर्म आती है। इसलिए लोगों को मैं अपना नाम जी.एस. बताता हूँ।" मैंने कहा, "ठीक है, मैं भी तुझे जी.एस. ही कहूँगा।" मैंने उन्हें सलाह दी, "हम थोड़ा घूमकर जाएँगे क्योंकि यह जो सामने रास्ता दिख रहा है, यहाँ पर एक खाई थी जो मैंने देखी थी और अब बर्फ जम जाने के बाद वह भी नहीं दिख रही है और इसलिए यहाँ बर्फ खसकने का खतरा है। दूसरा, कई बार बर्फ तो रहता है, पर नीचे पानी होता है। इसलिए बर्फ की परत टूट जाने पर हम भीतर के पानी के बहाव में चले जाते हैं। इसलिए यह स्थान खतरनाक है। थोड़ा घूमकर ही चलना उचित है।" बाद में हम थोड़ा घूमकर ही आगे बढ़े और धीरे-धीरे पता चला कि वह घायल सैनिक ओहदे की दृष्टि से भी बड़ा था। इसलिए वह जी. एस. उसे 'सर', 'सरजी' कहता था।

मैंने उन्हें बताया, "जब मनुष्य समाज से ही दूर, प्रकृति की गोद में चला जाता हैं, तो वह प्रकृतिमय हो जाता है और बाद में जिस प्रकार प्रकृति भेदभाव नहीं करती, वैसे ही हमारा स्वभाव भी भेदभावरहित हो जाता है। जब हम प्रकृति के सान्निध्य में मिलते हैं, तो सब बंधन छूट जाते हैं; जाति के, धर्म के, भाषा के, देश के। एक मनुष्य, एक मनुष्य से केवल मनुष्य बनकर मिलता है। इसलिए कभी-कभी लगता है—मनुष्य को अगर अपने भीतर मनुष्यता को जगाना है, तो प्रकृति के सान्निध्य में जाना होगा। प्रकृति मनुष्य को प्रकृतिमय बना देती है।"

मैंने फिर मेरा अनुभव बताना प्रारंभ किया, "मैं एक ब्राह्मण कुल में पैदा हुआ था, लेकिन ब्रह्म को जाना नहीं था। उपनयन संस्कार तो केवल एक कर्मकाण्ड बनकर रह गया है। अब इस संस्कार को करने वाले ही नहीं रहे। जो संस्कार करते हैं, पहले वे ब्रह्म के संस्कार से संस्कारित होने चाहिए। जब वे ही नहीं हैं, तो वे दूसरे को कैसे कर सकते हैं? इसलिए उपनयन संस्कार भी एक कर्मकाण्ड बनकर रह गया। मेरे जीवन में ब्रह्म का ज्ञान तो मेरे गुरुओं ने मुझे कराया और इस प्रकार मुझे सही अर्थों में ब्राह्मण

बनाया। ब्रह्मज्ञान कोई पुस्तक का ज्ञान नहीं है। यह एक सूक्ष्म, अनुभूति का ज्ञान है जो अलिखित है। यह कहीं भी लिखा हुआ नहीं है। इसे केवल अपनी इच्छाशक्ति से ही दिया जा सकता है। देने वाले को देने का अधिकार होना चाहिए और लेने वाले को लेने की शुद्ध इच्छा होनी चाहिए। मेरे जीवन में उपनयन संस्कार का कर्मकाण्ड भी हुआ और ब्रह्मज्ञानी गुरु भी मिले जो अनुभूति करा सके। पर सभी लोग ऐसे भाग्यशाली नहीं होते हैं कि उन्हें ब्रह्मज्ञानी गुरु मिले। जब तक ब्रह्मज्ञानी गुरु नहीं मिलते, तब तक ब्रह्मज्ञान नहीं हो सकता। यह तो ठीक वैसा ही है जैसे एक पेश्यंट (मरीज) के शरीर में ग्लूकोज देना है। पर उसके लिए सिरिंज भी चाहिए और ग्लूकोज का पानी भी चाहिए। दोनों होने पर ही ग्लूकोज दिया जा सकता है।" फिर उन्हें मैंने अपने बारे में बताया, "स्नातकोत्तर डिग्री (उपाधि) लेकर मैंने नौकरी की। वह सब छोड़कर इस मार्ग में आया हूँ। अब यहाँ पहुँचकर कुछ भी करने की इच्छा नहीं रह गई है। अब समाधानी हो गया हूँ।"

वे अपनी कुछ बातें बताते, मैं अपनी कुछ बातें बताता था और हमारा प्रवास चल रहा था। उन दोनों के अलावा मैंने अभी भी कोई मनुष्य नहीं देखा था। यानी अभी भी हम मनुष्य-बस्ती से काफी दूर ही थे। एक बड़ी पहाड़ी थी जिसके दूसरी ओर उनका, मिलिट्री (सेना) का केम्प (छावनी) था। हम उसी की ओर जा रहे थे। उस घायल सैनिक को लेकर चलना ही अधिक कठिन हो रहा था। फिर चढ़ाई के पहले थोड़ा आराम करने का निर्णय लिया। मेरे भी पैर थक गए थे। वे बोले, "हम इतने ऊपर से गिर पड़े थे कि हमें बिल्कुल आशा नहीं थी कि हम बच पाएँगे। लेकिन जब हमने अपने-आपको जीवित पाया, तो खुशी का ठिकाना न रहा! और बाबा, आपके दर्शन होने थे, इसीलिए शायद यह घटना घटी होगी। कहते हैं न कि जीवन में जो भी होता है, वह अच्छे के लिए ही होता है। आपसे मिलना, बाबा, हम हमारे जीवन की बड़ी घटना समझते हैं।"

हमने वहाँ पर आग जलाई और वहीं पर, दो बड़ी चट्टानों की आड़ में ही रहे, वहीं आराम किया। कुछ देर बाद मैंने कहा, "अब सो जाओ। कल सुबह उठकर हम पहाड़ी चढ़ना प्रारंभ करेंगे।" और फिर हम तीनों सो गए। तेज-ठण्डी हवा चल रही थी। जैसे-तैसे वह रात काटी थी। सुबह भी जल्दी उठकर चढ़ना चाहते थे, पर नहीं चढ़ पाए। हवा खूब तेज थी और वातावरण भी साफ नहीं था। इसलिए फिर सूर्योदय होने की राह देखना ही उचित समझा। सूर्योदय हो जाने के बाद आसपास का वातावरण ठीक हुआ और बाद में हमने पहाड़ी चढ़ना प्रारंभ किया।

वे पहाड़ी चढ़ भी रहे थे, पर वे दोनों यह भी देख रहे थे कि उनके अन्य साथी उन्हें ढूँढ़ने आ रहे हैं क्या? कोई मदद मिल सकती है क्या? वे बड़ी आशा से कभी आकाश में, तो कभी पहाड़ी को देखते थे। लेकिन तभी तक ऐसी कोई भी मदद हमें नहीं मिली थी। हम थोड़ा चढ़ते, थोड़ा आराम करते। ऐसी हमारी यात्रा चल रही थी। बड़ी कठिनाई से हम शाम तक पहाड़ी शिखर तक पहुँचे। मैंने कहा, "अब यह रात यहीं गुजारनी होगी, लेकिन हम इस पहाड़ के शिखर को पार करके, थोड़ा नीचे उतरकर ही रुकेंगे ताकि रात में हवा कम लगे।" और हवा के दबाव से रामसिंह को साँस लेने में तकलीफ हो रही थी। इसलिए हम उस शिखर पर रुके नहीं। शिखर को पार करके, दूसरी ओर काफी नीचे उतरने पर हमें कुछ चट्टानें मिलीं। उनके बीच में एक खड्ढानुमा जगह तैयार हो गई थी। हमने वहीं रुकने का निर्णय लिया ताकि हम हवा से बच सकें। रात में मैं या जी.एस. में से एक जागता ही रहा था। हम तीनों में सबसे ज्यादा शक्तिशाली जी.एस. ही था; ऊँचा, पूरा जवान था। उसने दाढ़ी भी बढ़ा रखी थी और तलवारकट (तलवारछाप) मूँछें थीं। दाढ़ी और मूँछों का शौकीन था। सिर पर भले एक बार कंघा न करता होगा, दाढ़ी की कंघी अवश्य करता था। सिर पर उसने बाल भी पहलवानछाप; थोड़े-थोड़े ही रखे थे। वह सदैव सतर्क रहता था और रामसिंह अनुभवी थे। पहले तो रामसिंह की आँखें मुझे भी शक की नजर से देख रही थीं, लेकिन धीरे-धीरे उसका शक दूर होता गया।

बाद में रामसिंह को भी पूरा विश्वास हो गया कि मैं जो कह रहा हूँ, मैं वही हूँ। फिर वह भी मेरे साथ मित्रवत हो गया। वहाँ पर हालात और भी खराब थे। बड़ी तेज, ठण्डी हवा थी। हमने आग जलाई, लेकिन फिर भी इतनी हवा थी कि रातभर हममें से कोई भी सो नहीं सका। घीसूसिंह बोला, "इससे तो उसी स्थान पर अच्छा था जहाँ कल रात गुजारी थी।" मैंने कहा,"लेकिन एक दिन में पहाड़ी पार नहीं की जा सकती थी। एक रात तो पहाड़ी पर गुजारनी ही थी।"

सुबह जब सूर्योदय हुआ, तो वह सूर्योदय हमारे लिए एक नई आशा लेकर आया था क्योंकि तब हमें मिलिट्री का केम्प दिखाई देने लगा था। वे दोनों केम्प देखकर खुश हो गए। मैं भी उनकी खुशी में शामिल हो गया था। हमने बड़ी सावधानी से पहाड़ी उतरना प्रारंभ किया। सबसे बड़ी समस्या वह रामसिंह ही था जिससे चला नहीं जा रहा था। एक पैर टिका टिकाकर वह चलता था। हम दोनों उसे एक-एक ओर से पकड़े हुए चल रहे थे। जी.एस. पूरा ऊँचा था और दूसरी ओर, मैं साधारण कद-काठी का था, तो रामसिंह को बैलेन्स करना (संतुलित करना) कठिन होता था। इसलिए उसने, जो पैर घायल था, उस ओर जी.एस. को रखा था और जो पैर अच्छा था, उस ओर मुझे रखा था और हमारी शोभायात्रा आगे बढ़ रही थी। जी.एस. ने रामसिंह से बोला, "आप मुझे ही परेड (कवायद) में गालियाँ देते थे, डाँटते थे, पर आज मैं ही आपके काम आ रहा हूँ। आप मुझे बार-बार गधा कहते थे। लेकिन आज यह गधा ही आपके काम आ रहा है। हालाँकि यहाँ भी मैं गधे की भूमिका में ही हूँ क्योंकि आपको गधे जैसे ही ढो रहा हूँ।" रामसिंह बोला, "बोल ले बेटा। अब तेरा ही समय चल रहा है। मैं तो सब सुन ही रहा हूँ।" और वह हँस दिया। ऐसी नोक-झोंक उनकी आपस में चलती ही रहती थी। हमारा समय बीत रहा था।

रामसिंह एकदम गंभीर होकर कहने लग गया, "प्रत्येक मनुष्य में परमात्मा बसता है। आपने परमात्मा के किसी भी रूप को नकारा या कम आँका, तो परमात्मा, उस रूप का आपके जीवन में क्या

महत्त्व है, इसका एहसास करा ही देता है। मैं तुझे गधा कहता था, तो देख, परमात्मा ने, तेरा भी मेरे जीवन में क्या महत्त्व है, वह मुझे दिखा दिया। आज मैं समझ गया हूँ—परमात्मा के किसी भी रूप को दोष नहीं देना चाहिए। पता नहीं कब, उसी रूप की जीवन में आवश्यकता निर्मित हो जाए। यह बात तू भी याद रखना।" ऐसी कुछ-ना-कुछ बातचीत चल रही थी। लेकिन बाद में अचानक, रामसिंह का जो पैर ठीक था, उस पैर की जाँघ की माँसपेशियों में खिंचाव आ गया और वह गिर पड़ा। वह बोला, "अब मैं इस पैर को नहीं टिका सकता।" एक ही पैर पर बार-बार वजन पड़ने के कारण ऐसा हो गया था। तब प्रश्न आया—अब क्या करें? हममें रामसिंह ही सबसे अधिक अनुभवी था। उसने जी.एस. से कहा, "एक ही मार्ग है—तुम अकेले ही केम्प में पहुँचो और वहाँ से मदद लेकर स्ट्रेचर (मरीजों की डोली) लाओ और हम दोनों यहीं पर रुकते हैं। अन्यथा हम तीनों के लिए पहुँचना असंभव ही है। जी.एस. ने रामसिंह की ओर देखा, मानो वह प्रश्न पूछ रहा था कि एक अजनबी मनुष्य के हवाले अपने अधिकारी को कैसे छोड़े? और एक सामान्य मनुष्य, अगर कुछ खतरा हो, तो आपको बचा सकेगा क्या? रामसिंह ने कहा, "चिंता मत करो। अभी उजाला है। तुम जाकर रात तक वापस आ सकते हो। यह रात जंगल में गुजारने से तकलीफ और बढ़ जाएगी। यही एकमात्र उपाय है और जल्दी करो क्योंकि रात के पहले तुम्हें वापस आना है। यही समय की माँग है और यही मेरा आदेश भी है।" जी.एस. और मैंने मिलकर दो वृक्षों की आड़ में रामसिंह को लिटाया और जी.एस. ने जाने का निर्णय लिया। मैंने उसे आश्वस्त किया, "सब ठीक होगा। भगवान पर विश्वास करके कार्य पर निकलो" और वह चल दिया। मैंने उसे कहा, "रास्ता याद रखकर जाना, हो सकता है कि आने में रात हो जाए।" उसने "हाँ" कहा और वह चल दिया।

तब मैं और रामसिंह, दोनों ही रह गए थे। रामसिंह को लेकर चलना मेरे लिए असंभव था। मैंने कुछ पत्तों का रस निकाला और रामसिंह की जाँघ पर मसला और फिर एक कपड़ा बाँध दिया। उससे उसे थोड़ा आराम हुआ। फिर वह बोला, "आपको हिमालय

की जड़ी-बूटियों की काफी जानकारी है।" मैंने कहा, "गुरुदेव के साथ रहकर सीख ली थी। लेकिन अभी जो पत्ते तुम्हारी जाँघ पर रगड़े, इन पत्तों को मैं जानता भी नहीं था। केवल इन पत्तों के भीतर के जलतत्त्व को माध्यम बनाया और साथ में अपनी प्रार्थना को उसके साथ जोड़ दिया। हम जब किसी के लिए प्रार्थना करते हैं, तो हमारी ही ऊर्जा प्रार्थना के रूप में बहने लगती है। लेकिन ऊर्जा को तुम तक पहुँचाने के लिए माध्यम चाहिए था, तो उन पत्तों के रस को माध्यम बनाया। यानी जो आराम मिला है, वह इन पत्तों के रस से नहीं, प्रार्थना की ऊर्जा से मिला है। मेरे गुरुदेव ऐसा ही करते थे। किसी भी पत्ते के रस को माध्यम बनाकर अपनी ऊर्जा को संकल्प के द्वारा प्रवाहित करते थे। यह प्रकार ठीक वैसा ही है जैसे एक ही भभूति (भभूत) से एक साधु कई लोगों की अलग-अलग बीमारियाँ ठीक करता है। वास्तव में, वह भभूति बीमारियाँ ठीक नहीं करती, उस साधु की इच्छाशक्ति करती है। भभूति तो इच्छाशक्ति का माध्यममात्र है।"

"हमारे आसपास प्राणशक्ति विद्यमान होती ही है, केवल अपनी चित्तशक्ति से उस प्राणशक्ति को संग्रहित करना पड़ता है और चित्तशक्ति से ही उस संग्रह की गई ऊर्जा को प्रवाहित करना पड़ता है। यानी एक बार चित्तशक्ति सशक्त हो गई तो आप जो चाहे वह कर सकते हो। यह चित्तशक्ति सशक्त होती है सामूहिक चित्तशक्ति से और सामूहिक चित्तशक्ति होती है गुरुचरणों में। गुरुचरणों पर चित्त रखकर ही अपनी चित्तशक्ति को सशक्त किया जा सकता है क्योंकि गुरु ने वह शक्ति अपने गुरुओं से प्राप्त की होती है। गुरुचरण पर चित्त रखना यानी सदैव गुरु के चरणों को देखते रहना नहीं है। गुरुचरणों पर चित्त रखने का अर्थ है—गुरु के प्रति संपूर्ण समर्पण का भाव रखना। यानी एक मनुष्य में परमात्मा के दर्शन करना। जैसे हम परमात्मासंबंधी कथाएँ पढ़ते हैं, तो उसमें उनके दोष नहीं ढूँढ़ते क्योंकि हम विश्वास करते हैं कि परमात्मा दोषों से परे है और हम परमात्मा के प्रति संपूर्ण सकारात्मक भाव रखते हैं। ठीक इसी प्रकार का भाव गुरु के प्रति रखना समर्पण है। गुरु का शरीर होगा, तो दोष

भी होंगे। तो उन्हें शरीर के परे समझना है। क्योंकि गुरु को शरीर समझेंगे, तो उनके भी शरीर के दोष दिखेंगे। प्रायः यह देखा गया है कि शरीर की स्वच्छता का, आसपास की स्वच्छता का ध्यान गुरुओं को नहीं होता है क्योंकि वे दिनभर अपनी ही मस्ती में डूबे रहते हैं। ऊपरी तौर पर देखने पर हमें उनकी अस्वच्छता दोष लग सकती है, पर वास्तव में वह उनका गुण होता है कि वे देह के परे ही होते हैं। हमारी गुणग्राहकता इतनी होनी चाहिए कि उस गुण को हम गुण के रूप में देख सकें। यह अस्वच्छता उनका आवरण ही होती है।

कैसे भी कपड़े पहनेंगे, कहीं भी बैठेंगे, उनको इन सब बातों से अंतर नहीं पड़ता है। क्योंकि वे भीतर से स्वच्छ होते हैं। तुम्हारी भाषा में समझाऊँ तो—अगर तुम्हारे पास एक बड़ी तोप है, तो तुम दुश्मन की छोटी बंदूकों की चिंता नहीं करोगे। यह ठीक वैसा ही कुछ है।"

रामसिंह बोला, "भभूति से हमारे गाँव में भी एक महात्माजी लोगों की बीमारियाँ ठीक करते थे। अब वे समाधिस्थ हो गए हैं। मैं सोचता था कि एक ही राख से कभी बीमारियाँ ठीक हो सकती हैं क्या? लोग अंधश्रद्धा रखकर कुछ भी बोलते हैं। लेकिन आपने जब बताया और अब जब मैंने भी अनुभव लिया कि केवल पत्तों के रस की मसाज (मालिश) करने से ही मेरा दर्द कम हो गया है, तो अब मुझे विश्वास हो गया है कि कुछ है। अब यह चित्त सशक्त कैसे किया जाए, यह समझाइए।" रामसिंह को मेरी बातें बड़ी अच्छी लग रही थीं और मुझे भी उसका ध्यान अपनी ओर करके रखना था ताकि उसके दर्द की तरफ उसका ध्यान नहीं जाए। मैंने फिर आगे कहना प्रारंभ किया। मैंने कहा, "ये जो पत्ते मसले ना, वह भी एक नाटक ही था और यह सब तुम्हारी गुणग्राहकता बढ़ाने के लिए मैंने किया। क्योंकि यह न करता, तो तुम यह ग्रहण ही नहीं कर पाते। मैं तो केवल हाथ से मसाज करके भी प्राणशक्ति को प्रवाहित कर सकता था, लेकिन तुम्हारी वह प्राणशक्ति ग्रहण करने की स्थिति नहीं थी। एक तो, तुम्हारा मेरे प्रति कोई अच्छा भाव नहीं था। तुम मुझे भी आशंका से देख रहे थे। दूसरा, तुम्हारे जख्मी होने के कारण और

तुम्हारा ध्यान तुम्हारे शरीर के दर्द पर था और इसलिए तुम शरीर के स्तर पर थे। इसलिए मुझे भी शरीर के स्तर पर जाना पड़ा और मैंने पत्ते लेकर मसलने की प्रक्रिया की। जड़ी-बूटियों के बारे में तुम्हें पता था और तुमने उन पत्तों पर विश्वास कर लिया और तुम्हारे विश्वास से यह वांछित परिणाम आ सका। तुम्हारा विश्वास प्राप्त करने के लिए मैंने पत्तों का सहारा लिया था।"

"इस प्रकार के कार्य में दोनों ओर से प्रक्रिया होनी चाहिए। एक, मैं एक पवित्र भाव रखकर प्रवाहित करूँ और दूसरा, तुम संपूर्ण विश्वास करके उसे ग्रहण करो। हम दोनों का भी इस क्रिया में योगदान होगा, तो ही उसके अच्छे परिणाम आएँगे और जब यह हुआ, तभी वांछित परिणाम आए। जब सामने वाला शिष्य शारीरिक स्तर पर होता है, तो गुरु भी शारीरिक स्तर पर ही कुछ देते हैं। गुरु का स्वभाव है देना। वह अपने देने के मार्ग परिस्थिति के अनुसार खुद ही ढूँढ़ लेते हैं।"

"मैं एक बार शाम के समय भी पत्तों से तुम्हारी मसाज कर दूँगा।" तो रामसिंह बोला, "पत्तों से नहीं, अब केवल हाथ से ही कर देना। मैं समझ गया हूँ कि पत्ते तो माध्यम हैं। अब माध्यम की आवश्यकता नहीं है।" मैं हँस दिया।

मैंने आगे कहा, "तुम्हारा दूसरा प्रश्न था कि चित्त को सशक्त कैसे किया जाए।" वास्तव में, चित्त सशक्त किया नहीं जाता है, हो जाता है। हमें अपने चित्त को केवल मूल स्वरूप में रखना है। परमात्मा ने जब हमें पैदा किया, तो हम एक शुद्ध, पवित्र चित्त लेकर आए थे। लेकिन हम जैसे-जैसे बड़े होते गए, जीवन की बुरी घटनाओं, जीवन के बुरे अनुभवों, जीवन में आने वाले बुरे लोगों के कारण हमारा चित्त दूषित हो गया। इसलिए हम बचपन में जितने शुद्ध चित्त के धनी थे, उतने शुद्ध बड़े होने पर नहीं रह गए हैं।"

"हमें फिर बचपन में लौटना होगा। जीवन जो बीत गया है, उसे भूल जाना होगा। अगर अपना भूतकाल भुलाने में हम सफल हुए, तो हमारा चित्त पवित्र और शुद्ध हो जाएगा और चित्त शुद्ध हो गया, तो

सशक्त तो वह खुद ही हो जाएगा। चित्त पवित्र हो जाने के बाद हमें सबके प्रति सद्भावना रखनी चाहिए ताकि हमारा चित्त सशक्त हो जाए। हमें आसपास के दूषित लोगों से, दूषित विचारों से अपने चित्त को बचाना होगा और रोज ध्यान करके उसे स्वच्छ रखना होगा।"

"जिस प्रकार समय की धूल बर्तनों पर चढ़ती है, वैसे ही आसपास के दूषित विचारों की धूल चित्त पर चढ़ती है। इस दूषित विचारों के प्रभाव से हमें हमारे चित्त को बचाना होगा। यानी पहले अपने भूतकाल को भुलाकर चित्त को स्वच्छ करना होगा और बाद में सबके प्रति सद्भावना रखकर चित्त को पवित्र रखना होगा। पर ये दोनों कार्य एक, अकेला मनुष्य नहीं कर सकता है। न मैं कर सका और न तुम कर सकोगे। यह तो केवल सामूहिक पवित्र चित्त के साथ हो सकता है और ऐसा पवित्र चित्त केवल गुरु का होता है। गुरु कोई शरीर नहीं है। गुरु पवित्र शक्तियों का समूह हैं। उनके साथ जुड़ जाने मात्र से हमारा चित्त शुद्ध हो भी जाता है और शुद्ध बना भी रहता है। सद्गुरु के साथ जुड़ जाना ही ध्यान है। सद्गुरु के प्रति समर्पण करके यह ध्यान की स्थिति पाई जा सकती है। अब मैं तुम्हें एक और उदाहरण से समझाता हूँ। एक पानी से भरा गिलास है और उस पानी से भरे गिलास में अगर एक चम्मच काली स्याही डाल दो, तो वह गिलास के संपूर्ण पानी को काला कर देगी। क्योंकि काली स्याही का स्वभाव है—काला करना। लेकिन वही काली स्याही गंगा नदी में डाल दी जाए, तो गंगा नदी में वह काली स्याही सफेद नहीं हो जाएगी, वह वहाँ भी काली ही रहेगी, लेकिन उस काली स्याही का अस्तित्व नगण्य रह जाएगा। ठीक इसी प्रकार, अहंकार के कारण हम अगर एक गिलास का पानी बने रहे, तो एक चम्मच काली स्याही ही हमारे चित्त को दूषित कर देगी। लेकिन वहीं हम अगर सद्गुरुरूपी गंगा नदी के साथ जुड़ गए, तो हमारे चित्तरूपी गिलास के पानी में स्थित एक चम्मच काली स्याहीरूपी दोषों का अस्तित्व नगण्य हो जाएगा।"

"इस प्रकार, अगर चित्त को शुद्ध करना चाहते हो, चित्त को पवित्र बनाए रखना चाहते हो, तो किसी सद्‌गुरु को समर्पित हो जाओ ताकि उसके सान्निध्य में तुम्हारा चित्त शुद्ध भी हो सके और पवित्र भी रह सके। रही बात चित्त के सशक्त होने की, तो वह तो शुद्ध रहते-रहते सशक्त खुद ही हो जाएगा।"

मैंने देखा—रामसिंह सो ही गया था। बड़ा शांत लग रहा था। उसके मुख पर पीड़ा का कोई नामोनिशान भी नहीं था। एक छोटा बच्चा जैसे माँ की गोद में निश्चिंत होकर सोता है, ठीक उसी प्रकार वह सैनिक अधिकारी एक बच्चा बनकर सो रहा था। लग रहा था, काफी दिनों के बाद उसे इतनी अच्छी नींद लगी थी। अँधेरा होने वाला था, लेकिन जी.एस. का कोई पता नहीं था। थोड़ी देर बाद रामसिंह की नींद पूरी हो गई। वह भी तरोताजा महसूस कर रहा था। हम दोनों उस जी.एस. की राह देख रहे थे। हवा भी तेज और ठण्डी चल रही थी। आसपास से लकड़ियाँ जमाकर मैंने आग की व्यवस्था की क्योंकि अगर रात भी वहाँ निकालनी पड़ती, तो कुछ व्यवस्था तो आवश्यक थी ही।

बाद में रामसिंह बोला, "थकान के कारण या फिर आप बोल रहे थे, इसलिए होता होगा, पता नहीं, पर आप बोल रहे थे, तो गुरुजी, मेरी आँखें अपने-आप बंद होने लगी थीं और ध्यान-अवस्था जैसा ही कुछ हो गया था।" मैंने उसे बताया, "काफी सालों से मैं हिमालय में ध्यान कर रहा हूँ और कई महान तपस्वियों के सान्निध्य में ध्यान करने का अवसर मिला है, इसलिए उसका प्रभाव मेरे बोलने में आ गया होगा। बोलते हैं न कि खरबूजे को देखकर खरबूजा रंग बदलता है। तो उन तपस्वियों के सान्निध्य का प्रभाव मुझ पर भी आ गया होगा।" रामसिंह हँस दिया। रामसिंह बोला, "आपमें कुछ तो आकर्षण है। क्या है, यह मैं नहीं समझ पा रहा हूँ। मेरे गाँव में भभूति (भभूत) देकर बीमारियाँ ठीक करने वाले जो मेरे गुरुजी थे, शायद वैसे आप दिखते हैं।"

मैंने कहा, "गुरु कोई शरीर नहीं होते; गुरु का कोई अलग अस्तित्व नहीं होता। इसी कारण उनके भीतर किसी भी गुरु को देखा जा सकता है। तो आपने मेरे में अपने गुरु को देख लिया।"

रामसिंह बोला, "हमारे पास में ही एक कुशीनगर जिल्हा (जिला) अभी हाल ही में बना है। वहाँ पर गौतम बुद्ध की समाधि है। वे ध्यान करवाते थे। मुझे ध्यान की जानकारी नहीं है, पर मैं रोज सुबह नहाकर हनुमान चालीसा एक बार पढ़ता हूँ। मेरा हनुमानजी पर बहुत ही विश्वास है। आज इस कठिन समय में भी मुझे पूरा विश्वास है कि इस जंगल से हम सही-सलामत निकल ही जाएँगे।" मैंने उसे बताया, "यह जो मनुष्य का विश्वास होता है न, यही उसके आसपास एक आभामण्डल का निर्माण करता है। वह अपने आसपास विश्वास का आभामण्डल बनाता है और वही विश्वास मनुष्य को बचाता है। पर विश्वास संपूर्ण होना चाहिए।"

तब रात हो रही थी, लेकिन जी.एस. का कोई पता नहीं था। तभी पास की झाड़ियों में से कुछ आवाज आई, तो रामसिंह ने शीघ्र ही मोर्चा सँभाल लिया। वह बड़ा ही सतर्क था। मैंने कहा, "कुछ नहीं, कोई जानवर ही है। चला जाएगा।"

रामसिंह के हाथ से निकले खून से उसके कपड़े चिपक गए थे। पैर की भी वही हालत थी। बस इतना था कि खून बहना बंद हो गया था। लेकिन उसे शीघ्र ही चिकित्सा की आवश्यकता थी और मेरी इच्छा थी कि उसे चिकित्सा जल्द-से-जल्द मिले। उसने बिस्किट का एक पैकेट (पूड़ा) निकाला। हम दोनों ने थोड़ा-थोड़ा खाया, तो जान-में-जान आई थी। तभी जी.एस. की आवाज आई। "सरजी, सरजी," वह पुकार रहा था। उसके साथ और भी लोग थे। आवाजें बहुत दूर से आ रही थीं। हममें आवाज देने की भी ताकत नहीं थी। रामसिंह ने टॉर्च (बत्ती) जलाकर बंद-चालू करना प्रारंभ किया। उस प्रकाश को देखकर वे लोग हमारी दिशा में आने लग गए थे। हमने देखा, तो जी.एस. आठ और जवानों को लेकर आया था। वह बोला, "जाते समय ही रास्ता भटक गया था। बड़ी कठिनाई से केम्प पहुँचा

था।" बाद में स्ट्रेचर पर लिटाकर रामसिंह को लेकर चलना प्रारंभ किया। जी.एस. ने बताया, "जंगल में रात में दिशा का भ्रम हो जाता है। बड़ी सावधानी से आना पड़ा।"

बाद में आधी रात में हम केम्प पहुँचे। उन्होंने मुझे भी रात में भोजन करवाया और आराम करने के लिए कहा। वहाँ एक दिन रुककर वे दोनों भी अपने साथियों के साथ कलकत्ता जाने वाले थे, लेकिन बाद में केवल जी.एस ही कलकत्ता जाने के लिए निकला। मैं भी उसके साथ कलकत्ता आया। मुझे कलकत्ते की सारी जानकारी थी। लेकिन जी.एस. बोला, "मैं आज तक स्टेशन के बाहर नहीं गया हूँ। आज आप साथ हो, तो हम बाहर निकलते हैं।" कलकत्ते की स्टेशन (स्थानक) पर ही उनकी मेस (भोजनशाला) थी। उसमें सामान रखकर हम और उसके दो साथी कलकत्ता देखने बाहर निकले थे। उन्हें दिनभर कलकत्ता घुमाया और इस बीच उन लोगों से इतने मधुर संबंध हो गए कि वे मुझे अपने गाँव देवरिया भी लेकर गए।

वे मुझे कुशीनगर दिखाना चाहते थे। एक रिश्तेदार के यहाँ सामान रखकर दूसरे दिन सबेरे कुशीनगर एक जीप से गए थे। कुशीनगर में जगह-जगह बुद्ध के स्थान बने हुए थे। चीन, जापान, थाईलैंड आदि देशों द्वारा बनाए गए पगोडा (विशेष आकार के बौद्ध मंदिर) भी वहाँ पर थे। बड़े सुंदर-सुंदर पगोडा थे। मुझे जिस प्रतिमा ने सबसे अधिक प्रभावित किया था, वह थी लेटे हुए बुद्ध की प्रतिमा। इस प्रकार की कुछ प्रतिमाएँ मैंने बर्मा के जंगलों की गुफाओं में भी देखी थीं, लेकिन यह प्रतिमा बहुत ही भव्य थी। यह प्रतिमा एक बहुत बड़े हॉल (महाकक्ष) में रखी हुई है। यह हॉल भी आड़ा है और प्रतिमा भी आड़ी है। इस प्रतिमा की विशेषता है कि पैरों की ओर से देखो, तो लगता है कि गौतम बुद्ध का मृत शरीर रखा हुआ है; चेहरे के सामने से देखो, तो लगता है कि वे मुस्करा रहे हैं और सिर की ओर से देखो, तो लगता है कि गौतम बुद्ध समाधि लगाए हुए हैं। वहाँ पर इतने अधिक वाइब्रेशन (स्पंदन) महसूस होते हैं कि उस प्रतिमा की फोटो ही नहीं आती। बड़ी सुंदर प्रतिमा बनाई हुई है। यह कुशीनगर

जिला तभी देवरिया से अलग करके बनाया गया था। वहीं पर यह प्रतिमा देखने के लिए मिली थी।

बाद में वे और मैं एक गाईड के साथ उस स्थान पर गए जहाँ पर उनकी समाधि बनाई गई है। मुझे वहाँ पर चैतन्य की लहरियाँ बहुत महसूस हुईं। बाद में शाम के समय हम देवरिया वापस आए। उसने ही मेरी रेल्वे की टिकट निकालकर दी थी और सफरखर्च के लिए पचास रुपए भी दिए थे। उसके रिश्तेदार ने भी, भोजन की व्यवस्था करने के साथ-साथ साथ में सत्तू और बड़ी-बड़ी लाल मिर्चियों का अचार भी दिया था। मैं वहाँ से रात की ट्रेन (रेलगाड़ी) से घर के लिए रवाना हुआ। कुछ ही दिनों में उन लोगों से प्रेम हो गया था। वे भी जानते थे कि अब हम जीवन में हमेशा के लिए बिछड़ रहे हैं। जीवन में कई लोग आते हैं, जाते हैं, पर कुछ लोग कम समय में भी अपनी छाप छोड़ जाते हैं। वह छाप कभी नहीं बिछड़ती है। वह छाप जीवनभर साथ रहती ही है। कुछ अच्छे लोग मिलते हैं, अच्छी छाप छोड़ जाते हैं; कुछ बुरे लोग मिलते हैं, बुरी छाप छोड़ जाते हैं।

प्रकरण 3

अपने घर पहुँचना

मैं ट्रेन में बैठा-बैठा ही सोच रहा था—मानो मेरा जीवन ही एक खुली किताब जैसा है। जो पुस्तक खुली भी है और खाली भी। प्रत्येक मनुष्य पुस्तक में अपने पन्ने भरकर जाता है। अच्छे मनुष्य आते हैं, अच्छी बातें लिखकर जाते हैं; बुरे लोग आते हैं, बुरी बातें लिखकर जाते हैं और अब जीवन में, पता नहीं, कितने लोग आएँगे जो इस जीवनरूपी पुस्तक में अपने पन्ने भरेंगे, कुछ अच्छी बातों से, कुछ बुरी बातों से। अब मेरे ऊपर निर्भर है—मैं मेरे जीवन के कौन-से पन्ने पढ़ता हूँ; अच्छे पन्ने पढ़ता हूँ या बुरे पन्ने पढ़ता हूँ। अगर अच्छे पन्नों को पढ़ूँगा तो खुश होऊँगा, बुरे पन्ने पढ़ूँगा तो दुःखी होऊँगा। पन्ने तो दोनों ही जीवनरूपी पुस्तक में हैं और सदैव रहेंगे। लेकिन प्रश्न यह है, मैं कौन-से पन्ने पढ़ता हूँ। मुझे लगा, मानो जीवन का सारा सार हमारे पढ़ने में ही है कि हम क्या पढ़ते हैं। लेकिन मैंने अपने मन में निश्चय किया कि मैं अपने जीवन में अच्छी बातों के पन्ने ही पढ़ूँगा और मैं जीवन में दूसरों की पुस्तकों में भी अच्छे पन्नों की ही छाप छोड़ूँगा। यही छाप सदा रहेगी। मैं रहूँ या न रहूँ, कोई फर्क नहीं पड़ता। दूसरों की पुस्तकों में यह छाप सदा रहेगी ही और उस छाप को पढ़कर लोग खुश होंगे। लोग खुश होंगे, तो मैं भी खुश होऊँगा कि दूसरों की खुशी में मैं एक माध्यम बना। मेरी जीवनरूपी पुस्तक में क्या लिखा जाएगा, यह मेरे हाथ में नहीं है। कोई भी आकर कुछ भी लिख सकता है। लेकिन दूसरों की पुस्तकों में क्या लिखना है, यह मेरे हाथ में है। यही मैं लिखूँगा ताकि लोग सुखी हो सकें।

घर पर पहुँचा, तो घर में व्यस्त वातावरण था। पत्नी की भाग-दौड़ चल रही थी। नौकरी और बच्चों को सँभालने में उसकी सारी भाग-दौड़ हो रही थी। मैंने जाकर कहा, "अब कल से ही मैं घर के सब काम सँभाल लूँगा। अब तू आराम कर।" भोजन बनाना मुझे सदैव अच्छा लगता रहा है और घर का वातावरण संतुलित करने का सबसे अच्छा मार्ग भोजन ही था। भोजन बनाने से तीन दिनों में ही वातावरण शांत हो गया। मैंने मन में सोचा, तपस्या तो पत्नी कर रही है क्योंकि वह समाज में ही रहती है। जंगलों में, हिमालय में रहकर चित्त शुद्ध रखना आसान तपस्या है, बस अपने आसपास के वातावरण से समरस होना होगा। लेकिन समाज में रहकर चित्त को शुद्ध रखना सच्ची तपस्या है क्योंकि चित्त को दूषित करने वाली घटनाएँ पल-पल में घटित होती रहती हैं। आसपास के वातावरण में भी चित्त को दूषित करने वाले विचार विद्यमान होते हैं। ऐसे में चित्त को सँभालना एक समस्या ही है। इसका कोई-ना-कोई उपाय मैं खोजूँगा और उस ओर विचार करना प्रारंभ कर दिया।

घर आने के बाद मुझे तब तक शांति नहीं मिलती थी, जब तक मैं जंगल की बातें एक-एक करके पत्नी को बता न देता था। क्योंकि मनुष्यस्वभाव है कि वह सुख या शांति पाने के बाद वे सब किसी को बाँटना चाहता है और मेरे इस विषय की बातें सुनने के लिए मेरी पत्नी मेरी एकमात्र श्रोता थी। जब समय मिलता था, बच्चों को समय देता था। हम कहीं भी बाहर जाते, सब साथ ही जाते थे। पर हम कभी किसी के घर नहीं जाते थे, बाहर घूमने ही जाते थे।

मैंने पत्नी को बताया, "मेरा अभी भी अध्ययन ही चल रहा है। जब तक चल रहा है, मेरी ये हिमालय की यात्राएँ ऐसे ही चलती रहेंगी। हिमालय का एक आकर्षण है। एक बार कोई मनुष्य वहाँ चला गया, तो वह वहीं का होकर रह जाता है। इसीलिए, जो भी जाता है, वह वहीं का होकर रह जाता है। दूसरा, इस बार मैंने गुरुदेव से जाना कि कोई भी गुरु प्रायः अपना भूतकाल अपने शिष्यों से छुपाते क्यों हैं। गुरु भी एक सामान्य मनुष्य ही होते हैं। वे भी जीवन की समस्याओं से लड़कर ही आगे बढ़े होते हैं। उनके भी जीवन में अनेक समस्याएँ आई होती हैं, अनेक संकट आए होते हैं। गुरु अच्छे कर्मों,

पुण्यकर्मों वाला मनुष्य होता है, तो संकट के समय से सीख लेकर आध्यात्मिक मार्ग पर चल देते हैं। कोई बुरे कर्मों वाले लोग होते हैं, तो वे संकट के समय व्यसनों के अधीन हो जाते हैं। प्रत्येक मनुष्य उसके पुण्यकर्मों के अनुसार ही आगे की गति को प्राप्त करता है और गुरु, एक तो, वे अपना भूतकाल भूला देते हैं और दूसरा, उनके द्वारा निवास किए गए स्थानों को उनके शिष्य महिमामण्डित न करें, इसलिए वे अपने निवासों के बारे में नहीं बताते हैं। उद्‌देश एक ही होता है कि लोग उनके ब्रह्मज्ञान प्राप्त करने के स्थानों को, उनके पूर्वजीवन के व्यक्तियों को, उनके रिश्तेदारों को बेकार का महत्त्व न दें क्योंकि वैसे भी वे कोई महत्त्वपूर्ण नहीं होते हैं। महत्त्वपूर्ण होते हैं—ब्रह्मज्ञान-प्राप्ति के बाद के निवासस्थान, ब्रह्मज्ञान-प्राप्ति के बाद के मनुष्य। ये सब ही महत्त्वपूर्ण होते हैं। शायद इसीलिए कहा जाता है कि नदी के मूल को नहीं खोजना चाहिए। आपके घाट पर नदी का जो स्वच्छ पानी बह रहा है, केवल उसी पर ध्यान दो। नदी कहाँ-कहाँ से बहकर आ रही है, वह मत देखो। ठीक इसी प्रकार, किसी साधु का कुल नहीं देखना होता है। क्योंकि साधु भी संकटों से गुजरता है, अनेक समस्याओं से गुजरता है। उस ओर ध्यान नहीं देना चाहिए। वह आज क्या कह रहा है, वह महत्त्वपूर्ण होता है। इसीलिए वे यह सबकुछ बताते ही नहीं हैं और इसी कारण अनेक संतों के पूर्वायुष्य के बारे में कुछ नहीं मालूम होता है। वे अपने शिष्यों को अपने जीवन के दुःख के क्षणों से दूर रखना चाहते हैं और दुःख बाँटना उनके स्वभाव के विरुद्ध भी होता है क्योंकि गुरु का स्वभाव होता है सुख बाँटना और वही वे बाँटते रहते हैं।"

पत्नी बोली, "इसीलिए समाज में जो संत हुए हैं, उनके भी पूर्वायुष्य के बारे में उनके जीवनचरित्र में कुछ भी नहीं लिखा है। शायद यही कारण होगा। गुरु के समाधिस्थ होने के कई सालों बाद उनके जीवनचरित्र लिखे जाते हैं। तो लेखक नई पीढ़ी के होते हैं। उन्हें जो बातें मालूम होती हैं, वे होती है गुरु की ख्याति हो जाने के बाद की। पहले की बातें उन्हें मालूम ही नहीं होती हैं, इसलिए वे लिखते ही नहीं हैं और इसलिए समाज को मालूम नहीं पड़ती हैं।"

मैंने पत्नी से कहा, "मेरा जीवनचरित्र मैं ही लिखूँगा ताकि मैंने जीवन में क्या कठिनाइयाँ उठाईं, इसका एहसास साधकों को हो पाएगा और, अगर पक्का इरादा हो, तो मनुष्य की आध्यात्मिक प्रगति होती है, साथ ही सर्वांगीण प्रगति भी होती है, यह जान पाएँगे। हाँ, जीवन के उन स्थानों, उन रिश्तेदारों के बारे में नहीं लिखूँगा जो जीवन के पूर्व भाग में रहे थे ताकि उनको लोग महिमामण्डित न कर सकें।"

पत्नी और मेरे बड़े आत्मीय सम्बन्ध थे। इसी कारण हम हमारे अच्छे-बुरे अनुभव आपस में बाँटते रहते थे। पत्नी के अधिकांश अनुभव उसकी स्कूल, रिश्तेदारों या घर में घटी घटनाओं के ही होते थे। मेरे अनुभव मेरे स्थानों के होते थे, मेरे गुरुओं के होते थे। वे उसे एकदम अलग-ही दुनिया में लेकर जाते थे, वह दुनिया जिसकी वह कल्पना भी नहीं कर सकती थी। एक बार वह बोली कि आपके अनुभव इतने जीवंत हैं कि आपके साथ मैं भी यात्रा करके आ गई, ऐसा लगता है। मैंने कहा, "तू तो मेरे साथ होती ही है। तू ही मेरी प्रेरणाशक्ति है। तेरी सहमति के बिना तो मैं हिमालय में जा ही नहीं सकता था और अगर बिना सहमति के जाता, तो शायद वापस ही नहीं आता। मुझे हिमालय में तूने अपनी इच्छा से भेजा और मुझे गुरुदेव के साथ जाने दिया, इसी कारण ये आगे के मार्ग खुलते गए और मैं यहाँ तक पहुँच पाया। तेरे एक निर्णय से मेरी आध्यात्मिक यात्रा प्रारंभ हो सकी।"

पत्नी ने कहा, "गुरुदेव के शब्दों में कितनी शक्ति थी, जब उन्होंने कहा था—यह तेरा संसार करने के लिए नहीं आया है। तू इसे मुझे सौंप दे, तो यह विश्वस्तर पर कार्य करेगा। ऐसा लगा कि वे दुनिया इधर की उधर करने की शक्ति रखते हैं! वे जो कह रहे थे, वह पूर्ण सत्य ही मालूम पड़ रहा था। उस समय मैंने दो बातें सोचीं। एक तो—ऐसा अवसर जीवन में तभी मिल सकता है, जब मनुष्य ने अच्छे कर्म, पुण्यकर्म किए हों। तो आपके पुण्यकर्मों के बीच में मैं क्यों आऊँ? और मैं जाने के लिए मना भी करती, तो भी आप उनके साथ जाने ही वाले थे। लेकिन ऐसी दशा में आपके वापस आने के कोई आसार नहीं थे और मैं मेरे जीवन में आपका सान्निध्य

किसी भी कीमत पर खोना नहीं चाहती थी। इसलिए मैंने गुरुदेव के साथ जाने के लिए सहर्ष स्वीकृति दे दी थी। जीवन में कई बार परिस्थिति को देखकर ही निर्णय लेने पड़ते हैं। मेरा यह निर्णय भी उसी प्रकार से, परिस्थिति को देखते हुए लिया गया निर्णय था। दूसरा मुझे ऐसा लगा कि जीवन में बाकी सारे अवसर बार-बार मिल सकते हैं, लेकिन आत्मज्ञान पाने का अवसर मनुष्य को बार-बार नहीं मिलता है। मैं जीवन में सदैव सकारात्मक रही हूँ और मुझे सदैव यह विश्वास रहा है कि जब मैंने कभी किसी का बुरा नहीं किया, तो मेरा बुरा कभी हो ही नहीं सकता है। इसी विश्वास के साथ निर्णय लिया था।"

"गुरु के साथ जाने से कभी कुछ बुरा हो ही नहीं सकता है। गुरु बहुत ऊँची मंजिल पर बैठे हुए होते हैं। इसलिए उन्हें बहुत दूर तक का सब दिखता रहता है। यह सब हमको नहीं दिखता क्योंकि हमारी दृष्टि संकुचित होती है। गुरु की दृष्टि विशाल होती है। वे भूतकाल भी जानते हैं और भविष्यकाल भी जानते हैं। वे सब जानते हैं। वे अंतर्ज्ञानी होते हैं। पर वे सब बोलते नहीं हैं; जितना आवश्यक हो, उतना ही बोलते हैं। हमारा गुरु पर किया गया विश्वास किसी व्यक्तिविशेष पर नहीं होता है, वह होता है एक शक्ति पर। इसलिए हम किसी भी शरीर को गुरु के रूप में मानें, हमारा चित्त गुरुशक्ति पर ही होता है।"

"आध्यात्मिक ज्ञान जीवंत गुरु के सान्निध्य में ही मिल सकता है और आपको तो यह सान्निध्य गुरुदेव ने घर आकर दिया था। हमें लगता है कि हम किसी की मदद कर रहे हैं या किसी को लगता है कि हम उसकी मदद कर रहे हैं, लेकिन, वास्तव में इस संसार में कोई किसी की मदद नहीं करता है। मनुष्य जो भी अच्छा करता है, वह भी वह अपने स्वयं के लिए ही करता है। जैसे मुझे भी कुतूहल था कि हिमालय में ऋषि-मुनि कैसे रहते होंगे? मुझे भी वह जानने की इच्छा थी। मेरे भीतर भी सुप्त इच्छा थी कि मैं हिमालय में जाऊँ। मेरी वह इच्छा अगर आपके माध्यम से पूर्ण होती है, तो क्या हुआ? मेरी इच्छा तो पूर्ण हो गई! यह जानकर भी मैंने मदद की थी। इसलिए मैंने आपको मदद करके स्वयं को ही मदद की थी और

सामने की परिस्थिति कुछ भी हो यानी वह परिस्थिति अनुकूल हो या प्रतिकूल हो, दोनों ही परिस्थितियों में, अपना आत्मदेवता क्या कह रहा है, उधर ध्यान देना चाहिए। क्योंकि वास्तव में, आत्मदेवता के रूप में परमात्मा ही हमारा मार्गदर्शन करता रहता है, बस हमें उसके करीब जाने की आवश्यकता होती है। जब हम उसके करीब जाते हैं, तो, वह क्या कह रहा है, वह स्पष्ट सुनाई देने लग जाता है और फिर वह जैसा कहता है, वैसा ही करना चाहिए। वह कार्य उस समय भले ही ठीक न लगे, पर बाद में वही कार्य ठीक साबित होता है।"

पत्नी बोल रही थी और मैं सुन रहा था। मुझे लगा—यह सब ज्ञान तो इसे पहले से ही था! मैं तो जंगलों में मारा-मारा फिरा, तब यह ज्ञान मुझे मिल पाया था। मैं शांति से उसकी बातें सुन रहा था। उसे भी अपने मन की बात कहने के लिए जगह कहाँ थी। उसे जो लगा, वह, वह कह रही थी। वह बोली, "पता नहीं, बचपन से ही मेरा दिमाग थोड़ा कम ही है। इसलिए मैं किसी बात पर खूब ज्यादा सोचती ही नहीं हूँ और न ही कभी मुझे, कुछ बुरा होगा, ऐसा विचार आता है। इसलिए आपके जाने के बाद भी मैं मेरे कार्यों में ही व्यस्त रहती थी। लगातार इतने काम रहते थे कि अधिक सोचने के लिए समय ही नहीं रहता था और जो तनख्वाह मिलती, वह घर-खर्च के लिए काफी थी। हाँ, बचत मैंने कभी की नहीं और हुई भी नहीं। लेकिन कभी लगा ही नहीं कि मेरा भविष्य असुरक्षित है।"

वह बच्चों को भी अधिक करीब की लगती थी। बड़े लड़के का पत्नी को बड़ा सहारा था। इसलिए उन दोनों के आपस में बड़े घनिष्ठ संबंध हो गए थे। बड़ा लड़का बचपन से ही घरकार्य में उसकी मदद करता था। घर में माँ की अधिक व्यस्तता के कारण और शायद, माँ से लगाव के कारण वह माँ की सदैव मदद करता रहता था।

मैं जब समाज में आता था, तो चित्त सदैव हिमालय में भटकता रहता था और वहाँ की यादें ही बार-बार आती रहती थीं। पर जब हिमालय में रहता था, तो न समाज या परिवार याद आता था और

न ही समाज की बातें याद आती थीं और ऐसा क्यों होता था, मालूम नहीं, पर ऐसा होता ही था।

उस दिन सुबह-सुबह ही बड़ी अच्छी हवा चल रही थी। वह हवा पतंग उड़ाने के लिए अति उपयुक्त थी। यह वातावरण देखकर बड़ा लड़का, अनुराग, पतंग उड़ाने की जिद करने लगा। मैंने उसे समझाया कि स्नान-नाश्ता आदि करके उड़ाएँगे। बाद में हम सामने वाले मैदान में जाने के लिए जल्दी-जल्दी तैयार होने लग गए। उस दिन फिर एक नई पतंग उड़ाने के लिए ली। उसमें छोटे-छोटे छेद दो ऊपर और दो नीचे किए। आधे छेद पतंग के एक भाग में, तो आधे दूसरे भाग में किए थे। फिर धागे को पतंग की चौड़ाई से तीन गुना किया और उससे पतंग के जोते बनाए। फिर पतंग का बॅलेन्स (संतुलन) देखकर एक गाँठ लगाई ताकि पतंग समान रूप से रहकर, संतुलित रहकर उड़ सके। उसी समय लगा कि जिस प्रकार मैं पतंग को तैयार कर रहा हूँ, परमात्मा भी मनुष्यशरीर का निर्माण करता होगा। मनुष्य को अहंकार आने की अधिक संभावना है, इसलिए ऊपर सात छेद करता होगा और नीचे दो छेद करता होगा। फिर शरीर का संतुलन बनाए रखने के लिए तीन नाड़ियों के रूप में तीन धागों से पतंगरूपी शरीर के जोते तैयार करता होगा। जिस प्रकार पतंग के दोनों भागों में छेद होते हैं, वैसे ही मनुष्य के भी दोनों भागों में समान छेद करता होगा। पतंग को सशक्त करने के लिए बाँस की दो पतली लकड़ियाँ लगी होती हैं। ऐसा लगा मानो वे उसकी हड्डियाँ ही हैं और पतंग का कागज उसकी चमड़ी हो। जिस प्रकार से पतंग अलग-अलग आकार की, अलग-अलग रंग की होती है, ठीक वैसे ही मनुष्य भी अलग-अलग प्रकार के और अलग-अलग रंगों के होते हैं। परमात्मा कोई भी दो मनुष्यों को एक-सा पैदा नहीं करता है। जिस प्रकार से कोई पतंग किसी दूसरी पतंग जैसी नहीं होती है; किसी की लकड़ियाँ पतली तो किसी की मोटी होती हैं; ठीक इसी प्रकार से, कोई मनुष्य किसी दूसरे मनुष्य जैसा नहीं हो सकता है।

दो भाई भी एक-से नहीं होते हैं। जिस प्रकार से, पतंग के जोते बनाते समय जैसी मानसिक स्थिति का वातावरण होता है, वैसे ही वे बनते हैं; ठीक उसी प्रकार से गर्भधारणा के समय जो स्थिति होती है, वही आने वाले बच्चे का भविष्य तय करती है। पतंगें एक जैसी दिखती हैं, पर जब उड़ाने जाते हैं, तब, प्रत्येक पतंग का अपना एक स्वभाव होता है, उसका पता चलता है। कुछ पतंगें मानो लेफ्ट साईडेड (चंद्रनाड़ीप्रधान) होती हैं जिनकी लकड़ियाँ कमजोर होती हैं। उन्हें उड़ाने में बार-बार ठुमकियाँ देनी पड़ती हैं। बड़े परिश्रम से वे उड़ती हैं और अच्छी तरह उड़ जाने पर भी कोई निश्चित नहीं होता कि वे उड़ती ही रहेंगी। वे अचानक झाप खाकर (गोता खाकर) जमीन पर भी आ जाती हैं क्योंकि अतिलचीलापन ही इनका दोष होता है और इसके विरुद्ध कुछ पतंगों की लकड़ियाँ इतनी कड़ी होती हैं कि उन्हें उड़ाना भी कठिन होता है और उड़ाते समय सँभालना भी कठिन होता है। इस प्रकार दोनों किस्म की पतंगें उड़ाने में आनंद नहीं आता है। पतंग उड़ाते समय सदैव संतुलित पतंग की आवश्यकता होती है।

मुझे उस क्षण पतंग और मनुष्य, दोनों एक-से लग रहे थे। लगा कि मनुष्य को भी सफल जीवन व्यतीत करने के लिए संतुलन की ही आवश्यकता होती है। जो पतंग मूलतः असंतुलित रहती है, उसे उड़ाते समय, वह जिस ओर झुक रही है, उसकी दूसरी ओर कपड़े की एक छोटी-सी चिंदी बाँध दी जाती है ताकि दोनों ओर समान वजन हो। ठीक इसी प्रकार से, जो बच्चे जन्म से अपंग होते हैं, उन्हें भी संतुलित करने के लिए उपकरण लगाए जाते हैं। पर प्रत्येक की आत्मा एक-सी होती है। शरीर की स्थिति कैसी भी हो, प्रत्येक आत्मा का उद्देश मोक्ष पाना होता है। ठीक वैसे ही जैसे पतंग कैसी भी हो, प्रत्येक पतंग का उद्देश आसमान की ऊँचाइयों तक पहुँचना होता है। पर जैसे बहुत कम पतंगें ही अपने जीवनकाल में उस ऊँचाई तक पहुँचकर वापस नीचे आ पाती हैं, बहुत कम ही अपने घर वापस आ पाती हैं, ठीक वैसा ही मनुष्य का भी होता है। मोक्ष पाने की इच्छा ही जन्म लेने का कारण होती है। पर बहुत कम ही जीवन में यह बात याद रख पाते हैं और याद रखकर प्राप्त कर पाते हैं। मोक्ष यानी वास्तव में, अपने घर लौटने जैसा ही है। प्रत्येक आत्मा अपने घर तो

हिमालय का समर्पण योग—3

ध्यानस्थ ऋषि जैसा वृक्षराज

(संबंधित घटना का उल्लेख पृष्ठ 22 पर है।)

वृक्ष की जड़ों को हटाकर मुनि का बाहर आना

(संबंधित घटना का उल्लेख पृष्ठ 26 पर है।)

गुरुदेव द्वारा आत्मजागृति का ज्ञान प्राप्त होना

(संबंधित घटना का उल्लेख पृष्ठ 62 पर है।)

एक साथ दो सूर्यास्त—सूर्यदेव तथा गुरुदेव रूपी सूर्य का सूर्यास्त

(संबंधित घटना का उल्लेख पृष्ठ 108 पर है।)

गुरुदेव का समाधिस्थ होना

(संबंधित घटना का उल्लेख पृष्ठ 111 पर है।)

घायल सैनिकों से मुलाकात

(संबंधित घटना का उल्लेख पृष्ठ 118 पर है।)

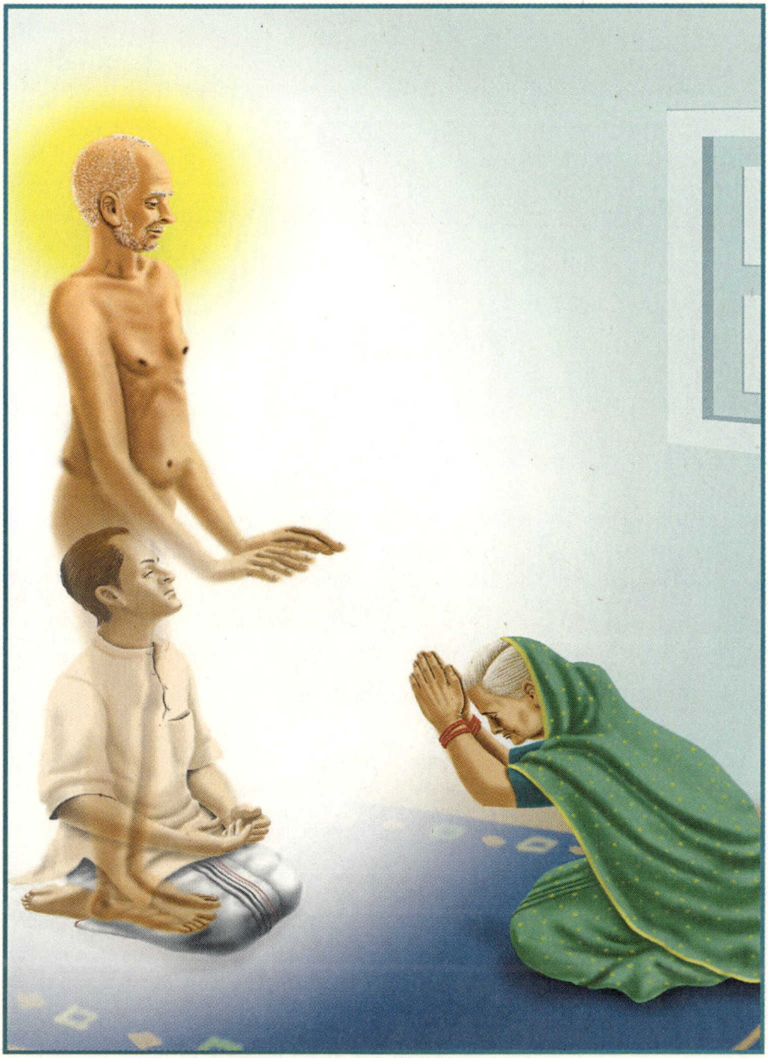

शून्यावस्था में श्री गजानन महाराज के दर्शन

(संबंधित घटना का उल्लेख पृष्ठ 212 पर है।)

हिमालय प्रवास के बारे में पिताजी से चर्चा

(संबंधित घटना का उल्लेख पृष्ठ 278 पर है।)

जाना ही चाहती है, पर दुनिया के बाजार में घूमते समय अपने घर का पता ही भूल जाती है।

हमने पतंग के जोते ठीक से बाँधे थे और इसी कारण से हमारी पतंग एक ही उड़ान में हवा से बातें करने लग गई। वह देखकर मेरा लड़का बड़ा खुश हो गया। यह उसके लिए अप्रत्याशित था कि कुछ ही समय में पतंग आसमान की ऊँचाइयाँ छूने लग गई। लेकिन उस ऊँचाई तक पहुँचाने में एक इच्छाशक्ति की आवश्यकता थी कि मुझे उसे उस ऊँचाई तक पहुँचाना ही है। रास्ते में कई पतंगें उड़ रही थीं। उन्हें काटने के मोह से अपने-आपको बचाना पड़ा क्योंकि अक्सर पतंग काटने के चक्कर में ही अपनी पतंग कट जाती है और कई बार अन्य पतंगों ने हमारी पतंग को काटने का प्रयास किया था। हमें उनसे भी अपनी पतंग को बचाना पड़ा था।

ऐसा लगा कि मनुष्य का जीवन भी पतंग के समान ही है। वह भी दूसरे का बुरा करने में अपना बुरा कर लेता है और जब कभी वह आध्यात्मिक ऊँचाइयाँ छूने लगता है, तो मोह, अहंकार, लालच और अतृप्तिरूपी पतंगें उसे काटने लग जाती हैं। इन बुरी पतंगों से अपने-आपको बचाना बड़ा कठिन है। जितनी ऊँचाई बढ़ जाती है, उतना यह खतरा बढ़ जाता है। कई पतंगें ऊँचाई तो प्राप्त कर लेती हैं, पर उस ऊँचाई पर रह नहीं पातीं और किसी अन्य, दोषरूपी पतंग से अपने-आपको कटवा लेती हैं। मैंने पुराने जमाने की भक्त ध्रुव की कहानी सुनी थी कि वह तपस्या करने बैठा तो अलग-अलग प्रकार के राक्षस उसकी तपस्या भंग करने आने लग गए। लेकिन उस दिन लगा कि वास्तव में, वे राक्षस बाहर नहीं हैं, हमारे भीतर ही हैं। जब मनुष्य आध्यात्मिक प्रगति करने लग जाता है, तो वे राक्षसी तत्त्व नष्ट होने लग जाते हैं और वे नष्ट न हों, इसलिए वे हमारी तपस्या पर आघात करते हैं। उस आघात को भी हमने गुरुचरणों पर चित्त रखकर झेल लिया और हम सामूहिकता में बने रहते हैं, तो हम उस आघात से बच जाते हैं, अन्यथा पथभ्रष्ट हो जाते हैं और यह स्थिति आत्मा को भूतयोनि में ले जाती है।

अचानक लड़के ने कहा, “काफी समय हो गया है। अब भूख लग रही है और भोजन का समय भी हो रहा है। मेरे हाथ चक्री पकड़ते-पकड़ते दुख रहे हैं।” फिर मैंने उसे पतंग धीरे-धीरे नीचे उतारने के लिए दी और मैं स्वयं चक्री लेकर धागा लपेटने में लग गया। काफी उतारने पर मैंने वापस पतंग को सँभाला और लड़का चक्री में धागा लपेटने में लग गया। अंत में हमने पतंग को सही-सलामत वापस उतार लिया। वह इसलिए उतर सकी क्योंकि हमने ‘न दूसरे की पतंगें काटो और न अपनी पतंग कटने दो’ के सिद्धांत को अपनाया था। लगा कि वैसे ही मनुष्य को ‘अपना जीवन जीओ और दूसरे को जीवन जीने दो’ के सिद्धांत पर चलना चाहिए।

उस दिन शाम के समय घर में मैं अकेला था, छोटे लड़के को सँभाल रहा था। पत्नी बड़े लड़के को लेकर बाजार गई हुई थी। छोटा लड़का, अंबरीष, बचपन से ही बड़ा चंचल था। एक क्षण में वह एक स्थान से दूसरे स्थान पर पहुँच जाता था। घर के सभी सदस्यों को उसका ध्यान सदैव रखना पड़ता था। एक महान ऋषि ‘अंबरीष’ हुए थे जो बड़े तपस्वी थे। उनसे प्रभावित होकर उनके नाम पर उसका नाम रखा था। तब तक तो उन ऋषि के गुण उसमें नहीं उतरे थे। प्रत्येक नाम का एक आभामण्डल होता है। उस नाम के लोगों ने जैसे कार्य किए होते हैं, उनका वैसा ही आभामण्डल वातावरण में बना होता है और उस नाम को जो व्यक्ति धारण करता है, उस नाम की ऊर्जा उस मनुष्य में उतरना प्रारंभ होती है। लेकिन उसके लिए समय लगता है; काफी साल लगते हैं।

उस नाम की ऊर्जा का उस नाम के मनुष्य में उतरना इस बात पर निर्भर होता है कि उस मनुष्य को हम कितनी बार उस संपूर्ण नाम से बुलाते हैं। क्योंकि बचपन में उन्हें हम प्राय: उपनाम से बुलाते हैं। ये दो नाम एक मिश्रित व्यक्तित्व का निर्माण करते हैं और बच्चे के व्यक्तित्व को स्थाईत्व नहीं मिल पाता है। प्राय: दो साल बाद वह जान जाता है कि वह उसका नाम है। अपने नाम को वह

पहचानने लग जाता है। बाद में थोड़ा बड़ा होने पर वह अपने नाम का प्रयोग अपने लिए, पाठशाला में जाते समय करने लग जाता है। बच्चे का काफी भविष्य उसके नाम से भी बनता है क्योंकि नाम में ही सबकुछ रखा होता है। दो नामों से बुलाना बच्चे के व्यक्तित्व-निर्माण में घातक है क्योंकि दो नामों से उतरी हुई ऊर्जा बच्चे में असमंजस की स्थिति का निर्माण करती है। उस बच्चे को किसने नाम दिया, वह भी महत्त्वपूर्ण है। क्योंकि नामकरण भी एक संस्कार है। वह किससे कराया, वह बड़ा महत्त्वपूर्ण है। इसलिए हमारे पूर्वज ऋषि-मुनियों से अपने बच्चे का नामकरण कराते थे। ऋषि उस बच्चे की शारीरिक, मानसिक स्थिति देखकर, उसे किस प्रकार की ऊर्जा की आवश्यकता है, वह जान जाते थे और उसको जानकर ही नामकरण संस्कार करते थे ताकि नाम के साथ जुड़ी हुई ऊर्जा उस बच्चे के आध्यात्मिक विकास में सहायक सिद्ध हो सके। आध्यात्मिक विकास ही सर्वोपरि था क्योंकि आध्यात्मिक विकास हो जाने पर बाकी विकास स्वयं ही हो जाता है, ऐसा उनका भी मानना था।

अंबरीष पर तब तक तो उस ऋषि के नाम का कोई प्रभाव नहीं पड़ा था। वह क्षणभर में एक स्थान से दूसरे स्थान पर पहुँच जाता था। उसे सँभालना एक बड़ा कार्य था। उसमें बहुत अधिक ऊर्जा थी और उसका इस्तेमाल योग्य तरीके से करना आवश्यक था। उसके जन्म के बाद, घर में पिछले बच्चे के गुजरने के कारण जो निराशा का वातावरण था, वह दूर हुआ था। एक बच्चा गुजर जाने के कारण जो रिक्त स्थान हुआ था, वह अंबरीष के जन्म ने भर दिया था। अंबरीष के जन्म ने हमारे पुराने जख्मों को भरने का कार्य किया था। एक बच्चे के गुजर जाने की घटना से घर का वातावरण जो दूषित हुआ था, वह वातावरण धीरे-धीरे ठीक हो रहा था। किसी ने सही कहा है कि 'समय' सब दुःखों की दवा है। समय के साथ-साथ मनुष्य अपने जीवन की बुरी घटनाओं को भूलने लगता है। क्योंकि वह सोचता है—जो मर गया, वह कभी वापस नहीं आ सकता है। वह तो मर गया, पर हम अभी जिंदा हैं। हमें अभी जीना है। जब जीना है, तो मृत्यु को पकड़कर नहीं जिया जा सकता। मरना आसान है; मर गए और संसार के सभी झंझटों से मुक्त हो गए। जो जी रहे

हैं, उनके लिए मरे हुए की यादों को भुलाकर जीना कठिन होता है। यह प्राय: सभी जानते हैं और इसलिए कोई भी दूसरे को खोना नहीं चाहता है।

ये विचार अति सूक्ष्म में होते हैं और उन विचारों से प्रभावित होकर शरीर भी वैसा ही कार्य करता रहता है। ऐसा मुझे कई बार बूढ़े पति-पत्नी को देखकर लगता था। बूढ़ा बूढ़ी के पहले मरना चाहता था और बूढ़ी बूढ़े के पहले मरना चाहती थी। यानी दोनों मरने के लिए मानो स्पर्धा कर रहे हों, ऐसा लगता था। मेरे ही परिचित एक बूढ़ा-बूढ़ी के अध्ययन से मैंने यह जाना था। सामने वाले क्या विचार कर रहे हैं, यह मैं जान जाता था। दोनों ही एक-दूसरे के पहले मरना चाहते थे। इसलिए प्राय: बूढ़ा बूढ़ी का खयाल रखता था और बूढ़ी अपने से अधिक बूढ़े का खयाल रखती थी। दोनों सदैव एक-दूसरे के स्वास्थ्य, खानपान, परहेज, दवाइयों का ध्यान रखते थे, पर अपना स्वयं का ध्यान नहीं रखते थे। मुझे लगा—दोनों पहले मरकर मानो सुखी होना चाहते हैं और दूसरे को दु:खी करना चाहते हैं। प्रत्येक को अपने ही सुख की पड़ी है। मुझे लगा कि दोनों स्वार्थी हैं। अपना-अपना हित देख रहे हैं। उन्हें देखकर नहीं लगता था कि उन्हें मृत्यु का कोई भय है। वे तो दोनों लालायित थे मृत्यु को पाने के लिए, एक दूसरे के साथ स्पर्धा कर रहे थे और मैं सोचता था—पति का पहले मर जाना ही उचित है। क्योंकि पत्नी पति के बिना भी रह सकती है। वह अपना ध्यान अपने लड़के, लड़की, पोते, पोती में लगा सकती है। यानी जीवन जीने के कोई नए सहारे तलाश कर सकती है और जी सकती है।

मुझे उस समय लगा कि स्त्री एक लता के समान होती है जो किसी वृक्ष पर होती है तो उसी वृक्ष पर होती है। पर उस वृक्ष के टूट जाने पर वह मर नहीं जाती, वह लता दूसरे वृक्ष का सहारा ले लेती है। यानी बूढ़ी अपने जीने के साधन कहीं-ना-कहीं ढूँढ़ ही लेगी, पर पुरुष का सारा विश्व स्त्री के आसपास ही घूमता है। स्त्री के मर जाने पर वह बूढ़ा भी मर जाता है। उसके लिए फिर अपनी बूढ़ी के सिवा जीना कठिन हो जाता है। बाद के दिन वह मृत्यु की राह में जीता है।

किसी ने सही कहा है—पति-पत्नी के सम्बन्ध 63-36-63 के स्वरूप के ही होते हैं। शादी के बाद के 10 साल 63 समान होते हैं, बाद के दस साल 36 समान होते हैं और बाद में फिर 63 समान हो जाते हैं। यानी प्रथम दस सालों में एक-दूसरे के प्रति शारीरिक आकर्षण रहता है, बाद के दस सालों में दोनों अपने-अपने कार्यों में रहते हैं और बाद में बूढ़े को बूढ़ी और बूढ़ी को बूढ़ा ही रहता है यानी मर जाने से जीना अधिक कठिन प्रतित होता है।

अचानक एक काँच की प्लेट टूटने की आवाज से मैं अपने विचारों से बाहर आया। अंबरीष ने डायनिंग टेबल (खाने की मेज) पर रखी हुई एक प्लेट (तश्तरी) नीचे फेंक दी थी। फिर मैंने उसे उठाया और प्लेट के टुकड़े बीनने लग गया। वह प्लेट को तोड़कर अपना आनंद व्यक्त कर रहा था। शायद प्लेट टूटने की आवाज से उसे अच्छा लगा होगा! मैंने चुपचाप प्लेट के टुकड़े इकट्ठे किए और एक छोटी थैली में डालकर अपनी बैग (झोले) में छुपाकर रख दिए ताकि जब अवसर मिले, मैं चुपचाप उन्हें बाहर फेंककर आऊँ। मैं प्लेट टूटने की बात अपनी पत्नी से छुपाना चाहता था क्योंकि उन प्लेटों का सेट उसने बड़े चाव से खरीदा था और वह काफी महँगा भी था। एक प्लेट कम है, यह उसे पता लगने में समय लगता। जिस प्रकार प्रत्येक स्त्री का ध्यान किचनरूपी (रसोईरूपी) साम्राज्य पर होता है, वैसे ही मेरी पत्नी का भी था। बस, आते ही, यह प्लेट टूट गई, यह बताना नहीं चाहता था। स्त्रियों को, अन्य बड़ी चीजें भी चली जाएँ, उसका पता नहीं चलता, पर किचन की छोटी चीज भी इधर की उधर हो जाए, तुरंत पता चलता है। ऐसा क्यों होता है, पता नहीं।

अंबरीष कुछ करता नहीं था, पर सदैव ऐसा कुछ उसके हाथ से एक क्षण में हो जाता था। ऐसा क्यों होता था, पता नहीं। उसमें अत्यधिक ऊर्जा थी। पर, यह महसूस होता था, उस ऊर्जा को सही दिशा में बहाना छोटा होने के कारण उसे नहीं आ रहा था। इसके बड़े होने पर इसकी ऊर्जा को सकारात्मक दिशा में बहाना आवश्यक होगा और जब तक इसे सही दिशा नहीं मिलेगी, यह ऐसा कुछ-न-कुछ करता ही रहेगा। मैं यह सोच ही रहा था कि पत्नी व बड़ा लड़का बाहर से आ गए। फिर वही विचार मैंने पत्नी को भी बताया।

वह बोली, "आपने तो थोड़ी देर सँभाला, वह मेरा क्या हाल करता होगा, सोचो! उसके हाथ से कुछ-न-कुछ घटित हो जाएगा ऐसा डर सदैव लगा ही रहता है।"

एक दिन सुबह-सुबह ही पत्नी ने पूछा, "जैसे मैं अपनी कक्षा में एक निश्चित कार्यक्रम के तहत सालभर में अपना पाठ्यक्रम पूर्ण करती हूँ, इस प्रकार का कोई पाठ्यक्रम आध्यात्मिक क्षेत्र में गुरुओं का होता है क्या? वे किस पद्धति से पढ़ाते हैं?" मैंने बड़ी गंभीरता से उत्तर दिया, "आध्यात्मिक ज्ञान पढ़ाया ही नहीं जा सकता है।" पत्नी की उत्सुकता और बढ़ी कि फिर गुरु क्या सिखाते हैं और शिष्य क्या सिखता है। मैंने अपने आपको हिमालय में महसूस किया और वहाँ के गुरु और आसपास का वातावरण मेरे सामने घूमने लग गया। मैंने बोलना प्रारंभ किया, "आध्यात्मिक ज्ञान तो नैसर्गिक ज्ञान है। यह तो प्राकृतिक रूप में ही शुद्ध होता है। यह तो ईश्वरीय ज्ञान है। यह ज्ञान कोई किसी को न ही दे सकता है और न ही ले सकता है। यह तो प्राकृतिक रूप से बहने वाले एक झरने के समान है। एक झरना प्राकृतिक रूप से एक पहाड़ पर, एक निश्चित ऊँचाई पर, अपनी जगह बहता रहता है। वह कभी जगह नहीं बदलता। उसे अपने ही स्थान पर बहना पड़ता है। अगर हमें उसमें स्नान करना है, तो हमें उसे खोजना होगा। प्रथम, स्नान करने की शुद्ध इच्छा करनी होगी और यह इच्छा मन में तभी जागेगी, जब हम अपने शरीर को पवित्र, शुद्ध एवं साफ करना चाहेंगे। स्नान करने की इच्छा भी तभी होगी। हमारे ऊपर मैल जमा हुआ है और हमारे शरीर से पसीने की बदबू आ रही है, यह जब महसूस होगा, तभी स्नान करने की इच्छा जगेगी। हम इस सांसारिक वातावरण में इतने रम गए हैं कि हम इस संसार में प्रतिदिन गंदे हो रहे हैं। दिन-प्रतिदिन आसपास की घटनाओं का, नकारात्मक विचारों का बुरा प्रभाव पड़ रहा है। यह बाहरी प्रभाव इतना बुरा है कि हम यह भूल ही गए हैं: "हम एक पवित्र आत्मा हैं। हम में परमात्मा का अंश है।" सर्वप्रथम यह जानना

होगा कि हम परमात्मा के अंश हैं, हम में ही परमात्मा छुपा हुआ है; परमात्मा को बाहर खोजने की आवश्यकता नहीं है। तभी यह ज्ञान होगा कि वह अंश पवित्र है, शुद्ध है। उसे कोई भी गंदगी नहीं छू सकती है। जो कुछ बुरा आसपास है, वह मेरा नहीं है, वह बाहरी है; बाहरी वातावरण का है, बाहरी विचारों का है। इन बाहरी विचारों और वातावरण से अपने-आपको बचाया जा सकता है।"

"सर्वप्रथम, इस बाहरी वातावरण के प्रभाव को स्वच्छ किया जा सकता है, यह समझ में आ गया, तो फिर हम उस प्रभाव की गंदगी को भी महसूस करेंगे जो चित्त पर आई हुई है और जब महसूस करेंगे, तो उस गंदगी को दूर करने का प्रयास भी करेंगे। यह प्रयास ही स्नान करने की प्रथम इच्छा है। यह शुद्ध इच्छा ही बाद में अपने हृदय को विशाल कर देगी। जब स्नान करना ही ठान लिया है, तो फिर स्नान करने के मार्ग भी मनुष्य खोजने लगेगा; नल पर जाएगा, कुएँ पर जाएगा, नदी पर जाएगा, तालाब पर जाएगा या एखादे (किसी) झरने के पास जाएगा। वह अपने-आपको कहाँ लेकर जाता है, वह महत्त्वपूर्ण नहीं है क्योंकि वे सभी माध्यम हैं। उनमें से किसी भी तरीके से स्नान हो सकता है। मार्ग अनेक हैं, स्नान एक है। मार्ग महत्त्वपूर्ण नहीं है, स्नान महत्त्वपूर्ण है। वह कहीं भी पहुँचे, तो स्नान हो जाएगा। यानी सर्वप्रथम, उसे स्नान करने के लिए कोई भी मार्ग मिले उसे अपनाने को तैयार होना होगा। मैं तालाब में ही स्नान करूँगा, ऐसा ठान ले तो तालाब इस जीवन में मिले, यह आवश्यक नहीं है।"

"मनुष्य-जीवन बहुत छोटा है। सारा जीवन ही तालाब खोजने में लग जाएगा। इसलिए प्रथम अपने हृदय को विशाल करना होगा। मुझे जो भी मार्ग मिले, मैं वहाँ पर स्नान कर ही लूँगा, यह भाव होना चाहिए। इन माध्यमों का बाहरी स्वरूप अलग-अलग है, पर स्नान की प्रक्रिया समान रूप से ही संपन्न होगी।"

"परमात्मा का एक अंश प्रत्येक मनुष्य में होता है और इन गुरुओं में ये अंश लाखों की सामूहिकता में होते हैं। इसीलिए ये परमात्मामय हो जाते हैं, परमात्मा-से ही लगते हैं। इनके पीछे हजारों सालों की तपस्या होती है जो एक गुरु से एक शिष्य तक, एक गुरु

से एक शिष्य तक इस तरह माध्यम बदलकर चलती रहती है। परमात्मा इनके ही माध्यम से इस धरती पर बहते रहते हैं। इनकी स्थिति बिल्कुल एक झरने के जैसी ही होती है जो अपने निश्चित स्थान पर जंगल में बहता रहता है। सर्वप्रथम हमें उन तक पहुँचना पड़ता है। वे हमारे पास नहीं आते हैं।

दूसरा, झरने तक पहुँचना ही सबकुछ नहीं है। उस झरने के पास पहुँचकर अपने-आपको उस झरने के नीचे संपूर्ण रूप से लाना होगा, तभी स्नान हो सकेगा। झरने के सामने सालों खड़े रहकर भी स्नान नहीं हो सकता है। झरना स्वयं आपको नहीं नहला सकता है, अपने-आपको झरने के नीचे ले जाने पर ही स्नान हो पाएगा। हम लाख झरने से प्रार्थना करें कि मुझे नहला दे, नहला दे, वह झरना स्वयं आपको नहीं नहला सकता है। आप स्वयं अपने अहंकार के कपड़े निकालकर, नंगे उस झरने के नीचे खड़े हो जाएँगे, तो स्नान की प्रक्रिया घटित हो जाएगी। पर संपूर्ण शरीर को ही उस पानी के झरने में हमें ले जाना होगा। अब देखो, झरना हमें नहलाता है क्या? नहीं। पर झरने के नीचे आ जाने पर हमारा नहाना घटित हो जाता है। झरना तो बेचारा अपनी जगह पर ही बहता रहता है। वह न तो नहला सकता है और न ही नहाने से रोक सकता है। झरना इन सबसे एकदम दूर है। ठीक इसी प्रकार, ये गुरु जंगल में छुपे होते हैं। झरने की तरह अपनी ही जगह पर बैठकर बहते रहते हैं। वे भी, न ही किसी को आध्यात्मिक ज्ञान देते हैं और न ही, कोई अगर उनसे लेना चाहे, तो रोकते हैं। वे भी इन सबसे दूर हो चुके होते हैं।"

"जीवन में जीवंत गुरु का मिलनामात्र भी एक बड़ी घटना है और हम उसके केवल सान्निध्य में भी रहे, तो भी एक दिन स्नान हो जाएगा। गुरु के पास अमंगल कुछ भी नहीं होता है। वे हमसे अच्छा व्यवहार करे या बुरा व्यवहार करे, दोनों ही स्थितियों में हमारा मंगल ही होता है क्योंकि वे तो उस व्यवहार से परे ही होते हैं। वे व्यवहार करते हुए दिखते हैं, पर वास्तव में वे आपकी सफाई करते रहते हैं। इस सफाई में ही अधिक समय लगता है। कई बार हमें हमारे पूर्वजन्म में किए गए बुरे कर्म नष्ट करने होते हैं। वे अपने बुरे व्यवहार से उन बुरे कर्मों से हमें मुक्ति दिलाते रहते हैं। वे बुरा

व्यवहार करके उन कर्मों को जलाते रहते हैं। गुरु के पास अमंगल कुछ भी नहीं होता, यह मेरे जीवन का अनुभव है।

गुरु को हमारे पूर्वजन्म का भी दिखते रहता है। प्रत्येक को अपने कर्मों का फल तो मिलेगा ही। गुरु हम से क्या व्यवहार करते हैं, वह व्यवहार महत्त्वपूर्ण नहीं है, महत्त्वपूर्ण है कि व्यवहार कर रहे हैं। अपना जीवन, सबकुछ दाँव पर लगाकर अगर गुरुसान्निध्य प्राप्त हो, तो भी सस्ता है। महत्त्वपूर्ण है गुरु का सान्निध्य क्योंकि झरने के पास रहे, तो ही स्नान करने की संभावना बनी रहती है। स्नान तो कुछ क्षणों में होता है, स्नान की तैयारी में जीवन कम पड़ जाता है। गुरु की शक्तियाँ तो किसी भी क्षण बरस सकती हैं। बस, हमें करीब होना चाहिए। करीब होना महत्त्वपूर्ण है। आध्यात्मिक ज्ञान गुरु के सान्निध्य में मिलता ही रहता है। प्रथम वह व्यवहार से मिलता है जो हमारे कर्मों के अनुसार होता है। बाद में ही कृपा के रूप में मिलता है। जिस प्रकार से स्नान करने के लिए हमें हमारे शरीर को समर्पित करना होता है, वैसे ही आध्यात्मिक ज्ञान पाने के लिए भी चित्त को शुद्ध करके समर्पित करना होता है।"

"इनका कोई पाठ्यक्रम नहीं होता और न ही वे किसी को आध्यात्मिक ज्ञान देते हैं। कोई, क्षण में ले लेता है और किसी को तो जीवनभर भी नहीं मिलता है।"

"आध्यात्मिक ज्ञान तो स्वयं ही बहने लग जाता है। वह बहना भी उसके हाथ में नहीं है। जिस प्रकार से ढलान की ओर बहना पानी का गुणधर्म होता है, ठीक उसी प्रकार से आध्यात्मिक ज्ञान भी ढलान की ओर स्वयं ही बहने लग जाता है।"

"उस ढलान की ओर जाना या न जाना, उसके हाथ में नहीं होता है। बहना ही उसका स्वभाव होता है। जो भी उस माध्यम की ओर झुका या समर्पित हुआ, तो वह आध्यात्मिक ज्ञान उस माध्यम से दूसरे माध्यम की ओर बहने लग जाता है। क्योंकि वह भी आगे की ओर बढ़ना चाहता है। पर जब तक उपयुक्त माध्यम नहीं मिलते, वह बह नहीं सकता है।"

"इस प्रकार 'आध्यात्मिक ज्ञान' एक नैसर्गिक ज्ञान है जो स्वयं ही एक सिरे से दूसरे सिरे की यात्रा करता है—गुरु से शिष्य तक की यात्रा। पर गुरु देते नहीं हैं, शिष्य लेता नहीं है, सबकुछ हो जाता है। यह ज्ञान देने और लेने के भी ऊपर का होता है। यह गुरु दे नहीं सकते, शिष्य ले नहीं सकता। यह केवल एक प्रक्रिया के तहत होता है। वह प्रक्रिया संपूर्णतः गुरु और शिष्य के संबंध पर ही आधारित होती है। वे संबंध कितने आत्मीय हैं, यह सब उसी पर निर्भर होता है। एक झरने के समान गुरु का स्वभाव ही देना है। वह देते ही रहते हैं। बस, शिष्य का स्वभाव 'लेना' हो जाना चाहिए। गुरु ज्ञान देने का कोई प्रयास नहीं करते हैं। वे तो अपनी मस्ती में ही मस्त रहते हैं। उनका अपना एक विश्व होता है और उसी विश्व में वे रहते हैं। वे कभी सिखाने का प्रयास नहीं करते हैं क्योंकि प्रयास तो शारीरिक होता है और वे तो शरीर के भी ऊपर होते हैं। वे तो जब अपने स्वयं के लिए भी प्रयास नहीं करते, तो दूसरों के लिए वे क्या प्रयास करेंगे? शिष्य को उनके चरणों पर चित्त रखकर स्वयं प्राप्त करना होता है। यानी संपूर्ण नतमस्तक होकर ही प्राप्त किया जा सकता है। प्रथम, शिष्य का विश्वास गुरु पर संपूर्ण होना चाहिए। यह विश्वास चैतन्य की अनुभूति से हो, तो ही वह संपूर्ण होता है। यह विश्वास ही श्रद्धा को जन्म देता है। गुरु के प्रति शिष्य के मन में अनन्य श्रद्धा होनी चाहिए। तभी शिष्य की एकाग्रता गुरु की शक्तियों पर हो सकेगी। आध्यात्मिक ज्ञान तो अनुभूतियों पर आधारित होता है। जैसे-जैसे अनुभूतियाँ बढ़ती जाएँगी, ज्ञान भी बढ़ता जाएगा। ये अनुभूतियाँ शिष्य के समर्पण पर आधारित होती हैं। वह जितना समर्पित होता जाएगा, वह उतनी ही अनुभूतियाँ पाता जाएगा। इन सबके लिए जीवंत गुरु का सान्निध्य अत्यंत आवश्यक होता है। इसलिए इस मार्ग में कोई निश्चित समय भी नहीं होता और न ही कोई व्यवस्थित कार्यक्रम होता है।"

"गुरुसान्निध्य का अधिक समय पूर्वजन्मों के बुरे कर्मों को नष्ट करने में ही जाता है और जैसे ही बुरे कर्म नष्ट होते हैं, शरीर नए कर्मों के जाल में उलझ जाता है और गुरुसान्निध्य छूट जाता है। आध्यात्मिक प्रगति तो बाद का ज्ञान है। यह तो ठीक वैसा ही है कि

एक गलत दिशा में गलत उद्देश लेकर एक मनुष्य दौड़ता है और अपने गलत दौड़ने से गिर पड़ता है। उसके पैर में चोट लग जाती है और अब दौड़ नहीं सकता, इसलिए पड़ा हुआ है। पैर में तकलीफ है, इसलिए डॉक्टररूपी (वैद्यरूपी) गुरु के पास आता है। अपने जख्मों पर पट्टी बँधवाता है, दवा-दारु करवाता है और अपने जख्म ठीक करवाता है। वह दौड़ नहीं सकता, इसलिए डॉक्टररूपी गुरु के पास होता है, पर उसका चित्त तो अभी भी उसी दिशा में होता है। वह केवल शरीर से गुरु के पास होता है और जिस दिन वह मनुष्य स्वस्थ होता है, वह गुरुसान्निध्य को छोड़कर फिर से गलत दिशा में, गलत मार्ग से दौड़ना प्रारंभ कर देता है। यानी वह मनुष्य गुरुसान्निध्य में केवल स्वस्थ होने के लिए आया था। आध्यात्मिक रूप से कभी जुड़ा ही नहीं है, तो वह आध्यात्मिक ज्ञान कैसे पाएगा?"

"मैं तुझे एक सत्य घटना बताता हूँ। उत्तराखण्ड के एक रामपाल राजा की कहानी मेरे गुरु ने बताई थी। वह अतिपराक्रमी, अतिबलशाली राजा था। अपने जीवन में आने वाली समस्या का जब कोई निदान नहीं मिलता, तब वह श्री मैत्रेय ऋषि के आश्रम में पहुँच जाता था। कुछ दिन उनके सान्निध्य में रहता और कुछ दिनों के बाद वापस जाकर अपना राज्य-कारभार चलाता था। पहली बार वह तब गया था, जब वह युद्ध में हार गया था। दूसरी बार वह अपनी पत्नी से झगड़ा होने पर आश्रम में, गुरुसान्निध्य में गया। तीसरी बार एक गृहयुद्ध के भय से गुरु के सान्निध्य में गया। चौथी बार, पुत्री की मृत्यु हो जाने पर गुरुसान्निध्य में गया और अपने मन को शांत किया। वह अपनी लड़की से बहुत अधिक प्रेम करता था और उसके बिना वह जीवन की कल्पना भी नहीं कर सकता था। इसलिए उसकी लड़की की मृत्यु से थोड़े समय के लिए उसके मन में वैराग्य की भावना जागी थी, पर वह क्षणिक ही थी। थोड़े समय बाद वह अपने लड़के के व्यवहार से दुःखी होकर फिर से गुरुसान्निध्य में गया। प्रत्येक बार श्री मैत्रेय ऋषि उसके दुःखों को छोड़कर आध्यात्मिक चर्चा ही उससे करते थे। यह राजा उनके प्रवचन जब आश्रम के अन्य शिष्यों के साथ सुनता, तो उसे आत्मशांति मिलती थी। फिर कुछ दिन आश्रम में रहा और वापस अपनी दुनिया में चला गया। कुछ समय के बाद

राजा की रानी की मृत्यु हो गई और फिर राजा एकदम टूट गया और फिर से आश्रम में, श्री मैत्रेय ऋषि के पास गया।"

"तब प्रथम बार श्री मैत्रेय ऋषि ने उससे कहा—यह सारा संसार ही नश्वर है और इस नश्वर संसार में ही तेरा चित्त सदा रहता था। तू आता तो आश्रम में था, पर केवल शरीर से यहाँ रहता था; तेरा चित्त तो उस नश्वर संसार में ही लगा रहता था। तेरी दिशा भी गलत थी और मार्ग भी गलत था। तू यहाँ आकर जो ऊर्जा प्राप्त करता था, उस ऊर्जा को, राज्य और अधिक कैसे बढ़े, इस पर खर्च करता था। इसलिए तेरे पास तो कुछ बाकी रहता ही नहीं था। यह तो आध्यात्मिक ऊर्जाशक्तियों का दुरुपयोग है। तू मेरे आश्रम में तभी आता है, जब तू अपनी दुनिया में दुःखी होता है या परेशानी से घिरा होता है और जैसे ही परेशानी दूर होती है, तू फिर से उधर ही भागता है। इस बार के अनुभव से भी तू यह नहीं सीखा कि अगर थोड़े-से सान्निध्य से परेशानियाँ दूर हो सकती हैं, तो अगर जीवनभर तू गुरुसान्निध्य में रहा, तो परेशानीमुक्त, संकटमुक्त जीवन तुझे प्राप्त हो सकता है। लेकिन यह समझ तुझे तब तक प्राप्त नहीं होगी, जब तक तेरे पिछले जन्म के कर्म नष्ट नहीं होंगे। यह सब कर्मों का ही मायाजाल है। आज तेरे पूर्वजन्म के कर्म संपूर्ण रूप से नष्ट हो गए हैं। आज तू कर्ममुक्त हो गया है। अब तू अपने संसार में वापस जा सकता है और अपना राज्य चला सकता है। राजा रामपाल ने श्री मैत्रेय ऋषि के पैर पकड़ लिए और कहा: गुरुदेव, गत जन्म के कर्मों के दलदल से निकलने में मुझे इतने साल लगे हैं, अब वापस उस कर्मों के दलदल में मुझे नहीं जाना है और अब न ही कोई अच्छे कर्म करने हैं। क्योंकि अच्छे कर्म करूँगा, तो भी उन्हें भोगने मुझे इस जगत में वापस आना होगा। मुझे बस अपने शिष्यों में शामिल कर लीजिए। मैं अब राजा बनकर नहीं, केवल शिष्य बनकर रहना चाहता हूँ। गुरु ने उसे उठाकर गले लगा लिया और कहा—तू गए जन्म में मेरा प्रिय शिष्य था और इसी के कारण तू हर बार, प्रत्येक परेशानी में मेरे ही पास आता था। पर इस जन्म के कर्मों को भोगने की लालसा और अतृप्ति तुझे बार-बार वापस अपने राज्य में ले जाती थी। मैं जानता था कि सारे कर्म नष्ट हो जाने पर तू

वापस आएगा। आध्यात्मिक ज्ञान जीवन की प्रत्येक समस्या का संपूर्ण निदान है, स्थाई निदान है। बस हमने उसे स्थाई समझना चाहिए। हम हमारी, दैनिक जीवन की समस्याओं में इतने लिप्त रहते हैं कि उन समस्याओं को ही हम स्थाई समझ लेते हैं और उस आध्यात्मिक ज्ञान से प्राप्त हुई ऊर्जा को हम उन समस्याओं पर खर्च कर देते हैं, उस प्राप्त हुई ऊर्जा को अपने पास नहीं रखते हैं।"

"आध्यात्मिक ज्ञान की प्राप्ति के मार्ग में कोई और बाधक नहीं, हम स्वयं ही बाधक हैं क्योंकि हमारे भीतर की छोटी-से-छोटी इच्छा भी प्रकट हो जाती है, हमारे अंदर की लालसा जागृत हो जाती है और यही हमें अपने स्थाई निदान से अस्थाई निदान की ओर धकेल देती है। भीतर के सुप्त दोष भी प्रकट हो जाते हैं। इसलिए ध्यान के पूर्व चित्तशुद्धि अत्यंत आवश्यक होती है। क्योंकि चित्त जितना शुद्ध होगा, हम हमारी प्रगति एक सही दिशा में कर पाएँगे। गुरु सदैव अपनी एक मस्ती में मस्त रहते हैं। हमें ही उनके पास जाकर ग्रहण करना पड़ता है। उनके सान्निध्य में रह पाना, यह भी एक बड़ी घटना है। यह ठीक वैसा ही है कि नदी के किनारे पर बैठे रहने से, कभी-न-कभी तो लहर आएगी ही। किनारे के पास जैसे बैठे रहते हैं, तब लहर की संभावना भी बनी रहती है। हमारे पूर्वकर्म नष्ट होने में ही गुरुसान्निध्य की अधिक समयावधि व्यतीत होती है और उन कर्मों के नष्ट होने के बाद अगर हम गुरु के सान्निध्य में रह पाए, तो आध्यात्मिक ज्ञान की प्राप्ति होती है।"

"आध्यात्मिक ज्ञान पाना इतना सरल नहीं है। इसमें कोई समयावधि नहीं होती और न ही कोई पाठ्यक्रम होता है और न ही कोई नियम होते हैं। सबकुछ एक 'समर्पण' पर ही निर्भर होता है। समर्पण में 'क्यों' यह प्रश्न नहीं होता है और न ही गुरु इस 'क्यों' का उत्तर दे सकते हैं। क्योंकि वह भी एक माध्यम होता है। उसे जैसा संदेश आया, उसने बताया। 'क्यों' का उत्तर तो उसके पास भी नहीं होता है।"

यह सब सुनते-सुनते पत्नी की स्थिति ध्यान जैसी हो गई थी। मैंने पूछा, "सो गई क्या?" तो वह बोली, "नहीं, सुन ही रही हूँ।

पर यह सब मेरी कल्पना से भिन्न है। मैं जैसा सोच रही थी, ऐसा बिल्कुल नहीं है। हमारी विद्यालयीन शिक्षा का और इस आध्यात्मिक शिक्षा का कोई संबंध ही नहीं है। इसका कारण यही होगा कि मैं जैसे टीचर (शिक्षिका) हूँ और यह ज्ञान जो मैं बच्चों को दे रही हूँ, वह एक निश्चित तरीके से, निश्चित क्रम से, निश्चित समयावधि में, निश्चित पाठों के आधार पर मुझे मेरे शिक्षक ने दिया है और वह मुझे दिया गया है, इसीलिए मैं भी वह दूसरे को दे सकती हूँ; अगर मुझे दिया ही नहीं गया होता, तो मैं भी दे नहीं सकती थी। यानी यह शैक्षणिक ज्ञान दिया जाता है और एक शिक्षणपद्धति के तहत दिया जा सकता है। आध्यात्मिक क्षेत्र में कोई शिक्षणपद्धति ही नहीं है और न ही आध्यात्मिक ज्ञान दिया जा सकता है। आध्यात्मिक ज्ञान तो शिष्य को गुरुसान्निध्य में स्वयं ही प्राप्त हो जाता है। आध्यात्मिक ज्ञान स्वयं ही हो जाता है। सबकुछ शिष्य की ग्रहण करने की स्थिति पर ही निर्भर करता है।"

हम पति-पत्नी प्राय: शाम के समय ऐसे विषयों पर घण्टों बातें करते थे और जो बातें मैं उसे बताता था, वे उसके लिए नई ही होती थीं। तो वह उन्हें ऐसे सुनती थी मानो मैं किसी नए ग्रह से पृथ्वी पर आया हूँ और मैं जो बातें बता रहा हूँ, वे किसी अन्य 'ग्रह' की हैं। मेरी बातों से मेरी पत्नी की जिज्ञासा और बढ़ रही थी और उस जिज्ञासा के कारण ही मैं इतना बोल पा रहा था। क्योंकि हिमालय के वातावरण में न तो बोला जाता था और न सुना जाता था। प्राय: सारी बातें चैतन्य की भाषा में ही होती थीं।

मैं कई बार पत्नी को पूछता, "आज स्कूल में कैसा रहा? क्या हुआ? आज का दिन कैसा बीता?" मेरी साधारणत: यह जानने की इच्छा रहती थी कि उसके आसपास कैसा वातावरण है। पर वह उसे इतना महत्त्व ही नहीं देती थी। वह कहती थी, "ये व्यावहारिक जगत की बातें हैं। ये बातें शाश्वत स्वरूप की नहीं हैं। शाश्वत है ज्ञान, वह महत्त्वपूर्ण है। अनेक संत होकर गए। आज कोई जानता है क्या—उन्होंने किन परिस्थितियों में दिन निकाले? वे अपने परिवार में कैसे रहते थे? कब उठते थे? कहाँ जाते थे? क्या करते थे? क्या खाते थे? क्या खाना उन्हें अच्छा लगता था? क्या पीना उन्हें अच्छा

लगता था? उनके कौन-से व्यसन थे? वे क्या पहनते थे? वे कैसे चलते थे? वे कैसे दिखते थे? वे कैसी भाषा का प्रयोग करते थे? उनके आसपास कौन लोग थे और उन लोगों के उनके प्रति क्या विचार थे? समाज उनके बारे में क्या सोचता था? वे समाज के बारे में क्या सोचते थे? दैनिक जीवन की इन छोटी-छोटी बातों का कोई महत्त्व नहीं हैं। ये सब छोटी-छोटी बातें हैं। ये परिस्थितियाँ आज हैं, कल नहीं होंगी, कल कोई और परिस्थितियाँ होंगी, कोई और नई बातें होंगी। यह तो, जब तक मनुष्य का जीवन है, चलता ही रहेगा और जीवन-समाप्ति के बाद सब बातें भी समाप्त हो जाएँगी, रह जाएगा केवल ज्ञान। उस संत ने क्या ज्ञान दिया, वह महत्त्वपूर्ण है। वह शाश्वत स्वरूप का है। उस ज्ञान की जीवनावधि कभी न समाप्त होने वाली है। इसलिए आसपास के लोगों को, परिस्थिति को मैं उतना महत्त्व नहीं देती हूँ। जीवन है तो यह सब चलते ही रहेगा। मेरा इस ओर देखने का नजरिया इतना गंभीर नहीं है और इसीलिए विपरीत परिस्थितियों में भी मैं शांत रह पाती हूँ। क्योंकि जानती हूँ—यह परिस्थिति व वातावरण स्थाई नहीं है।"

"मुझे तो आपकी बातें सुननी होती हैं। उन बातों में मुझे एक नई दुनिया का आभास होता है। मुझे मेरे दैनिक जीवन में एक नई ऊर्जा मिलती है। दैनिक जीवन स्थाई नहीं है, यह सब मैं आपसे ही सीखी हूँ। इसलिए मैं सभी परिस्थितियों में प्रसन्न रहती हूँ। आप मेरी और मेरे आसपास के वातावरण की चिंता मत कीजिए। मुझ पर आसपास के वातावरण का कोई प्रभाव नहीं होता है। यह सब चलता ही रहता है। ये सब कार्य मैं करती रहती हूँ, पर मैं इन सब कार्यों में नहीं रहती। सब कार्य होते रहते हैं। रोज सुबह होती है और शाम होती है। एक-एक दिन बीतता जाता है। अब मुझे इन सबका अभ्यास हो गया है। आपको यह सब भागदौड़ लगती है, पर अब यही मेरी दिनचर्या है" और यह कहकर पत्नी मुस्कराने लग गई।

उसका यह अंदाज मुझे बहुत प्यारा लगता था। आसपास की परिस्थितियाँ कैसी भी हों, उन परिस्थितियों का उस पर कोई प्रभाव नहीं होता था। पत्नी सूर्यनाड़ीप्रधान थी। यही कारण था, वह सभी परिस्थितियों में खुश रहती थी। यह सूर्यनाड़ीप्रधान लोगों की

विशेषता होती है। ये प्रत्येक परिस्थिति में खुश रहते हैं। आसपास की परिस्थितियों का इन पर प्रभाव नहीं होता है।

इन सूर्यनाड़ीप्रधान लोगों का ब्लड ग्रुप (रक्तसमूह) भी निगेटिव (ऋणात्मक) होता है और उसका भी ब्लड ग्रुप निगेटिव ही था। इन सूर्यनाड़ीप्रधान लोगों पर आसपास की परिस्थिति का कोई प्रभाव नहीं पड़ता है। ये प्रत्येक परिस्थिति में खुश रहते हैं। लोग मेरे बारे में क्या सोचते होंगे, यह वे लोग कभी नहीं सोचते हैं। वे अपनी मस्ती में मस्त रहते हैं। वह रोते हुए कम ही दिखी थी। प्रायः सूर्यनाड़ीप्रधान लोग रोते नहीं हैं, रुलाते हैं क्योंकि इनका व्यवहार कड़क होता है। यह व्यवहार देखकर लोग रोते हैं। ये लोग छोटी बातों से हताश और निराश नहीं होते। ये सभी परिस्थितियों में से मार्ग निकाल लेते हैं। इन लोगों को गुस्सा भी कभी-कभी ही आता है, अन्यथा वे शांत ही रहते हैं। पर अगर कभी इन्हें गुस्सा आ गया, तो फिर इनका गुस्सा किसी कार्य में ही दिखता है। गुस्सा आने पर एकदम कालीमाता का रूप होते हैं। फिर इन पर नियंत्रण करना कठिन ही नहीं, असंभव होता है। ये बड़े और कड़े-से-कड़े निर्णय लेने में देर नहीं करते हैं और कड़क अनुशासन से अपने लिए गए निर्णयों को पूर्ण करते हैं। इनमें बड़े निर्णय लेने का साहस होता है और अपने आत्मविश्वास से वे उसे पूर्ण करते है। पत्नी का और हमारे देश की भूतपूर्व प्रधानमंत्री इंदिरा गाँधी का रक्तसमूह समान था। इसलिए पत्नी कहती थी कि जब वे अहमदाबाद की यात्रा पर आतीं, तो रेडक्रॉस वाले, वह अहमदाबाद में है या नहीं, यह जानकारी लेते थे। साधारणतः निगेटिव ब्लडग्रुप कम पाया जाता है। पत्नी रेडक्रॉस में कई बार रक्तदान कर चुकी थी। वह रेडक्रॉस की मेंबर (सदस्या) थी।

सूर्यनाड़ीप्रधान लोगों में निराशा कभी नहीं होती है। वे सदा ही प्रसन्न व खुश बने रहते हैं। क्योंकि आसपास के वातावरण में वे रहते हैं, पर उस वातावरण में वे कभी नहीं होते हैं, वे अपनी ही मस्ती में मस्त रहते हैं। वह उस दिन बोल रही थी कि वह आसपास के वातावरण की ओर अधिक ध्यान नहीं देती। तो लगा, मानो वह सूर्यनाड़ीप्रधान होने के कारण अपना स्वभाव बता रही थी और ये बातें अनायास ही आने लग गईं।

मैं तो स्वयं चंद्रनाड़ीप्रधान था; भावुक था, संवेदनशील था। चंद्रनाड़ीप्रधान लोगों का स्वभाव भावनाप्रधान होता है। मैं भी भावनाप्रधान था। हम दोनों एक-दूसरे के पूरक थे। दोनों नाड़ियों की अपनी विशेषताएँ थीं, अपनी कमजोरियाँ थीं। हम दोनों मिलकर उस सांसारिक स्थिति का सामना कर रहे थे। मैं प्रयास करता कि कभी उसे गुस्सा न आए और वह प्रयास करती कि आसपास की परिस्थितियों से मैं हताश या निराश न होऊँ। परमात्मा ने मानो अपना कार्य करवाने के लिए ही हम दोनों को विवाह-बंधन में बाँधा था। ऐसा लगता था—यह विवाह किसी ईश्वरीय योजना का ही एक हिस्सा है। एक महान, पवित्र उद्‌देश को लेकर हम आगे बढ़ रहे हो, ऐसा लगता था। हम दोनों एक-दूसरे से बहुत प्रेम करते थे और एक-दूसरे की पसंद का सदैव खयाल रखते थे। अपने बारे में कम सोचते थे; सदैव, दूसरे को मैं कैसे प्रसन्न रख सकूँ, यह विचार करते थे। मैं जब घर में रहता था, तब मैं रसोई का कार्य पूर्ण रूप से सँभाल लेता था। मैं सोचता हूँ—जब मैं घर में नहीं रहता, तब तो यह बेचारी पत्नी दोनों बच्चों की देखभाल, स्कूल की नौकरी करते हुए यह सब अकेली सँभालती ही है और मैं उसे उस समय कोई मदद नहीं कर सकता हूँ। इसी आत्मग्लानि के भाव से उभरने के लिए मैं सदैव रसोईघर सँभाल लेता। वैसे भी खाना बनाना मुझे सदैव अच्छा लगता था। खाना खाने की अपेक्षा खाना बनाने और गरम-गरम खाना खिलाने में मुझे अधिक सुख मिलता था। इस प्रकार पत्नी के शारीरिक श्रम को कम करके मैं उसकी सूर्यनाड़ी को शांत करने का प्रयास सदैव करता था और प्रयास करता था कि जब वह घर में रहे, तो घर में करने के लिए कोई काम न रहे और हम शाम के समय आराम से घूमने जा सकें। घूमने जाना भी एक बहाना था। वास्तव में, हम घूमते कम थे, पर एखादे शांत स्थान पर या पेड़ के नीचे बैठकर बातें करते थे। हमारी चर्चा प्राय: आध्यात्मिक अनुभवों की होती थी। न तो भविष्य के बारे में कुछ सोचते थे और न ही कभी बच्चों के भविष्य के बारे में कोई चिंता या आशंका रही। हम दोनों में पता नहीं क्यों, पर परिस्थितिसंबंधी प्रश्न या फिर भविष्य में क्या होगा, अब क्या करेंगे, ऐसे कोई प्रश्न या विचार नहीं थे और घर

में क्या कमी है, क्या सामान और होना चाहिए, ये विचार भी नहीं आते थे। हम सदैव इतने गंभीर विषयों पर चर्चा करते थे कि उनके सामने वे सब परिस्थितिसंबंधी बातें तुच्छ लगती थीं।

मैं पत्नी की छोटी-छोटी बातों का भी ध्यान रखता था। पत्नी के बाल बहुत बड़े और घने थे, घुटने तक उसकी चोटी आती थी और इतनी व्यस्तता में चोटी बनाना बड़ा कार्य होता था। सुबह स्कूल जाते समय जब कभी कंघा गुम हो जाता था, तो वह मुझे ढूँढ़ने के लिए कहती थी। मैं कंघे को चित्त में लेकर उसके चैतन्य पर चित्त रखता था और उस चैतन्य पर चित्त रखते हुए फिर उस चैतन्य को घर में खोजता था। प्रथम, वह चैतन्य किस रूम (कमरा) से आ रहा है, वह देखता था। फिर रूम के बीच खड़ा होकर, वह किस दिशा से आ रहा है, वह खोजता था और बाद में उस दिशा के सामान में खोजने पर कुछ क्षणों में ही कंघा मिल जाता था। पत्नी का यह एक खेल ही था।

पत्नी का कंघा निश्चित था। पत्नी के चैतन्य को मैं उस कंघे में महसूस करता था। क्योंकि वह कंघा पत्नी के अलावा कोई भी प्रयोग नहीं करता था। यानी जो निजी वस्तुएँ होती है; जैसे कंघा, चप्पल, चश्मा, घड़ी, रिबिन (फीता), चूड़ियाँ, कपड़े, पर्स (बटुआ), टूथब्रश, अंगूठी; वे उस व्यक्ति के चैतन्य से चैतन्ययुक्त हो जाती हैं। यह मैं अपने अभ्यास से जान रहा था। इसीलिए हमारे पूर्वज सदैव दूसरों की वस्तुएँ प्रयोग करने के लिए मना करते थे। क्योंकि दूसरे का अच्छा या बुरा प्रभाव आप पर पड़ सकता है। यह प्रभाव मैंने रसोई में बेलन पर भी देखा। पत्नी को खाना जल्दी से बनाना पड़ता था और मुझे कभी जल्दी नहीं रहती थी, पर जब मैं उसका बेलन लेकर खाना बनाता था, तो रोटियाँ बड़ी जल्दी बन जाती थीं क्योंकि पत्नी की गति का प्रभाव बेलन पर भी था। यानी कोई भी वस्तु किसी एक व्यक्ति के अगर नियमित संपर्क में आए, तो उस व्यक्ति के भीतर से निकलने वाली ऊर्जा का प्रभाव उन वस्तुओं पर पड़ता है। यह घटना घटित होने में तीन बातें आवश्यक होती हैं। प्रथम, एक ही व्यक्ति वस्तु का उपयोग करे। दूसरा, वस्तु एक ही हो। तीसरा, नियमित, सतत उपयोग हो और निकलने वाली ऊर्जा

कैसी होगी, वह इस बात पर निर्भर करता है कि वह व्यक्ति क्या विचार करता है, वैसे ही उसके कर्म भी होते हैं और उसी प्रकार की ऊर्जा भी उसके भीतर से निकलती है। इस ऊर्जा के प्रभाव को जानने के लिए शुद्ध, पवित्र चित्त होना अत्यंत आवश्यक है। चित्त की शुद्धि इसलिए आवश्यक है कि वह ऊर्जा चित्त से ही अनुभव होती है। चित्त को आत्मा की आँख कहें, तो अतिशयोक्ति नहीं होगी। क्योंकि शरीर की आँखें होते हुए भी चित्त की आँख से देख पाना नियमित साधना करने से संभव है। कुत्ते, बिल्ली, हाथी इन सबकी यह जानने की क्षमता अधिक विकसित होती है। ये भी गंध से जो जानते हैं, वह भी वही प्रभाव होता है और उनका तो सारा जीवन ही इसी पर टिका होता है। इसलिए नियमित अभ्यास से बड़े जल्दी इसमें प्रवीण हो जाते हैं।

गुरु के सान्निध्य में भी यह अनुभव होता था कि गुरु जिस मार्ग से नियमित आना-जाना करते थे, उस मार्ग के स्पंदन एक अलग ही वातावरण बनाते थे। गुरु के द्वारा उपयोग की गई माला, पावड़ी, पत्थर का चैतन्य विशिष्ट होता था। उनके द्वारा बनाई गई पत्तों की सब्जी, उनके हाथों से बने व्यंजन का एक अलग ही स्वाद था जिसे शब्दों में बताना संभव नहीं है। गुरु द्वारा उपयोग की गई वस्तुओं में एक प्रकार की सुगंध भी आती थी। वह सुगंध किस फूल की होती थी, यह नहीं बता सकता क्योंकि उस सुगंध की तुलना किसी अन्य फूल की सुगंध से की ही नहीं जा सकती है। वह सुगंध एकदम मीठी (भीनी), दिव्यत्व वाली और आकर्षक थी। कई बार उसको बार-बार लेने का मोह होता था। उस सुगंध का प्रभाव हृदय और मस्तिष्क पर सीधा पड़ता था। हृदय के स्पंदन बढ़ जाते थे और वह हृदय के वे स्पंदन मस्तिष्क को एक प्रकार की संवेदनाएँ भेजते थे। मैं ऐसा महसूस करता था मानो मैं एक अलग ही जगत में हूँ, स्वयं को एकदम हलका महसूस करता था। ये ही स्पंदन गुरुदेव के शरीर से भी बहते थे। केवल उनका स्मरण भी एक सुंदर अनुभूति देता था।

स्पंदनों का एक अलग ही विज्ञान है। जितना भीतर जाओ, उतना ही सदैव नया जानने के लिए मिलता है और ऐसा लगता है कि यह सब जानने के लिए एक जन्म काफी नहीं है। कभी-कभी

तो लगता है कि जिन्होंने जाना है, उन्हीं से ग्रहण करना अधिक आसान है।

एक पके हुए आम जैसी मेरे गुरुदेव की स्थिति थी। आम पैदा नहीं करना है, आम तैयार नहीं करना है, आम पकाना भी नहीं है, आम केवल चूसना है। मेरे गुरुदेव तो मुझे एकदम पके हुए, रसभरीत (रसीले) आम जैसे ही लगते थे जिन्हें चूसना ही था। अनुभव एवं अनुभूतियों का रस पूर्णत: तैयार था।

मैं अचानक हँस पड़ा। मुझे अपने-आप पर ही हँसी आ गई। एक कंघे की बात से मैं कहाँ-से-कहाँ पहुँच गया था। ऐसा क्यों होता था, मालूम नहीं। मैं परिवार में रहते हुए भी चित्त से सदा हिमालय में ही रहता था। मेरे मन में सदा वहीं की बातें चलती रहती थीं और वहाँ की यादें मुझे एक नया जीवन प्रदान करती थीं।

एक दिन शाम के समय हम दोनों बच्चों को लेकर घूमने गए थे। वहीं एक वृक्ष के नीचे एक मंदिर जैसा कुछ बना हुआ था, एक झंडा लगा हुआ था। वहाँ पर एक महिला के बदन में तथाकथित माताजी आती थीं और आसपास के लोग वहाँ अपने जीवन के प्रश्न पूछने के लिए आते थे। कई लोगों का विश्वास था कि वह समस्या का निदान सही बताती है। वहाँ शाम के समय काफी भीड़ भी होती थी।

मुझे मेरी पत्नी ने पूछा, "वह सचमुच सही उत्तर देती होगी?" मैंने कहा, "पहले तो उसके बदन में माताजी आती हैं, इसी पर मेरा विश्वास नहीं है। परमात्मा एक विश्वव्यापी शक्ति है। वह एक कमजोर, गंदे, मानसिक रूप से विक्षिप्त शरीर में क्यों आएगी? परमात्मा की शक्ति तो केवल एक है। हाँ, इसके रूप अलग-अलग हैं और आप किसी भी रूप को मानो, आप परमात्मा को ही मानोगे। परमात्मा किसी शरीर, जाति, धर्म या देश में बँधा हुआ नहीं है। आप किसी को भी परमात्मा मान सकते हैं। परमात्मा को मानना आपके आत्मा की उच्च स्थिति है। यह आपकी अपनी स्थिति है आप किसी भी तरीके से मानें, इसमें हर्ज नहीं है। लेकिन मेरी म्हैस (भैंस) गुम हो गई, कब मिलेगी? मेरी लड़की की शादी कब होगी? मेरा मकान कब बनेगा? ऐसे व्यावहारिक जगत के प्रश्न पूछने के लिए परमात्मा

की शक्तियों का उपयोग करना परमात्मा की शक्तियों का अनादर है। मनुष्य अपने जीवन के मायाजाल में इतना फँस गया है कि यही दुनिया सही है, बाकी कुछ है ही नहीं, ऐसा समझता है। यानी वर्तमान की समस्याओं से इतना त्रस्त होता है कि उनके बाहर वह सोचता ही नहीं है। इसीलिए इस प्रकार के लोगों के चक्कर में पड़ता है।"

"वह स्त्री, जिससे झगड़ा कर उसके पति ने उसे छोड़ दिया है, जो एक गरीबीभरा, असहाय जीवन व्यतीत कर रही है, परमात्मा उसे माध्यम क्यों बनाएगा? अब प्रश्न आता है—उसमें कौन-सी शक्तियाँ हैं? वास्तव में, ऐसी कई अतृप्त आत्माएँ वातावरण में विद्यमान रहती हैं जिन्होंने अपने जीवन में कुछ आध्यात्मिक शक्तियाँ प्राप्त की थीं। प्राप्त करने का उद्देश शक्तियों का प्रदर्शन करना था और उन शक्तियों का प्रदर्शन वे अपने जीवन में नहीं कर पाईं और मृत्यु हो गई। आत्मा की देह तो छूट गई, पर मृत्यु के बाद भी दूसरों के लिए कुछ करने की इच्छा या फिर शक्तियों के प्रदर्शन की इच्छा बाकी रह गई।"

"ऐसी अतृप्त आत्माएँ फिर शक्तियों का प्रदर्शन करने के लिए ऐसे माध्यम को चुनती हैं जो अपने जीवन में तिरस्कृत महसूस करता है, जिसे कोई पूछता नहीं है। ऐसे शरीर को चुनकर ये आत्माएँ उसमें प्रवेश कर, उसे माध्यम बनाकर अपनी वासना की पूर्ति करती हैं और उस शरीर का अतृप्त आत्मा के प्रभाव में आने के कारण नुकसान होता रहता है। वह शरीर कमजोर होता रहता है। दूसरा, वह दस लोगों के प्रश्नों के उत्तर देती है, उसमें से, समझो, दो के उत्तर सही रहे, तो वे दो ही उसका प्रचार करते हैं और आठ लोग जिनके उत्तर सही नहीं निकले, वे चुपचाप, अपना भाग्य ही नहीं है, ऐसा समझकर अपने घर बैठ जाते हैं। इस प्रकार से उसका प्रचार होता है। वह स्त्री प्रत्येक प्रश्नकर्ता से एक निश्चित राशि लेती है। है न? एक ओर उस स्त्री की कमाई हो जाती है और दूसरी ओर उस मृत आत्मा को अपनी वासना की तृप्ति के लिए एक शरीर मिल जाता है।"

"मनुष्य की इच्छा अधिक बलशाली होती है। शरीर थक जाता है और मर भी जाता है, तो भी शरीर की इच्छा बाकी रह जाती

है और उस इच्छा को पूर्ण करने के लिए मनुष्य दूसरा जन्म लेता है। मुझे अभी और जीना है, मुझे अभी, जल्दी से मरना नहीं है, यह भी एक प्रकार की इच्छा ही है। जीने की लालसा भी इच्छा है। कई शरीर बदल लो, यह इच्छा प्रत्येक जन्म में बनी ही रहती है और इस जन्म में किए गए कर्मों (अभुक्त कर्मों) को वह अगले जन्म में भोगता है। अच्छे कर्म करता है, तो अच्छा भोगता है। बुरे कर्म करता है, तो अगले जन्म में बुरा भोगता है। यह (अभुक्त कर्मों को) भोगने का चक्र अनेक जन्मों तक चलता रहता है। फिर कभी जीवन में ऐसा क्षण आता है जहाँ जाकर अच्छे और बुरे सभी कर्म खत्म हो जाते हैं। वह क्षण है—किसी जीवंत गुरु से आत्मसाक्षात्कार प्राप्त करना। यह स्थिति गुरु और शिष्य दोनों का उद्धार करती है। दोनों मोक्ष के लिए एक-दूसरे के पूरक सिद्ध होते हैं। एक ओर, शिष्य के सभी बुरे कर्म गुरु ले लेते हैं और उसे खाली कर देते हैं, शिष्य जीवनभर खाली रह सकता है बशर्ते शिष्य जीवन में बुरे कर्म ही न करे और अच्छे कर्म करे तो वे भी गुरु को समर्पित कर दे यानी वह वैसा का वैसा, शुद्ध ही बना रहे और दूसरी ओर, गुरु अपने पूर्वजन्मों के अच्छे कर्मों को मिटाने के लिए दूसरे के बुरे कर्म ग्रहण करते रहते हैं। वे भी अपना हिसाब-किताब ही समाप्त करते रहते हैं और जीवन में जो अच्छे कर्म उनसे होते हैं, उनका भी उपयोग दूसरों के बुरे कर्मों को नष्ट करने के लिए करते हैं और फिर ऐसे गुरु के माध्यम से कई आत्माओं को मोक्ष की प्राप्ति होती है। मोक्ष यानी एक शून्य की स्थिति और ऐसी स्थिति कई जन्मों के चक्र में चलने के बाद ही मिलती है। चाहे वह गुरु हो या शिष्य हो, दोनों ही इस प्रक्रिया में एक-दूसरे के पूरक हैं। शिष्य को गुरु के बिना मोक्ष नहीं मिल सकता और गुरु को भी शिष्य के बिना मोक्ष नहीं मिल सकता। इसलिए गुरु शिष्य के पूर्वजन्मों के कर्मों को ही देखकर चलते रहते हैं। वे इस जन्म को अधिक महत्त्व नहीं देते हैं। पर प्रायः देखा गया है कि पूर्वजन्म की गलतियाँ ही आत्मा इस जन्म में दोहराती रहती है और वह गलती शिष्य फिर से न दोहराए, इसका ध्यान गुरु सदैव रखते हैं।"

"गुरु के सान्निध्य में रहना ही सबकुछ नहीं है। हम उस गुरुसान्निध्य का उपयोग किस दिशा में कर रहे हैं, वह महत्त्वपूर्ण है। गुरुसान्निध्य हमें नई शक्तियाँ देता है, पर दिशा नहीं। दिशा हमारा चित्त ही तय करता है। महत्त्वपूर्ण है—हम गुरुसान्निध्य में रहते हुए हमारा चित्त कहाँ रहता है। हमारा चित्त जहाँ है, उस ओर ही हमारी प्रगति होगी और हमारा चित्त जिस ओर होगा, हम उस दिशा में ही आगे बढ़ेंगे और गुरुसान्निध्य में रहते समय चित्त मोक्ष की ओर ही हो, यह आवश्यक नहीं है। अगर कहीं गलत दिशा में रहा, तो हम गलत दिशा में ही आगे बढ़ जाएँगे। शिष्य उस गलत दिशा में आगे बढ़कर, वहाँ जाकर भी जब सोचता है कि मैं तो गलत दिशा में आ गया और फिर वापस अपने गुरु की ओर मुड़ता है, तो तब तक गुरु का निर्वाण हो चुका होता है। यानी शिष्य की स्थिति धोबी के कुत्ते जैसी हो जाती है; न घर का रहता है और न घाट का।"

"शिष्य को मालूम नहीं पड़ता कि उसकी दिशा सही है या नहीं और वह गलत दिशा में ही बढ़ जाता है। ऐसी गलत दिशा में न जाएँ, इसीलिए हमारे पूर्वजों ने अपने अनुभवों से ही 'गुरुचरणों' का महत्त्व बताया है। 'गुरुचरण' गुरु की शक्तियों का अंतिम सिरा हैं। उस अंतिम सिरे को हम न ही देख सकते हैं, न ही जान सकते हैं और न ही पहचान सकते हैं। क्योंकि यह देखना शिष्य के दायरे के बाहर है।"

"इसीलिए जो देखे जा सकते हैं, वे हैं 'गुरु के चरण' जो स्थूल शरीर के रूप में, उसके अंतिम सिरे के रूप में दिखते हैं। गुरुचरणों पर चित्त रखना यानी सदैव उन चरणों पर ही अपनी नजर रखना नहीं है, बल्कि अपना अस्तित्व गुरु से अलग न समझना है; जिस प्रकार एक शरीर में मस्तिष्क हाथ से कहता है—उठाओ, तो वह उठाता है, पैरों को आज्ञा देता है—चलो, तो वे चलते हैं। यानी शरीर के अंग-प्रत्यंग जिस प्रकार से काम करते हैं, वैसे ही अंग-प्रत्यंग बनकर काम करना, अपना 'मैं' का अहंकार न रखना, अपना

अस्तित्व गुरु से अलग न समझना। अपने अस्तित्व को शून्य करने का मार्ग ही गुरुचरण है। गुरु तो संसार के मायाजाल से अलिप्त ही हैं, वे तो मोक्ष को प्राप्त करेंगे ही, तो क्यों न हम भी इस मायाजाल से मुक्त होने के लिए गुरुचरणों वाला आसान मार्ग अपनाएँ? यह सबसे आसान-सा मार्ग है। पर गुरुसान्निध्य में रहकर इसे अपनाना अत्यंत कठिन होता है। क्योंकि इसके बीच में गुरु के शरीर की अपनी माया होती है। वह क्षण-क्षण भ्रमित करती है। वह भ्रम की स्थिति ही गुरु की शक्तियों को बचाने का कार्य भी करती रहती है। पर माया के चक्कर से शिष्य को अपने-आपको बचाना होता है।"

"शिष्य की कठिन परीक्षा ही रहती है। एक ओर गुरु के शरीर की माया होती है जो गुरुशक्तियों पर चित्त केंद्रित नहीं होने देती और दूसरी ओर कर्मों का चक्कर होता है। इन दो चक्करोंरूपी पाटों के बीच शिष्य पिसता रहता है। जिस प्रकार चक्की के दो पाटों के बीच में रहकर गेहूँ पिस जाता है, पर घनोरा नाम का एक कीड़ा होता है, वह दो पाटों के बीच में रहकर भी जीवंत रह पाता है, ठीक उसी प्रकार से शिष्य को रहना पड़ता है। वह कीड़ा दोनों पाटों के बीच की लोहे की धुरी को ही सदा पकड़कर रखता है और इसलिए, कितनी भी चक्की चला लो, वह कीड़ा बच ही जाता है। क्योंकि दो पाटों के बीच में कभी होता ही नहीं है। ठीक उसी प्रकार से, गुरुचरण भी वह धुरी ही हैं जिसे पकड़कर इन कर्मों और मायारूपी दो पाटों के बीच बचा जा सकता है। यह एकदम आसान मार्ग है। पर बहुत विरले शिष्य ही यह बात समझ पाते हैं और बहुत विरले शिष्य ही इसे व्यवहार में ला पाते हैं। इसमें गुरुचरणों को पकड़ना ही कठिन है, बाकी सब तो आवरण ही होते हैं। गुरुशक्तियाँ एक सर्कल हैं, गोला हैं। गुरुचरणों पर चित्त रखकर हम सदा गुरुशक्तियोंरूपी सर्कल, गोले में ही बने रहते हैं।"

"'गुरुशक्तियाँ' आदि और अंत दोनों ही हैं। जहाँ अंत लगता है, वहीं फिर शुरुआत हो जाती है और शक्तियों का चक्र चलता ही रहता है। एक जन्म इस रहस्य को समझने के लिए काफी नहीं है। इसीलिए हमारी संस्कृति में गुरुपूजा का महत्त्व अनादिकाल से है। क्योंकि उस पूजा के बहाने हम उन शक्तियों के साथ जुड़ते हैं।

वास्तव में, हम सामूहिकता से जुड़ते नहीं हैं, अपने अलग अस्तित्व को ही सामूहिकता में विसर्जित कर देते हैं। हम जब कभी विसर्जित करते हैं, तो आत्मा का सत्य स्वरूप सामने आ जाता है। एक अकेली आत्मा इस कर्मों के चक्कर से अपने-आपको मुक्त नहीं कर सकती, पर सामूहिकता में वह मुक्त हो जाती है।"

"प्रायः कहा जाता है, मनुष्य जब जन्म लेता है, तभी यह निश्चित हो जाता है कि अपने कौन-से कर्मों (अभुक्त कर्मों) को वह भोगेगा और कब उसकी मृत्यु निश्चित ही हो जाएगी। यानी जीवन में क्या होने वाला है, यह निश्चित है और जीवन में सब निश्चित ही है, तो फिर मनुष्य कर्म ही क्यों करे? जो होना है, वह तो होगा ही। जब जो होने वाला है, उसे हम बदल नहीं सकते, तो फिर कर्म ही क्यों करें? कर्म का एक चक्र है। वह प्रत्येक को पूर्ण करना ही होता है। लेकिन उस चक्र को पार करते समय मनुष्य अगर सामूहिकता से जुड़ जाता है, तो उस जीवनचक्र का समय कब चला जाता है, उसका पता भी नहीं चलता है। क्योंकि मनुष्य अपने कर्मों के भोग भोगता है, पर सामूहिकता में भोगता है। भोग कम नहीं होते, तीव्रता कम हो जाती है। यह ठीक वैसा ही है, जैसे डॉक्टर (वैद्य) अपने मरीज की बीमारी का इलाज करते समय उसका ऑपरेशन (शल्यक्रिया) करता है, तो ऑपरेशन का दर्द महसूस न हो, इसलिए उस भाग को सुन्न कर देता है। यानी उस भाग में ऑपरेशन करते समय दर्द तो होता है, पर पता नहीं चलता है। यहाँ भी ठीक वैसा ही है। सामूहिकता के साथ रहने से भोग के भोगने की तीव्रता मालूम नहीं पड़ती है और इसीलिए मोक्षमार्गी आत्माएँ सामूहिक शक्ति में विसर्जित होने की इच्छा करती हैं। जीवन में हम अपने अस्तित्व को जितना छोटा करेंगे, हमारी तकलीफें उतनी ही बड़ी हो जाएँगी। हमारा अस्तित्व जितना बड़ा होगा, तकलीफें उतनी कम महसूस होंगी। तकलीफें कम नहीं होंगी, तकलीफें कम महसूस होंगी।"

"पानी से भरा एक गिलास है। उस गिलास के पानी में अगर एक चम्मच काली स्याही डाल दी जाए, तो गिलास का सारा ही

पानी काला हो जाएगा। गिलास का पानी इसलिए काला हो जाएगा क्योंकि गिलास के पानी की मात्रा कम है। पानी की कम मात्रा थोड़ी-सी, एक चम्मच काली स्याही से ही काली हो जाएगी। ठीक इसी प्रकार से, 'मैं' और 'मेरा' करके, अपने अहंकार से मनुष्य जब अपने अस्तित्व को एक छोटे-से गिलास के पानी समान बना लेते हैं, तो फिर जीवन में आई हुई छोटी-सी समस्या भी उनके जीवन को असंतुलित कर देती है। जीवन में क्या करें, क्या न करें, यह समझ में नहीं आता है और समूचे जीवन में ही अँधेरा छा जाता है और आदमी आत्महत्या करने तक की सोचने लग जाता है। यानी छोटी-सी समस्या से भी संपूर्ण भयभीत हो जाता है। वही गिलास का पानी गंगा नदी में डाल दिया जाए, तो उस गंगा नदी में वह कहाँ चला गया, वह पता भी नहीं चलेगा। वही एक चम्मच काली स्याही गंगा नदी में डाल दो, तो वह काली स्याही गंगा नदी में जाकर सफेद नहीं हो जाएगी, काली स्याही अपने गुणधर्म के अनुसार काली ही रहेगी, पर गंगा नदी के पानी की सामूहिकता होने के कारण काली स्याही गंगा नदी में दिखेगी नहीं। अब मनुष्य के हाथ में है कि वह गिलास का पानी बने या गंगा नदी का पानी बने। जब वह सामूहिकता में जाता है और गंगा नदी का पानी बनता है, तब जीवन के कालचक्र में उसे जो भोग भोगने थे, वे भोगने ही पड़ते हैं, पर उनकी तीव्रता कम हो जाती है।"

"भारतीय संस्कृति में सारा अध्यात्म इसी आधार पर टिका है। भारतीय संस्कृति में इसीलिए 'गुरु' और 'गुरुचरणों' को महत्त्व दिया गया है और यह आज से नहीं है, अनादिकाल से है। सामूहिकता का महत्त्व हमारे पूर्वजों ने समझा और सामूहिकता से जुड़ने के लिए गुरुमार्ग चुना। गुरु भी निमित्य हैं—सामूहिकता में जुड़ने का। हम जिन्हें भगवान समझते हैं, वे राम भी गुरु से जुड़े हुए थे। उनके गुरु वशिष्ठ थे। हम जिन्हें भगवान मानते हैं, वे कृष्ण भी सांदिपनी गुरु से जुड़े हुए थे। यानी गुरुपरंपरा काफी पुरानी है। वास्तव में, उन्होंने भी सामूहिकता के महत्त्व को समझा था, जाना था।"

"यह ठीक वैसा ही है कि एक नदी को अपने-आपको विसर्जित करने के लिए एक बड़े समुद्र की आवश्यकता होती है। समुद्र के

बिना नदी के पानी के अस्तित्व का विसर्जन नहीं हो सकता है। ठीक इसी प्रकार से, एक आत्मा को अपने-आपको विसर्जित करने के लिए अनेक आत्माओं की आवश्यकता होती है और यह अनेक आत्माओं की सामूहिकता केवल और केवल गुरु के साथ ही होती है। इसीलिए गुरु का महत्त्व है। क्योंकि सामूहिकता उसके साथ जुड़ी है और अनेक आत्माओं की सामूहिकता यानी 'परमात्मा' होता है, इसीलिए गुरु को 'साक्षात परब्रह्म' कहा गया है। लेकिन यह सब मानने पर ही निर्भर होता है। यह तो वही बात हुई कि मानो तो भगवान है और न मानो तो पत्थर है। यानी सबकुछ मानने पर ही निर्भर होता है।"

"हिमालय में जो तपस्वी ध्यान करके, अकेले रहकर मोक्ष प्राप्त करते हैं, वे, वास्तव में, मोक्ष पाने के लिए ही वहाँ गए होते हैं। अपने सारे घर-संसार, समाज को त्यागकर केवल एक उद्देश के लिए वे वहाँ गए होते हैं। इसीलिए उनका एक ही लक्ष्य होता है और उसी एक लक्ष्य पर उनका चित्त केंद्रित होता है। वे समाज से इसलिए गए हुए रहते हैं कि वे समाज में वापस आना ही नहीं चाहते। वे समाज को 'कोयले की खदान' कहते हैं।"

"वे इतने एकाग्र हो जाते हैं कि मोक्ष पर चित्त रखते-रखते उनका अलग अस्तित्व स्वयं ही शून्य हो जाता है। वे प्रकृति के साथ समरस ही हो जाते हैं। आसपास के पत्थरों से, पहाड़ों से, झाड़ों से और पेड़ों से भी वे अपनापन महसूस करते हैं। यानी उनके भीतर जो 'मैं' का अहंकार होता है, वह अपने-आप ही समाप्त हो जाता है। प्राकृतिक वातावरण में सालों रहते-रहते वे भी उसका एक हिस्सा हो जाते हैं और आसपास का वातावरण भी उनसे प्रभावित होने लग जाता है और उनके आसपास एक आभामण्डल बन जाता है। आभामण्डल का प्रभाव उनके आसपास होता है और उस आभामण्डल के दायरे में जो प्राकृतिक वातावरण आता है, वह भी वैसा ही हो जाता है। एक प्रकार की समरसता स्थापित हो जाती है उनमें और प्रकृति में। फिर वे स्वयं भी प्रकृति का एक हिस्सा बनकर जीते हैं। उन्हें मोक्ष की स्थिति प्राप्त हो जाती है और उसी, मोक्ष की स्थिति में वे सालों जीवित रहते हैं। पर वे रहते हैं प्रकृति का हिस्सा बनकर। इसीलिए प्रायः वे एक निश्चित स्थान पर ही सालों

बने रहते हैं। सालों तक उनके आसपास का वातावरण वैसे-का-वैसा ही रहता है। दूसरा, उनके आभामण्डल के क्षेत्र में, यदि वे नहीं चाहते कि कोई आए, तो कोई भी मनुष्य चाहकर भी उनके आभामण्डल में प्रवेश नहीं कर सकता है। आभामण्डल के ऐसे क्षेत्र हिमालय पर बने हुए हैं! और वे भी उस आभामण्डल के क्षेत्र के बाहर कभी नहीं जाते हैं। मोक्ष की स्थिति वे प्रकृति में समरस होकर पा लेते हैं। फिर उन्हें मृत्यु कभी भी आए, कुछ फर्क नहीं पड़ता है।"

"एक ही स्थान पर मनुष्य अगर सालों रहे, तो उस स्थान का प्रभाव उस पर और उसका प्रभाव आसपास के वातावरण पर पड़ने लग जाता है। फिर उस तपस्वी की मृत्यु भी हो जाए, उसकी तपस्या का, उसके द्वारा की गई साधना का प्रभाव सालों बना रहता है। उस प्रभावित क्षेत्र में कोई मनुष्य तब तक नहीं जा सकता, जब तक वह उस क्षेत्र में जाने के योग्य न हो। मनुष्य के शरीर से एक प्रकार के स्पंदन निकलते रहते हैं। उन स्थानों पर भी एक प्रकार की स्पंदनशक्ति विद्यमान होती है। जब तक व्यक्ति उसी स्तर का नहीं होता, वह उस स्थान पर जा ही नहीं सकता। यह थोड़ा-सा इलेक्ट्रिक वॉल्ट (बिजली की इकाई) जैसा ही है। 100 वॉल्ट्स, 440 वॉल्ट्स जैसा ही प्रकार है और यह सब हिमालय में हो पाता है। क्योंकि वहाँ अन्य मनुष्य नहीं हैं, अन्य विचार नहीं हैं।"

"वास्तव में, मनुष्य का पतन मनुष्य के द्वारा ही होता है। एक मनुष्य के मस्तिष्क से दूसरे मनुष्य के मस्तिष्क में विचारों की तरंगें जाती हैं और वे तरंगें ही दूसरों को प्रभावित करती हैं। यानी यह समझ लो कि विचारों की एक प्रकार की बीमारी ही समाज में फैली हुई है। एक अशांत मनुष्य अनेक मनुष्यों को अशांत कर सकता है। होता है, एक से शांति से कार्य चल रहा है, एक अशांत व्यक्ति वहाँ आकर अपनी अशांत ऊर्जा से वातावरण को अशांत कर जाता है।"

"वे तपस्वी यह सब जानते हैं। इसीलिए सारे तपस्वी, समाज को 'कोयले की खदान' कहते हैं यानी जहाँ काले-काले विचार फैले होते हैं और वे विचार एक बीमारी की तरह फैलते ही जाते हैं। इसलिए इस समाज से जो हिमालय में जाता है, वह वापस

कभी नहीं आता है। वहाँ जो गया, वह गया। क्योंकि वहाँ एक ऐसा वातावरण है, जहाँ विचार नहीं हैं और वापस इस दुनिया में आना भी एक विचार है। जब कोई विचार ही नहीं आएगा, तो वहाँ गए हुए व्यक्ति को अपना घर और अपना गाँव कैसे याद आएगा? और जब याद ही नहीं आएगा, तो वह वापस कैसे आएगा? वहाँ जाकर वह सबकुछ भूल जाता है।"

"वैसे वातावरण में रहकर अकेले ध्यान करना संभव है। वास्तव में, वहाँ भी अकेले ध्यान नहीं होता। ध्यान आसपास की प्रकृति से जुड़कर होता है। यानी ध्यान प्रकृति की सामूहिकता में होता है। लेकिन, जहाँ अन्य कोई भी न आए, ऐसा स्थान समाज में बनाना और बनाकर उसी स्थान पर रहना असंभव प्रतीत होता है। क्योंकि कोई घर में भी बंद रहा, तो घर के सदस्य तो वहाँ आएँगे ही। इसलिए समाज में रहना है, तो ध्यान का एक ही मार्ग है; वह है—सामूहिकता में ध्यान करना। समाज में प्रकृति की सामूहिकता भले ही न मिले, पर मनुष्यों की सामूहिकता मिल ही जाती है। लेकिन आवश्यक है कि यह सामूहिकता एक ही लक्ष्य को लेकर जमा हुई हो। क्योंकि तभी ध्यान सामूहिकता में हो पाएगा। जब सामूहिकता एक लक्ष्य के साथ एकत्र होगी, जब एकत्र हुई सामूहिकता का लक्ष्य एक ही होगा, तभी सभी मिलकर उस स्थिति तक पहुँच सकेंगे। पर यह तभी संभव है, जब संपूर्ण चित्त ध्यान में हो, सभी का माध्यम एक हो। माध्यम के बहाने उद्देश भी एक ही हो जाता है और ध्यान स्वयं ही लग जाता है। पर एक उद्देश के लिए एक माध्यम पर ध्यान केंद्रित करने वाली आत्माओं की सामूहिकता समाज में तो नहीं है। वह निर्मित हो, तो समाज में रहकर ध्यान करना संभव है। ये दोनों ही बातें असंभव-सी जान पड़ती हैं। क्योंकि एक उद्देश और एक माध्यम पर केंद्रित सामूहिकता समाज में शरीर से हो सकती है, पर शुद्ध-पवित्र चित्त से नहीं। वह अगर हो जाए, तो समाज में सामूहिकता में ध्यान किया जा सकता है, सामूहिकता में मोक्ष प्राप्त हो सकता है। यानी या तो समाज में रहकर सामूहिक ध्यान करो या हिमालय जाकर प्रकृति की सामूहिकता में ध्यान करो। ये दो ही मोक्ष-प्राप्ति के मार्ग हैं।"

"अब आत्मा को क्या आसान लगता है, वह मार्ग प्रत्येक आत्मा ने स्वयं चुनना चाहिए। दोनों ही कठिन मालूम होते हैं। वास्तव में, दोनों ही आसान हैं। 'मैं' पर बस नियंत्रण करना आसान है; कुछ क्षण किया जा सकता है; पर 'मैं' को आसानी से मिटाया नहीं जा सकता है और जब तक 'मैं' मिटता नहीं, ध्यान लगेगा नहीं। वास्तव में, ध्यान-ध्यान कुछ नहीं है, अपने-आपको एक खाली पाईप के समान बनाना है। वह पाईप इतना खाली होना चाहिए कि आसपास की हवा उसमें से बहने लग जाए। वह हवा परमचैतन्य ही है। सारा चैतन्य भरा विश्व है। चैतन्य सभी ओर भरा पड़ा है, बस वह हमें ग्रहण करते आना चाहिए। चित्त शुद्ध होना ही आवश्यक है। चित्त शुद्ध होने पर ध्यान करना नहीं पड़ता, ध्यान स्वयं ही लग जाता है। जैसे पाईप स्वच्छ हो जाए, तो शुद्ध हवा स्वयं ही उसमें से बहने लग जाती है।"

बाद में मैं ही विचार करने लग गया—बातों-बातों में हमारी बातें कहाँ-से-कहाँ पहुँच गईं। बाद में हमें याद आया कि काफी देर तक हमारी चर्चा चली थी।

मुझे बाद में लगा कि ये विषय कितने बड़े हैं कि कितना भी सोचो, कम ही है। यह सोचते हुए ही हम उस रात सो गए थे। दूसरे दिन सुबह उठे, तो पत्नी ने सुबह-सुबह ही प्रश्न किया, "कल आपने बताया कि हिमालय में जाकर विचारशून्यता की स्थिति हो जाती है और इस जगत का विचार ही नहीं आता। तो ऐसा भी हो सकता है कि एक बार आप जाओ और आओ ही नहीं? मैंने गंभीरता से जवाब दिया, "हाँ, यह भी हो सकता है। यह खतरा तो तुझे मुझे हिमालय भेजते समय सदैव उठाना पड़ेगा।" बाद में वह कुछ सोचते हुए अपने दैनिक कार्य में लग गई। रोज का सुबह का समय तो बड़ा भागदौड़ वाला होता था। छोटे बच्चों को सँभालते हुए नौकरी करना अत्यंत कठिन होता था।

मैं सोचता—जब मैं घर नहीं रहता हूँ, तब यह बेचारी अकेली ही सब कैसे कर लेती होगी? इसलिए जब मैं रहता था, तब मैं उसे आराम देने का प्रयास करता था। बचपन में मैं मेरी नानी को खाना बनाते समय मदद किया करता था। इसीलिए मैं खाना बनाना सीख

गया था और खाना बनाना मुझे अच्छा भी लगता था, इसलिए नानी के साथ खाना बनाना सीखा था। वह काम आ रहा था। किस समय सीखा हुआ काम किस समय काम आता है, इसका पता नहीं होता। खाना बनाने के साथ मेरी नानी की मधुर यादें जुड़ी थीं। शायद इसलिए भी खाना बनाना मुझे अच्छा लगता था। मानो मैं नानी के साथ ही खाना बना रहा हूँ, ऐसा लगता था। कौन-सी सब्जी कैसे बनाई जाती है, वह उसी से सीखा था। तो वह सब्जी बनाते समय उसकी विधि याद आ जाती थी और मैं वह सब्जी बना लेता था। मेरी नानी को कोई भी पदार्थ खुला पड़ा हुआ अच्छा नहीं लगता था। वह सब पर ढक्कन अवश्य रखती थी। तो वही मेरी आदत में आ गया था कि मैं भी कोई व्यंजन बनाकर खुला नहीं रखता था। सब पर ढक्कन अवश्य रखता था। रोज दूध में से मलाई निकालना और मलाई को इकट्ठा करके प्रत्येक सप्ताह उस मलाई को मथकर मक्खन निकालना और उस मक्खन से घी निकालना, यह सब सीखा हुआ था। मैं प्रति सप्ताह स्वयं ही निकालता था। इसलिए जब मैं घर में रहता, तब किचन (रसोई) के कार्य से पत्नी को पूरा आराम रहता था। उसका सबसे बड़ा कार्य वही तो था।

एक दिन शाम अचानक ही पत्नी ने पूछा, "आपको हमारे कारण हिमालय से इस जगत में आना पड़ता है क्या? हम लोग आपकी आध्यात्मिक प्रगति में बाधक हैं क्या? ऐसे प्रश्न दो दिनों से मेरे मन में उठ रहे हैं और फिर आपने शादी ही क्यों की?" मैं शांतिपूर्वक समझाने लग गया और मैं बताते-बताते पता नहीं किस दुनिया में चला गया। मैंने उसे समझाया, "हमारी शादी का सम्बन्ध किसी पवित्र उद्‌देश को सामने रखकर ही बनाया गया है।" उसे बताया, "यह पंखा जो ऊपर घूम रहा है, वह हवा देने का कार्य कर रहा है क्योंकि वह हवा देने के लिए बनाया गया है। लेकिन किचन में जो एग्जोस्ट फॅन (पंखा) लगाया है, वह हवा बाहर फेंकने के लिए बनाया गया है। दोनों भी फॅन हैं। एक तो सीलिंग फॅन (छत वाला पंखा) है जो हमें हवा देता है, दूसरा एग्ज़ोस्ट फॅन है जो हमारे कमरे की हवा खींचता है। दोनों भी फॅन हैं, पर दोनों के कार्य एकदम भिन्न हैं। दोनों को चलाने वाली बिजली समान है, दोनों बिजली की

शक्ति से ही चलते हैं, पर एक हवा देता है और एक हवा खींचता है। दोनों अलग-अलग कार्य हैं। मेरा कार्य यही क्यों है, वह सोचता है क्या? नहीं। वे अपना कार्य करते रहते हैं। वे कभी भी एक-दूसरे का कार्य नहीं कर सकते हैं। ठीक इसी प्रकार से, आध्यात्मिक ज्ञान प्राप्त करना अलग प्रक्रिया है, आध्यात्मिक ज्ञान देना अलग प्रक्रिया है। हिमालय में जो मुनि हैं, वे सभी आध्यात्मिक ज्ञान पाने के उद्देश से ही वहाँ गए हैं और इसीलिए वे आध्यात्मिक ज्ञान केवल पा रहे हैं। आध्यात्मिक ज्ञान पाना ही उनका उद्देश है और वहाँ साधना करते-करते आध्यात्मिक ज्ञान पाना उनका स्वभाव हो गया है। वे भले ही देना भी चाहते हों, तो भी शरीर देने का आदी नहीं है। देना शरीर को आता ही नहीं है। देना उसका स्वभाव ही नहीं है।"

"यह मानवशरीर, हम जैसा चाहें, वैसा बन जाता है। उन्होंने अपने शरीर को केवल पाने के लिए ढाल लिया है और इसीलिए वे स्थित हो गए हैं। वे अपने स्थान से हिल भी नहीं सकते हैं। वे देना भी चाहें, तो भी वे दे नहीं सकते और ध्यान करते-करते वे मोक्ष की स्थिति अपने जीवनकाल में पा लेते हैं। जब मोक्ष की स्थिति ही मिल गई तो फिर क्या चाहिए? कुछ नहीं। जब उन्हें कुछ चाहिए ही नहीं, तो वे क्यों कहीं जाएँगे? वे कहीं नहीं जाते और न ही कहीं जाने की उन्हें आवश्यकता होती है। लेकिन मोक्ष की स्थिति प्राप्त करने के बाद वे जो साधना करते हैं, उस साधना से प्राप्त हुई शक्ति, वे चाहें या न चाहें, हस्तांतरित हो जाती है। यह ठीक वैसा ही है जैसे कि दूध को एक गिलास में डालो, तो एक निश्चित मात्रा के बाद दूध गिलास से छलकने लग जाएगा। यह स्थिति भी ऐसी ही है। गिलास तो निर्जीव है, वे तो सजीव हैं। उन्हें भी लगता है—जो चैतन्य अधिक हो गया है, बह रहा है, वह कोई आकर ग्रहण करे। लेकिन उन तक पहुँचेगा कौन? सामान्य मनुष्य तो उतनी ऊँचाई पर पहुँच ही नहीं सकता। इतने ऊँचे शिखरों पर रहते हैं कि सामान्य मनुष्य के लिए तो उन पर चढ़ पाना कठिन है। अधिक ऊँचाई के लिए सामान्य मनुष्य अभ्यस्त नहीं होता है और इसी कारण कभी-कभी ऑक्सिजन की समस्या आ जाती है। कम ऑक्सिजन पर रहने का अभ्यास करना पड़ता है। आसपास के वातावरण से समरस हुए बिना आगे

बढ़ा ही नहीं जा सकता है। साँस लेने में तकलीफ होने लग जाती है। सिर में दर्द चालू हो जाता है। साँस लेना भी कठिन हो जाता है। बर्फ और ठण्डी हवाओं की मार झेलनी पड़ती है।"

"ठण्ड की इतनी मार सहन कर उतनी उँचाई पर कोई क्यों चढ़ेगा? यह पहला प्रश्न है। दूसरा, इन सब बाधाओं को दूर कर कोई मनुष्य वहाँ पहुँचा भी, तो भी कोई उनके पास जा नहीं सकता क्योंकि उन्होंने अपने-अपने आभामण्डल बनाकर रखे हैं। उनकी इच्छा के बिना तो कोई उनके आभामण्डल के भीतर प्रवेश ही नहीं कर सकता है। वे अपने-आपको इतना अंदर लेकर गए हैं कि वे चाहें तो भी कोई वहाँ नहीं पहुँच सकता है। मैं भी केवल इसीलिए पहुँच सका क्योंकि आध्यात्मिक ज्ञान दूसरों तक पहुँचाना ही मेरे जीवन का उद्देश है। मेरा जन्म ही इन सभी तपस्वियों की इच्छा से हुआ है और इसीलिए मेरे जीवन का उद्देश आध्यात्मिक ज्ञान पाना कभी नहीं रहा, देना ही रहा है। इस देने की इच्छा से ही जीवन में पाया है। पाना और देना, दोनों एक ही सिक्के के दो पहलू हैं। पाने की इच्छा रखोगे, तो भी मिलेगा और देने की इच्छा रखोगे, तो भी मिलेगा। पर देने की इच्छा नहीं रहेगी, तो दे नहीं पाओगे। देने की इच्छा से दो बातें होती हैं—पाया भी जाता है और दिया भी जाता है। मैं तो उनके सान्निध्य में केवल पहुँचता हूँ। मेरी देने की इच्छा के कारण ही मुझे अनायास ही मिल जाता है। पाना नहीं पड़ा है, मिल गया है। यानी मैंने मेहनत से 'पाया' नहीं है, अनायास, गुरुकृपा में मिल में गया है। मैं वहाँ पर इसलिए स्थित नहीं हो सका क्योंकि मेरे जीवन का उद्देश देना है और देने के लिए तो बहुत लोगों की आवश्यकता होती है, जबकि वहाँ पर लोग बहुत तो हैं ही नहीं। यानी हिमालय मेरा कार्यक्षेत्र नहीं हो सकता। मेरा कार्यक्षेत्र समाज ही है। क्योंकि जब तक समाज में नहीं आऊँगा, तब तक मुझसे ग्रहण करने वाले, मेरे शिष्य निर्मित नहीं होंगे और जिनकी शुद्ध इच्छा के कारण मेरा जन्म हुआ है, वे ही अनेक हैं, तो स्वाभाविक ही है, शिष्य भी लाखों की संख्या में होंगे और लाखों लोग तो हिमालय में नहीं हैं। दस किलोमीटर चलो, तो एक मनुष्य मिलता है। इसलिए समाज तक पहुँचे बिना मेरे जीवन का उद्देश पूर्ण नहीं होगा।"

"मेरा जीवन तो छोटा है और जीवन का कार्य तो बड़ा है। जीवन के बाद भी अगले 800 सालों तक कार्य चलता रहेगा। उन 800 सालों तक कार्य जारी रह सके, ऐसी व्यवस्था इस छोटे-से जीवन में करनी होगी। 30 साल तो हो भी गए, अभी तक तो कार्य का प्रारंभ ही नहीं हुआ है। कार्य कितना बड़ा है! और समाज में जाकर सामूहिक शक्ति को प्राप्त किए बिना यह कार्य आगे नहीं बढ़ सकता है। अगले 800 सालों तक आने वाली आत्माओं के लिए रास्ता बनाना है। कितना कठिन और कितना बड़ा कार्य है! और अभी तो शुरुआत ही नहीं हुई है। मनुष्य का जीवन बड़ा छोटा है। पाना व देना, दोनों एक ही जीवन में नहीं हो सकते हैं। पाने से भी कठिन कार्य है देना और देने से भी कठिन कार्य है दिया जाना। वे भी देना चाहते हैं, पर दिया जाता है क्या? नहीं। क्योंकि वे उस स्थिति में हैं कि वे वहाँ से हिल भी नहीं सकते, तो समाज तक कैसे पहुँचेंगे? और समाज कभी भी उन तक नहीं पहुँच सकता है। तो दिए जाने की प्रक्रिया कैसे संपन्न होगी? कभी हो ही नहीं सकती है। दिए जाने की प्रक्रिया के लिए कोई दूसरा होना चाहिए और वहाँ तो केवल वे हैं। वहाँ जो मैं जाता हूँ, वह पाने की इच्छा से नहीं, देने की इच्छा से जाता हूँ। मैंने देने की इच्छा लेकर ही जन्म लिया था। बस वह इच्छा सुप्त अवस्था में थी। उसे जागृत श्री शिवबाबा ने नेपाल में किया था।"

"सालों से अभी तक तो प्राप्त करने की प्रक्रिया ही चल रही है। यह जो इकट्ठा होने की प्रक्रिया है, वह जब देने की प्रक्रिया में परिवर्तित होगी, तभी सही अर्थ में मेरे जीवन की शुरुआत होगी। अभी तो केवल उसकी भूमिका बनाई जा रही है और यह देने की प्रक्रिया समाज में रहकर ही प्रारंभ होगी। पर कब होगी, वह मालूम नहीं। मेरा कार्यक्षेत्र समाज ही है। यह बार-बार समाज में आना मुझे समाज से जोड़े रखता है और याद दिलाता है कि मेरा कार्यक्षेत्र समाज ही है, समाज में आना ही है। तू और बच्चे तो केवल निमित्य हैं। इसलिए यह कभी मत समझना कि तुम मेरी आध्यात्मिक प्रगति में बाधक हो। मैं मेरे कार्य के कारण ही समाज में आता हूँ और उस दिन मैंने कहा था कि मैं समाज में नहीं भी आ सकता हूँ, यह भी एक खतरा है। वह वहाँ के वातावरण को देखकर कहा था क्योंकि

वहाँ जो लोग हैं, उनमें कोई भी मुझे ऐसा नहीं मिला जो एक बार हिमालय जाने के बाद वापस इस समाज में आया हो। लेकिन मेरा कार्यक्षेत्र समाज है। तो आज मुझे लगता है कि मैं आऊँगा। मेरी सारी ऊर्जाशक्ति बाहर की ओर बहती है। मैं मेरे लिए कभी नहीं सोचता, दूसरों के लिए ही सोचता हूँ और वे दूसरों के लिए नहीं सोचते, केवल अपने लिए सोचते हैं। यह दोनों में मूलभूत अंतर है। यह अंतर ही मुझे वहाँ रहने नहीं देगा। मानवजाति में दो प्रकार के योगी होते हैं, यह बात श्री रामकृष्ण ने भी अपने जीवन में कही है। एक बार उनको उनके शिष्य ने पूछा था, "योगी कितने प्रकार के होते हैं?" उन्होंने कहा था कि योगी दो प्रकार के होते हैं। एक योगी वे होते हैं जिनका लक्ष्य मोक्ष प्राप्त करना होता है। वे हिमालय के कैलाश पर्वत पर जाकर हिमालय की ऊँचाई प्राप्त कर लेते हैं और आध्यात्मिक स्थिति में भी एक ऊँचाई प्राप्त कर लेते हैं। वे अंदर, और अंदर चले जाते हैं कभी न वापस आने के लिए। वे इतने भीतर इसलिए जाते हैं क्योंकि उन्हें वापस आना ही नहीं होता है। वे अपने शरीर को भी उस प्रकृति के लायक तैयार कर लेते हैं और वे मोक्ष पा लेने के बाद कभी समाज में वापस नहीं आते हैं। उनके जीवन का लक्ष्य मोक्ष पाना होता है। मोक्ष पाने के बाद वे कुछ करने की स्थिति में ही नहीं रह जाते हैं और बाकी जीवन, शरीर की मृत्यु होने तक, उसे (शरीर को) सँभाले रखते हैं और जब उनकी स्वाभाविक मृत्यु हो जाती है, वे चले जाते हैं। मोक्ष की स्थिति तो वे अपनी साधना के दौरान प्राप्त कर चुके होते हैं। पर इन योगियों का समाज को कोई फायदा नहीं है और हिमालय में प्रायः इस प्रकार के योगी पाए जाते हैं। जो गए, वे गए; वे वापस नहीं आए। दूसरे जो योगी होते हैं, वे जिज्ञासु होते हैं। परमात्मा क्या है, जानने के लिए जाते हैं। मोक्ष की स्थिति भी प्राप्त कर लेते हैं। वह स्थिति प्राप्त करके समाज में वापस आते हैं कि आध्यात्मिकता का जो उच्च शिखर उन्होंने प्राप्त किया, उस उच्च शिखर तक बाकी लोग भी पहुँचें। वे समाज में आकर, समाज भी उस उच्च शिखर तक पहुँचे, यह इच्छा करते हैं और प्राप्त हुए अपने आध्यात्मिक ज्ञान को समाज में आकर बाँटते रहते हैं। उनको कुछ पाना नहीं रहता है, सबकुछ पाया ही होता है।

उनके पास पाने के लिए कुछ रहता ही नहीं है। ये दूसरे प्रकार के योगी बहुत विरले ही होते हैं। वे युगपुरुष होते हैं। एक नए युग के वे निर्माता होते हैं। इनके जीवनकाल में और जीवनकाल के बाद भी वे आध्यात्मिक प्रगति के मार्ग पर चलने वालों के लिए मार्गदर्शक होते हैं।”

“मेरे जीवन का उद्‌देश उस दूसरे योगी जैसा ही है। मुझे मोक्ष की स्थिति तो प्रसाद में ही मिल गई थी। श्री शिवबाबा ने प्रथम वह स्थिति दी ताकि मेरे जीवन में पाने के लिए कुछ बाकी ही न रह जाए और जब जीवन में पाने के लिए कुछ रह ही नहीं गया, तो जीवन में क्या होगा? देना होगा। पर देने की प्रक्रिया अभी तक प्रारंभ ही नहीं हुई है। इसका मतलब स्पष्ट है—कार्य बहुत बड़ा है, बहुत विशाल है। कहते हैं न कि परमात्मा भी फूटे हुए दीये में तेल नहीं डालता है। जब इस जीवनरूपी दीये में इतना तेल डाला जा रहा है, इसका मतलब दीया उतने अधिक समय लोगों को प्रकाश देने वाला है। आध्यात्मिक मार्ग में ‘अधिकृत’ शब्द का बड़ा महत्त्व होता है। जब तक गुरु कार्य करने के लिए अधिकृत नहीं करते, कार्य प्रारंभ ही नहीं हो सकता है। उस समय तक इंतजार करना होगा। रही बात शादी करने की, तो शादी वह पवित्र बंधन है जिसके आधार पर सारा समाज टिका हुआ है और अगर समाज में रहना है, तो समाज के लिए अनुकूल बनकर रहना होगा, आदर्श बनकर रहना होगा, समाज जैसा बनकर रहना होगा। गुरुदेव को मुझे समाज में रखना है, इसीलिए तेरे साथ शादी कराई। परिवार आया, तो दाल-रोटी का प्रश्न आता है। उसकी समस्या न हो, इसीलिए तुझे उन्होंने अच्छी, सरकारी नौकरी लगाई। नौकरी भी सदैव नहीं रहेगी। यह केवल नींव तक ही है। बाद में वह भी छूट जाएगी। यह सब वैसे ही खींचा गया (विधिलिखित) है, धीरे-धीरे सब छूट जाएगा और फिर रहेगा केवल गुरुकार्य। क्योंकि वही इतना बड़ा होगा कि बाकी के लिए समय ही नहीं रहेगा।”

“एक कुंभार (कुम्हार) जब मटका बनाता है, तो वह लकड़ी से बने हथौड़े से उसे बाहर से पीटता रहता है और भीतर से अपने ही दूसरे हाथ से सहारा भी दिए रहता है कि मटका टूट न जाए। यानी

एक हाथ से पीटता है और एक हाथ से सहारा देता है। परमात्मा का कार्य भी ठीक वैसा ही है—एक ओर से पीटता है और एक ओर संरक्षण भी देता है। परमात्मा ने हमें रिश्तेदारों से, समाज से अलग-थलग कर दिया हो, पर तुझे नौकरी लगाकर आर्थिक दृष्टि से सक्षम भी कर दिया है। यह कार्य ठीक उस कुंभार के कार्य जैसा है। इसलिए जीवन में जो भी हो रहा है, वह किसी बड़े कार्यक्रम की तैयारी मात्र है। इसलिए मेरी शादी क्यों हुई, यह मैं नहीं सोचता। यह सब गुरुकार्य का एक भाग है।" बातें करते-करते काफी समय हो गया था।

जब भी कभी बातें करने बैठते थे, तो समय कब निकल जाता था, उसका पता भी नहीं चलता था। तब लगभग रोज का ही क्रम हो गया कि शाम के समय पत्नी कुछ-न-कुछ विषय निकालती थी और मैं बोलने लगता था। जब मैं बोलने लगता था, तो पत्नी की आँखें अनायास ही बंद हो जाती थीं और मैं पता नहीं किस धुन में बोलता ही रहता था और ऐसा क्यों होता था, मालूम नहीं, दो-दो, तीन-तीन घण्टे बोलता ही रहता था। कुछ सोचकर बोलता था, ऐसा नहीं था। अंदर से स्वयं ही निकलना प्रारंभ हो जाता था और फिर विषय से विषय निकलते चले जाते थे। लेकिन बाद में, क्या बोलता था, वह मुझे ही याद नहीं रहता था। पत्नी दूसरे दिन बताती थी—कल आप इस विषय पर बहुत अच्छा बोले...यह बोले और दूसरे दिन मुझे कुछ याद नहीं रहता था। फिर लगता था - यह कैसे होता होगा? लेकिन मैंने अनुभव किया कि पत्नी की सत्य जानने की इच्छा के कारण ही, जब वह पूछती तो मेरे भीतर कुछ शक्तियाँ आने लगतीं और फिर मेरे शरीर के स्पंदन बढ़ जाते और फिर मेरे शरीर में बहता हुआ चैतन्य शब्दों के रूप में बाहर निकलने लग जाता था। इसमें मेरा कोई रोल था या मेरी कोई भूमिका थी, ऐसा नहीं लगता था। लगता था, मानो कोई शक्तियाँ दे रहा है और कोई शक्तियाँ ले रहा है, मैं तो एक पाईप के जैसा माध्यम हूँ और दोनों बच्चे प्रायः सो जाते थे।

एक दिन पत्नी ने स्कूल की एक शिक्षिका के बारे में बताया, "वह परमात्मा के अस्तित्व को ही नहीं मानती है। तो ऐसा क्यों कहती होगी?" मैंने उत्तर दिया, "उसे जीवन में वैसे अनुभव आए होंगे। वास्तव में, परमात्मा भी मानने पर है। मानो तो है और न मानो तो नहीं है। नहीं माना, तो मनुष्य जीवन जी नहीं सकता, ऐसा थोड़े ही है। जो परमात्मा को नहीं मानते हैं, वे भी आराम से जीते रहते हैं। परमात्मा, यह विषय ही बड़ा गंभीर विषय है। परमात्मा को देखा किसी ने भी नहीं है और न ही किसी ने कहा है कि मैं परमात्मा हूँ। जिन्हें हम परमात्मा मानते हैं, उन्हें भी अगर हम उनके जीवनकाल में पूछते—क्या आप परमात्मा हो?—तो वे कभी नहीं कहते कि मैं परमात्मा हूँ। जैसे मानो भगवान श्रीकृष्ण को हम परमात्मा मानते हैं, पर उन्होंने कभी कहा क्या कि मैं परमात्मा हूँ? नहीं। क्योंकि परमात्मा एक अदृश्य शक्ति है, व्यक्ति या शरीर नहीं है। इसीलिए कोई भी यह नहीं कह सकता कि मैं परमात्मा हूँ। अब लोग कहते हैं कि उन्होंने अर्जुन से कहा था कि मैं ही परमात्मा हूँ और उसे गीता का ज्ञान दिया था। वास्तव में, गीता तो श्री वेदव्यास ने लिखी थी; वे श्रीकृष्ण को भगवान मानते थे, इसलिए उन्होंने अपना भाव श्रीकृष्ण के मुख से प्रकट करवाया था और कोई व्यक्ति भगवान तो किसी को भी मान सकता है।"

"परमात्मा इस विश्व में निरंतर बहने वाली शक्ति है और जिस शरीर के अंदर से बहने लग जाती है, उस शरीर को हम भगवान मानने लग जाते हैं। वास्तव में, शक्ति शरीर का चुनाव नहीं करती, शक्ति का चुनाव शरीर करता है। कोई मनुष्य अपने शरीर का बोध, अपने शरीर का एहसास शून्य कर लेता है, तो वह खाली पाईप जैसा हो जाता है और वह शक्ति उसके भीतर से बहने लग जाती है। फिर वह शरीर ही भगवान जैसा लगने लग जाता है और लोग उसे ही भगवान मानने लग जाते हैं। लोग उसे भगवान मानते हैं, पर वह कभी अपने-आपको भगवान नहीं समझता है।"

"अपने शरीर के दोषों पर और शरीर के विकारों पर नियंत्रण करके कोई भी मनुष्य अपने अस्तित्व को शून्य कर सकता है। कोई भी शरीर भगवान सा लगने लग सकता है, बशर्ते वह शरीर के बोध

को, शरीर के एहसास को कम कर दे। परमात्मा तो अदृश्य शक्ति है और उस एक ही अदृश्य शक्ति को अलग-अलग लोग अनेक नामों से पुकारते हैं। प्रत्येक पुकारने वाले ने उसे अपना अलग नाम दिया हुआ है और यह सामूहिक रूप से पुकारना ही धर्म हो गया है। उस अदृश्य शक्ति को आप किसी भी रूप में पुकार सकते हो। आप किसी को भी भगवान मान सकते हैं। परमात्मा तो एक ही है, अदृश्य शक्ति है, पर मनुष्य ने उसके अनेक रूप बना दिए हैं और अब झगड़ता रहता है कि यह रूप श्रेष्ठ है या यह रूप श्रेष्ठ है। कौन-सा रूप श्रेष्ठ है, यही अब विवाद का विषय हो गया है। वास्तव में, दो रूपों में तुलना हो ही नहीं सकती है।"

"मानो एक बगीचा है। उसमें गुलाब, मोगरा, चमेली, चंपा आदि फूल खिले हैं। अब इनमें का कौन-सा फूल श्रेष्ठ है, यह तो मनुष्य की अपनी पसंद पर निर्भर है। सभी प्रकृति की अलग-अलग कृतियाँ हैं। किसी की किसी के साथ तुलना की ही नहीं जा सकती है। तो कौन-सा फूल श्रेष्ठ है, यह तो कहा ही नहीं जा सकता। आपको जो अच्छा लगता है, आपके मन को जो भाता है, वही फूल आपके लिए श्रेष्ठ होता है। परमात्मा का भी ठीक वैसा ही है। आपको जो भी रूप पसंद आ जाए, वह श्रेष्ठ है। वास्तव में, मनुष्य ने अपने शरीर को प्रधानता दी है और अदृश्य शक्ति को कम महत्त्व दिया है। इसीलिए वह शरीर के अहंकार के कारण ही, मेरा ही माध्यम श्रेष्ठ है, कहता है। यह कहना अहंकार का ही प्रतीक है। वह अपने माध्यम को दूसरों पर थोपना चाहता है। वह मानता है, वहाँ तक तो ठीक है; वह माध्यम के बारे में दूसरे को बताता है, वहाँ तक भी ठीक है; पर दूसरा उसे माने ही, यह थोपना है, अहंकार का प्रतीक है। सारे झगड़े इस मनुष्यनिर्मित अहंकार से ही होते हैं। इस 'मैं' के अहंकार के कारण भगवान के नाम पर जितने झगड़े और युद्ध हुए हैं और जितने मनुष्यों की हत्याएँ हुई हैं, उतनी और किसी बात पर नहीं हुई है। यह देखकर भी कई लोगों को भगवान और धर्म के नाम से ही नफरत हो गई है और उस शिक्षिका का भी ऐसा ही हुआ है। दूसरा, समाज में भगवान को जो मानते हैं, उनके दैनिक जीवन के व्यवहार में कुछ अलग, सकारात्मक ऐसा कुछ नहीं दिखता। एक पूजा-पाठ

करने वाला, कर्मकाण्ड करने वाला मनुष्य भी दैनिक जीवन में वे ही गलत धंधे अपनाता हैं, जैसे एक आम आदमी अपनाता है। वैसे ही झूठ बोलता है। वैसे ही लोगों को लूटता है। यह देखकर भी कई लोग निराश हो जाते हैं।"

"सामान्य लोगों की अपेक्षा होती है कि भगवान को मानने वाला मनुष्य सच बोलने वाला, ईमानदारी से अपना व्यवसाय करने वाला होगा, पर ऐसा व्यवहार में नहीं होता है। यानी व्यवहार में वह सामान्य मनुष्य जैसा ही रहता है; वैसे ही बुरे कार्य करता है, वैसे ही पापकर्म करता है। यानी जो बदलाव उसमें आना चाहिए, वह नहीं आता। इसके दो कारण हैं। पहला तो वह अंदर से बदमाश होता है। उसे लोग पहचान न लें, इसीलिए धार्मिक व्यक्ति बनने का ढोंग करता है; ताकि धार्मिकता के आवरण में उसके पाप छुपे रहें। या वह इतने पाप करता है कि उन पापों के बोझ से छुटकारा पाने के लिए पूजा-पाठ करता है। दूसरा कारण है—ये सब केवल शरीर से करता है; उसका चित्त यह पूजा-पाठ करते समय भी पूजा में नहीं होता। इसलिए वह क्या कर रहा है, वह महत्त्वपूर्ण नहीं है। महत्त्वपूर्ण है—उसका चित्त कहाँ है। वह महत्त्वपूर्ण है। परमचैतन्य को अंदर से मानना चाहिए। यह दिखावा करने की बात नहीं होती है। प्रत्येक मनुष्य को अपने कर्मों के भोग तो भोगने ही होते हैं। अच्छे कर्म करोगे, तो अच्छा भोगोगे और बुरे कर्म करोगे, तो बुरा भोगोगे। देखा जाए तो सारा कर्मों का ही खेल है। पर परमात्मा के अस्तित्व को स्वीकार करते हो, तो सकारात्मक कार्य करने की प्रेरणा मिलती है और दूसरी ओर, बुरे कर्मों के बुरे फल भोगते समय उन्हें भोगने की, उन दुःखों की तीव्रता महसूस नहीं होती है।"

"वास्तव में, सुख और दुःख दोनों जीवन की स्थितियाँ ही हैं। इन दोनों स्थितियों से ऊपर की स्थिति में जाने पर परमात्मा का अनुभव होता है। 'परमात्मा' के प्रति हमारा भाव ही हमें उस ऊपर की स्थिति में पहुँचा देता है और हमारे शरीर का अलग अस्तित्व कम हो जाता है, अपना स्वयं का, 'मैं' का अहंकार भी कम हो जाता है। अहंकार पर कोई भी व्यक्ति अकेला नियंत्रण नहीं पा सकता। अपने अहंकार पर नियंत्रण करना हो, तो उस अहंकार को एक सामूहिकता

में विसर्जित कर दो। अन्य कोई मार्ग नहीं है। भविष्य में सामूहिकता का बड़ा महत्त्व होगा। अच्छे कार्य के लिए भी होगा और बुरे कार्य के लिए भी होगा। क्योंकि दिन-प्रतिदिन साइन्स (विज्ञान) की प्रगति हो रही है; नई-नई बातें आ रही हैं, नई-नई खोजें हो रही हैं। विज्ञान की प्रगति के कारण नए-नए साधन आ रहे हैं और ये साधन जिनको अच्छा या बुरा नहीं समझता, अगर गलत सामूहिकता के हाथों में पड़ गए, तो विनाश बड़े स्तर पर होने की संभावना रहेगी। क्योंकि अपनी बात रखने का सामूहिक प्रयास होगा और इन साधनों का प्रयोग सामूहिक रूप से हिंसा करने के लिए हो सकता है। यानी विज्ञान मनुष्य के विचारों को विशालता प्रदान कर रहा है और तेजी के साथ कर रहा है। अगर मनुष्य का अच्छा उद्देश है, तो अच्छे कार्य होंगे और बुरा उद्देश है, तो बुरे कार्य होंगे। यानी विज्ञान मनुष्य के विचारों को विशाल स्वरूप प्रदान करेगा। यानी बाद में समाज में अच्छा होगा, तो भी बड़े स्तर पर ही होगा और बुरा होगा, तो भी बड़े स्तर पर ही होगा।"

"आज मनुष्य के हाथ साइन्स के उपकरण लग गए हैं। वह जैसा चाहे, उनका प्रयोग कर सकता है। कैसा करता है, वह उसकी मानसिकता पर ही निर्भर होगा। दूसरी ओर, विज्ञान के नए-नए उपकरणों का प्रयोग अच्छे, सकारात्मक कार्यों को भी उतनी ही तेजी से विकसित करेगा। पर प्राय: देखा गया है—अच्छी मानसिकता के लिए मनुष्य को तैयार करना पड़ता है, लेकिन बुरी मानसिकता के लिए वह तैयार ही रहता है; उसमें तैयार करने की अधिक आवश्यकता नहीं होती। एक गलत अफवाह से भी अराजकता की स्थिति निर्मित हो सकती है। ऐसी स्थिति निर्मित ही न हो, इसके लिए आवश्यक है—मनुष्य के विचारों पर मनुष्य का नियंत्रण हो। आज दुनिया की आधी आबादी तो शहरों में ही निवास करती है और शहरों में घनी आबादी होने के कारण वैचारिक प्रदूषण होता है। स्वयं के, अपने कोई विचार नहीं होते हैं। जो विचार समाज करता है, उसका परिणाम प्रत्येक व्यक्ति पर पड़ता है और यही कारण है कि कई बार समाज में एक विशेष प्रकार के अपराधों की श्रृंखला ही शुरु हो जाती है; जैसे बलात्कार या आत्महत्या। तो कई लोग एक ही

प्रकार के अपराध श्रृंखला के रूप में करते हैं। एखादे (किसी) वायरस (विषाणु) की तरह एक ही विचार सारे लोगों में पहुँचता है। घटना एक जगह घटती है, पर उसका प्रभाव अनेक जगह होता है। इसलिए इस साइन्स के युग में मनुष्य के लिए मानसिक स्थिति संतुलित रखना बहुत आवश्यक है। साइन्स के उपकरण भौतिक सुख-सुविधाएँ दे सकते हैं, मानसिक शांति नहीं। मानसिक शांति मनुष्य को अपने-आप से ही प्राप्त करनी होगी। शांति मनुष्य के भीतर है। समाधान भी मनुष्य के भीतर है। वह उसे स्वयं ही, भीतर से प्राप्त करना होगा।"

"परमात्मा को किसी भी रूप में मानना, यह एक अच्छी मानसिक स्थिति है। जब हम मानते हैं, तो भाव की एक उच्च अवस्था प्राप्त हो जाती है और यह उच्च अवस्था हमारे विचारों पर नियंत्रण करती है। विचारों पर नियंत्रण होता है, तो मस्तिष्क तनावमुक्त हो जाता है और मस्तिष्क तनावमुक्त हो जाता है, तो शरीर भी तनावमुक्त हो जाता है।"

"इसलिए प्रायः देखा गया है कि किसी मरीज का कोई डॉक्टर ऑपरेशन (शल्यक्रिया) करने वाला होता है, तो वह डॉक्टर उस मरीज से भी कहता है - आप जिस भगवान को मानते हो, उस पर चित्त रखो, उसका नाम लो। अगर आप किसी गुरु को मानते हो, उसका नाम लो और अपने-आपको शांतचित्त रखो ताकि आपका दिमाग तनावमुक्त रहे और आपका रक्तचाप भी सामान्य बना रहे और ऑपरेशन एक अच्छी, सकारात्मक स्थिति में संपन्न हो। अब आवश्यक नहीं कि वह जिसे भगवान मानता हो, वह वास्तव में भगवान हो ही। भगवान को मानना ही मनुष्य की मानसिक स्थिति की सर्वोच्च स्थिति है। यह भाव ही मनुष्य को सकारात्मकता से भर देता है। वास्तव में, ईश्वर के अस्तित्व को मानना ही मनुष्य के अलग अस्तित्व को कम कर देता है और जब उसका अलग अस्तित्व ही समाप्त हो जाएगा, तो शरीर का तनाव भी समाप्त हो जाएगा। यह तनाव भी वायरस है। वह एक वायरस जैसे ही समाज में फैलता है और इस तनाव के वातावरण से बचने का एक ही उपाय है—अपने स्वयं के, अलग अस्तित्व को कम कर लो। यह तभी कम होगा, जब हम सामूहिकता में जाएँगे और सामूहिकता में तब जाएँगे, जब अन्य

लोग जिसे मानते हैं, हम भी उसे मानेंगे। तभी यह हो सकता है। ईश्वर होने की धारणा को केवल मानने से मनुष्य के विचारों पर फर्क पड़ता है, मनुष्य के विचारों के शरीर पर फर्क पड़ता है, उसके आभामण्डल पर फर्क पड़ता है।"

"ईश्वर के किसी भी माध्यम को हम मान सकते हैं। हम किसी को भी ईश्वर मान सकते हैं, लेकिन वह माध्यम जीवंत हो, तो वह अधिक पास का होता है। यह मानना भी अनुभूति पर ही आधारित होना चाहिए। दूसरे उस माध्यम को मानते हैं, इसलिए हम भी मानते हैं, ऐसा नहीं होना चाहिए। हमें उसकी अनुभूति हुई होनी चाहिए। वास्तव में, कोई भी शरीर परमात्मा नहीं होता। जिसे हम परमात्मा मानते हैं, वह तो परमात्मा का माध्यम ही होता है। यह तो ठीक वैसा ही है कि बिजली लेने पावर हाऊस नहीं जाया जाता; क्योंकि पावर हाऊस घर से बहुत दूर होता है; बल्कि घर के पास के खंभे से ही बिजली का कनेक्शन (तार) लिया जाता है। सभी माध्यम बिजली के खंभे जैसे हैं और परमात्मा बिजलीघर जैसा है। बिजलीघर (परमेश्वर) तो एक ही होता है, खंभे (माध्यम) अनेक होते हैं। खंभे प्रत्येक सड़क तक जा सकते हैं। इसलिए खंभे के माध्यम से ही बिजलीघर से संपर्क करना पड़ता है। अब अगर हम कहें— पावर हाऊस ही नहीं है, तो फिर घर में बिजली कैसे आएगी और घर का अँधेरा कैसे दूर होगा? घर का अँधेरा हटाने के लिए जैसे प्रकाश की आवश्यकता होती है, ठीक उसी प्रकार से, मन के बुरे, खराब, अँधेरे जैसे विचारों से मुक्ति पाने के लिए ईश्वर को मानना आवश्यक होता है। वह प्रकाश देता है, सकारात्मकता का प्रकाश। वह तभी प्राप्त होगा, जब हम उसे मानेंगे। हम किस रूप में मान रहे हैं, वह महत्त्वपूर्ण नहीं है; मान रहे हैं, वह महत्त्वपूर्ण है।"

"आज के युग में, मान रहे हैं या नहीं मान रहे हैं, यह विवाद ही नहीं है। क्योंकि दोनों स्थितियों में आप मान ही रहे होते हैं। अगर मान रहे होते हैं, तो मानते ही हैं। अगर आप ईश्वर के अस्तित्व को नहीं मान रहे होते हैं, तो भी, मैं परमात्मा को नहीं मानता, यह बार-बार आपको बताना पड़ता है। नहीं मानता, कहकर अपने अहंकार की पुष्टि करते रहते हैं और, नहीं मानते हैं, इसका प्रदर्शन

आपको बार-बार करना पड़ता है। यानी एक ओर मानना ही पड़ता है कि ईश्वर है, पर मैं नहीं मानता हूँ। यह बार-बार कहना पड़ता है कि मैं नहीं मानता हूँ। इसलिए यह विवाद ही नहीं है। मनुष्य में विवाद अहंकार का है; मेरा ही ईश्वर श्रेष्ठ है। ईश्वर जो एक ही है, उसके अलग-अलग रूपों को लेकर झगड़े और युद्ध हुए हैं और अदृश्य ईश्वर के नाम पर जितना रक्तपात हुआ है, उतना अन्य किसी विवाद पर नहीं हुआ है। इसलिए, ईश्वर को मानना या न मानना, अपनी निजी धारणा है। किस रूप को ईश्वर मानना है, वह भी अपना, निजी निर्णय है। मनुष्य किसे भी ईश्वर मान सकता है। लेकिन वह अपने माध्यम का केवल अपनी मानसिक शांति के लिए, उसे अच्छा लगता है, इसलिए प्रचार करे और अपेक्षारहित प्रचार करे। अपने माध्यम को दूसरों पर थोपना ही अहंकार की शुरुआत होती है। इस थोपने के अहंकार से बचें, अन्यथा 'दिनभर चले ढाई कोस' वाली स्थिति हो जाएगी। परमात्मा तो विश्वव्यापी शक्ति होती है जो प्रकृति के कण-कण में विद्यमान होती है। हम सदा परमात्मा के करीब ही होते हैं और परमात्मा भी हमारे सदा करीब ही होता है। परमात्मा तो सर्वत्र होता है। इसलिए कहा है: 'परमात्मा सर्वत्र है।'

"प्रत्येक कण में परमात्मा छुपा हुआ है। लेकिन वह इतने सूक्ष्म रूप में होता है कि हमें उसका एहसास नहीं होता। एक कली को फूल बनाने वाली सकारात्मक शक्ति परमात्मा ही है। उस फूल की पंखुड़ियों को जमीन पर गिराने वाली शक्ति भी परमात्मा है। वे ही पंखुड़ियाँ खाद बनेंगी और फिर पेड़ के माध्यम से फिर कलियाँ बनेंगी। यह प्रकृति एक चक्र है। वह सदैव चलता ही रहता है। कली से फूल बनना व बाद में मुरझाकर खिर जाना, सब एक चक्र के ही भाग हैं। यह चक्र आगे, और आगे चलता रहता है। परमात्मा सारे विश्व में सकारात्मक रूप से बहता रहता है। जब हमारा चित्त संपूर्ण शुद्ध होता है और परमात्मा पर होता है, परमात्मा हमारे अंदर से बहने लग जाता है और जो कार्य हमारे लिए संभव ही नहीं है, वह भी हमारे माध्यम से घटित हो जाता है। हमें भी आश्चर्य होता है कि इतना बड़ा कार्य मेरे हाथ से कैसे हो गया? क्या मालूम, इतना करने की तो मेरी क्षमता ही नहीं थी। यानी वह कार्य जो आप सोच

भी नहीं सकते कि आप कर सकते हैं, वह भी आपके माध्यम से हो जाता है। यह तब होता है, जब आप अपना अस्तित्व उस माध्यम को कुछ क्षण, कुछ समय के लिए समर्पित कर देते हैं। अगर थोड़े से समय समर्पित करने से इतने अच्छे परिणाम आते हैं, तो संपूर्ण समर्पित कर दिया, तो कितना अच्छा जीवन व्यतीत कर सकते हो! ईश्वर के अस्तित्व को मानने से हम सामूहिक शक्ति के साथ जुड़ जाते हैं और फिर हमारी कार्यक्षमता भी कई गुना बढ़ जाती है और बिना तनाव के ही बड़े-से-बड़ा कार्य भी संपन्न हो जाता है।"

"इस प्रकार हम कह सकते हैं—आज विश्व की सबसे बड़ी बीमारी तनाव ही है। यह मानसिक तनाव ही कई नई बीमारियों को जन्म देता है। यह तनाव बाहर से दूर नहीं किया जा सकता है और इस तनाव को भीतर से दूर करने के लिए ईश्वर को मानना एक आसान मार्ग है। पर यह मानना अनुभूति पर आधारित होना चाहिए और सभी ईश्वर के रूप हैं, सभी बिजली के खंभे हैं। कोई खंभा श्रेष्ठ या कनिष्ठ नहीं है। सभी समान हैं। ये धारणाएँ होनी आवश्यक है। ईश्वर का अस्तित्व होने की धारणा हमें अकेलेपन का एहसास नहीं होने देती है। मैं अकेला हूँ, यह एहसास ही मनुष्य को कमजोर और भयभीत कर देता है। कई लोग जो आत्महत्या करते हैं, वे पहले अपने-आपको समाज से अलग करते हैं, फिर परिवार से अपने-आपको अलग करते हैं और फिर अपने शरीर को ही समाप्त कर लेते हैं। आत्महत्या भी मानसिक तनाव की चरमसीमा पार हो जाने का नतीजा ही है। प्रत्येक मनुष्य में अच्छे और खराब, दोनों गुण समान रूप से ही पाए जाते हैं। जिन्हें जैसी सामूहिकता मिलती है, वैसे वह विकसित होता है। सामूहिकता का प्रभाव सामान्यतः शारीरिक स्तर पर पड़ता है। जिन लोगों के साथ हम रहते हैं या जिन लोगों के करीब हम रहते हैं, वे लोग जैसे होंगे, उनके विचारों का प्रभाव हमारे भीतर के गुणों पर पड़ेगा। अगर हमारे संपर्क में अच्छे लोग होंगे, तो अच्छा पड़ेगा और बुरे लोग होंगे, तो बुरा पड़ेगा। यानी हम सामान्यतः आसपास के लोगों के विचारों से भी प्रभावित होते हैं। इसीलिए देखा गया है, प्रायः ठण्ड के दिनों में सामान्य लोगों में डिप्रेशन (उदासी) और निराशा-हताशा के विचार अधिक होते हैं।

इसीलिए आत्महत्याएँ भी इन्हीं दिनों में अधिक होती हैं। 15 से 35 साल की उम्र में ही अधिकतर आत्महत्याएँ विश्व में होती हैं| यह सब सामूहिक मानसिक तनाव का ही परिणाम हैं और इस उम्र के लोगों की मानसिकता कमजोर होती है, इसलिए इसी उम्र के लोग इससे प्रभावित होते हैं।"

"ऐसी उम्र के लोगों को अगर अच्छी मानसिकता वाले लोगों का साथ मिले, अच्छी मानसिकता वाले लोगों का सान्निध्य मिले, तो इन लोगों की मानसिक स्थिति बदल भी सकती है। कई बार तो देखा गया है कि बालक एक हीनभावना लेकर ही पैदा होता है और फिर जीवनभर उस बालक के ऊपर हीन भावना हावी रहती है। मैं लोगों की तुलना में कमजोर हूँ, यह हीनभावना लिए होता है। वह वास्तव में ऐसा कमजोर नहीं होता, पर, मैं कमजोर हूँ, ऐसा वह मानता है। जब कोई मनुष्य अपना अस्तित्व समेट लेता है, छोटा कर लेता है, तो उसके भीतर की हीनभावना प्रबल हो जाती है। हमारे भारत देश में गरम जलवायु होने के कारण यह भावना ही अधिक पाई जाती है। इसीलिए एक अच्छी सामूहिकता में रहना हमारी भौगोलिक आवश्यकता भी है।"

"एक बच्चा जन्म से ही हीन भावना लेकर तब पैदा होता है, जब उसकी अपनी माँ ही उसे पसंद नहीं करती है। उसकी माँ आर्थिक कारणों से या किसी अन्य कारण से गर्भधारणा नहीं चाहती, फिर भी वह गर्भवती हो जाती है। फिर इस अनचाही गर्भधारणा से जो बच्चा पैदा होता है, वह बच्चा जन्म से ही एक हीन भावना लेकर पैदा होता है।"

"जब हम अच्छी सामूहिकता में रहते हैं, तो अच्छे विचारों का प्रभाव हम पर पड़ता है। लेकिन इस भाग-दौड़ की जिंदगी में आवश्यक नहीं कि हमें सदैव अच्छी मानसिकता वाली सामूहिकता मिले। लेकिन हम अपने चित्त से तो अच्छी सामूहिकता के साथ जुड़ ही सकते हैं। लेकिन एक बड़ी सकारात्मक सामूहिकता पर चित्त रखना कठिन हो जाता है, इसीलिए हमारी संस्कृति में इसका मार्ग निकाला गया; वह है -'गुरु'। पहला, गुरु शरीर तो एक ही होता

है और दूसरा, वह हमारे पास का होता है। इसलिए उस पर चित्त रखना आसान होता है और यद्यपि वह एक ही शरीर होता है पर वह लाखों लोगों की सामूहिकता के साथ जुड़ा होता है। वह एक माध्यम ही होता है। उस माध्यम पर चित्त रखकर हम लाखों सकारात्मक लोगों की सामूहिकता के साथ जुड़ सकते हैं।"

"जब हम चित्त से लाखों सकारात्मक लोगों से जुड़ेंगे, तो हमारा अपना, खुद का अस्तित्व भी छोटा हो जाएगा और, मैं अकेला हूँ, यह भाव भी नहीं रहेगा और जब हम अकेलापन ही महसूस नहीं करेंगे, तो भले ही हमारे में कोई हीनभावना हो, हम वह महसूस नहीं करेंगे और वास्तव में, 'मैं' और 'मेरा' का अहंकार, इसका ही दूसरा पहलू हीनभावना है। ये दोनों एक-दूसरे से जुड़े हैं। प्रतिक्रिया सदैव विरुद्ध दिशा में होती हैं। एक ओर की अति सदैव दूसरी ओर की अति के लिए कारण बनती है। इसीलिए कोई भी अति की स्थिति अच्छी नहीं होती है। सदैव 'मध्य' में रहना उपयुक्त होता है। मध्य में, संतुलन में एक संतुलित सामूहिकता से रहा जा सकता है और संतुलित सामूहिकता में रहने का मार्ग 'गुरु' है। इसलिए हमारी संस्कृति में 'गुरु' को अधिक महत्त्व दिया गया है। पर प्रायः देखा गया है कि गुरु के जीवनकाल में लोग उनसे कम ही जुड़ पाते हैं। क्योंकि मनुष्य का अहंकार उसे जुड़ने नहीं देता है। गुरु के देहावसान के बाद वे गुरु ही परमात्मा के रूप में माने जाते हैं और उस परमात्मा के माध्यम के प्रति समर्पित होना आसान हो जाता है। जिन्हें हम भगवान मानते हैं, वे भी अपने समय के 'गुरु' ही थे।"

"इस प्रकार, ईश्वर को मानो या न मानो, इसका दैनिक जीवन में फर्क नहीं पड़ता है। पर मानने से भी कोई नुकसान नहीं होता है, बल्कि मानने से जीवन आसान हो जाता है। जीवन में बुरा समय भी कब बीत गया, इसका पता भी नहीं चलता है। क्योंकि प्रत्येक परिस्थिति से सामना करने की हममें हिम्मत रहती है। मैं अकेला नहीं हूँ, यह भाव रहता है और जीवन बहुत सुखी हो जाता है। मनुष्य ने अधिकतर दुःख स्वयं ने ही बुलाए होते हैं। यह मिलना ही चाहिए, यह मेरे पास नहीं है, यह होना ही चाहिए क्योंकि मैं ऐसा चाहता हूँ, ऐसा सोचकर मनुष्य अपने-आपको दुःखी कर लेता है और इसके

विरुद्ध जो मनुष्य किसी सामूहिकता से जुड़ा होता है, वह कभी भी ऐसा अट्टहास नहीं रखता कि ऐसा होना ही चाहिए, यह मिलना ही चाहिए। वह सदैव सोचता है—हुआ तो गुरु की इच्छा, नहीं हुआ तो गुरु की इच्छा। वह प्रत्येक परिस्थिति को गुरु की इच्छा समझकर स्वीकार कर लेता है। वास्तव में, गुरुरूपी माध्यम तो एक निमित्य है, वह स्वीकार कर लेना सीख जाता है और जो स्वीकार करना सीख जाता है, उसके जीवन में कभी दुःख नहीं होता। क्योंकि वह प्रत्येक परिस्थिति में रहना और प्रत्येक परिस्थिति को स्वीकारना अपना स्वभाव बना लेता है। यह स्वभाव जिसका हो गया, उसके जीवन में सुख-ही-सुख रहता है। मनुष्य को परिस्थिति को स्वीकार करना नहीं आता है, यही समस्या है। एक बार स्वीकार करना आ गया, तो एक समाधान प्राप्त हो जाता है और यह समाधान ही उसे एक मानसिक शांति प्रदान करता है। मनुष्य के मानसिक स्वास्थ्य के लिए 'समाधान' अत्यंत आवश्यक है। इस प्रकार से, ईश्वर के अस्तित्व को मानना, न मानना अपनी निजी भावना है। लेकिन मानते हैं, तो हमारा जीवन आसान व सुखमय व्यतीत होता है।"

मैंने देखा तो लगा कि पत्नी सो गई है। मैंने कहा, "सो गई क्या?" तो उसने कहा, "नहीं, मैं सो नहीं रही थी। सुनते-सुनते एकदम निर्विचारिता की स्थिति में चली गई और ध्यान लग गया था। उसमें से निकलने की इच्छा नहीं हो रही थी। वास्तव में, जब आप बोलते हो, तो लगता है, मानो आपके माध्यम से आपके गुरु ही बोल रहे हैं। आज मुझे सुनते-सुनते भी कई गुरुओं के दर्शन हुए जिन्हें मैंने जीवन में कभी देखा भी नहीं था। वे कौन थे, मालूम नहीं, पर आपको भी उनके साथ देखा था।"

मैंने कहा, "जब मैं बोलने लग जाता हूँ, तब मुझे समय का ध्यान नहीं रहता है। मेरे भीतर से ही एक प्रवाह-सा निकलने लग जाता है और वह प्रवाह ही बह निकलता है। वह प्रवाह कभी न खत्म होने वाले अथांग (अथाह) सागर के साथ जुड़ा होता है, तो वह प्रवाह इतना बड़ा, अखण्ड रहता है कि वह बहता ही रहता है। मुझे बोलना बड़ा अच्छा लगता है। ऐसा लगता है कि बोलते ही रहो और मैं बोलता ही रहता हूँ।" पत्नी बोली, "आज का आपका

बोलना तो टेपरिकॉर्डर पर रेकॉर्ड करने जैसा था। एक-एक शब्द इतना चुन-चुनकर बोल रहे थे! वे किसी सुंदर माला में पिरोए गए फूलों की तरह एक के बाद एक, एक निश्चित श्रृंखला के तहत ही बाहर आ रहे थे। सदैव पहले से दूसरा और दूसरे से तीसरा शब्द और अच्छा, और अच्छा लग रहा था।" मैंने पूछा, "सचमुच इतना अच्छा बोल रहा था या तुम मेरा उत्साह बढ़ाने के लिए बोल रही हो?" वह बोली, "मैं ध्यान में से बाहर आई थी और मैंने केवल अपनी अनुभूति बताई थी जो सत्य ही थी।" मैंने कहा, "यह सब मैंने गुरुदेव के सान्निध्य में रहकर, अनुभूति से पाया है।"

प्रकरण 4

माता-पिता का जीवन

तब दो दिन हो गए थे, हमारे घर पर मेरे माता और पिता आए थे। वे जब आते थे, तो बच्चों के लिए कुछ-न-कुछ लेकर आते थे। मेरे पिता सरकारी नौकरी में थे। तब रिटायर्ड (सेवानिवृत्त) हो गए थे। उनकी अपनी मोटरसाईकल थी। उसी से वे घूमते रहते थे। पिताजी दिखाते थे कि वे खुश हैं, पर वास्तव में, वे भीतर से मेरे कारण दुःखी ही थे। मैं ही उनकी कमजोर कड़ी था। वे संबंध बनाए रखते थे और सदैव समझाने का प्रयास करते रहते थे। वे भी उनके स्थान पर ठीक ही थे। मैं उनका इकलौता लड़का था, बाकी तीनों लड़कियाँ थीं। वह इकलौता काफी पढ़ा-लिखा था। उस समय मास्टर डिग्री (स्नातकोत्तर) तक पढ़ना काफी माना जाता था। अच्छी कंपनी में नौकरी कर रहा था। वह सब छोड़कर मैं आध्यात्मिक मार्ग पर चला। वही उन्हें अच्छा नहीं लगा। इसलिए वे सदैव समझाने के लिए आते थे, लेकिन जाते समय दुःखी होकर ही जाते थे क्योंकि वे अपनी बात समझा नहीं पाते थे। मेरी माँ बहुत कम बोलती थी। वह कहती थी, "वह पढ़ा-लिखा है, समझदार है, विद्वान है। सारी दुनिया का ज्ञान उसे है। वह हमसे भी अधिक ज्ञानी है, तो हम भला उसे कैसे समझा सकते हैं? उसने जो किया होगा, वह सोच समझकर ही किया होगा। उसकी पत्नी भी उसका साथ दे रही है। वह अब अकेला नहीं है, वे दोनों हैं। वे दोनों मिलकर ही कर रहे हैं। तो अब हम क्या बोलें?" इसलिए वह प्रायः कम बोलती थी। वह घर का काम और बच्चों का ध्यान रखना, ये ही कार्य वह अधिक करती। पर पिताजी

सदैव समझाते रहते थे। वे मुझसे ज्यादा ही लगाव महसूस करते थे। इसलिए बोलते रहते थे।

मेरे पिता मॅट्रिक पास (उत्तीर्ण) थे और माँ ने मॅट्रिक करके शिक्षिका बनने की ट्रेनिंग (प्रशिक्षण) भी ली हुई थी। पिताजी की तनख्वाह पर घर नहीं चल रहा था, इसलिए मेरे नाना-नानी ने मेरी माँ से शादी के बाद मॅट्रिक करवाई, शिक्षिका बनने का अभ्यासक्रम करवाया। मेरी माँ वर्धा में श्री विनोबा भावे की संस्था से, श्री गाँधीजी की संस्था से जुड़ी हुई थी। मैं बचपन में माँ के साथ श्री विनोबाजी के आश्रम में जाता था। वे उनके कमरे में ही बैठे रहते थे। एक हरे रंग की टोपी और चश्मा पहनकर सब देखते रहते थे। मैंने भी उन्हें पास से देखा है, पर मैंने कभी बात नहीं की। मेरे भीतर उनके लिए भययुक्त आदर था। उनका 'पवनार आश्रम' वर्धा में था। माँ की पढ़ाई के कारण मेरा बचपन मेरे नाना-नानी के साथ ही अधिक बीता था, क्योंकि वे ही मुझे सँभालते थे। मेरी माँ गुरुमार्गी थी। उसके गुरु शेगाव के श्री गजानन महाराज थे। अकोला (महाराष्ट्र) के पास उनका आश्रम था। मैं मेरी माँ और मौसी के साथ कई बार वहाँ जाता था। वहाँ पर प्रसाद के रूप में जो खाना मिलता था, वह आज भी मुझे याद है। एक पत्तल पर एक बड़ी रोटी मिलती थी। उसी पर चावल-दाल, एक सब्जी और साथ में बूँदी का एक लड्डू मिलता था। लेकिन प्रसाद लेकर बाहर निकलते समय वहाँ कपाल पर जो कुंकू (कुंकुम) लगाते थे, वह अच्छा नहीं लगता था। क्योंकि वह कपाल पर लगाया गया कुंकू सदैव खाने में गिरता था।

मेरी माँ सदैव 'श्री राम जय राम जय जय राम' का जाप करती थी। एक कॉपी (लेखनपुस्तिका) रहती थी, वह उसमें वह मंत्र लिखकर काशी भेजती थी। एक बैंक (जिन्हें बोलचाल में 'रामनाम बैंक' कहा जाता है।) थी जिसमें केवल उन सब कॉपियों का हिसाब रखा जाता था। वे लोग उन कॉपियों के पन्नों के छोटे-छोटे टुकड़े करके, आटे में मिलाकर उसकी छोटी-छोटी गोलियाँ बनाकर गंगा नदी में मछलियों को खिला देते थे।

मेरी माँ का अपने गुरु के प्रति संपूर्ण समर्पण था। वह कहती थी, "मेरा और मेरे परिवार का अहित मेरे गुरु कभी होने ही नहीं देंगे। लड़के ने यह जो मार्ग चुना है, वह भी उन्हीं की प्रेरणा से चुना होगा।" वे कभी कहती थीं, "मैंने इसके जन्म के पहले उनसे प्रार्थना की थी कि जो भी मेरा पहला लड़का होगा, उसे मैं आपके कार्य में, आपकी सेवा में लगा दूँगी। पर बाद में कोई लड़का ही नहीं हुआ। इकलौता लड़का गुरु के आश्रम में कैसे भेजें, ऐसा सोचकर, पुत्रमोह के कारण उनके आश्रम नहीं भेजा। तो अब उन्होंने ही इसे यह गुरुमार्ग की प्रेरणा देकर ले लिया है। गुरु कोई एक व्यक्ति नहीं है। वे एक मार्ग है। उस मार्ग पर चलने वाले और चलाने वाले सब एक ही हैं।"

मेरी माँ अपने गुरुमहाराज को ही परमेश्वर मानती थी। इसी कारण मैं उन्हें भगवान समझता था। इसी कारण, जब से मैंने होश सँभाला, तभी से मुझे गुरु ही भगवान लगते थे। 'भगवान' सदैव दूर के प्रतीत होते थे और गुरु पास के लगते थे। उसका भी एक कारण था। मेरे नानाजी ने भी श्री गजानन महाराज को देखा था। उन्होंने उन्हें नागपुर में एक सरकारी नल पर, सड़क पर पानी पीते हुए देखा था। यह बताई हुई घटना मेरे बालमन पर प्रभाव डाल गई कि उन्हें देखा है, ऐसे भी लोग अभी इस दुनिया में हैं। जबकि, भगवान को देखा हुआ है, ऐसा कहने वाला मुझे कोई भी नहीं मिला था। यानी गुरु सच में होते हैं और भगवान काल्पनिक होंगे, ऐसी एक बात मेरे बालमन में बैठ गई थी।

मेरी माँ 'दासबोध' नाम का ग्रंथ सदैव साथ रखती थी। उसे वह पढ़ती रहती थी। वास्तव में, वह उसे पढ़ती कम थी, उसके किसी श्लोक को पढ़कर उसी पर चिंतन व मनन करती थी। मैं कभी-कभी कहता भी था कि तुझे तो तसल्ली होनी चाहिए कि तेरे श्री रामदास स्वामी (दासबोध के रचयिता) ने, शादी नहीं करनी है, इसलिए विवाह के मंडप से ही पलायन किया था और मैं शादी और बच्चे होने के बाद, पत्नी की सहमति से गुरुदेव के साथ गया। तू उनके तो गुण गाती है, पर मुझे वही करने पर गालियाँ देती है, भला-बुरा कहती है। ऐसा दोहरा मापदण्ड क्यों? वह बोली, "वे मेरे लड़के नहीं थे न!

तू है, इसलिए तुझे कहती हूँ। तू मेरा लड़का है, इसलिए मुझे तेरी चिंता है।"

मेरी माँ मेरे पिताजी के सामने कुछ नहीं बोलती थी। जो कुछ बोलना होता, वह अकेले में ही बोलती थी। वह मेरी पत्नी को भी कुछ नहीं बोलती थी। मेरी माँ की सहानुभूति मेरी पत्नी से थी; बेचारी घर भी सँभालती है, बच्चे भी सँभालती है, नौकरी भी करती है। जो भी परिस्थिति है, उसका सामना कर रही है। कभी रोती नहीं है। जब देखो, सदैव हँसती रहती है, खुश ही रहती है। दूसरा, मेरी पत्नी अपनी माँ से या मेरी माँ से इस विषय में कभी कुछ बात नहीं करती थी। मेरे पिताजी, घर के खर्चे कैसे चलते हैं, तनख्वाह कितनी मिलती है, इन सबकी पूछताछ करते रहते थे। वैसे घर में दाल-रोटी की तो कोई कमी नहीं थी। पत्नी के स्कूल में होने के कारण बच्चों की शिक्षा का भी खर्च नहीं था और न ही उन्हें स्कूल में भर्ती करने का तनाव होता था। लेकिन बचत कुछ भी नहीं होती थी। बड़ी कठिनाई से ही घर का गुजारा चलता था। पत्नी की बचत यानी जो निश्चित राशि तनख्वाह से ही कटकर कर्मचारी भविष्य निधि में जमा होती थी, वही बचत थी। कभी-कभी तो उसमें से भी पैसे निकालने पड़ते थे। लेकिन घर में पैसों को लेकर कभी तनाव नहीं होता था। हमारे घर की आमदनी भले ही कम थी, पर एक तो हमारी आवश्यकताएँ कम थीं और दूसरा, भविष्य की कोई चिंता नहीं थी। इसलिए भविष्य के खर्चों के लिए कभी तनाव नहीं रखते थे। इस महीने कैसे खर्च चलेगा, उतना ही देखते थे। बाहर कहीं आना-जाना भी नहीं था। कोई बाहरी खर्चे भी नहीं थे। महीने का आखिरी सप्ताह बड़ी कठिनाई में ही बीतता था। फिर भी सब चल रहा था।

माँ और पिताजी जब आते थे, तो वे सदैव प्रयत्न करते थे कि उनके हमारे यहाँ आने पर हमारे परिवार पर आर्थिक बोझ न पड़े और हमारा मासिक बजट न बिगड़े। वे बच्चों के लिए कुछ-न-कुछ लाते थे। पत्नी भी उन दोनों का काफी आदर-सम्मान करती थी। उनकी व्यवस्था बड़े अच्छे तरीके से करती थी। उन्हें अपनी बहू से कोई शिकायत नहीं थी, बल्कि सहानुभूति ही थी। पिताजी तो अकेले में मुझे कहते ही थे कि वह अच्छी है, इसलिए अच्छा है, अन्यथा

सामान्य स्त्री होती, तो ऐसे नौकरी छोड़कर घर बैठे हुए पति को तो तलाक ही दे देती! मैं उन्हें समझाता, "नौकरी छोड़ने का फैसला हम दोनों ने मिलकर लिया है। इसलिए उसमें उसकी अनुमति है ही और मुझे नौकरी नहीं मिल सकती, ऐसा भी नहीं है। मुझे मेरे मालिक ने कहा ही है—मेरी ऑफिस (कार्यालय) के दरवाजे तेरे लिए सदैव खुले हैं।" वे बोलते थे कि फिर वापस जाता क्यों नहीं? मैं कहता था, "अगर मेरे परिवार को आवश्यकता लगी, तो जाऊँगा ही। आप चिंता मत करो।" माँ कहती, "वे अपना-अपना चला रहे हैं न! पति और पत्नी के बीच हमें नहीं पड़ना चाहिए। वे अपने से या अन्य किसी से माँगते भी नहीं हैं। यानी सब ठीक ही है।"

पिताजी कहते थे, "तू अपने नौकरी न करने के निर्णय पर फिर से विचार कर।" मैं कहता था, "आप मेरी ओर देखने का दृष्टिकोण ही बदल लीजिए। मैंने नौकरी स्वयं छोड़ी है और अब मैं नौकरी करना ही नहीं चाहता। मुझे किसी ने नौकरी से निकाला थोड़ी ही है?" पिताजी और मेरे बीच विवाद का बस यह एक मुद्दा था और हमारी बातचीत सदैव इस मुद्दे पर जाकर रुक जाती थी। कभी-कभी अति होने पर पत्नी बचाव के लिए आती थी। वह बोलती थी, "माँ, आपको जैसे आपके गुरु, शेगाव वाले गजानन महाराज पर संपूर्ण विश्वास है कि आपके जीवन में आपका बुरा कुछ हो ही नहीं सकता, वैसे ही इन्हें इनके गुरु शिवबाबा पर पूर्ण विश्वास है कि उनका बुरा कुछ हो नहीं सकता है।" फिर पिताजी अपना गुस्सा पत्नी पर निकालते, "देख, यह ऐसा ही समर्थन करके तू उसको और बिगाड़ रही है। तू खुद ही नहीं बोलेगी —नौकरी कर, तो वह क्यों करेगा?" फिर पिताजी पत्नी को डाँटना शुरू कर देते थे। मामला ठण्डा हो, इसलिए हम कोई बहाना बनाकर दोनों घूमने चले जाते थे। मैं थोड़ा विचलित हो जाता था। मैं कहता था, "वे भी अपनी जगह सही हैं। अपने इकलौते लड़के को इतना पढ़ाया और अच्छी तरह शादी कराई और वही नौकरी छोड़कर आध्यात्मिक मार्ग में आता है, तो उन्हें गुस्सा आना स्वाभाविक है।" पत्नी कहती थी, "उन्हें आध्यात्मिक मार्ग के बारे में कुछ भी जानकारी नहीं है। इसलिए उनकी बातों पर अधिक ध्यान मत दो। एक कान से सुनो और दूसरे

कान से बात निकाल दो। उनको अपना उद्‌देश समझाना व्यर्थ है। वे कभी भी नहीं समझ पाएँगे कि आपके इस मार्ग पर चलने से हम क्या पा रहे हैं। साक्षात ऋषि-मुनियों का सान्निध्य तो आपको मिल रहा है, मुझे नहीं, पर आप जब हिमालय के ऋषि-मुनियों की बातें करते हो, तो मुझे लगता है, मानो मैं ही हिमालय में साक्षात दर्शन कर रही हूँ। आपका वर्णन इतना जीवंत लगता है। पिताजी पुत्रमोह के कारण यह सब जान नहीं पा रहे हैं।" मैं कहता था, "एक सामान्य-सी बात उन्हें क्यों नहीं समझ में आती? जब मैं दूसरों का भला करने के लिए जनमा हूँ, तो मेरा बुरा कैसे हो सकता है? दुनिया गोल है। जो हम बोएँगे, वही वापस हमें मिलेगा। तो मैं किसी का बुरा नहीं कर रहा हूँ, तो मेरा बुरा कैसे हो सकता है?"

पत्नी कहती, "मुझे लगता है कि वे तो समाज में रहते हैं; रिश्तेदार, परिचित बार-बार उन्हें ही बोलते होंगे। इसलिए वे बार-बार आकर इसी विषय पर हमें बोलते हैं। वे बेचारे अपने लिए लोगों से बातें सुनते हैं, इसीलिए बताते हैं। ऐसा लगता है कि हम कहीं दूर चले जाएँ जहाँ कोई भी कभी भी न आ सके। फिर बाद में यह मामला ही नहीं रहेगा। मैं ही मेरी बदली कहीं दूर-दराज में करवा लेती हूँ ताकि ये भी वहाँ नहीं आएँ और आसपास के रिश्तेदार भी हम पर नजर न रख सकें। मुझे तो यही एक मार्ग दिख रहा है। इस समाज, इस दुनिया से ही कहीं दूर चले जाना चाहिए ताकि लोगों के चित्त से भी दूर चले जाएँगे।"

एक दिन घर में ऐसे ही विषय निकला, तो मैंने माँ को समझाया, "हो सकता है, हमारे घर में भौतिक साधन या भौतिक सुख-सुविधाएँ भी नहीं है क्योंकि हमारे घर की आमदनी कम है..." पिताजी बीच में ही बोले, "आमदनी कम नहीं है, तूने नौकरी छोड़कर जानबूझकर कम की है।" मैंने कहा, "वह कारण कोई भी हो, वह कम है। लेकिन भौतिक सुख-सुविधाएँ मनुष्य को केवल सुविधा दे सकती हैं, सुख नहीं। माँ, अब तू देख, पत्नी को सुविधा नहीं है, फिर भी वह सुखी

है क्योंकि उसे आत्मा का सुख मिल रहा है। आत्मा का सुख तब मिलता है, जब आप वह कार्य करें जो कार्य करने के लिए हमारी आत्मा हमें कहती है। तो उस कार्य को करने से एक प्रकार का आत्मिक समाधान मिलता है। देख, अब तू 'दासबोध' पढ़ती है। जब श्री रामदास स्वामी की शादी हो रही थी, तभी उनकी आत्मा ने कहा—शादी मत कर, भाग जा यहाँ से, तो वे भाग गए और बाद में 'दासबोध' जैसे एक महान ग्रंथ की रचना उनके हाथों से हुई। आज सारा समाज उनका सम्मान करता है। आज वे उसी घटना के कारण जाने जाते हैं। ऐसे तो लाखों लोग शादी करते हैं, परिवार बसाते हैं और बूढ़े होकर मर जाते हैं, कौन किसको याद रखता है? माँ आत्मा की आवाज महत्त्वपूर्ण है। मेरी आत्मा ने जो बात बताई, वही मैंने भी मानी है। मेरे हाथों से 'दासबोध' जैसे कोई महान ग्रंथ की रचना होने वाली होगी, ऐसा मुझे लगता है।"

"माँ, जब तू वर्धा के आश्रम में रहती थी और मैं एकदम छोटा था, तो कई बार मुझे मेरी आत्मा कहती थी—तेरे जन्म का उद्देश बहुत बड़ा है। एक सामान्य मनुष्य जैसा जीवन जीना तेरे जन्म का उद्देश नहीं है। किसी महान उद्देश को लेकर तू जनमा है। तुझे जीवन में ऐसा कार्य करना है जो अगले 800 सालों तक याद किया जाएगा। अगले 800 सालों तक तेरे कार्यों का प्रभाव रहेगा। ऐसा क्यों लग रहा है, यह पता नहीं था पर मेरे भीतर से यह आवाज सदैव आती रहती थी। उसी आवाज को सुनकर मैंने यह निर्णय लिया है। दूसरा, चिंता क्यों करती है? मैं नौकरी नहीं कर सकता, ऐसा नहीं है; मैं स्वयं ही नहीं कर रहा हूँ ताकि मैं मेरे आत्मा द्वारा बताए गए रास्ते पर चल सकूँ। माँ, आत्मा द्वारा बताए गए रास्ते पर चलने से बड़ा आत्मसुख प्राप्त होता है और बड़ी शांति का अनुभव होता है। इस दुनिया में मनुष्य तो कई पैदा होते हैं, पर अपनी आत्मा की इच्छा के अनुसार चलने का सौभाग्य बहुत कम लोगों को ही प्राप्त हो पाता है। किसी को माँ-बाप के कारण नहीं मिल पाता, तो किसी को पत्नी के कारण नहीं मिल पाता। मेरा तो सौभाग्य ही है कि ऐसी पत्नी मिली जो मुझे इस कार्य में सहयोग कर रही है। मेरी तो सारी ही आध्यात्मिक प्रगति मेरी शादी के बाद हुई है। मेरा भौतिक

सुख-सुविधाओं में कभी चित्त नहीं था और जो शारीरिक सुख की आवश्यकता थी, वह पत्नी के आने पर पूर्ण हो गई। इसलिए शादी के बाद परमात्मा के अलावा कहीं भी चित्त नहीं है। इसलिए अब इस दुनिया में दिल ही नहीं लगता है। केवल और केवल पत्नी है जो मेरी बातें समझ पा रही है और उसी के कारण आज मैं इस संसार में हूँ, अन्यथा कभी का हिमालय चला गया होता।"

"दूसरा, भौतिक सुख-सुविधाएँ पैसा होने पर प्राप्त की जा सकती हैं, पर वे बाहरी होती हैं। वे केवल सुविधा दे सकती हैं। वे हैं ही सुविधाएँ, तो वे सुविधाएँ ही देंगी! वे सुख नहीं हैं। सुख भीतरी होता है। उसे बाहर की सुविधाओं से प्राप्त नहीं किया जा सकता है। उसे केवल महसूस किया जा सकता है। देख, अब घर में सुविधाएँ नहीं हैं, फिर भी पत्नी सदैव प्रसन्न व हसतमुख (हँसमुख) रहती है क्योंकि उसे भी आत्मा के सुख की अनुभूति हुई है। देख, जब तेरे घुटने में दर्द होता है, तब मैं तेरे घुटने को अमृतांजन बाम लगाता हूँ और उसे लगाने से तुझे अच्छा लगता है। लेकिन अगर पेट में दर्द हो, तो तुझे यह बाम खाने के लिए दूँगा क्या? नहीं। क्योंकि यह बाम बाहरी है, इसे बाहर ही लगाना होता है। यह भीतरी नहीं है, यह भीतर के रोग की दवा नहीं है। केवल बाहरी दर्द की दवा है। ठीक इसी प्रकार से, ये सुविधाएँ हमें बाहरी सुख-सुविधा दे सकती हैं, पर भीतर का सुख नहीं। भीतर के सुख के लिए भीतर की दवा चाहिए। इसीलिए, सुख पाना केवल आत्मा से ही होता है। इस आत्मसुख को प्राप्त करने के लिए आत्मज्ञान प्राप्त होना चाहिए और आत्मज्ञान पाने के लिए आत्मसाक्षात्कार प्राप्त होना चाहिए। आत्मसाक्षात्कार पाने के लिए कोई आत्मसाक्षात्कारी गुरु होना चाहिए। माँ, यह मार्ग आत्मसुख की एक बड़ी श्रृंखला ही है और इस मार्ग के ऊपर मैं बहुत आगे बढ़ चुका हूँ, अब लौटना कठिन है। रही बात मेरे परिवार के जीवनयापन की, तो मेरे परिवार की व्यवस्था भी मेरे गुरु ही देखेंगे, ऐसा मुझे पूर्ण विश्वास है। देख, अब मैंने नौकरी छोड़ दी, तो मेरे गुरु ने पत्नी को अच्छी, सरकारी नौकरी लगा दी। यानी उन्हें सब पता है—किस समय क्या आवश्यकताएँ हैं। मैं नौकरी नहीं करता,

इसीलिए गुरुओं से मिलने हिमालय जा पाता हूँ, उनके सान्निध्य में रह पाता हूँ। माँ, गुरुसान्निध्य ही सर्वश्रेष्ठ है।"

अचानक पिताजी बोले, "यह जो हिमालय में जाकर रहता है, यही तो मुझे अच्छा नहीं लगता। लोग बोलते हैं—जो हिमालय जाते हैं, वे वापस कभी नहीं आते। हम तुझे खोना नहीं चाहते हैं।" मैंने उनको समझाते हुए कहा, "मैं अपनी गृहस्थी बसाकर हिमालय जा रहा हूँ, इसका अर्थ है—मैं वापस आने वाला हूँ। अगर मेरी गृहस्थी नहीं रही होती और मैं वहाँ गया होता, तो फिर शायद मैं वापस ही नहीं आता। मैं ज्ञान पाने के लिए इसलिए जाता हूँ कि वही ज्ञान लोगों को बाँट सकूँ और बाँटने के लिए ही मेरा जन्म हुआ है और बाँटना तो समाज में ही आकर हो सकता है। इसलिए मैं वापस समाज में आऊँगा ही। मेरे जीवन का उद्देश ही बाँटना है। तो कार्य पूर्ण किए बिना मुझे मोक्ष-प्राप्ति नहीं हो सकती है। समाज में आकर, आत्मज्ञान का प्रसाद बाँटकर मैं समाज पर कोई उपकार नहीं कर रहा हूँ। मैं तो केवल मेरा कर्तव्य पूर्ण कर रहा हूँ। मैं मेरा कार्य कर रहा हूँ। मैं मेरे कार्य करने इस धरती पर आया हूँ। इसलिए चिंता मत करो। मैं समाज में ही आकर रहूँगा। इस समाज में ही मेरा कल्याण है और समाज में ही मेरा अंत है। यह सब अब मैं जान गया हूँ।"

मेरे माता-पिता यह सब बड़े ध्यान से सुन रहे थे। वे बोले, "जब तू कहता है, तब लगता है—तू ही सही है। पर लोग बोलते हैं, तो फिर भय लगता है।" पत्नी ने भी समझाते हुए कहा, "अभी वे अध्ययन कर रहे हैं, तो इस समय हमें उनकी सहायता करनी चाहिए।" वे दोनों भी कुछ-कुछ समझे, ऐसा लग रहा था। पत्नी ने आगे कहा, "इनके नौकरी न करने से मुझे आर्थिक तंगी का सामना करना पड़ता है, यह सच है, पर वे जो प्राप्त कर रहे हैं, उसके सामने यह परिस्थिति कुछ भी नहीं है। समाज तो बोलता ही रहता है। जो मनुष्य साधु बनता है, सारा समाज उसका आदर करता है, सम्मान करता है। पर घर का कोई साधु बने, यह किसी की भी इच्छा नहीं रहती है। क्योंकि सभी जानते हैं कि साधु बन जाने के बाद सारी माया और मोह से वह दूर हो जाता है। यानी सभी भीतर से जानते हैं कि यह सब माया, मोह का संसार है, पर फिर भी उसी में लिप्त

होकर रहना चाहते हैं। उसे छोड़ना नहीं चाहते। कोई छोड़े, तो उसे भी छोड़ने नहीं देते। इन्हीं सांसारिक संकटों और समस्याओं के लिए फिर किसी आध्यात्मिक गुरु की शरण में जाते हैं। यानी इसमें अनेक समस्याएँ हैं, फिर भी छोड़ना नहीं चाहते हैं। लोग तो इस संसार से भागकर हिमालय की शरण में जाते हैं, ये भागकर नहीं गए हैं। इन्होंने आज भी गृहस्थी सँभाली है। ये तो दोनों को सँभाले हुए हैं। हमारा पारिवारिक जीवन एकदम सुखी है। मैं कभी इनकी शिकायत आपसे करती हूँ क्या? या और किसी से करती हूँ क्या? नहीं। क्योंकि मुझे कोई शिकायत ही नहीं है। यह हम दोनों ने मिलकर लिया हुआ निर्णय है और इस निर्णय से हम खुश हैं, तो आप दुःखी क्यों होते हो? आप ऐसे बार-बार अपना दुःख प्रकट करोगे, तो मैं ही मेरी बदली कहीं दूर करा लूँगी क्योंकि हमारे पास रहने से अगर आपको तकलीफ होती है, तो यही एक उपाय हमारे पास बाकी रह जाता है।"

हम दूर जाने की बात करने लग गए, तो पिताजी बोले, "नहीं, हमें लोग बोलते हैं, तो चिंता होती है। बाकी ऐसा कुछ नहीं है।"

पत्नी ने कहा, "हमें भी लोग बोलते हैं, लेकिन हम क्या कर रहे हैं, यह हमको मालूम है, इसलिए हमें लोगों की बातों का फर्क नहीं पड़ता है। चलो, अब बहुत देर हो गई है, अब शांति के साथ सो जाइए।" ऐसा कहकर हमने हमारी चर्चा समाप्त की।

दूसरे दिन ऐसे ही बातें चल रही थीं, तो मैंने माँ से पूछा, "बहनें कभी क्यों नहीं आती हैं?" तो माँ कुछ नहीं बोली। मैंने फिर पूछा, "क्या वे मेरे से नाराज हैं?" तो माँ बोली, "हाँ, ऐसा ही कुछ समझ। उन्हें सदैव लगता है कि उनका भाई कुछ कमाता नहीं है। फिर वे आती हैं, तो तेरी पत्नी उन्हें उपहार वगैरह देती है, उन पर खर्च करती है, तो उन्हें सदैव लगता है—यह पैसा तो इसकी कमाई का है, इस पर हमारा क्या अधिकार है? हम बेकार ही जाकर उनके खर्च बढ़ाते हैं। पहले ही उनकी आर्थिक स्थिति अच्छी नहीं है। यह सोचकर ही वे कभी तेरे घर नहीं आती हैं। यह हमें भी मालूम है, पर तेरे बच्चों से मिलने हम आ जाते हैं। तुम लोग भी प्रायः कम ही

आते हो।" मैंने कहा, "आप सदैव मेरी नौकरी का विषय निकालते हो और नौकरी मैं कर नहीं सकता, इसलिए हम नहीं आते हैं। मेरी नौकरी का विषय मेरी पत्नी की दुखती रग है। इसलिए वह उसके माता-पिता के यहाँ भी कम ही जाती है। जब मैं घर नहीं रहता हूँ, तो उसका बच्चों को लेकर आना संभव नहीं होता है और उसका समय नौकरी करने, बच्चे सँभालने में ही निकल जाता है। जब मैं आता हूँ, तो वह अधिकतम समय मुझे ही देना चाहती है। जब भी मैं हिमालय की यात्रा से आता हूँ, तो उसे वहाँ की भाषा, वहाँ की संस्कृति के बारे में जानना होता है। तो हमारा समय तो ऐसे ही व्यतीत हो जाता है।" मेरी माँ की भी जिज्ञासा बढ़ी। उसने पूछा, "वहाँ पर कौन-सी भाषा बोली जाती है?" मैंने कहा, "एक पहाड़ की भाषा अलग होती है, दूसरे पहाड़ की भाषा अलग होती है। इतनी भाषाएँ मैंने मेरे जीवन में नहीं देखीं। हिन्दी टूटी-फूटी सभी को आती है। अलग-अलग आदिवासियों की अलग-अलग भाषाएँ हैं। पैसों का लेन-देन भी नहीं है; आज भी वस्तु विनिमय प्रणाली चलती है। वह भाग इतना बिछड़ा हुआ है कि उन्होंने आज तक साबु (साबुन) भी नहीं देखा है। मैं जब जाता हूँ, साबु की टिकिया ले जाता हूँ। वहाँ के राजाओं को वह भेंट करता हूँ। वार-त्यौहार पर वे साबु से नहाते हैं, रोजमर्रा में वे मिट्टी और पत्तों से नहाते हैं। वहाँ कोई मंदिर नहीं है और न कोई 'भगवान' है। वे लोग पंचमहाभूतों को ही भगवान मानते हैं। हमारी प्राचीन भारतीय संस्कृति को ही वे मानते हैं। वहाँ के राजाओं से मेरे बड़े मधुर संबंध हैं। वे भी पत्नी व बच्चों को बुलाते रहते हैं, पर इतनी दूर जाना संभव ही नहीं है। ये सभी बस्तियाँ हिमालय के निचले भागों में हैं। जैसे-जैसे ऊपर जाते हैं, वैसे-वैसे मनुष्य-बस्तियाँ होती ही नहीं है क्योंकि ऊपर जाने पर ऑक्सिजन की कमी पड़ती है और ठण्ड से बचने के साधन भी कम होते हैं।"

"ऋषि-मुनि ऊपर गुफाओं में रहते हैं। वे कभी भी नीचे नहीं आते। कोई तीस सालों से वहाँ आए हुए हैं, कोई चालीस सालों से वहाँ आए हुए हैं। आज की दुनिया का उनको पता नहीं है। वहाँ कोई इस दुनिया से परेशान होकर गया है, कोई घर के किसी सदस्य की मृत्यु के कारण गया है, तो कोई मोक्ष पाने के लिए वहाँ जाते हैं।"

"इस प्रकार जो वहाँ जाते हैं, वे कभी न वापस आने के लिए जाते हैं। वे सभी इस दुनिया से नाता तोड़ चुके हैं। मैंने इस दुनिया से नाता नहीं तोड़ा है और न ही तोड़ सकता हूँ क्योंकि मैं उस दुनिया और इस दुनिया के बीच की कड़ी हूँ। जो हिमालय में रहते हैं, उन्हें भी केवल उनकी आध्यात्मिक प्रगति के लिए जिस स्थिति की आवश्यकता होती है, वह मिल जाने के बाद वह स्थिति उनमें से बहने लग जाती है। यह ठीक वैसा ही है जैसे एक गिलास में दूध अधिक भर जाने पर वह गिलास में से बहने लग जाता है। वे अपने-आपको उन स्थानों पर इस प्रकार से बाँध लेते हैं कि वे चाहें तो भी वे उन स्थानों के बाहर निकल ही नहीं सकते हैं। वे इतनी ऊँचाई पर हैं, वे स्थान इतने निर्जन हैं कि सामान्य मनुष्य वहाँ तक जाने की सोच ही नहीं सकता। उनके आसपास कोई सांसारिक मनुष्य नहीं है। उनके आसपास उन्हीं के जैसे लोग हैं, तो उनका ज्ञान सामान्य मनुष्य तक पहुँचेगा कैसे? संभव ही नहीं है। सालों से वे जो तपस्या कर रहे हैं, उनकी उस, सालों की तपस्या का फल समाज तक पहुँचाने का कार्य मुझे सौंपा गया है। यही कार्य करने के लिए उन्होंने मुझे जन्म दिया है। आप केवल दिखने के लिए माँ और बाप हो, आप दोनों केवल निमित्य हो मेरे जन्म के लिए, मेरे जन्मदाता तो वे ही लोग हैं। दूसरा, मैं उन मुनियों का एकमात्र माध्यम हूँ। तो मुझे तो वे उस मार्ग पर लाने ही वाले थे। इसलिए मैं इस मार्ग पर पहुँचा हूँ।"

"प्रत्येक आत्मा जब जन्म लेती है, तो वह एक विशेष उद्देश से जन्म लेती है। कोई आत्मा अतृप्ति के कारण जन्म लेती है। एक लालसा जो पूर्वजन्म में पूर्ण नहीं हुई, उसे पूर्ण करने के लिए जन्म लेती है। कोई आत्मा पूर्वजन्म के अच्छे कर्मों को भोगने के लिए जन्म लेती है। कुछ आत्माएँ किसी से अपना बदला, अपना वैर पूर्ण करने के लिए जन्म लेती है। प्रत्येक आत्मा, जब वह अपने इच्छित कर्मों से मुक्त हो जाती है, तो फिर वह मोक्ष के मार्ग पर चलती है। बहुत कम लोग ऐसे होते हैं जो जीवन में उसी मार्ग पर चल पाते हैं, जिस मार्ग पर उन्हें चलना होता है। मनुष्य आता एक उद्देश से है और चलता एक उद्देश से है। आपस में कोई तालमेल नहीं होता है। मुझे मेरे जीवन का उद्देश मिल गया है। ध्यानमार्ग ही मेरा मार्ग है

और मुझे इसी मार्ग पर चलना है। अब आप देखो, मैंने पढ़ाई नहीं की, ऐसा नहीं है। पढ़ाई की। हमारी गरीबी की स्थिति होते हुए भी पढ़ाई की। कमाई करके पढ़ाई पूर्ण की। पढ़ने के लिए कई छोटे-छोटे काम किए। पर इतना पढ़कर मुझे शांति मिली क्या? नहीं। फिर शांति की खोज में नौकरी की। नौकरी अच्छे से की। अच्छी तरक्की भी कर ली। सामान्य क्लर्क (लिपिक, कर्मचारी) के पद से मार्केटिंग मॅनेजर (विक्री प्रबंधक) के पद तक पहुँचा। जब नौकरी छोड़ी, तो उस समय तक मैं मालिक के नाक का बाल बन चुका था। यानी इतना महत्त्वपूर्ण हो गया था क्योंकि मुझे मालिक ने जो भी काम दिया, मैंने उसे सर्वश्रेष्ठ करने का प्रयास किया। काम छोटा हो या बड़ा, सदैव सर्वोत्तम किया और कभी, किसी भी काम को मैं नहीं कर सकता या मैं नहीं करूँगा, ऐसा नहीं कहा। इसलिए उनका विश्वास प्राप्त किया कि इसे कोई भी कार्य दो, यह अच्छा करेगा ही।"

"मैं सभी कार्य करने के लिए सर्वश्रेष्ठ था, ऐसा नहीं था। मैं मेरे से भी अधिक श्रेष्ठ लोगों से काम करा लेता था। किससे क्या काम कराना चाहिए, यह जानता था और सबसे मधुर संबंध थे। तू देख, मेरे झगड़े कभी आजतक घर नहीं आए क्योंकि मैं जीवन में किसी से झगड़ा ही नहीं हूँ। कभी कोई मेरी किसी बात का बुरा मानता, तो मैं उससे माफी माँग लेता। दूसरा, यदि कोई झगड़ालू स्वभाव का होता तो मैं उससे एक दूरी बनाए रखता था। मेरा कॉलेज में, नौकरी में किसी से भी झगड़ा नहीं हुआ। हमको मॅनेजमेंट (प्रबंध) में सिखाया है—अपने से अधिक श्रेष्ठ लोगों से काम कराने की कला ही मॅनेजमेंट है, भले ही हमें उस कार्य का ज्ञान न हो। एक ही व्यक्ति को सभी बातों का ज्ञान हो, यह संभव ही नहीं है। लेकिन नौकरी भी अच्छे से की। जहाँ नौकरी की, वह कंपनी (प्रतिष्ठान) भी कहाँ-की-कहाँ पहुँच गई और वहाँ रहकर मैं भी कहाँ से कहाँ पहुँच गया। लेकिन यह सब बाहरी दिखावा था। मैं अंदर से तो वहीं का वहीं था। कॉलेज (महाविद्यालय) में भी अशांत था, नौकरी में भी अशांत था। मैं तो शांति की खोज में था। जिस शांति की खोज मैं बचपन से कर रहा था, आज कह सकता हूँ, वह मिल गई है। लेकिन वह शांति बाहर की दुनिया में नहीं मिली। वह शांति मेरे भीतर से ही

प्राप्त हुई है। इस शांति का बीज शिवबाबा ने मुझे नेपाल देश में दिया था। याद आ रहा है? मैं एक बार नेपाल जाकर आया था, मैंने पहली बार हवाई जहाज से यात्रा की थी। जब मैं घर आया था, तू कहती थी—जब से तू नेपाल जाकर आया है, तब से तेरे में कुछ बदलाव आया है।"

"उस समय, वास्तव में, बदलाव एक ही था कि जिस आत्मशांति को मैं खोज रहा था, वह मेरे ही भीतर से मुझे मिल गई थी, मेरी खोज समाप्त हो गई थी, मेरा खोजना समाप्त हो गया था और सारा चित्त भीतर की ओर चला गया था। फिर मैं आध्यात्मिक बातें करने लग जाता था, तो तुम उस समय भी सुनते ही रह जाते थे। तुम्हें उस समय भय लगा कि मैं कहीं साधु न बन जाऊँ, तो तुमने मेरी शादी कराई ताकि मेरा मन इस संसार (गृहस्थी) में लग जाए। लेकिन मेरे जीवन को जिस मार्ग पर चलना था, गुरुदेव ने उसी मार्ग पर चलाया है। मैंने भी गुरुदेव को जीवन सौंप दिया था। मुझे सदैव विश्वास था—मेरे जीवन में जो भी बदलाव आ रहे हैं, वे उनकी इच्छा से ही आ रहे हैं। अगर, मेरी शादी हो, ऐसी ही उनकी इच्छा है, तो हो और यह बात भी मैंने उन्हें ही सौंपी थी कि गुरुदेव, आपके कार्य करने के लिए यह शादी सहायक होगी, तो ही यह हो, अन्यथा न हो। शादी हो गई। मैं समझ गया कि शादी मुझे मेरे मार्ग में आगे ले जाएगी और वैसा ही हुआ। पत्नी मेरे इस गुरुकार्य में शक्तिस्वरूपा सिद्ध हुई। मैंने तो शादी के एक साल बाद ही नौकरी छोड़ दी थी। गुरुशक्तियों ने ही मुझे नौकरी छोड़ने की प्रेरणा दी थी। लेकिन गृहस्थी चलाने के लिए अर्थार्जन भी आवश्यक था। इसीलिए गुरुशक्तियों ने पत्नी को अच्छी नौकरी लगा दी। यानी किस मार्ग पर आगे बढ़ना चाहिए और किस मार्ग पर नहीं यह बताया।"

"हम कई बार देखते हैं, सड़क पर 'इधर मुड़िएँ' ऐसा बोर्ड (सूचनापट) आता है और एक तरफ 'आगे रास्ता नहीं है' यह बोर्ड भी आता है। ऐसा ही कुछ होता है; परमात्मा भी हमारे जीवन में बोर्ड लगाकर हमें बताता रहता है—यह रास्ता तुम्हारे लिए बंद है और आगे तुम्हें इस मार्ग पर चलना है। वह कभी भी सभी रास्ते बंद नहीं करता है। एक रास्ता बंद करता है और दूसरा रास्ता खोलता

है। वास्तव में, हम हमारे ही रास्ते पर चलने के आदि हो जाते हैं और रास्ते से लगाव हो जाता है। इसलिए जब कभी 'रास्ता आगे बंद है' का बोर्ड देखते हैं, तो हमें दुःख होता है, हमें बुरा लगता है। लेकिन परमात्मा कभी भी किसी का मार्ग बंद नहीं करता है, रास्ता बदलता है। सदैव दूसरा, नया रास्ता बनाने के लिए कोई रास्ता बंद किया जाता है। एक रास्ते का बंद होना सदैव एक नए रास्ते का आरंभ होता है। हमें बंद रास्ता देखकर तकलीफ होती है। पर नया रास्ता देखकर प्रसन्नता नहीं होती। वास्तव में, रास्ता कभी बंद ही नहीं होता, परमात्मा तो जीवन को मोड़ता है। पर हम हमारे ही स्तर पर होते हैं, इसलिए दुःखी होते हैं। अगर उससे जुड़े हुए होंगे, तो उसके बोर्ड भी पढ़ सकेंगे और उसका उद्देश भी समझ सकेंगे। वह हमें गलत रास्ते पर जाने ही नहीं देता है। अगर गलत रास्ते पर गए तो वह उस रास्ते पर 'बंद' का बोर्ड लगाकर सही रास्ते की ओर मोड़ देता है। अब देखो, तुम्हें भी लगता है कि मैंने नौकरी छोड़ दी। लेकिन तुम्हें यह नहीं दिखता है कि मैं नौकरी छोड़कर घर पर नहीं बैठा हूँ, मैं किसी नए, गुरुकार्य के मार्ग पर चल पड़ा हूँ और उस मार्ग पर आकर मैं एक असीम शांति का अनुभव कर रहा हूँ जो आत्मशांति मुझे जीवन में पहले कभी नहीं मिली थी। मुझे अब कुछ खोजना नहीं है, कुछ ढूँढ़ना नहीं है, कुछ प्राप्त करना नहीं है। पूर्ण समाधान मुझे इस मार्ग पर आकर मिला है। मैं इस मार्ग में आकर प्रसन्न हूँ। यह मार्ग वह मार्ग है जिस मार्ग पर चलने के लिए मेरा जन्म हुआ है।"

"अभी तक जो भी नौकरी की, काम किया, वह सब आप लोगों की इच्छा कारण किया। तुम्हें लग रहा था कि मैं केवल नौकरी कर रहा था, लेकिन वास्तव में, मैं तो खोज भी रहा था। वह खोज अब समाप्त हो गई है। दूसरा, मेरे नेपाल से आने के बाद, तुझे लगता था कि मैं नास्तिक हो गया। ऐसा भी नहीं था। मेरी परमात्मा की खोज की दिशा बदल गई थी। लोग परमात्मा को बाहर खोजते थे, मैं भीतर खोजता था। मुझे मेरे ही भीतर परमात्मा मिल गया है और वह केवल मेरे गुरुदेव के कारण ही हो सका। परमात्मा तो हमारे भीतर ही है। लेकिन जब तक भीतर के परमात्मा को प्राप्त

किया हुआ कोई बुद्ध पुरुष हमारे जीवन में नहीं आता, तब तक हम परमात्मा को बाहर ही खोजते रहते हैं और जब वह भीतर प्राप्त हो जाए, फिर खोज बाहर कैसे होगी? बाहर खोज करेंगे, तो ही बाहर खोजने वालों को लगेगा कि यह खोज रहा है। परमात्मा बाहर है, ऐसा ही सब लोग समझते हैं और वे बाहर खोजते रहते हैं। अगर कोई बाहर नहीं खोजे, तो वे समझते हैं कि वह खोज नहीं रहा हैं, वह नास्तिक है। वास्तव में, हमारे भीतर ही परमात्मा है, यह बात ही मनुष्य को मालूम नहीं है, तो भीतर की जाने वाली खोज कैसे मालूम होगी? समाज को उसकी जानकारी नहीं है और वही जानकारी कराने के लिए मेरा जन्म हुआ है।"

"मेरे नेपाल से आने के बाद जो तू कहती थी कि मैं एकदम बदल गया हूँ, तो मैं बदला नहीं था, मेरी खोज की दिशा बदल गई थी। अब तक मेरे जीवन में जो भी हुआ और जो होगा, वह सब उसकी इच्छा से होगा। प्रत्येक दिन भी उसकी ओर बढ़ा हुआ एक कदम होगा, ऐसा मुझे संपूर्ण विश्वास है। मैं समाज से कुछ अलग कर रहा हूँ, यह सच है, पर देखना, यह अलग ही सत्य साबित होगा। इस सत्य का इतंजार कई आत्मा कई जन्मों से कर रही हैं। मेरी राह देख रही हैं कि मैं उन्हें वह मार्ग बताऊँ जिस मार्ग पर चलने से मंजिल मिल जाती है। एक जीवन इस कार्य के लिए बहुत कम है, समय कम है और कार्य अधिक है। बहुत बड़े कार्य का भार मेरे सिर पर है, ऐसा मैं महसूस कर रहा हूँ। दूसरा, मेरे इस मार्ग पर चलने से किसी को भी तकलीफ नहीं हो रही है, फिर भी रिश्तेदार क्यों बोलते हैं, पता नहीं। एक बात अवश्य बता रहा हूँ—मैं एक सामान्य मनुष्य नहीं हूँ; मैं एक असामान्य उद्देश लेकर जनमा हूँ और जिस समय वह उद्देश पूर्ण होगा, मेरे जन्म का रहस्य भी बाहर आ जाएगा। अभी वह मुझे ही पता नहीं है, इसलिए मैं वह बता नहीं सकता। पर जब समय आएगा, तब वह मालूम पड़ ही जाएगा। सामान्य जीवन तो सब लोग ही जीते हैं। मैं कुछ अलग, हटकर करने जा रहा हूँ। वैसे तू ही देख, बचपन से ही मेरा रुझान भौतिक सुख-सुविधाओं की तरफ नहीं था। मैंने कभी, यह चाहिए या वह चाहिए, ऐसी माँग भी तेरे से नहीं की थी। नौकरी लग जाने के बाद भी, मेरा सारा पैसा

दूसरों पर खर्च होता था। वह दूसरों पर होता था। शानो-शौकत का जीवन मैंने कभी नहीं जिया। घर के लोगों, रिश्तेदारों, पहचान वालों के लिए उपहार लाने में ही मेरी सारी कमाई खर्च हो जाती थी। यह बात भी सही है कि मैंने बचत कभी नहीं की। बचत मनुष्य इसलिए करता है कि उसे उसके भविष्य के लिए धन की आवश्यकता होगी। मुझे भविष्य की चिंता नहीं थी। माँ, तुम जानती हो, मैंने धन को कभी महत्त्व नहीं दिया। क्योंकि धन साधन है। साधन तो बाहर से भी प्राप्त हो सकता है, साधना अपने-आपको ही करनी पड़ती है। न मैं पैसे जोड़ना चाहता था और न अमीर होना चाहता था। रही बात उदरनिर्वाह की, तो जब मैं गुरुदेव का कार्य कर रहा हूँ, तो मेरे उदरनिर्वाह की चिंता भी उन्हीं की है। वह भी मेरा कार्य नहीं है। जैसे हम एक बिल्ली को पालते हैं, तो उस बिल्ली के उदरनिर्वाह की चिंता भी हम ही करते हैं। उसे कोई मार न डाले, उसे गर्मी न लगे, ठण्ड न लगे, यह ध्यान भी रखते हैं। यह भी ठीक वैसा ही है। तुम लोगों को मेरे परिवार की चिंता है, बच्चों की चिंता है! सब अच्छा ही होगा। सब बच्चे अपनी-अपनी किस्मत लेकर आए हैं। वे जन्म के साथ शक्तियाँ लेकर आए हैं, बहुत अच्छी आत्माएँ हैं। इसीलिए प्रत्येक बच्चे के जन्म के साथ ही मेरी आध्यात्मिक स्थिति भी बढ़ी है। दूसरा संयोग देख कि पत्नी भी समाधानी है। वही इस मार्ग में मेरी शक्ति है।"

"इस मार्ग पर चलने की इच्छा तो मुझे जन्म से ही थी। जब मैं बच्चा था, तो मैं इस मार्ग पर चल नहीं सकता था। मेरी नानी मेरी पहली गुरु है। उसने 'परमात्मा अविनाशी है। वह कल भी था, आज भी है और कल भी रहेगा' का मंत्र मुझे बार-बार कहकर मेरे भीतर, मेरे मन में आज के परमात्मा के बारे में जिज्ञासा जगाई थी। पर मैं छोटा था, चाहकर भी इस मार्ग पर नहीं चल सकता था। तू कई बार तेरे गुरु की समाधि के पास मुझे दर्शन कराने ले जाती थी। तब मेरे मन से एक ही प्रार्थना निकलती थी कि गुरुशक्ति का अस्तित्व आज भी किसी-न-किसी रूप में होगा ही, मेरे जीवन में वह क्षण आए कि मैं उस रूप के दर्शन कर सकूँ। क्योंकि तुम्हारे गुरु तो समाधिस्थ हो गए थे, वे जीवित नहीं थे लेकिन तेरे कारण मेरा उन

पर बड़ा विश्वास था कि वे परमात्मा के माध्यम थे। माँ, यह रहस्य मैं बचपन में ही जान गया था कि परमात्मा कोई शरीर नहीं हो सकता है। क्योंकि कोई शरीर अविनाशी नहीं है और परमात्मा तो अविनाशी है। तो फिर कोई भी शरीर परमात्मा कैसे हो सकता है?

इस सृष्टि में ऐसा है ही नहीं जिसे हम परमात्मा कह सकें। वह तो एक अविनाशी शक्ति है जो कल भी थी, आज भी है और कल भी रहेगी और हम जिन्हें परमात्मा मानते हैं, वे भी परमात्मा नहीं हैं। इसलिए आज तक किसी ने नहीं कहा—मैं परमात्मा हूँ। परमात्मा एक विश्वचेतना है। वह एक शरीर कैसे हो सकती है? हो ही नहीं सकती। हम जिन्हें भगवान मानते हैं वे भी भगवान नहीं थे। वे भी भगवान के माध्यममात्र थे। कोई भी मनुष्य परमात्मामय बन सकता है। परमात्मामय होना एक उच्च स्थिति है, वह स्थिति कोई भी प्राप्त कर सकता है। यह मार्ग प्रत्येक मनुष्य के लिए खुला है। यह ठीक वैसा ही है जैसे कि प्रत्येक बीज में वृक्ष बनने की संभावना छुपी होती है। प्रत्येक बीज वृक्ष बन सकता है। ठीक इसी प्रकार से, प्रत्येक मनुष्य चाहे, तो भगवान बन सकता है। जो भी अपने, मनुष्य होने के अलग अस्तित्व को छोड़ता है, अपने 'मैं' को समाप्त करता है, वह परमात्मामय बन सकता है।

मनुष्य और भगवान के बीच केवल 'मैं' का अंतर है। जो इस अंतर को समाप्त कर लेते हैं, वे परमात्मामय हो जाते हैं। उनका अपना, निजी कोई अस्तित्व नहीं होता है। फिर वह विश्वचेतनाशक्ति उन्हीं के भीतर से ठीक इस प्रकार से बहती है जैसे नल के पाईप (टोंटी) से पानी बह रहा हो। जिन्हें हम भगवान मानते हैं, ये सब पाईप हैं लेकिन ये पानी नहीं हैं। पाईप और पानी में जो अंतर है, वही माध्यम और परमात्मा में है। कोई भी व्यक्ति अपने 'मैं' के अहंकार को समाप्त कर लेता है, तो वही मोक्ष की स्थिति होती है और वह स्थिति पाने के लिए ही सारी जद्दोजहद है। मोक्ष एक स्थिति है, एक शून्य की स्थिति। वह स्थिति अपने जीवनकाल में मिले, इसीलिए हिमालय में ऋषि-मुनि तपस्या कर रहे हैं। वे उस स्थिति को पा भी लेते हैं, पर वे उस स्थिति को औरों को दे नहीं सकते, इस समाज में वापस आ नहीं सकते। उन्होंने अपने-आपको इतना संवेदनशील

बना लिया है, प्रकृति के साथ इतना समरस कर लिया है, वे इस समाज में तो छोड़, वे हिमालय से थोड़ा नीचे भी नहीं आ सकते हैं।"

"वहाँ के सामान्य मनुष्य और वहाँ के जानवर भी इतने अभ्यस्त हो गए हैं कि वे इस दुनिया में जीवित ही नहीं रह सकते हैं। यह तुझे सच बता रहा हूँ। परमात्मा ऐसे कई माध्यमों के रूप में हिमालय में आज भी है जिनके सान्निध्य में जाने के बाद मनुष्य अपनी सारी सुध-बुध खो बैठता है और उन्हीं का हो जाता है। जब मैं उनके सान्निध्य में जाता हूँ, तो मुझे उनमें परमात्मा के दर्शन हो जाते हैं। मैं परमात्मा के जिस रूप की इच्छा करता हूँ, वह रूप मुझे उनमें नजर आता हैं। यह इसीलिए होता है कि उन्होंने अपना अस्तित्व खो दिया है, एक शून्य की स्थिति प्राप्त कर ली है, एक मोक्ष की स्थिति प्राप्त कर ली है। यह स्थिति प्राप्त करने में उन्हें कई जन्म लगे हैं। यह स्थिति जन्मों-जन्मों के बाद प्राप्त होती है।"

"उनके दर्शन करना भी सामान्य मनुष्य के लिए असंभव है और मुझे तो उनके साथ रहने का सौभाग्य मिल रहा है! परमात्मा के साथ रहने का सौभाग्य तो मैं क्यों छोड़ूँगा? यह अवसर तो तू भी नहीं छोड़ सकती है। कोई भी नहीं छोड़ सकता! उनके दर्शन से ही एक प्रकार की आत्मिक शांति का अनुभव होता है। सारा चित्त जो बाहर जाते रहता है, अनायास ही भीतर की ओर मुड़ जाता है। जो शांति मनुष्य पैसे में, भौतिक साधनों में खोजता रहता है, मंदिरों में खोजता रहता है, तीर्थक्षेत्र में खोजता रहता है, वह सब उसके ही भीतर है। यह आभास उसे हो जाता है और उसे एक आनंद की अनुभूति होती है। आत्मानंद के आनंद का वर्णन ही नहीं कर सकता। वह तो एक अनुभूति है। फिर उनके पास से जाने की ही इच्छा नहीं होती और समय का भी ध्यान नहीं रहता। कितने दिन बीत गए, पता भी नहीं चलता। एक दिन तो ऐसे बीतता है मानो एक क्षण हो। वह इसलिए होता है कि उन्होंने अपना अलग अस्तित्व समाप्त कर लिया है, वे परमात्मामय हो गए हैं। इसलिए वे परमात्मा लगते हैं। उनके दर्शन के बाद परमात्मा की खोज समाप्त हो जाती है। उनकी वह स्थिति ही उन्हें औरों की दृष्टि में 'परमात्मा' बना देती है। उनके अंदर हम किसी के भी दर्शन कर सकते हैं। तूने तेरे गुरुदेव का जीवनचरित्र

पढ़ा है। उसमें एक घटना है। तुम्हारे गुरुदेव ने विठ्ठल के रूप को भगवान मानने वाले एक भक्त को उनके सान्निध्य में आने पर विठ्ठल के दर्शन करा दिए।"

"यह इसीलिए संभव हो सका क्योंकि तुम्हारे गुरुदेव को वह अस्तित्वविहीन स्थिति प्राप्त हो गई थी। उनका कोई अस्तित्व नहीं रह गया था। इसीलिए, उस भक्त के आराध्य दैवत (देव) विठ्ठल थे, तो वे आराध्य दैवत ही उसे गुरुदेव में दिखे। उसका आराध्य दैवत कोई भी होता, तो भी वह उसको उनमें दिख सकता था। लेकिन ऐसे गुरु बीते हुए जमाने की बातें हैं। आज ऐसे गुरु समाज में नहीं हैं और जहाँ हैं, वहाँ समाज कभी जा नहीं सकता। तो आज एक सामान्य मनुष्य चाहे कि वह किसी में किसी के भी दर्शन कर ले, तो यह संभव नहीं है। तो कल के परमात्मा के दर्शन आज अगर कोई करना चाहे, तो भी नहीं कर सकता क्योंकि समाज में इतना शुब्द, अस्तित्वविहीन माध्यम नहीं है। इसीलिए समाज को उसकी अनुभूति भी नहीं है। समाज और परमात्मा के बीच एक ईश्वरीय अनुभूति है। वह अनुभूति हिमालय में ही है और समाज हिमालय में नहीं, बाहर ही है। उसी 'दिव्य अनुभूति की गंगा' को समाज तक लाने के 'भगीरथ प्रयत्न' करने के लिए ही मेरा जन्म हुआ है। माँ, प्रत्येक आत्मा का इस धरती पर जन्म लेने का उद्देश होता है। वह अगर उसी उद्देश की ओर चली, तो ही उसे आत्मसुख मिलता है और नहीं चली, तो वह जीवन में अपने कार्य में प्रगति कर ले, वह मनुष्य कभी सुखी और समाधानी नहीं हो सकता। उस मनुष्य को जीवनभर लगेगा कि मुझे तो यह बनने की इच्छा थी, पर मैं बन यह गया। ऐसा मेरा नहीं है। मैं जिस राह पर चल रहा हूँ, मैं उसी राह पर चलना भी चाहता था। इस राह पर चलने की इच्छा तो जन्म से ही थी, पर इस राह पर चलने की शक्ति नहीं थी और शक्ति नहीं थी, इसीलिए इस मार्ग पर चलने की हिम्मत कभी नहीं कर सका। लेकिन जब मेरा विवाह ऐसी कन्या के साथ हुआ जो मेरे जीवन में शक्ति बनकर आई, तो जीवन में जो निर्णय लेने की शक्ति नहीं थी, वह शक्ति मिल गई। अब तू ही सोच, पत्नी और दो बच्चों के होते हुए, इस निर्णय पर रहना कितना कठिन है! यह सब मेरी पत्नी

के सहयोग के बिना संभव ही नहीं था। इसलिए शादी के बाद ही यह निर्णय लिया गया और आज भी मैं मेरे निर्णय से प्रसन्न हूँ। जो शादी के पहले न कर सका, वह बाद में हो गया। शादी होना भी गुरुदेव की ही कृपा का ही एक भाग है। जो कुछ हो रहा है वह एक निश्चित दिशा में ही बढ़ने के लिए हो रहा है और भविष्य में, आगे जो कुछ होगा वह भी गुरुदेव की इच्छा से होगा। जो भी होगा, वह हमारे भले के लिए ही होगा। यह विश्वास मुझे सदैव रहता है और इसीलिए मैं सदैव तनावमुक्त रहता हूँ। मुझे मेरा भविष्य उनके हाथों में सुरक्षित दिख रहा है। तू क्यों व्यर्थ की चिंता करती है? सदैव याद रख, सब अच्छा ही होगा। जिस प्रकार तुम्हारा तुम्हारे गुरुदेव पर संपूर्ण विश्वास है, ठीक इसी प्रकार से मेरा भी मेरे गुरुदेव पर संपूर्ण विश्वास है। माँ तुम तो गुरुमार्गी हो। गुरुमार्ग पर चलने से जीवन कितना अच्छा, शांत होता है, वह तुमने देखा ही है। अब ठीक उसी मार्ग पर मैं चल रहा हूँ।”

“माँ, गुरु यानी कोई व्यक्तिविशेष थोड़े ही हैं! जिसने भी इस प्रकृति में जाकर अपना अस्तित्व खोया और प्रकृति उसके भीतर से ही बहने लग गई, वह प्रकृतिमय हो गया। वह माध्यम ही गुरु है। शरीर अलग-अलग हो सकते हैं। पर भीतर से बहने वाली शक्ति एक ही है। यही कारण है—तुम्हारे गुरुदेव के भीतर ही उनके शिष्य को विठ्ठल भगवान के दर्शन हो गए। विठ्ठल के रूप को ही उस भक्त ने भगवान माना था और परमात्मा की ठीक वही शक्ति उन गुरुदेव में बह रही थी। उनके शरीर का कोई अलग अस्तित्व नहीं था। इसीलिए वे शरीर के दोषों से परे थे और विठ्ठल भक्त शिष्य तो परमात्मा के शक्ति से जुड़ा था। विठ्ठल के रूप को तो उसने ही मान कर रखा। उसके चित्त ने निर्माण किया था। विठ्ठल की भक्ति करते-करते, विठ्ठल यानी भगवान ही हैं, यह उसने मानकर रखा था। वह परमात्मा की शक्ति को विठ्ठल के अलावा किसी और रूप में देख ही नहीं सकता था। लेकिन परमात्मा तो एक ही है और उसकी शक्ति भी एक ही है, रूप तो हम ही हमारी इच्छा से मान लेते हैं। परमात्मामय मनुष्य हमें परमात्मा-सा लगने लग जाता है। शरीर तो बाहरी रूप है। उधर मत देख। जो भीतर है, वह एक

ही है। सभी माध्यमों के भीतर एक ही शक्ति अविरत बहती रहती है, इसलिए शरीर के रूपों पर ध्यान नहीं देना चाहिए। जब भी किसी माध्यम का सान्निध्य मिल जाए, तो वह अनुभव करना चाहिए। माध्यम अनुभव करने की चीज है, देखने की नहीं और जब तक हम देखते रहेंगे, तब तक उसका शरीर ही दिखेगा। लेकिन जब हमारी आँखें बंद हो जाएँगी, तभी हमारी चित्त की आँख खुलेगी और चित्त की आँख सब अनुभूति से देखती है।"

"वह अनुभूति एक ही है। हमारी श्रद्धा, हमारी आस्था उस अनुभूति के ऊपर ही आधारित होनी चाहिए। परमात्मा एक शक्ति है और उस तक किसी भी धर्म के रास्ते से पहुँचा जा सकता है। धर्म तो उस तक पहुँचने का रास्ता है। धर्म सीढ़ी है, मंजिल नहीं है, परमात्मा तक पहुँचना मंजिल है। लेकिन धर्म का रास्ता भी अनुभूति पर आधारित होना चाहिए, सकारात्मक होना चाहिए, सृजनात्मक होना चाहिए, अहिंसक होना चाहिए। अनुभूति वाले धर्म में हिंसा को कोई स्थान नहीं है। व्यवहार को, रुपए-पैसे को कोई स्थान नहीं है। ऐसे पवित्र, शुद्ध आत्मधर्म के रास्ते पर चलकर ही परमात्मा को पाया जा सकता है, फिर आपका बाहरी धर्म भले ही कोई भी हो। माँ, इसीलिए संतों ने कभी भी धर्मविशेष को महत्त्व नहीं दिया क्योंकि वे जानते थे कि धर्म तो प्रत्येक जन्म के साथ बदलता रहता है। उन्होंने मनुष्य के मनुष्यधर्म को ही महत्त्व दिया है। इसीलिए तेरे गुरुदेव भी धर्म का भेदभाव नहीं करते थे। देख, मेरे गुरुदेव के और तुम्हारे गुरुदेव के विचार कितने मिलते-जुलते हैं, समान है! क्योंकि दोनों के भीतर बहने वाली शक्ति एकसमान ही है। अगर तुझे अनुभव करके देखना हो, तो तू अनुभूति भी करके देख सकती है। बस, अनुभूति की तेरी इच्छा होनी चाहिए। गुरुदेव वह अनुभूति कराने के लिए समर्थ हैं। वे तुझे वह अनुभूति करा सकते हैं।"

"'अनुभूति' वह सत्य है जो माया के आवरण को तोड़ देता है। जिस प्रकार से आकाश में कभी-कभी धुंध रहती है, लेकिन तब तक जब तक सूर्य-उदय नहीं होता। एक बार सूर्य-उदय हो जाता है, सारा अँधेरा दूर हो जाता है। ठीक इसी प्रकार से, एक बार जीवन

में अनुभूति का सूर्य-उदय हो जाए, तो सारी भ्रम की स्थिति दूर हो जाती है।"

मैं बड़ी एकाग्रता से मेरी माँ को समझा रहा था। बड़े हृदय से यह बात बता रहा था कि परमात्मा एक ही है। माध्यम अलग हो सकते हैं। तभी मैंने देखा—मेरी माँ की आँखें धीरे-धीरे एक तंद्रा की ओर जा रही थीं और धीरे-धीरे आँखें बंद ही हो गईं। थोड़ी देर के बाद देखा, तो मेरी माँ मुझे झुककर नमस्कार कर रही थी और पता नहीं, मैं भी चुप हो गया और समाधि की स्थिति में चला गया। जो हुआ, वह हुआ, पर उसका वर्णन कर ही नहीं सकता। एकदम शून्य की अवस्था प्राप्त हो गई। सारा शरीर ऐसा हो गया मानो बर्फ से ही बना हो। मुझे मेरी माँ के गुरुदेव के दर्शन हो रहे थे। वे संपूर्ण दिगंबर अवस्था में थे। आजानुबाहु थे। शांत-सौम्य मुद्रा थी। मेरा अस्तित्व कहीं नहीं था, वे ही वे थे। वे मुस्करा रहे थे। आँखों में एक प्रकार का तेज था। मैं तो एक शब्द भी बोलने की स्थिति में नहीं था। शरीर के ऊपर का सारा नियंत्रण ही समाप्त हो गया था, हजारों जुगनू आवाजें कर रहे हों, ऐसा लग रहा था। आगे क्या हुआ, वह पता नहीं और उस अवस्था में कितना समय बीता, वह भी मालूम नहीं। पर जब आँखे खुलीं, तो देखा सूर्य-उदय हो चुका था। सूर्य के प्रकाश से सारा धुंध का वातावरण समाप्त हो गया था। सूर्य के प्रकाश में सबकुछ स्वच्छ-स्वच्छ दिखाई दे रहा था। सूर्योदय के समय चलता है, वैसा पवन भी चल रहा था। आसपास चिड़ियाँ भी खूब चहक रही थीं।

मेरी ओर बड़ी गंभीरता से देखते हुए मेरी माँ ने कहना प्रारंभ किया, "तू कहता है, वह सही है। तेरे जन्म का उद्‌देश बड़ा है। मैंने मेरे गुरुदेव से कहा था—मैं मेरा पहला पुत्र आपको अर्पण करूँगी। वह आपकी सेवा में रहेगा। ठीक वैसे ही जैसे मैं मेरे घर के बगीचे के किसी भी फूल के झाड़ पर जो पहला फूल होता था, वह सदैव मेरे गुरुदेव के चरणों पर समर्पित करती थी। यह मेरी आदत थी और ऐसा करने से मुझे खूब आनंद मिलता था। इसी प्रकार का आनंद प्राप्त करने के लिए मैंने मेरी शादी के बाद मेरे गुरुदेव से प्रार्थना की थी कि मेरा जो पहला पुत्र होगा, उसे मैं आपके चरणों में समर्पित

करूँगी। मैं तो आपके आश्रम में आकर सेवा नहीं कर सकी, पर वह आकर आपकी सेवा करेगा। मैंने मेरी शादी के बाद यही 'नवस' (मनौतीपूर्ति के बदले में किया जाने वाला संकल्प) किया था और फिर गुरुदेव की कृपा में ही तेरा जन्म हुआ। तेरे जन्म के समय भी मुझे मेरी बात याद थी, लेकिन सोचा—थोड़ा बड़ा हो जाए, फिर आश्रम भेजूँगी। फिर धीरे-धीरे मेरा मोह बढ़ता गया और उस मोह में आ गई और जब एक ही लड़का हुआ, तो पुत्रमोह में मैं वह नवस पूर्ण न कर सकी। मैं कभी कहती भी थी—इसे तो शेगाव के आश्रम में छोड़ देना चाहिए, पर ऐसा कभी कर न सकी। एक ही लड़का होने के कारण मुझे यह कोई करने भी नहीं देगा, यही सोचकर यह विचार मैं तेरे पिताजी को कभी बता न सकी। मेरे मन की बात मेरे मन में ही रह गई। जब भी कभी मैं मेरे गुरुदेव की 'समाधि' के दर्शन करने शेगाव जाती यह बात मुझे मेरे गुरुदेव सदैव याद दिलाते रहते थे। वे कहते थे कि मोह अच्छा नहीं है। किसी दूसरे की 'अमानत' को हमें अपनी समझकर नहीं रखना चाहिए।"

"मैं कहती थी कि मेरे पास रहकर भी वह आपकी भक्ति करेगा, आपकी सेवा करेगा। उनके विचारों का प्रभाव तेरे ऊपर रहे, तेरे मन में उनके लिए श्रद्धा रहे, इसीलिए सदैव मैं मेरे साथ तुझे उनके वहाँ ले जाती थी। यहाँ तक कि तेरी शादी के बाद भी मैंने तुम्हें सर्वप्रथम उनका आशीर्वाद लेने भेजा था। मैं जो कर सकती थी, वह सब किया, लेकिन तुझे उन्हें समर्पित न कर सकी और इसका मेरी अंतरात्मा पर बड़ा बोझ था। आज वह बोझ उतर गया है। आज जब तू मुझे समझा रहा था तो तेरे आसपास मुझे चाँद के प्रकाश जैसा कुछ दिखने लग गया। बाद में वह प्रकाश इतना अधिक तेज हो गया कि मेरी आँखें ही बंद हो गईं और बाद में उसी प्रकाश में मैंने मेरे गुरुदेव के दर्शन किए। गुरुदेव ने मुझे कहा, "तेरा लड़का तेरा कभी था ही नहीं! तूने मुझे सौंपा, तो वह मेरा हो गया। वह मेरा धन था जो मैंने ले लिया, ब्याजसहित ले लिया। उसकी पत्नी व बच्चे मुझे ब्याज के रूप में मिल गए। कभी भी 'नवस' लेकर मुकरना नहीं चाहिए। उसे मैं ही मेरे मार्ग पर ला रहा था। उसके जन्म का उद्देश बहुत बड़ा है। उसका कार्य बहुत बड़ा है। उसके

जीवन से बड़ा उसका कार्य है। उसके जीवन में समय कम है और कार्य अधिक है। क्यों बेकार उसके पीछे पड़ी हुई है? वह सामान्य मनुष्य नहीं है। तो फिर उसका रहन-सहन भी कैसे सामान्य होगा और उसका संसार कैसे सामान्य होगा? उसके जन्म का उद्देश ही 'गुरुकार्य' करना है। वह एक बड़े गुरुकार्य को करने के लिए ही जनमा है। यह एक बहुत बड़े मार्ग का निर्माण करेगा। उस मार्ग पर लाखों लोग चलेंगे। इसका कार्य केवल मार्ग बनाना है। उसके बनाए हुए मार्ग पर आने वाले सैकड़ों सालों तक लाखों लोग चलेंगे। वह लाखों लोगों का माध्यम होगा। साक्षात 'गुरुशक्ति' ने जन्म लिया है। तुझे उसे जन्म देने का गौरव मिला है। तुझे मोक्ष मैं उसके ही माध्यम से दूँगा। अब तू उसके कार्य को समझे, इसलिए ये सब बातें तुझे बताईं। अब जाग जा, पुत्रमोह से बाहर आ और सत्य को जान! यही सत्य है और त्रिवार सत्य है! भविष्य में यही होने वाला है। वह लाखों की चिंताओं का हरण करने वाला चिंतामणि है। तू उसकी क्या चिंता करती है! यह लड़का वह कर्ज था जो तूने मुझसे लेकर रखा था। आज उस कर्ज से भी तू मुक्त हो गई है। अब तो खुश हो जा!" ऐसा कहकर वे अंतर्धान हो गए। फिर वही चाँद के प्रकाश जैसा प्रकाश दिखने लग गया और थोड़ी देर के बाद देखा तो मैं तेरे ही सामने हाथ जोड़कर बैठी थी।"

उतने में मेरे पिताजी आ गए। वे बोले—कितनी देर से तुम लोग बातें कर रहे हो! कितनी ही बातें करो, तुम लोगों का पेट ही नहीं भरता है! हमने कहा—अभी आ ही रहे हैं, आप आगे चलो। क्योंकि वास्तव में, एकदम उठें, ऐसी हमारी स्थिति ही नहीं थी। नीचे जाने पर भी हम दोनों चुप ही थे। वैसे तो हम उस अवस्था में से बाहर आ गए थे, पर वास्तव में, मस्तिष्क अभी भी काम नहीं कर रहा था। दोनों चुप ही थे। वे बोले, "ऊपर तो बातें कर रहे थे, अभी यहाँ दोनों चुपचाप हो! ऐसा क्यों?" हम दोनों एक साथ बोले, "ऐसे ही" और फिर चुप हो गए। उस समय हम सब मिलकर चाय पी रहे थे। लेकिन हम दोनों की स्थिति बात करने जैसी नहीं थी। उस अनुभव में से बाहर ही नहीं आ पा रहे थे।

फिर दूसरे ही दिन पिताजी बड़े लड़के को लेकर घूमाने गए थे। तो माँ बोली, "पिछले दिन की घटना से मुझे ऐसा लग रहा है कि मेरे मन का बोझ हट गया। मैं एकदम हलका महसूस कर रही हूँ।" फिर उसने वह घटना मेरी पत्नी को भी सुनाई। फिर पत्नी बोली, "अधिकतर समय ये अपनी अनुभूतियाँ बताते रहते हैं और हमारा समय कब उसी में चला जाता है, हमको पता ही नहीं चलता है। दूसरा, हमारे यहाँ, स्कूल में जब नई शाखा खुलती है, तब स्टाफ (कर्मचारियों) से आवेदनपत्र मँगाए जाते हैं। काबुल, काठमांडू, मॉस्को, ऐसे कई अवसर आ चुके हैं। ऐसी जगह जाते हैं, तो प्रमोशन (पदोन्नति) भी मिल जाता है। ऐसे कहीं दूर जाकर रहें, ऐसा लगता है ताकि कोई रिश्तेदार नहीं हो, न कोई पूछने वाला हो, न जानने वाला हो और ताकि रिश्तेदारों का चित्त भी हम लोगों पर न रहे, माँ।" "तुम यह कर सकते हो। पर मेरी एक लड़की की शादी बाकी है। मैं वहाँ नहीं आ सकती। मेरे ऊपर उसकी जवाबदारी है।" मैंने माँ से कहा, "हम काठमांडू बदली लेकर चले जाते हैं। छोटी बहन की शादी के बाद तू और पिताजी भी आकर हमारे साथ रहना ताकि हम सभी साथ रह सकें।" ऐसी ही कुछ बातें करने लग गए।

माँ बोली, "तुम्हारे यहाँ से जाते हैं, तो थोड़े दिन ठीक रहता है। लेकिन फिर कोई रिश्तेदार आते हैं, तेरा विषय निकालते हैं। फिर इन्हें कहते हैं—जाकर समझाओ उसे, उसे नौकरी करनी चाहिए। उसके बच्चे हैं; बच्चे बड़े होंगे, खर्चे बढ़ेंगे। नौकरी तो आवश्यक है ही। उसे तो एक बड़ी कंपनी का अनुभव है। अध्यात्म का पालन करना अच्छी बात है, लेकिन अपने संसार को छोड़कर करना ठीक नहीं है। ऐसा कुछ-कुछ कहते हैं। फिर पिताजी तनाव में आ जाते हैं। तेरी चिंता करने लग जाते हैं। अब वे रिटायर्ड (सेवानिवृत्त) हो चुके हैं, तो काम तो कुछ है नहीं, फिर दिनभर उसी पर सोचते हैं। फिर आकर तुझे समझाते हैं। तू सुनता नहीं है, वे चिढ़ जाते हैं। वैसे भी उम्र के साथ-साथ सहनशीलता कम हो जाती है और मेरा कुछ नहीं रहता। तेरी पत्नी इस कार्य में तेरे साथ है न, इस सकारात्मक बात पर मैं सदैव ध्यान देती हूँ। क्योंकि तेरे नौकरी न करने से जो आर्थिक तंगी का सामना करना पड़ता है, वह उसे ही करना पड़ता

है। मैं सोचती हूँ कि वह आर्थिक तंगी की स्थिति का सामना करते हुए भी नौकरी न करने दे रही है, तो मुझे केवल दूर से देखने में क्या जाता है? वैसे भी कोई खराब परिस्थिति अचानक आ गई, तो हम हैं हीं।"

पत्नी ने समझाया, "हमारा घर का खर्च जैसे-तैसे चल जाता है। हाँ, अतिरिक्त खर्च हम नहीं कर सकते हैं। लेकिन हमारे अतिरिक्त खर्च कुछ हैं ही नहीं। हम बाहर जाते ही नहीं हैं। बीमार भी हम होते ही नहीं हैं। बच्चों को दवाइयाँ क्या होती हैं, मालूम नहीं है! यह सब इसीलिए हो रहा है कि गुरुशक्ति पूर्ण परिवार का भी ध्यान रखती है। ये बाहर हों और घर में ऐसी घटना घटे कि इनकी आवश्यकता हो, ऐसा कभी हुआ ही नहीं। हमें पूर्ण विश्वास है कि ऐसा कभी होगा ही नहीं। इनके हाथ से कार्य हो, ऐसा वातावरण ही गुरुशक्ति उन्हें प्रदान करती रहती है।"

मैंने माँ को बताना प्रारंभ किया, "मेरा कार्यक्षेत्र समाज ही है क्योंकि एक ईश्वरीय अनुभूति है जो पिछले 800 वर्षों से हिमालय में ही ऋषि-मुनियों ने सँभालकर रखी थी, उसी अनुभूति को समाज में बाँटने का कार्य वे करना चाहते हैं। वे चाहकर भी नहीं कर सकते। इसीलिए वे मुझे माध्यम बनाने वाले हैं। मैं उनके कार्य का माध्यममात्र हूँ और मेरा जन्म भी उन्हीं की इच्छा शक्ति से हुआ है। यही मेरे जीवन का उद्देश है, यह मैं बचपन से ही जानता था। परमात्मा एक सकारात्मक, सृजनात्मक, निरंतर बहने वाली शक्ति है। वह सर्वत्र विद्यमान है। सारे धर्म, उसी शक्ति से मनुष्य एकाकार हो, उस शक्ति की अनुभूति प्रत्येक मनुष्य को हो, इसी उद्देश से बनाए गए हैं। लेकिन वास्तव में, हुआ यह कि मनुष्य वह उद्देश ही भूल गया। जो धर्म मनुष्य के भीतर की मनुष्यता जगाने के लिए बनाए गए थे, उन्हीं धर्मों के गलत इस्तेमाल से मनुष्य को मनुष्य से ही दूर किया जा रहा है। यानी जो मनुष्य को जोड़ने के लिए बनाए गए थे, उन्हीं धर्मों ने मनुष्य को बाँटकर रख दिया। यह धर्मों का दोष नहीं है, उन लोगों का दोष है जिन्होंने स्वार्थ के लिए उन धर्मों का गलत इस्तेमाल किया। सभी धर्म मनुष्य के भीतर की मनुष्यता इसलिए जगाना चाहते थे ताकि मनुष्य को वह ईश्वरीय अनुभूति

हो सके। लेकिन वह ईश्वरीय अनुभूति रह गई बाजू में, लोग उस पवित्र, शुद्ध मनुष्यता की स्थिति तक भी नहीं पहुँच सके। क्योंकि धर्म का इस्तेमाल सदैव अपने, निजी अधिकारों और अपनी सुविधा, अपनी व्यवस्था करने के लिए किया जाता रहा है। यह इसलिए हो पा रहा है क्योंकि किसी को ईश्वरीय अनुभूति ही नहीं है। क्योंकि अगर अनुभूति हो, तो वह जान सकता है कि सचमुच धर्म यह कह रहा है या यह सामने वाला व्यक्ति अपने स्वार्थ सिद्ध करने के लिए यह कह रहा है। लेकिन यह तब तक नहीं होगा, जब तक अनुभूति पर आधारित धर्म नहीं होंगे। इस रहस्य को हिमालय के मुनियों ने जाना है। वहाँ के मुनियों के धर्म अलग-अलग हैं लेकिन अनुभूति एक है और अनुभूति प्राप्त हो जाने पर धर्म छूट जाता है। धर्म का कोई महत्त्व नहीं रहता कि किस धर्म का कौन है। ईश्वरीय अनुभूति एक ही है क्योंकि ईश्वर ही एक है।

वही अनुभूति 800 सालों से हिमालय में सँभालकर रखी हुई है। उसे सँभालने के लिए कई गुरुओं ने अपना सारा जीवन हिमालय के उन स्थानों पर रहते हुए बिताया जहाँ आम आदमी न पहुँच सकता है और न रह सकता है। उन्होंने जीवनभर कठिन साधना की है। मेरा कार्य तो सरल है; उस अनुभूति को केवल संग्रहित करना और सँभालना, संजोना और उसे, जैसी है, उसी शुद्ध स्वरूप में समाज तक पहुँचाना। बस यही कार्य है। यानी यह समझ ले कि केवल प्रसाद बाँटने का कार्य है। लेकिन कठिन है इस प्रसाद को ग्रहण करना। चित्त की एक शुद्ध स्थिति के बिना उन तक नहीं पहुँच सकते और बाँटने की शुद्ध इच्छा के बिना वह अनुभूति का प्रसाद नहीं मिल सकता है। एक बार ईश्वरीय अनुभूति हो जाए तो मनुष्य का आत्मज्ञान जागृत हो जाता है और फिर अच्छा क्या है और बुरा क्या है, इसका फर्क समझ में आने लगता है। ऐसे मनुष्य को धर्म के नाम पर उल्लू नहीं बनाया जा सकता है।"

"यह ठीक वैसा ही है जैसे हमें मुंबई जाना हो तो कोई लोग बस से जाएँगे, कोई लोग रेल्वे (रेलगाड़ी) से जाएँगे, कोई लोग हवाईजहाज से जाएँगे, कोई लोग पानी के जहाज से जाएँगे यानी जाने के साधन अलग-अलग हैं पर मंजिल एक ही है। साधन भी

अलग हैं, मार्ग भी अलग हैं लेकिन मंजिल एक ही है। उस मंजिल पर पहुँचकर फिर कोई महत्त्व नहीं रह जाता कि आप कौन-से साधन से आए हैं, कौन-से मार्ग से आए हैं। क्योंकि प्रत्येक मंजिल पर तब पहुँचते हैं, जब मार्ग छूट जाता है। जब तक मार्ग पर हैं, तब तक मंजिल पर पहुँचे हुए नहीं हैं; पहुँचने के लिए प्रयासरत हैं। जो लोग घर पर ही बैठे हैं, उनसे यह लोग मंजिल के पास हैं। लेकिन मंजिल पर तभी पहुँचेंगे जब मार्ग समाप्त हो जाएगा। मार्ग समाप्त हुए बिना मंजिल नहीं मिल सकती। मंजिल पाने पर मार्ग छूट ही जाता है। मार्ग अस्थाई है, मंजिल स्थाई है। ठीक इसी प्रकार से, धर्म अस्थाई है, परमात्मा स्थाई है। परमात्मा तक पहुँचने के बाद सभी धर्म छूट जाते हैं क्योंकि धर्म परमात्मा नहीं है। जिन्होंने परमात्मा को पाया है, उन सबका धर्म छूट गया है। परमात्मा को पाने पर धर्म छूट ही जाता है। फिर यह धर्म का भेद ही समाप्त हो जाता है क्योंकि धर्म का कोई महत्त्व ही नहीं रहता कि आपका धर्म क्या है।"

"हिमालय में सभी मुनि परमात्मा तक पहुँच चुके हैं। सबका धर्म छूट गया है। अब वे कौन-से धर्म के हैं, वह कोई नहीं पूछता है। वे सभी अलग-अलग धर्मों के हैं। उनकी अपनी दुनिया है जहाँ कोई धर्म नहीं है। धर्म के विषय कभी निकलते ही नहीं हैं। अनुभूति की बातें होती हैं। सभी अपने आनंद में मस्त हैं। वहाँ मैं याचक की भूमिका में रहता हूँ, पर समाज में दाता की भूमिका में रहूँगा। वहाँ मैं शिष्य की भूमिका में रहता हूँ, समाज में गुरु की भूमिका में रहूँगा। स्थान के साथ-साथ मेरी भूमिका बदल जाएगी। जीवन में यह सबसे कठिन कार्य है। भूमिका बाहर से बदली हुई दिखे, पर भीतर से न बदले, यह बड़ा कठिन है। यह तभी हो सकता है, जब मेरा अहंकार संपूर्ण समाप्त हो जाए। मैं याचक की भूमिका से दाता की भूमिका में आऊँ पर भीतर से याचक ही रहूँ, शिष्य की भूमिका से गुरु की भूमिका में आऊँ लेकिन भीतर से शिष्य ही रहूँ, यह भीतर से न बदलना बड़ा आवश्यक है। मैं दाता की भूमिका में गया तो भी भीतर से याचक ही बना रहूँगा। तभी तो शक्तियाँ ग्रहण कर सकूँगा और शक्तियाँ ग्रहण करूँगा, तभी तो उस दाता की भूमिका में दे सकूँगा। यानी दाता की भूमिका में भी याचक ही बना रहना होगा, तभी दाता की भूमिका हो

सकेगी। लेंगे ही नहीं तो देंगे क्या? ठीक इसी प्रकार, गुरु की भूमिका में रहूँगा तो भी भीतर से शिष्य ही रहूँगा, तभी आधुनिक जगत के अनुरूप नया ज्ञान दे सकूँगा और दे तब सकूँगा, जब ले सकूँगा। ये दोहरी भूमिकाएँ बड़ी कठिन हैं।"

"आज बुद्धि का विकास बड़ी तेजी के साथ हो रहा है। बुद्धि के कारण नए-नए तर्क किए जाते हैं और किए जाते रहेंगे क्योंकि बुद्धि के विकास की ही सामूहिकता हो रही है। बुद्धि से तर्क निर्मित हो सकते हैं पर अनुभूति नहीं। आज का समाज बुद्धिप्रधान समाज है। बुद्धि को ही प्रधानता है। बुद्धि का संबंध शरीर के साथ होता है। इसकी अति यह भी हो सकती है कि भगवान ही नहीं है, यह एक कल्पनामात्र है। ऐसे भी तर्क दिए जाएँगे। क्योंकि एक सामान्य मनुष्य ईश्वरीय शक्तियों की अनुभूति नहीं कर सकता है, वह मान भी लेगा कि भगवान नहीं है।"

"भगवान को मानना हृदय का शुद्ध भाव है। जब हम भगवान को किसी भी रूप में मानते हैं तो उस समय हम एक अच्छी मानसिक स्थिति में होते हैं। यह स्थिति ही मनुष्य को समाधान एवं मन की शांति प्रदान कर सकती है। आप किसी को भी अपना भगवान मानो, श्रद्धा की भावना से एक आत्मशांति अनुभव करते हैं। यह इसलिए हो पाता है कि जाने-अनजाने में आप कहीं-न-कहीं अपने 'मैं' के अस्तित्व को विसर्जित करते रहते हैं। जीवन में आई हुई परेशानियाँ, दुःख, ये सब अपने अलग अस्तित्व, अपने 'मैं' के अहंकार के कारण ही होते हैं। सुख और दुःख, दोनों एक ही सिक्के के दो पहलू हैं। हम हमारे अहंकार के कारण ही सुख का अनुभव करते हैं और अपने अहंकार के कारण ही दुःख का अनुभव करते हैं। यह अहंकार ही समाप्त हो जाए, तो सब समाप्त हो जाएगा। संत-संग और ईश्वर का ध्यान हमारे अहंकार के अस्तित्व को कम करते हैं।"

"ईश्वर और सद्‌गुरु एक जैसे ही हैं। इसीलिए कहा है, 'गुरुः साक्षात परब्रह्म।' यानी सद्‌गुरु ही साक्षात परमेश्वर हैं। आज हम जिन्हें परमात्मा मानते हैं, वे उनके काल के सद्‌गुरु ही थे। अगर हम भूतकाल में रहते हैं तो परमात्मा (भूतकाल के सद्‌गुरु जिन्हें

हम परमात्मा मानते हैं) को पाते हैं और वर्तमान काल में रहते हैं तो सद्‌गुरु तक पहुँचते हैं। सद्‌गुरु वर्तमान के होते हैं। उन तक पहुँचने के लिए वर्तमान में रहना आवश्यक है। सद्‌गुरु परमात्मा का वर्तमान का रूप है। वास्तव में, परमात्मा तो कोई भी नहीं है, सभी उसके माध्यम ही हैं। लेकिन हम अगर वर्तमान के माध्यम को मानते हैं, तो हम परमात्मा को अधिक करीब पाते हैं।"

"परमात्मा एक सामूहिक शक्ति का नाम है। उसके साथ सदैव बहुत बड़ी सामूहिकता रहती है और उस बड़ी सामूहिकता में हम अपना 'मैं' का अस्तित्व आसानी से विसर्जित कर सकते हैं। इस 'मैं' को विसर्जित करने से सारी समस्याएँ, सारे दुःख, सारी परेशानियाँ ही समाप्त हो जाती हैं। क्योंकि हम उनको मानना या महत्त्व देना कम कर देते हैं। 'मैं' के विसर्जन के बाद उन समस्याओं को, दुःखों को स्वीकार करने की हमारी क्षमता बढ़ जाती है। एक बार प्रत्येक मनुष्य को दूसरे मनुष्य को स्वीकार करना आ गया, तो मनुष्य की 90% समस्याएँ ही समाप्त हो जाएँगी। क्योंकि फिर वह किसी भी बात पर अड़ा नहीं रहेगा—ऐसा होना ही चाहिए, 'मैं' ऐसा ही चाहता हूँ। ऐसा कहना बंद कर देगा। उसकी सोच बदल जाएगी। उसकी दिशा भी बदल जाएगी। वह सब स्वीकार करना सीख जाएगा। फिर उसकी प्रार्थना भी बदल जाएगी। वह कुछ भी माँगेगा ही नहीं। वह बोलेगा, "गुरुदेव, आपकी इच्छानुसार हो।" वह, हो, यह भी नहीं कहेगा और न हो, यह भी नहीं कहेगा। कार्य हुआ तो भी स्वीकार कर लेगा, नहीं हुआ तो भी स्वीकार कर लेगा। हुआ, तो वह इसीलिए हुआ कि होना ही मेरे लिए योग्य था और अगर नहीं हुआ तो इसीलिए नहीं हुआ कि नहीं होना ही मेरे लिए योग्य था।"

"कई बार मनुष्य आसपास के वातावरण से प्रभावित होकर या रिश्तेदार और मित्रों के दबाव में, जो बातें आवश्यक नहीं होती हैं, वे बातें भी आवश्यक समझने लग जाता है। तो क्या उचित है और क्या उचित नहीं है इसका निर्णय जब वह गुरुदेव पर छोड़ देता है, तो दोनों ही परिस्थितियों में खुश रहता है, प्रसन्न रहता है क्योंकि आत्मिक समाधान प्राप्त होने के कारण स्वीकारना उसे आ गया है।"

"एक बार मनुष्य को स्वीकारना आ गया, तो उसके जीवन की सारी समस्याएँ ही समाप्त हो जाती हैं। स्वीकारना ही सभी समस्याओं का हल है। मनुष्य को लगता है कि सबकुछ मेरे ही हाथ में है। मैं सबकुछ कर सकता हूँ। वास्तव में, मनुष्य के हाथ में सबकुछ नहीं है। मनुष्य के हाथ में केवल प्रयत्न है और वह प्रयत्न मनुष्य को पूर्ण रूप से करना चाहिए। उस प्रयत्न के फल को परमात्मा पर छोड़ देना चाहिए ताकि फल से आसक्ति न हो और प्रत्येक फल को वह स्वीकार कर सके। इससे मन को एक प्रकार की शांति मिलती है। यह बात तो बुद्धिवादी भी अनुभव करते हैं कि सबकुछ हमारे हाथ में नहीं है, पर वे ईश्वर और किसी सद्‌गुरु जैसे माध्यम को नहीं मानेंगे। वे कहेंगे—प्रकृति साथ में नहीं है। प्रकृति अनुरूप नहीं है। वे प्रकृति के रूप में परमेश्वर को मानते हैं। यानी मानते तो हैं, पर अपनी बुद्धि के कारण कोई एक माध्यम को नहीं मानते। माध्यम नहीं है, तो एकाग्रता नहीं होगी और जब कहीं एकाग्रता ही नहीं होगी, तो 'मैं' का विसर्जन कैसे संभव है?"

"जिनकी किसी माध्यम पर एकाग्रता है, उन्हें मालूम है, उन्हें कहाँ जाना है। वे धीरे-धीरे उस निश्चित दिशा में बढ़ते हैं और एक निश्चित समय में एक निश्चित दूरी पूर्ण कर अपने अस्तित्व को समाप्त कर एक विशाल अस्तित्व प्राप्त कर लेते हैं। इन लोगों की स्थिति एक नदी के समान होती है जो सदैव बहती रहती है और जिसे मालूम होता है कि मुझे समुद्र में ही जाकर मिलना है। वह धीरे-धीरे आगे बढ़ती है और एक निश्चित भू-भाग को पार करके समुद्र में जाकर मिलती है। नदी के समुद्र में मिल जाने के बाद नदी का अपना अस्तित्व समाप्त हो जाता है। वह समुद्र बन जाती है। जो प्रकृति को परमात्मा मानते हैं, उनका कोई लक्ष्य नहीं होता है, कोई माध्यम नहीं होता है। इसीलिए उनकी आगे बढ़ने की कोई दिशा भी नहीं होती है। इसीलिए एक तालाब के पानी जैसी स्थिति होती है। वे आगे बढ़ ही नहीं पाते हैं और अपने अस्तित्व को विसर्जित नहीं कर पाते हैं, इसलिए नया, विशाल अस्तित्व ग्रहण नहीं कर पाते हैं। वे तालाब के तालाब ही रहते हैं। इन लोगों की स्थिति तालाब जैसी ही बनी रहती है।"

"पानी का स्वभाव है बहना और वह बहता ही रहे, तो स्वच्छ बना रहता है। नदी का पानी आगे बढ़कर, बहकर एक विशाल स्वरूप सागर के रूप में प्राप्त कर लेता है और नदी का अस्तित्व सागर में पहुँचकर समाप्त हो जाता है। ईश्वर के प्रति मनुष्य का समर्पण भी एक नदी के जैसा ही होना चाहिए जो समुद्र में मिलने के लिए उत्सुक रहती है और मिलने के बाद अपना अलग अस्तित्व समाप्त कर लेती है। नदी का अपना कोई अस्तित्व ही नहीं रह जाता समुद्र में मिल जाने के बाद। प्रत्येक नदी जब अपने उद्गमस्थान से चलती है, तो यही इच्छा लेकर चलती है कि समुद्र में मिलना ही है। कभी-कभी उस उद्गमस्थान से एक लकड़ा भी नदी के पानी के साथ-साथ चलता है। समुद्र के पानी तक पहुँचने में जितना समय नदी का पानी लेता है, उतना वह भी लेता है; जितना प्रवास नदी का पानी करता है, उतना ही वह लकड़ा भी करता है। लेकिन लकड़ा नदी में भी अपना अलग अस्तित्व बनाए रखता है और नदी के समुद्र में मिल जाने पर यद्यपि वह लकड़ा भी नदी के पानी के साथ समुद्र में मिल जाता है, पर वह लकड़ा समुद्र में भी अपना अलग अस्तित्व बनाए रखता है और समुद्र में मिल जाने के बाद भी एक दिन वह लकड़ा एक बड़ी लहर के साथ वापस एक जंगल में फेंक दिया जाता है। समुद्र का पानी उसे बाहर कर देता है।"

"हम अगर अपने 'मैं' के अहंकार के साथ समुद्र में नदी की सहायता से मिल भी जाते हैं, तो भी हम अहंकार के कारण समुद्ररूपी ईश्वर से कभी भी दूर हो सकते हैं। गुरु मिलना भाग्य की बात है और उन्हें समर्पित होना दूसरी बात है। कई बार ये पास-पास लगने वाली घटनाएँ दो अलग-अलग जन्मों में भी हो सकती हैं। माँ, तेरा जीवन एक संघर्षमय जीवन रहा है। जबसे मैंने होश सँभाला है, तबसे तुझे मैंने जीवन के साथ संघर्ष करते ही देखा है। अब तेरे जीवन में सुख के चार दिन आए हैं, तो क्यों बेकार की चिंता करके अपने जीवन को दुःखी करती है? तू भी तो गुरुमार्गी है। मुझे भी मेरे गुरु के हवाले करके निश्चिंत हो जा! सब अच्छा ही होगा। तू सोच, तेरे गुरु तो समाधिस्थ हैं, तो भी तू उन पर कितना विश्वास करती

है और निश्चिंत रहती है, तो मेरे गुरु तो जीवित हैं... और मेरे गुरु तो अनेक हैं, सभी की ओर से मुझे काम सौंपा गया है..."

फिर अचानक मेरी माँ ने बड़ी गंभीरता से कहना प्रारंभ किया, मानो उसके सामने एक-एक दृश्य घूम ही रहा था। उसने कहा, "मेरी माँ के साथ मैं गुरुदेव के आश्रम जाती थी। मेरी माँ मेरी पहली गुरु थी। उसने ही यह गुरुमार्ग मुझे बताया था। मेरी माँ ने खूब अमीरी में रहने के बाद में बहुत गरीबी भी देखी थी। तेरे नानाजी ने अपने छोटे भाई पर सारा धन लुटाया था कि वह खूब पढ़े। इसलिए उसे इंग्लैंड भेजा था और उसका सब खर्च उठाया था। लेकिन वह भाई ही बेकार निकला और नानाजी ने उस पर अपना सर्वस्व लगा दिया था।"

"इसलिए मेरी माँ कहती थी कि किसी की मदद करो, पर अपना 'सर्वस्व देकर' मदद मत करो क्योंकि तुम पर तुम्हारी भी कई जवाबदारियाँ होती हैं। उस अमीरी से गरीबी की स्थिति में आने पर मेरी माँ को केवल गुरुदेव का सहारा था। उसके समाधिस्थ गुरु ही उसकी प्रेरणा थे। मेरी माँ के साथ रहते-रहते मेरा विश्वास भी मेरे गुरुदेव पर हो गया। मेरी माँ के समान मेरा भी जीवन संघर्षमय ही बीता है। मेरा अनुभव यह है कि मेरे गुरुदेव ने मुझे स्वीकार करना सीखा दिया। कैसी भी परिस्थिति हो, प्रत्येक परिस्थिति में मैं अपने-आपको अपने गुरुदेव के सान्निध्य में महसूस करती थी। इसी कारण आसपास की परिस्थितियों का प्रभाव मेरे ऊपर नहीं पड़ता था। खराब परिस्थिति कब चली जाती, इसका पता भी नहीं चलता था। शादी जल्दी, बचपन में ही हो गई थी। फिर दो बच्चे जल्दी हो गए। फिर मालूम पड़ा कि पति की आमदनी इतनी नहीं है कि घर-संसार चल सके। इसलिए फिर मेरी माँ ने मुझे पढ़ाने का विचार किया और मैं तेरे पिता के घर से मेरी माँ के घर वापस गई। वहाँ पाँच साल रही, पढ़ी; मॅट्रिक की, टीचर ट्रेनिंग (शिक्षक-प्रशिक्षण) की परीक्षा भी पास (उत्तीर्ण) की। उद्‌देश सबका एक ही था कि मैं भी एक शिक्षिका की

नौकरी करूँ। लेकिन पाँच साल पढ़ने के बाद भी नौकरी करने का योग मेरे जीवन में नहीं था। क्योंकि बाद में तेरे पिताजी को अच्छी सरकारी, रेल्वे की नौकरी लग गई। फिर अतिरिक्त आमदनी की उतनी आवश्यकता नहीं रही। मैं शिक्षिका बनने की बेसिक ट्रेनिंग (प्राथमिक कक्षाओं के शिक्षकों के लिए प्रशिक्षण) लेकर भी टीचर (शिक्षिका) नहीं बनी और उसका उपयोग तुम लोगों को पढ़ाने में ही हुआ।"

"इसलिए पाँच साल तुझे और तेरी छोटी बहन को मेरे पिताजी और माँ के घर निकालने पड़े थे। तेरे पिताजी अलग जगह नौकरी करते थे, मैं शिक्षिका बनने की पढ़ाई अलग जगह, वर्धा में करती थी और तू और तेरी छोटी बहन मेरी माँ के साथ रहते थे। मुझे उस समय अपने छोटे बच्चों को अलग रखकर पढ़ना अच्छा नहीं लगता था। वे पाँच साल भी मैंने मेरे गुरुदेव का नामस्मरण करके ही निकाले। पढ़ाई छोड़कर बार-बार आश्रम जाना संभव भी नहीं था और न ही उतने अधिक पैसे भी होते थे, इसलिए उनका नामस्मरण करना ही मुझे सुविधाजनक लगता था और जीवनभर मैंने वही किया है। मैं सदा उनके नाम का जाप ही करती थी और प्रार्थना करती थी कि कल का दिन आपकी इच्छा के अनुसार व्यतीत हो। एक बार पढ़ाई छोड़ने के बाद पढ़ना बड़ा कठिन होता है। लेकिन वह गुरु की कृपा में संभव हो सका। इस गुरुमार्ग में सबसे आसान तरीका 'गुरुमंत्र' का जाप है। इससे सरल, इससे आसान और कुछ नहीं है। इतने सालों से वह जाप करते-करते यह स्थिति हो गई है कि वह भीतर से ही होने लग गया। जहाँ चित्त थोड़ा अंदर किया, वह सुनाई आने लग जाता है, मानो वह अंदर चलते ही रहने वाला, निरंतर बहने वाला एक प्रवाह हो। ऐसा लगता है मानो गुरुदेव के चैतन्य का प्रवाह एक बड़े झरने के जैसे अंदर बह ही रहा है; जब चाहो, उसमें अपने-आपको नहला लो। जैसे ही मेरा चित्त अंदर जाता है, गुरुचैतन्य के झरने में स्नान हो जाता है। बाहर की जो भी खराब परिस्थितिरूपी धूल चित्त पर पड़ी होती है, स्नान होने के बाद सारी धूल दूर हो जाती है। चित्त फिर प्रसन्न महसूस करने लगता है।"

"मेरे जीवन में गुरुनाम से ही शांति मिली है। जब मैं मेरे गुरु का नामस्मरण करती हूँ, तो मैं अपने-आपको गुरु के सान्निध्य में ही पाती हूँ। दूसरा, नामजप में कोई खर्च भी नहीं होता। दूसरा, हमारा चित्त आसपास के वातावरण से न ही दूषित होता है और न ही दूसरों के दोषों पर जाता है। जब आप जाप करते रहते हैं, तब आपके आसपास गुरुकृपा का एक वलय निर्मित हो जाता है। फिर दूसरे लोग आपके आसपास भी नहीं आते हैं। यानी आप सबके साथ रहकर भी सबसे अलग रहते हैं। मेरा शुरू से ही स्वभाव रहा है—मैं किसी भी सहेली से ज्यादा मित्रता नहीं करती; ताकि किसी से झगड़ा ही न हो। अतिमित्रता ही बाद में झगड़े का कारण बनती है। ऐसा मेरा अनुभव रहा है। 'न किसी से दोस्ती और न किसी से वैर' के सिद्धांत पर मैं चलती हूँ। इससे सबसे मेरी मित्रता थी, पर थोड़ी-थोड़ी। पर वैर किसी भी सहेली से नहीं था। वे समझती थीं कि कम ही बात करना मेरा स्वभाव है या हो सकता है कि परिस्थितिवश ही ऐसा स्वभाव हो गया हो। मालूम नहीं, पर कभी मेरा झगड़ा स्कूल में या हॉस्टल (कन्या छात्रावास) में हुआ हो, ऐसा मुझे याद नहीं है और किसी से खूब मित्रता हुई हो, यह भी याद नहीं है। भीतर से मेरी मित्रता मेरे गुरुदेव के साथ ही थी। इसलिए वह मित्रता पक्की हो जाने के कारण मुझे सहेलियों से अधिक मित्रता करने की आवश्यकता ही नहीं रहती थी। मैं अपनी ही मस्ती में मस्त रहती थी। मैं जिन परिस्थितियों में थी, उनमें नामस्मरण ही सबसे आसान, सरल मार्ग था जो मैंने मेरे जीवन में अपनाया। क्योंकि गुरुदेव के नाम से जुड़ने से हम सदा अपने-आपको उनके सान्निध्य में ही पाते हैं और "मैं अकेली हूँ, इसका एहसास नहीं होता। यह अकेलेपन का एहसास बड़ा बुरा होता है। अपने पति से, अपने बच्चों से दूर रहकर पढ़ना बहुत ही कठिन होता है। मुझे भी मेरे छोटे-छोटे बच्चे याद आते थे, लेकिन क्या करती? मैं क्या कर सकती थी? और, उन बच्चों के ही अच्छे भविष्य के लिए पढ़ रही हूँ, यह बात मुझे पढ़ने की और अधिक प्रेरणा देती थी।"

"लड़की की शादी कर देने के बाद माँ-बाप निश्चिंत हो जाते हैं। शादी के बाद भी अपनी लड़की को पढ़ाना और उसके दो बच्चों

को भी पढ़ाना, सँभालना; कितना बड़ा कार्य मेरे माँ-बाप कर रहे थे! लेकिन मैं भी क्या करती, दूसरा कोई उपाय नहीं था। कुछ बातें ऐसी होती हैं जो हम करना नहीं चाहते, पर करनी पड़ती हैं। तब "ईश्वर की इच्छा" कहकर स्वीकार कर लेना ही आसान होता है। मैं सोचती थी—किसी भी बच्चे को माँ-बाप के अलावा किसी पर भी आश्रित होकर नहीं रहना चाहिए। लेकिन तब मेरे ही बच्चे मेरे माँ-बाप पर आश्रित हो गए! क्या करती? तेरी छोटी बहन तो मुझे पहचानती ही नहीं थी कि मैं उसकी माँ हूँ! एक माँ का दुर्भाग्य इससे अधिक क्या हो सकता है कि उसके बच्चे ही उसे नहीं पहचानते? लेकिन क्या करती, उस समय स्थिति ही ऐसी थी। मैं जो दूर रहकर पढ़ रही हूँ, यह मेरे बच्चों के भले के लिए ही है, केवल यह एक भाव था और यह भाव ही मेरी शक्ति थी। कोई भी परिस्थिति हो, मनुष्य के पास अगर एक अच्छा उद्देश हो, तो खराब-से-खराब परिस्थिति का सामना भी वह कर सकता है।"

"मैं सातवीं पास (उत्तीर्ण) थी, जब मेरी शादी हुई। शादी होने के पाँच-छः साल बाद फिर से पढ़ाई करना बड़ा कठिन था। साथ में सब छोटी-छोटी लड़कियाँ थीं। मैं क्लास (कक्षा) में उम्र में सबसे बड़ी थी। मैं ही शादीशुदा थी। उम्र के अंतर के कारण मेरी सहेलियाँ हमउम्र नहीं थीं। जो बचपन की थीं, वे सब अपनी पढ़ाई पूर्ण कर चुकी थीं। मेरे अनुभव से तो लगता है कि लड़की को पढ़ाने-लिखाने के बाद में ही उसकी शादी करनी चाहिए ताकि उसकी मेरी जैसी, शादी के बाद पढ़ने की स्थिति न आए। अगर पढ़ी-लिखी रही, तो उसे आवश्यकता लगी तो वह नौकरी कर सकेगी। मेरी छोटी बहन टीचर थी और मेरी पढ़ाई के खर्चे वह उठाती थी। उसने अपने अनुभव से ही मुझे टीचर-ट्रेनिंग दिलवाई थी। वह स्त्रियों के लिए टीचर की नौकरी सबसे अच्छी मानती थी, विशेषतः प्राईमरी (प्राथमिक विद्यालय) टीचर की। क्योंकि उसमें बच्चे छोटे-छोटे रहते हैं, उन्हें घर में अपनी माँ की आदत होती है, तो एक स्त्री टीचर के साथ जल्दी ही घुलमिल जाते हैं। दूसरा, छोटे-छोटे बच्चों में रहना अच्छा लगता है। आसपास का वातावरण भी तनावपूर्ण नहीं होता। उसने ही पीछे लगकर मुझे फिर से पढ़ने के लिए लगाया था। लेकिन

छः-सात सालों के अंतराल के बाद वापस पढ़ना बड़ा कठिन था। इन सब परिस्थितियों में मेरे गुरु का सान्निध्य ही सबकुछ था।"

"बचपन में मैं मेरी माँ के साथ गुरुदेव के आश्रम जाती थी। इसलिए गुरु मुझे सच्चे लगते थे, पास के लगते थे। भगवान के बारे में लगता था कि वह एक तो बहुत दूर है और दूसरा, जिन भक्तों ने भगवान की भक्ति की, उतने पवित्र व शुद्ध चित्त की मैं नहीं हूँ। मैं भगवान की भक्ति के योग्य भी हूँ या नहीं, यह पता नहीं था। लेकिन सद्गुरु पास के लगते थे। मैंने उनके बारे में सुना था कि वे कभी-कभी एक सामान्य मनुष्य जैसी हरकतें भी करते थे। इसीलिए लगता था—वे अपने-से ही हैं, अपने हैं, अपने पास के हैं। मेरे बचपन में ही वे समाधिस्थ हो गए थे। इसलिए मैं केवल गुरुमंत्र का जाप करके ही उनके सान्निध्य को अनुभव करती थी। गुरु के जीवनकाल में कार्य होते हैं और उन कार्यों में मदद करके हम उनके साथ जुड़ सकते हैं। उन कार्यों को ही गुरुकार्य कहते हैं। लेकिन बहुत कम लोग भाग्यशाली होते हैं जिनको यह अवसर प्राप्त होता है। गुरु के जीवनकाल में गुरु के साथ जीवन व्यतीत करना और उसे पहचानना और मानना बड़े भाग्य की बात है। लेकिन कुछ समय के बाद ही गुरु देहत्याग कर देते हैं। कभी-कभी लगता है—जो दूसरों को जीवनदान देते हैं, वे क्यों अपने-आपको बचाते नहीं हैं, पता नहीं। शायद वे अपने लिए कुछ करने की स्थिति में ही नहीं रहते हैं। उनके जीवनकाल में उनके हाथ से जो कार्य होते हैं, उन कार्यों से एक प्रकार की ऊर्जाशक्ति निर्मित होती है और वह समय के साथ-साथ बढ़ती जाती है। क्योंकि जब वे जीवित होते हैं, तो वह शक्ति केवल एक शरीर में रहती है, लेकिन उनके समाधिस्थ होने के बाद वह शक्ति हजारों लोगों के माध्यम से काम करती है, क्योंकि देहत्याग के बाद हजारों लोगों के चित्त में रहते हैं। इसीलिए, प्रत्येक गुरु का कार्य स्वरूप में तो उसके जीवनकाल के बाद ही प्रारंभ होता है क्योंकि बाद में वह कार्य सामूहिकता की शक्ति के साथ होता है।"

"गुरु के समाधिस्थ होने के बाद हम उनके नाम के द्वारा उनसे आसानी से जुड़ सकते हैं। इसलिए नामस्मरण सबसे आसान मार्ग है। उसके लिए कहीं जाना नहीं पड़ता है। कोई खर्च नहीं है। कभी

भी किया जा सकता है। जाप से एक ओर हम आसपास की खराब परिस्थिति से भी बचे रहते हैं और दूसरी ओर, जीवन का खराब समय कब बीत गया, उसका पता भी नहीं चलता है। दूसरा, हम कहाँ हैं, उसको कोई महत्त्व नहीं है। हम किसके साथ हैं, उसको भी महत्त्व नहीं है। सबसे महत्त्वपूर्ण है, हमारा चित्त कहाँ पर है? हम अगर नर्क में भी हों, पर हमारा चित्त स्वर्ग में हो, तो हम नर्क को भी स्वर्ग बना सकते हैं। सबकुछ अपने चित्त के ऊपर ही निर्भर होता है। इसीलिए मैंने जाप का मार्ग चुना और उस समय में वही सबसे सरल मार्ग था। जाप के अनुभव के साथ कह सकती हूँ कि ईश्वर की आराधना का सरल मार्ग ईश्वर के नाम का जाप ही है और गुरु पास के होने के कारण उनके नाम का जाप अधिक प्रभावशाली होता है। गुरु पास के होने के कारण एक प्रकार के अपनेपन के साथ हम उस जाप के साथ जुड़ते हैं। जाप एक निश्चित स्थान पर, एक निश्चित समय, नहा-धोकर करने से उसका प्रभाव जल्दी पड़ने लग जाता है। अब इतना जाप हो गया है कि वह जाप भीतर 24 घण्टे ही चलता रहता है। थोड़ा-सा भी चित्त अंदर हुआ कि मेरे ही भीतर चलने वाला जाप मुझे ही सुनाई देने लग जाता है और एक आनंद अनुभव होता है।"

"जीवंत गुरु के जीवनकाल में ही अनुभूति होती है। अनुभूति जीवंत प्रक्रिया है और इसीलिए प्रायः वह गुरु के जीवनकाल में ही होती रहती है। लेकिन गुरु का अनुभव गुरु के जीवनकाल के बाद ही होता है। अनुभव से अनुभूति ज्यादा करीब की होती है। नाम-स्मरण से अनुभव होते हैं। ऐसे कई अनुभव मुझे मेरे जीवन में हुए हैं। मेरे भीतर वह जाप चलता रहता है। इसीलिए मैं कम बातें करती हूँ। क्योंकि जब बातें करती हूँ, तब वह जाप मुझे सुनाई नहीं देता है और मेरा कुछ खो गया है, ऐसा लगता है। जो जाप चलता है, उसका मेरी प्रत्येक साँस के साथ संबंध है, ऐसा लगता है। वह मेरी साँस में ही समा गया है। मानो गुरु के नाम के साथ ही साँस लेती हूँ, ऐसा लगता है। जब शांति हो, तो हमें हमारी साँस लेने तक की आवाज सुनाई आती है। ठीक वैसे ही, जब शांति हो, तो वह जाप भी सुनाई आता है।"

"दूसरा, यह शादी के बाद पढ़ाई करना, तेरे पिताजी को पसंद नहीं था। इस प्रकार उनकी इच्छा के बिना, उनके सहयोग के बिना मैं पढ़ रही थी। इसलिए भी मैं अपने-आपको अकेली समझ रही थी। यह निर्णय मैंने मेरे माता-पिता और बहन-भाईयों के दबाव में लिया था। इसलिए मुझे उन दिनों में मेरे गुरुदेव के सिवा और कोई सहारा नहीं था। इसलिए भी नामस्मरण करती रहती थी। कोई भी परिस्थिति में यदि पति-पत्नी दोनों साथ हैं, तो कैसी भी परिस्थिति हो, उसमें से बाहर निकल ही जाएँगे। एक-दूसरे का उनको सहारा होता है। मेरे पास जो उस समय नहीं था, वह तेरे पास इस समय है। मेरे लिए वही सबकुछ है। मेरे जीवन की कठिन परिस्थितियों में मैं अकेली थी। लेकिन तेरी कठिन परिस्थिति में तू अकेला नहीं है। यह एक, सबसे बड़ा संतोष मुझे है कि नौकरी न करने का निर्णय तेरे अकेले का नहीं है, इस निर्णय में तेरी पत्नी भी तेरे साथ है। तुम दोनों ने मिलकर यह निर्णय लिया है, यह बात मुझे सबसे अच्छी लगती है। मुझे विश्वास है, यह भी परिस्थिति निकल जाएगी। मैं केवल इस सकारात्मक बात को याद करके अपने-आपको समझा लेती हूँ कि तू आज अकेला नहीं है। वह केवल साथ देने के लिए तेरा साथ दे रही है, ऐसा नहीं है।

वास्तव में, भीतर से भी वह चाहती है कि तू इसी मार्ग पर चले। यही बहुत बड़ी सकारात्मक बात है। तू जो परिस्थिति में चल रहा है, वैसी परिस्थिति मैंने भी जीवन में निकाली है। अंतर केवल एक ही है, तेरे साथ खंदे से खंदा (कंधे से कंधा) मिलाने के लिए तेरी पत्नी है। मेरे साथ कोई नहीं था। तेरे पिताजी मुझे बोलते हैं कि तू कुछ बोलती ही नहीं है, तू कुछ समझाती ही नहीं है उसको! तेरी माँ के रूप में कोई जवाबदारी नहीं है क्या? इसलिए मैं उनके सामने उनके सुर में सुर मिला देती हूँ ताकि उनको यह न लगे कि मैं समझाती नहीं हूँ। लेकिन आज अकेले में बता रही हूँ कि तू जो कर रहा है, वह एक विरला ही मार्ग है और यह मार्ग वही अपना सकता है जिसके जन्म का उद्देश ही इसी मार्ग पर चलना हो। दूसरा, मेरे पास जो नहीं था, वह तेरे पास है—कठिन परिस्थितियों में अपने जीवनसाथी का साथ। इसलिए भी मैं पूर्ण निश्चिंत हूँ। मैं तेरे पिताजी के सामने

क्या बोलती हूँ, उस पर ध्यान मत दे। मेरे पति का साथ देना ही मेरा कर्तव्य है। मैं वही करती रहती हूँ। लेकिन मुझे भीतर से संपूर्ण विश्वास है कि तेरा ही मार्ग सही है। गुरुकार्य ही मनुष्य को सतत अच्छे कार्य करने की और निःस्वार्थ भाव के साथ कार्य करने की प्रेरणा देता है।"

पत्नी यह सब आश्चर्य से सुन रही थी। उसने एक अर्थपूर्ण नजर से मेरी ओर देखा, मानो कह रही हो—यह क्या हो रहा है? भीतर से माँ ऐसा सोचती होंगी, यह कभी लगा ही नहीं था।

दूसरे दिन सबेरे बड़ा लड़का लड्डू खाने की जिद करने लग गया। मेरी माँ ने गेहूँ के आटे को ही भुंजकर (सेककर), थोड़ा लाल हो जाने पर उसमें थोड़ा गुड़ बारीक करके डाल दिया और उसके ही दो लड्डू बनाकर उसे खिलाए। ऐसे वह हमको भी बचपन में करके देती थी। घर में ही बड़ी आसानी से और जल्दी बन जाते हैं। लड्डू के गोल आकार का आकर्षण बचपन में मुझे भी था। इसलिए वह इस प्रकार के लड्डू बनाकर देती थी। मुझे याद है—घर में जो पिछले दिन की रोटी रहती थी, उसे हाथ से बारीक कर उसमें थोड़ा घी डालती और गुड़ को बारीक करके डालती और थोड़े-से समय में लड्डू बना देती थी। ऐसे लड्डू मैं कई बार स्कूल के डब्बे में लेकर जाता था। वह यह सब मेरी नानी से सीखी थी। बचपन में लड्डू के स्वाद का इतना आकर्षण नहीं था, आकर्षण था वह केवल लड्डू के आकार का। मुझे उस दिन लगा कि जैसे बचपन में मुझे लड्डू खाना अच्छा लगता था, वैसे ही मेरे लड़के को भी लड्डू खाना अच्छा लगता है। शायद सारे बच्चों को ही यह लड्डू का आकर्षण होगा। यानी यह एक बालसुलभ प्रवृत्ति होती होगी। उस समय सब तैयारी भी करनी पड़ती थी और स्कूल जाने की भी जल्दी होती थी। ऐसे समय ये ही लड्डू जल्दी से तैयार हो सकते थे। उस दिन जाना कि गोल वस्तुओं का आकर्षण बच्चों में सदैव रहता है। इसलिए भी बच्चों को गेंद खेलने के लिए अच्छी लगती है।

मेरे माता-पिता मेरे बच्चों से बहुत प्रेम रखते थे। उन बच्चों के कारण ही प्रायः वे मेरे घर आते थे। उस बार मेरा आभामण्डल देखने

के बाद माँ कुछ ज्यादा ही खुलकर बातें करने लग गई, अन्यथा वह कम ही बोलती थी। फिर भी वह पिताजी के सामने नहीं बोलती थी। ऐसे ही एक दिन, पिताजी बाजार गए थे और माँ ने बताना शुरु किया, "आध्यात्मिक मार्ग में हम जैसे-जैसे आगे बढ़ने लग जाते हैं, वैसे-वैसे हमारी सहन करने की शक्ति भी बढ़ती है। यानी हम सबकुछ सहन करने लग जाते हैं, ऐसा नहीं है क्योंकि शारीरिक रूप से अगर सहन करो, तो बाद में वह बड़े गुस्से के साथ अचानक ही, अनावश्यक रूप से बाहर आ जाता है। यह सहनशीलता शरीर की नहीं बढ़ती है, सहन हो जाता है। सहन हो जाता है यानी जब हमारी आध्यात्मिक स्थिति अच्छी होती है, तो मन शांत रहता है और मानसिक शांति के कारण हमारे मस्तिष्क से एक प्रकार की वेव्ज (तरंगें) निकलती हैं जो हमारे संपूर्ण शरीर की एक प्रकार की हीलिंग (उपचार) ही करती रहती हैं। उस लगातार हो रही हीलिंग से ही शरीर की सहन करने की क्षमता बढ़ जाती है और इसी कारण गुस्सा भी नहीं आता है। एक ओर ये वेव्ज शरीर की हीलिंग करती हैं और दूसरा, बाहर की खराब वेव्ज से हमारे शरीर की सुरक्षा करती रहती हैं। इसी के कारण बाहरी, आसपास के दुष्प्रभावों का असर भी हमारे शरीर पर नहीं पड़ता है। इसीलिए अच्छी आध्यात्मिक स्थिति वाले लोग सदैव शांत होते हैं।"

"मेरे जीवन में मुझे नामजाप से बड़ी शांति मिली है और परिस्थिति का बुरा प्रभाव भी मेरे ऊपर नहीं पड़ा। हम सदैव बोलते रहते हैं—उस स्थान पर रहकर मैं मानसिक रूप से असंतुलित हो गया। वह स्थान अच्छा नहीं है। हो सकता है, वह स्थान वास्तव में अच्छा न हो, वहाँ का चैतन्य अच्छा नहीं हो। वास्तव में, चैतन्य तो एक ही है। वह अच्छा या बुरा नहीं होता। चैतन्य के साथ वहाँ पर रहने वाले लोगों के विचारों का प्रभाव होता है। उन विचारों का जो प्रभाव है, वही अच्छा या बुरा हो सकता है। उस स्थान का बुरा प्रभाव भी हम पर तभी प्रभाव डालेगा, जब हम अच्छी स्थिति में न होंगे। यानी बुरे प्रभाव वाला स्थान और हमारी भी खराब आध्यात्मिक स्थिति। खराब प्रभाव भी खराब लोगों को ही माध्यम बनाएगा क्योंकि वहाँ उसे खराब प्रभाव की सामूहिकता मिलेगी। इसलिए, किसी भी स्थान

को, किसी भी घर को बुरा कहने के पूर्व, अपनी स्वयं की क्या दशा है, इसका भी ध्यान रखना आवश्यक है। हमारा ध्यान अपनी स्थिति की ओर कभी नहीं जाता है और खराब स्थिति में तो बिल्कुल ही नहीं जाता है। इसलिए सदैव—आध्यात्मिक स्थिति सुधारने के लिए कम ध्यान दिया, तो भी चलेगा, लेकिन अपने स्वयं के निरीक्षण की ओर अधिक ध्यान देने की आवश्यकता है। आत्मनिरीक्षण भी सतत होने की आवश्यकता है। यह भाग-दौड़ की जिंदगी में संभव नहीं है। इसलिए अपनी भाग-दौड़ की जिंदगी से थोड़ा समय अपने लिए निकालने की आवश्यकता है और हम कहाँ खड़े हैं, यह देखने की आवश्यकता है, क्योंकि सदैव दौड़ते समय यह पता नहीं चलता कि कितना दौड़े हैं।"

"अपनी रोज की भाग-दौड़ रोककर थोड़े समय अपने-आपका अवलोकन करना चाहिए—हम जीवन में कितना दौड़े हैं? कहाँ तक पहुँचे हैं? कहाँ तक पहुँचना चाहिए था? कितना अंतर कम हुआ है? और कितना समय लगा है? और भविष्य में कितना दौड़ना है? किस गति से दौड़ना है? भूतकाल में दौड़ते समय जीवन में क्या गलतियाँ कीं? क्या अनुभव आए? उन अनुभवों से हम क्या सीखे? और क्या हमारे दौड़ने की दिशा सही है? दौड़ की गति से भी अधिक महत्त्वपूर्ण है दिशा। सही दिशा में दौड़ना सबसे महत्त्वपूर्ण है। हम यह सब अपने दैनिक जीवन में नहीं कर सकते हैं। इसीलिए एक स्थान ऐसा होना चाहिए जहाँ जाकर हम अपना स्वयं का परीक्षण कर सकें। उस स्थान के ऊपर हमारा विश्वास होना चाहिए, हमारी श्रद्धा होनी चाहिए। वह स्थान तो निमित्य है हमारे भीतर जाने का। वास्तव में, हमें सदैव भीतर जाने का अभ्यास होना चाहिए। ऐसा स्थान मेरे जीवन में मेरे गुरु का आश्रम था। उस स्थान पर मैं सालभर में एक बार अवश्य दो-तीन दिनों के लिए जाती थी। मैं प्रायः वहाँ अकेली ही जाना पसंद करती थी। दो-तीन दिन वहाँ बड़े भाव के साथ जाती थी। समाधिस्थ गुरु मुझे कभी भी समाधिस्थ नहीं लगे। मैंने उनके जीवंत चैतन्य का अनुभव सदैव वहाँ किया। मुझे तो लगता है, गुरु के समाधिस्थ होने के बाद भी उनका चैतन्य सालों वहाँ भरा पड़ा होता है।"

"इसके दो कारण हैं। एक तो वह स्थान, वह जगह उनके जीवनकाल में उनके सतत सहवास में आने के कारण जीवंत हो जाती है। मानो कि वे एक पत्थर पर बैठते थे, तो वह पत्थर उनके जीवंत स्पर्श से इतना पवित्र हो जाता है कि बाद में निसर्ग से भी चैतन्य मिलना प्रारंभ हो जाता है। जैसे-जैसे समय बीतता है, उस पत्थर का चैतन्य बढ़ने लग जाता है। दूसरा, गुरुदेव का शरीर समाधिस्थ होने के बाद भी चैतन्यपूर्ण होता है। एक बड़ी सामूहिक शक्ति के रूप में परमात्मा का चैतन्य उसके साथ बना रहता है।"

"मैंने समाधि के पास जाकर उनसे बातें की हैं, अपने जीवन के प्रश्न पूछे हैं, अपने प्रश्नों के उत्तर पाए हैं। अपनी समस्याएँ रखी हैं, अपनी समस्याओं का निदान भी पाया है। उन उत्तरों से मेरा समाधान हो गया है। एक प्रकार की असीम शांति का अनुभव किया है। मैं सदैव अकेली जाती थी। सारे समय मौन में ही रहती थी। मौन रहने से भी ऊर्जा की एक प्रकार की बचत होती है क्योंकि जीवन में बहुत-सी ऊर्जा हम बोलकर ही खर्च कर देते हैं। मौन भीतर जाने के लिए, अंदर जाने के लिए बड़ा सहायक होता है। मैं अकेली ही रहती थी, इसलिए बाकी सभी लोग अपरिचित ही थे। इसीलिए किसी से बात करने का प्रश्न ही नहीं आता था। मैं उस आश्रम में सालभर में एक बार ही जा पाती थी। फिर भी वहाँ जो आत्मशांति मुझे मिलती थी, वह आत्मशांति मेरे लिए सालभर तक पर्याप्त होती थी। सालभर के पहले वहाँ जाना मेरे लिए आर्थिक दृष्टि से संभव नहीं था। लेकिन सालभर मेरा चित्त मेरे गुरु के आश्रम में ही बना रहता था। मैं उस आश्रम में वहाँ के नियमों का, वहाँ के अनुशासन का पूर्ण ध्यान रखती थी। मुझे कोई टोके, वह मुझे अच्छा नहीं लगता था। इसलिए सदैव मैं मेरा ध्यान रखती थी कि गलती से भी मेरे द्वारा आश्रम का कोई नियम न टूटे। इसका सदैव ध्यान रखती थी। आश्रम चलाने वाले व्यवस्थापक भी सभी अच्छे थे। हाँ, अनुशासन अवश्य रखते थे। प्रमुख अनुशासन समय का ही होता था। प्रत्येक बात ठीक समय पर ही हो, यह ध्यान रखते थे।"

"रही बात नियमों की, तो कोई भी व्यवस्थापक स्वयं कोई नियम नहीं बनाता। उसका उद्देश तो सदा व्यवस्था रखना ही होता

है। जैसे-जैसे कार्य आगे बढ़ता है, वैसे-वैसे अनुभव आने प्रारंभ हो जाते हैं। जैसे-जैसे अनुभव आते हैं, वैसे-वैसे ही वहाँ के नियम भी बनते हैं और सभी नियमों का एक ही उद्देश होता है—आने वाले भक्तों को अधिक-से-अधिक सुविधा देना। व्यवस्थापक सबकी दृष्टि से देखते हैं और हम केवल अपनी दृष्टि से देखते हैं। इसीलिए कभी-कभी हमें व्यवस्थापकों के निर्णय अलग लग सकते हैं। लेकिन वास्तव में, वे सबके अच्छे के लिए ही होते हैं। आश्रम का अनुशासन, आश्रम के नियम हमारे अहंकार को भी कम करते हैं। क्योंकि प्राय: किसी के अधीन रहकर कार्य करने की आदत नहीं होती है। वही 'मैं' का अहंकार हमारे आड़े आता है। आश्रम में जब किसी के अधीन रहकर कार्य करना पड़ता है, तब हमारे ही भीतर के 'मैं' को तकलीफ होती है। जिस प्रकार से, कुकर में एक वॉल्व होता है जिससे भाप खाना पकने पर बाहर निकल जाती है, ठीक वैसे ही, प्रत्येक मनुष्य को एक स्थान तो ऐसा रखना ही चाहिए जहाँ उसे अपनी भाप निकालते आए, जहाँ उसके 'मैं' के अहंकार की भाप निकल सके। आश्रम वह स्थान है जहाँ पर हमारा शरीर किसी और के अधीन रहता है, किसी व्यवस्था के अधीन होता है और शरीर को किसी के अधीन रहने की, किसी के नियंत्रण में रहने की आदत हो जाती है।"

"अपने मन पर नियंत्रण वही व्यक्ति कर सकता है जिसका अपने-आप पर नियंत्रण हो। कहते हैं न कि मनुष्य शरीर का गुलाम है। मनुष्य का शरीर जो चाहता है, वह उससे वह करा लेता है। प्राय: शरीर के अधीन रहकर मनुष्य आलसी और निकम्मा हो जाता है। आश्रम में, आपको क्या खाना है, वह आपकी इच्छा पर नहीं रहता है। आश्रम में प्रसाद में जो भी कुछ मिला, वही खाना पड़ता है। दूसरा कुछ खाने का कोई विकल्प वहाँ नहीं होता है। इसलिए वही खाना पड़ता है। इस खाने में से चित्त निकल जाता है। ऐसा ही मिलना चाहिए था या यही मिलना चाहिए, यह समाप्त हो जाता है। यानी धीरे-धीरे मनुष्य का जुबान पर नियंत्रण हो जाता है। वहाँ सोने के लिए भी सामान्य बिस्तर होता है, सामान्य पलंग होता है। कभी-कभी अलग रूम (कमरा) मिलता है, तो कभी सौ, दो सौ लोगों के साथ सोना पड़ता है। यानी फिर हम कहीं भी सोना सीख जाते हैं। नहाने

के लिए भी बाथरूम (स्नानघर) के सामने लाईन (कतार) लगानी पड़ती है। प्रसाद के लिए भी लाईन लगानी पड़ती है। लाईन में खड़े रहने से, पता नहीं क्यों, अपना अहंकार कम होता है। ऐसा मेरा अनुभव है। अहंकारी व्यक्ति लाईन में नहीं लग सकता है। लाईन में सबके साथ, सामान्य तरीके से खड़े रहने में उसे अंदर से बड़ी तकलीफ होती है।"

"वहाँ कोई पहचानने वाला नहीं रहता था। अपने मौन में लीन भी रहा जा सकता था। तीन दिन भी रहे, तो उन तीन दिनों में कोई बोलेगा, यह आवश्यक नहीं था। वहाँ पर समय पर आरती होती थी, पूजा होती थी। मैं तो गुरुदेव की पोथी पढ़ने में और माला जपने में ही अधिकतर समय व्यतीत करती थी। तीन दिन अपने-आपको जानने का, अपने-आपको पहचानने का अवसर मिलता था। हमारे दैनिक, भाग-दौड़ के जीवन में हमें अपने-आपको जानने का अवसर ही नहीं मिलता है। मैं सालभर में एक बार अवश्य आश्रम जाती थी और वहाँ ठहरकर आत्मावलोकन करती थी—पिछले साल की उपलब्धियों का और पिछले साल की गलतियों का। अगले साल क्या करना है, वह योजना भी बनाती थी। अपनी आध्यात्मिक स्थिति का अवलोकन करती थी।"

"गुरुदेव के आश्रम में लोग प्रायः अपनी ही कार्यकुशलता बढ़ाने या अपनी कार्यक्षमता को बढ़ाने के लिए ही जाते हैं। थोड़े समय आराम करके वे अपनी शक्ति को एकत्र कर लेते हैं और उनकी रोज की जिंदगी में वे और तेजी से भाग पाते हैं। वास्तव में, दौड़ बाहर की ओर नहीं, भीतर की ओर होनी चाहिए। हर साल हमारी यात्रा भीतर, और भीतर की ओर होनी चाहिए। मैं तीन दिन आश्रम में रहती थी, तो पूर्ण समय मेरा चित्त मेरे गुरुदेव पर ही रहता था। हमारा चित्त जिस दिशा की ओर होता है, हम भविष्य में उसी दशा की ओर आगे बढ़ते हैं। गुरुदेव की ओर हमारा मुख है या उनकी ओर हमारी पीठ है, इससे गुरुदेव को कोई फर्क नहीं पड़ता है। फर्क पड़ता है हमको। हमारा मुख उनकी ओर ही होता है, तो हम भविष्य में धीरे-धीरे उनकी ओर ही बढ़ते हैं और अगर हमारी पीठ उनकी ओर है, तो भविष्य में हम उनसे दूर, और दूर होते चले जाते हैं।

इसलिए गुरुदेव की समाधि की ओर भी पीठ नहीं करते हैं। क्योंकि शरीर का स्वभाव है - आगे, और आगे ही देखना। मनुष्य कभी अपने पीछे का नहीं देखता है। यह शरीर की रचना ही है। तो शरीर का मुख जिस ओर होगा, हमें उसी ओर का दिखेगा। जिस ओर का दिखेगा, हमारा चित्त भी उसी ओर जाएगा। चित्त गुरुदेव की ओर रहे, इसीलिए सदा गुरुदेव की ओर मुख ही किया जाता है, पीठ नहीं। शरीर की दिशा से ही हमारे चित्त की दशा बदल जाती है।"

"कई बार आश्रम में अलग-अलग भक्त आते थे। प्रत्येक के अपने-अपने अनुभव थे। प्रत्येक को अलग-अलग अनुभव आए थे। ऐसा लगता था कि भक्त चाहे, तो प्रत्येक एक-एक पुस्तक लिख सकता है; कैसी-कैसी कठिन परिस्थितियाँ भक्तों के जीवन में आईं और कैसी-कैसी परिस्थितियों में गुरुदेव ने उन्हें सहारा दिया और कैसे-कैसे उन परिस्थितियों से वे बाहर निकले। उनकी अनुभव की बातें सुनकर लगता था कि एक सीधे और सरल रास्ते पर मनुष्य अपने जीवनरूपी हाथगाड़ी को धक्का देकर चला लेता है। ऐसा ही रास्ता रहे, तो सारा जीवन भी आसानी से गुजारा जा सकता है। पर जब कभी वह जीवनरूपी हाथगाड़ी सड़क से उतर कर किसी खड्ढे में गिर जाती है, तो उस गाड़ी को वह अकेला बाहर नहीं निकाल सकता है। फिर उस गाड़ी को खड्ढे में से बाहर निकालने के लिए उसे चार मनुष्यों की आवश्यकता होती है। उन चार लोगों की मदद से वह खड्ढे में पड़ी उस गाड़ी को फिर से सड़क पर ला सकता है। यानी मनुष्य के कठिन समय में उसे सामूहिक शक्ति की आवश्यकता होती है। यह अतिरिक्त शक्ति, सामूहिक शक्ति गुरुदेव के पास होती है। अगर वह मनुष्य अपने गुरुदेव के साथ जुड़ा हुआ है, उसका उनके प्रति समर्पण है तो ही वह ऐसे कठिन समय में उनसे मदद की प्रार्थना कर सकता है। जीवन में जिस परिस्थिति में अतिरिक्त ऊर्जाशक्ति की आवश्यकता होती है, उस परिस्थिति में से वह अकेला बाहर निकलने में असमर्थ होता है। मनुष्य प्रथम अपने सभी प्रयत्न करके देख लेता है। जीवन में सभी प्रयत्न हो जाने के बाद भी जब परिस्थिति पर नियंत्रण नहीं हो पाता, तब वह परिस्थिति

वह ऊपर वाले पर सौंप देता है और तब उसका उस ऊपर वाले से क्या संबंध है, वह पता लगता है।"

"कई बार हम हमारे जीवन में देखते हैं कि ऑपरेशन (शल्यक्रिया) में विशेषज्ञ एक डॉक्टर ऑपरेशन करता है, उस समय वह भी अपने मरीज से कहता है—आपकी जिस भगवान पर श्रद्धा है, आप जिन गुरु को मानते हो, उन्हें याद करो, उनका जाप करो। ताकि उस मरीज की मानसिक स्थिति शांत बनी रहे, उस मरीज का रक्तचाप सामान्य रहे ताकि ऑपरेशन करने में आसानी हो। यानी मनुष्य की श्रद्धा और मनुष्य की आस्था मनुष्य को शांत रहने में, सामान्य रहने में मदद करती है, फिर वह श्रद्धा भले कहीं पर भी हो। श्रद्धा किसी भी माध्यम पर हो, इसका कोई फर्क नहीं पड़ता है। मरीज की श्रद्धा कहीं पर भी हो, उसकी स्थिति के सामान्य रहने में श्रद्धा बड़ी सहायक होती है। ठीक इसी प्रकार से, मरीज का ऑपरेशन कर देने के बाद भी डॉक्टर यह कोई गारण्टी नहीं देता कि किया गया ऑपरेशन सफल होगा ही। कोई कितना भी बड़ा डॉक्टर हो, कोई डॉक्टर इसकी गारण्टी नहीं दे सकता कि ऑपरेशन सफल होगा ही। फिर वह आपसे कहता है—एक मनुष्य के रूप में जो मेरे हाथ में था, एक डॉक्टर के रूप में मुझे जो करना था, वह सब कर दिया है। अब तो सबकुछ ऊपर वाले के हाथ में है। यानी एक पढ़ा-लिखा डॉक्टर भी मानता है कि सबकुछ मनुष्य के हाथ में नहीं है।"

"अब यह ऊपर वाला कौन है? वह ऊपर वाला तो एक ही है। लोग उसे अलग-अलग नामों से पुकारते हैं। उसका नाम बदलने से कुछ नहीं होगा। आप उसे किसी भी नाम से पुकारो, वह कठिन समय में मदद के लिए आ ही जाता है, बस आपका उससे संबंध बना होना चाहिए। इस संबंध को मजबूत करने के लिए ही गुरुसान्निध्य आवश्यक है। आवश्यक है—हमारा मुख उनकी ओर हो ताकि हमारी आँखें भी उनकी ओर हो ताकि आज और भविष्य में भी हमारा चित्त भी उन्हीं की ओर हो। फिर कोई फर्क नहीं पड़ता कि मैं अकेली हूँ या कोई मेरे साथ है। मेरा जीवनसाथी इस सफर में साथ हो या न हो, कोई फर्क नहीं पड़ता। मैं मेरे घर में हूँ या बाहर हूँ, इसका भी फर्क नहीं पड़ता। ये सब शरीर से संबंधित बातें हैं और चित्त

का संबंध सीधा आत्मा के साथ है। कभी-कभी तो लगता है—चित्त जितना पवित्र होगा, आत्मा भी उतनी ही पवित्र होगी। 'मैं एक पवित्र आत्मा हूँ,' यह एहसास ही हमारे में एक पवित्र भाव भर देता है, एक पवित्रता का एहसास करा देता है। यह एक भाव अगर थोड़े समय भी रखा, तो भी चित्त का सारा मैल दूर होने लग जाता है। मैं वहाँ जाकर गुरुदेव की समाधि के सामने प्रार्थना करती थी—हे गुरुदेव, मैं एक पवित्र आत्मा, एक शुद्ध आत्मा हूँ जिसने आपकी इच्छा से यह शरीर धारण किया है। यह मेरा पहना हुआ कपड़ा है, पर मैं यह कपड़ा नहीं हूँ। मैं शरीर नहीं हूँ। मैंने यह शरीर धारण किया है। मुझे वैसा ही पवित्र व शुद्ध स्वरूप दे दीजिए जैसा जन्म के पूर्व, यह शरीर धारण करने के पूर्व था और यही प्रार्थना मैं एक बार भी बोलती थी, तो मेरी भीतर की यात्रा प्रारंभ हो जाती थी।"

"एक बार 'मैं एक पवित्र आत्मा हूँ' का एहसास हो गया, तो बाकी सभी ओर से चित्त हटने लग जाता है और इसका अभ्यास करने का अवसर मुझे आश्रम में जाकर मिलता था। जब ऐसा सोचते हैं, तो शरीर का महत्त्व कम हो जाता है और आत्मा का महत्त्व बढ़ जाता है। जीवन के सारे रिश्ते, नाते इस शरीर के साथ ही जुड़े हैं। सारी समस्याएँ इस जीवन के साथ ही जुड़ी हुई हैं। जब शरीर का भाव नहीं रहता और 'मैं आत्मा हूँ' का भाव आ जाता है, तो जीवन की सारी समस्याएँ ही समाप्त हो जाती हैं और भीतर एक असीम शांति का अनुभव होता है। वास्तव में, 'मैं एक पवित्र आत्मा हूँ,' यह भाव ही सारी समस्याओं से मुक्त कर देता है। ऐसा लगता है—आत्मा ही सारे बंधनों से मुक्त हो गई है। तीन दिनों के लिए ही क्यों न हो, मैं आश्रम में बड़ा आनंद अनुभव करती थी, बड़ा हलका अनुभव करती थी। कई लोग अलग-अलग समस्याओं के कारण उस समाधि के दर्शन करने आते थे और समस्यामुक्त होकर जाते थे। मुझे भी उस आश्रम में जाना बड़ा अच्छा लगता था।"

"सूर्य उगता है और प्रकाश देता है, पर किन पौधों को, किन वृक्षों को वह प्रकाश पहुँचता है, वह देखना उसका कार्य नहीं है। वह सुबह होने पर बराबर प्रकाश देने का कार्य करता है, ऊर्जा देने का कार्य करता है और शाम के समय चला जाता है। लेकिन प्रकाश

किसने ग्रहण किया, उस ऊर्जा को किसने ग्रहण किया, किसने नहीं, यह उसका कार्य नहीं है। वह तो केवल अपना कार्य करता है। ठीक इसी प्रकार से, गुरुशक्तियाँ भी सूर्य के समान उदय होती हैं और शाम होने पर अस्त होती हैं। उन गुरुशक्तियों को किसने माना, किसने पहचाना, किसने उनसे आत्मज्ञान लिया, किसने उनसे ऊर्जा ग्रहण की, इसका विचार वे नहीं करती हैं। वे इस धरती पर आती हैं और अपना कार्यकाल समाप्त करके चली जाती हैं। किसी जीवंत गुरु के जीवनकाल में जीवन मिलना ही बड़े भाग्य की बात होती है। उन गुरुशक्तियों से कुछ ग्रहण करना, न करना हमारे ऊपर ही निर्भर होता है।

भगवान श्रीकृष्ण ने भी गीता में कहा है—मेरे अनेक रूप हैं और मैं इस धरती पर उन अलग-अलग रूपों में बार-बार जन्म लेते ही रहूँगा। जब-जब मेरी आवश्यकता होगी, तब-तब मैं इस धरती पर अवतरित होऊँगा। ऐसा लगता है, मानो गुरुशक्तियों के रूप में भगवान श्रीकृष्ण ही इस धरती पर अवतरित होते रहते हैं। भगवान श्रीकृष्ण भी उनके समय के गुरु ही थे। लेकिन यह बात केवल कुछ ही लोग जानते थे और मानते थे। समय बीतने के साथ-साथ लोग उन्हें भगवान का रूप मानने लग गए। मेरे गुरु भी जब जीवित थे, तो उस समय उन्हें पहचानने वाले बहुत कम लोग ही थे। लोगों ने तो उन्हें गन्ने से पीटा था! अब उनके आश्रम में उनका मंदिर बनाया हुआ है। ऐसा ही शिर्डी के साईबाबा के साथ भी हुआ है। उनके जीवनकाल में उन्हें पागल फकीर समझा गया। आज उनका भी शिर्डी में, उनकी समाधि के पास मंदिर बना हुआ है। इसका कारण यह है कि सामान्य मनुष्य सदैव भूतकाल में रहता है और इसीलिए जो बीत चुका होता है, वही उसके समझ में आता है। क्योंकि वह वर्तमान में नहीं होता, इसीलिए भगवान का वर्तमान का माध्यम उसे मालूम नहीं होता। लेकिन वर्तमान समय में भी माध्यम तो होते ही हैं। भले ही हमें न मालूम हों, पर आज भी होंगे ही।"

मेरी माँ की इसी बात को सुनकर मेरे मुँह से निकल पड़ा, "होंगे नहीं, हैं ही! मैं उनके दर्शन कर चुका हूँ। मुझे उनका सान्निध्य भी मिला है। वे भगवान के वे माध्यम हैं जिन्हें उनके पूर्व के माध्यमों

ने अधिकृत किया था। माँ, यह दुनिया चल रही है तो माध्यम तो होंगे ही और हैं हीं, केवल वे हिमालय में हैं। आम मनुष्य उन तक पहुँच ही नहीं सकता है। एक तो हिमालय के उस भाग में मनुष्य-बस्तियाँ नहीं के बराबर हैं और जो बस्तियाँ हैं, उनका भी क्षेत्र सीमित है। उस क्षेत्र के बाहर वे नहीं जाते हैं। उनका अंधविश्वास है कि क्षेत्र के बाहर गए, तो उनके गाँवदेवता उनका रक्षण नहीं करेंगे। इसलिए वे अपने गाँव के बाहर नहीं जाते हैं। बाहर की सारी दुनिया से वे कटे हुए हैं। बाहर कोई दुनिया भी है, यह उन्हें मालूम नहीं है। लेकिन इस प्रकार के लोगों से भी अधिक ऊँचाई पर ये हिमालय के मुनि रहते हैं। जानबूझकर वे स्थान उन मुनियों ने चुने हैं। यानी वे, वे स्थान हैं जहाँ के पास के लोग पास में होकर भी पास में जाएँगे नहीं और जो दूर हैं, वे इतने दूर हैं कि वे उन तक पहुँचेंगे ही नहीं। उन आदिवासियों के मन में इन मुनियों के लिए एक भययुक्त आदर है। इसलिए वे उनके पास कभी भी नहीं जाते हैं। उन आदिवासियों का यह विश्वास है कि वे मुनि भगवान के ही रूप हैं। वे ध्यान-साधना से सारी दुनिया की व्यवस्था सँभाल रहे हैं, सारे लोगों की सुरक्षा कर रहे हैं तो क्यों उनके पास जाकर उनके कार्य में विघ्न डालना? इसलिए भी, वे मुनियों का आदर करते हैं पर वे उनकी ध्यान-साधना में विघ्न नहीं डालते हैं और यह सही भी है। एक मनुष्य अपनी ध्यान-साधना में व्यस्त है तो बेकार में उसके पास जाकर उसकी ध्यान-साधना में विघ्न डालना कहाँ तक उचित है?"

"माँ, तू सोच, तुझे तेरे समाधिस्थ गुरु के सान्निध्य में जाने से इतना आत्मानंद मिलता है, इतनी शांति मिलती है, इतना सुकून मिलता है तो मुझे तो जीवित सद्‌गुरु के सान्निध्य का लाभ मिलता है तो मुझे कितना अच्छा लगता होगा! मुझे उनके पास से यहाँ वापस आने की इच्छा ही नहीं होती। एक तो वहाँ तक पहुँचने में काफी समय लगता है और उतना ही समय वापस आने में लगता है। तो बार-बार वहाँ से आने-जाने का सोच ही नहीं सकते। दूसरा, वे उसी स्थान पर वापस मिलेंगे, ऐसा कुछ निश्चित नहीं होता है। उनके पास जाने पर सारे विचार ही बंद हो जाते हैं। जब इस जगत का विचार

ही नहीं आएगा तो इस जगत में आएगा कौन? कोई नहीं। इसीलिए वहाँ से वापस कोई नहीं आता।

दूसरा, मुझे भी वे जब बुलाते हैं, तभी मैं उनके पास जा पाता हूँ। उनके क्षेत्र में उनकी इच्छा के बिना नहीं जाया जा सकता है। उनके आसपास का क्षेत्र भी उनसे प्रभावित होता है। पत्थर, वृक्ष, मिट्‌टी, झरने तक उनके प्रभाव से भरे होते हैं। गुरुदेव जहाँ रहते हैं, वह सारा क्षेत्र ही गुरुमय हो जाता है, केवल उसे देखने के लिए हमारी चित्तरूपी आँख उसको ग्रहण करने की स्थिति में होनी चाहिए। गुरु का प्रभाव तो टूटकर जमीन पर पड़े हुए एक-एक सूखे पत्ते पर भी पड़ता है जिस पर गुरुदेव ने चलते समय पैर रखा होता है। जहाँ-जहाँ उनके चरणकमल पड़ते हैं, वह धरती भी चैतन्यमय हो जाती है। वे जब चलते थे और चलते समय किसी पत्ते पर पैर पड़ता था तो एक सूखे पत्ते की जो आवाज होती थी, उस ध्वनि में भी एक चैतन्य होता था। एक आनंद की अनुभूति उस आवाज से भी होती थी। वे जब झरने के पानी में नहाते थे तो नहाते समय पानी की जो आवाज होती थी, उसमें से भी चैतन्य का अनुभव होता था। चैतन्ययुक्त आवाज सदैव कान से हृदय तक पहुँचती है और आत्मसुख प्रदान करती है। प्रायः वे कम ही बोलते थे पर जब बोलते थे तो वे शब्द तो आत्मा तक आनंद की अनुभूति कराते थे। वे क्या बोलते थे, वह कुछ समझ में नहीं आता था क्योंकि बुद्धि काम करना बंद कर देती थी और आत्मा एक सुख के सागर में डुबकियाँ लगाने लग जाता था तो शरीर की आँखें तो बंद हो ही जाती थीं। सारा चित्त ही भीतर चला जाता था। लेकिन वे शब्द सुनने के लिए उन, आत्मा के कानों की आवश्यकता होती है जिन कानों का संबंध शरीर से नहीं, आत्मा से होना चाहिए।"

"माँ, कभी तो लगता है कि परमात्मा तो अविनाशी है; वह कल भी था, आज भी है और कल भी रहेगा; और परमात्मा तो सर्वत्र है, कण-कण में है, बस आवश्यकता है उन कणों को पहचानने की। उन्हें देख सकने वाली, आँखें चाहिए। उन्हें सुन सकने वाले कान चाहिए, बस! जब तक आत्मा के कान और आत्मा की आँखें न हों, तब तक शरीर की इन आँखों से परमात्मा न कभी दिख सकता है और न ही

शरीर के इन कानों से कभी परमात्मा की आवाज सुनी जा सकती है। प्रत्येक मनुष्य को परमात्मा ने आँखें दी हैं। प्रत्येक मनुष्य को परमात्मा ने कान दिए हैं। बस मनुष्य को उन आँखों और उन कानों का संबंध आत्मा से जोड़ने की आवश्यकता है। इस जोड़ने के बीच में उसका आज्ञा चक्र है जहाँ 'मैं' का अहंकार भरा हुआ है। जब तक वह, 'मैं' का अहंकार भरा हुआ होगा, यह संबंध कभी हो ही नहीं सकता है।"

"कभी-कभी तो लगता है, मनुष्य सोने के खजाने के ऊपर बैठकर भीख माँग रहा है। उसे पता ही नहीं है कि वह जहाँ बैठा है, उसके नीचे ही खजाना है। जब तक 'मैं' नहीं गिरता, तब तक उसकी आँखों का संबंध उसकी आत्मा से नहीं हो सकता है। जब तक वह 'मैं' नहीं गिरता, तब तक उसके कानों का संबंध उसकी आत्मा से नहीं हो सकता है। माँ, कभी-कभी लगता है कि आत्मा और परमात्मा के बीच यह 'मैं' ही है। यह शरीर का दोष है और इसे शरीर में रहते हुए ही दूर करना है। यह शरीर छूट जाने के पहले यह 'मैं' छूट जाना चाहिए अन्यथा बहुत देर हो जाती है। इसके लिए एक बड़ी, सतत प्रक्रिया की आवश्यकता होती है। उस प्रक्रिया को ही 'आत्मसाधना' कहते हैं। अपने-आपको इतना जागृत करो, इतना जागृत करो कि 'मैं' कब समाप्त हो गया, इसका पता ही न चले। पर यह साधना बहुत बड़ी है। कई जन्मों के बाद ही आत्मा इतनी शक्तिशाली और इतनी पवित्र हो पाती है कि 'मैं' का अस्तित्व ही नहीं रहता है, 'मैं' का बोध ही नहीं रहता है। इस स्थिति का मिलना बड़ा कठिन है। कई जन्म इस साधना में लग जाते हैं। दूसरी प्रक्रिया सद्‌गुरु के प्रति समर्पण की है। एक संपूर्ण जागृत पुरुष के प्रति अपना इतना शुद्ध-पवित्र भाव रखो कि उस भाव में अपना 'मैं' भी कब विसर्जित हो जाए, इसका पता भी न चले। यह दूसरी प्रक्रिया कम समय की है। एक जन्म में भी संभव है, एक क्षण में भी संभव है। पर यह शरीर से संभव नहीं है। एक अनुभूति के द्वारा ही यह एक क्षण में हो सकती है। हाँ, वह अनुभूति कब होगी, यह पता नहीं होता है। वह अनुभूति शरीर को तो हो और आत्मा उसको अनुभव न कर सके, ऐसा भी हो सकता है। शरीर को अनुभूति होना और आत्मा की स्थिति का भी पवित्र होना, इन दोनों का संगम जिस जन्म में

होता है, तभी यह हो सकता है। कई बार अनुभूति होने के बाद भी आत्मा उतनी पवित्र नहीं होती है कि अनुभूति को ग्रहण कर सके। ऐसी स्थिति में भी अनेक जन्म लग जाते हैं।"

"यह मनुष्य का आज्ञा चक्र ही मनुष्य के शरीर के 'मैं' को सँभालने का कार्य करता है। यह चक्र छोटा होकर भी बड़ा महत्त्वपूर्ण है। इस चक्र को पार करने में बड़े भाव की आवश्यकता, बड़ी पवित्रता की आवश्यकता होती है और यह पवित्रता प्राप्त करना और उस पवित्रता को बनाए रखना, इस, आज के युग में तो बड़ा कठिन है। आज्ञा चक्र मानो कैलास पर्वत के उच्च शिखर समान है जहाँ तक पहुँचना ही कठिन है और पहुँच भी गए, तो वहाँ पर बने रहना तो और भी कठिन है। बने रहने की तैयारी भी कैलास पर्वत पर चढ़ने के पूर्व ही करनी पड़ती है। यानी चढ़ने के पूर्व ही ठहरने की तैयारी करनी पड़ती है। उस स्थान तक पहुँचेंगे या नहीं, यह पता नहीं होता, पर पहुँचने के पूर्व ही ठहरने की तैयारी करनी पड़ती है। यानी वहाँ तक पहुँचने के पूर्व ही वहाँ पर ठहरने की व्यवस्था करनी होती है क्योंकि वहाँ पहुँचने के बाद व्यवस्था नहीं की जा सकती है और ठहरने की व्यवस्था के बिना ठहरा भी नहीं जा सकता है। ठीक इसी प्रकार से 'मैं' के अहंकार को विसर्जित करना जितना कठिन है, उससे अधिक कठिन, वह फिर से न आ जाए, इसका ध्यान रखना होता है। यानी 'समर्पण' करना जितना कठिन है, उससे अधिक कठिन 'समर्पण' को बनाए रखना है। यह और अधिक कठिन है क्योंकि 'मैं' सतत प्रयासरत होता है अपनी वापसी के लिए। उसके प्रयत्न सतत चलते रहते हैं कि वह, वह स्थान शरीर में पा जाए जो उसे पहले प्राप्त था। ऐसे समय उसके हमलों से अपने-आपको बचाए रखना एक शरीर के लिए कठिन नहीं, असंभव ही मालूम होता है।"

"एक शरीर चाहकर भी अपने-आपको इस अहंकार से बचा नहीं सकता। इस अहंकाररूपी राक्षस से बचने का एक ही उपाय है—वे सभी शरीर साथ में आ जाएँ जो बचना चाहते हैं। उन लोगों की सामूहिकता की शक्ति ही उन्हें बचा सकती है, और कोई मार्ग ही नहीं है। इसीलिए आध्यात्मिक प्रगति के लिए सामूहिकता को अधिक महत्त्व दिया गया है। लेकिन वह सामूहिकता शरीर के साथ-

साथ आत्माओं की भी होनी चाहिए, तभी 'मैं' के अहंकार से बचा जा सकता है।"

"मुझे तो यह सारी सामूहिकता मेरे गुरुदेव के शरीर से ही प्राप्त हुई। वे एक ही शरीर थे पर प्रकृति के साथ मर्ज्ड (समरस) थे। इसी के कारण उनका अलग से कोई अस्तित्व ही नहीं था। वे प्रकृति के पवित्र एवं शुद्ध माध्यम थे। प्रकृति उनके पवित्र माध्यम से बहती थी। ऐसा माध्यम अपने जीवनकाल में मिलना बड़े सौभाग्य की बात है! उनका सान्निध्य मिलने के बाद मैं तो धन्य हो गया! उनके सान्निध्य में रहकर अपने-आपको जाना है, अपने भीतर छुपी हुई संभावना को जाना है। आज दूसरे को जानने के अनेक मार्ग विश्वभर में हैं लेकिन अपने-आपको जानने का कोई भी मार्ग नहीं है। यह मार्ग केवल ध्यान करने से प्राप्त होता है। हिमालय में सभी लोग केवल इसी प्रक्रिया में लगे हुए हैं। कर्मकांड या पूजा-पाठ, ऐसा कोई भी दिखने वाला कार्य वहाँ नहीं होता है। वहाँ न कोई मंदिर है, न कोई मूर्ति है और न कोई माला है और न ही कोई धर्मग्रंथ है। बाहरी धार्मिकता का कोई वातावरण नहीं है। हमारी धार्मिक विधियों जैसा कुछ भी नहीं है। प्रत्येक मनुष्य केवल ध्यान करता रहता है। सारी साधना ध्यान पर ही आधारित है।"

"इसलिए पिताजी को, मुझे क्या मिला है, वह नहीं दिखता है, पर मैंने उसे पाने के लिए क्या गँवाया है, वह दिखता है। माँ, तू ही बता जिसे जीवन में गौरीशंकर का पर्वत मिला हो, वह बाकी छोटी बातों की ओर क्यों ध्यान देगा? यही मेरी स्थिति है। मेरा जन्म ही किसी विशेष उद्देश से हुआ है तो मेरा जीवन एक सामान्य मनुष्य जैसा कैसे होगा? रही बात मेरे परिवार की, तो वह परिवार भी मेरे गुरुदेव को सौंप चुका हूँ। तुम लोग चाहते थे कि मैं इस आध्यात्मिक मार्ग में नहीं जाऊँ और इसीलिए मेरी शादी कर दी। लेकिन मेरा इस मार्ग पर चलना रुका क्या? नहीं। शादी के बाद मुझे पत्नी से इस मार्ग पर चलने की हिम्मत प्राप्त हुई। पहले केवल इच्छा थी लेकिन मेरे में शक्ति नहीं थी, हिम्मत नहीं थी कि इस मार्ग पर चलूँ। तू बता, ऐसी कौन-सी पत्नी होगी जो, उसका पति नौकरी न करे, ऐसी

इच्छा करती हो और स्वयं नौकरी करके घर सँभालती हो! यह बुद्धि भी गुरुदेव ही देते हैं क्योंकि उन्हें मुझे उनके कार्य में लगाना है।"

फिर अचानक पिताजी के आ जाने से हमारी चर्चा समाप्त हो गई। पता नहीं, उस बार माँ के साथ मेरी इस प्रकार की, आध्यात्मिक चर्चाएँ खूब हुईं। इन चर्चाओं में कब दिन बीतता था और कब रात होती थी, इसका पता भी नहीं चलता था। उस बार मुझे माँ को भी जानने का अवसर मिला था।

मेरे पिताजी को चाय बहुत पसंद थी और वे दिन में कई बार चाय पीते थे। वे माँ को चाय बनाने के लिए कह रहे थे। मैंने माँ से कहा, "तू यहीं बैठ, मैं बनाकर ले आता हूँ।" मैं चाय बनाने के लिए गया। मेरे बड़े लड़के को रोटी पर दूध की मलाई लगाकर, उसमें शक्कर डालकर उसका एक रोल बनाकर (उसे गोल लपेटकर) लाकर दिया। वह उसे बहुत अच्छा लगता था। वह उसे 'क्रीम रोल' (मलाई रोल) समझकर खाता था। वह उसे 'क्रीम रोल' ही कहता था। बाद में चाय भी बन गई। फिर चाय भी लाकर पिताजी को दी।

मेरे दोनों बच्चों को अपने दादा-दादी का सान्निध्य कम ही मिला। इसलिए वे अपने दादा-दादी को पहचानते तो थे पर जैसा लगाव मेरा मेरी नानी और नाना के साथ था, ऐसा कुछ भी संबंध दोनों बच्चों का अपने दादा-दादी के साथ नहीं था। मुझे लगता है कि यह सब अधिक संपर्क में आने पर ही होता होगा। मेरे दादाजी तो पिताजी के बचपन में ही चल बसे थे तो मैंने मेरे दादाजी को देखा ही नहीं था। मैं बचपन में नाना-नानी के यहाँ ही रहा, इसलिए दादी तो घर में थी पर हम घर में नहीं थे। इसलिए मेरी दादी के साथ मेरा रहना उनके आखिरी दिनों में ही हो पाया।

मेरे पिताजी ने अपनी नौकरी करते हुए भी, अकेले ही अपनी माँ की खूब सेवा की। जब हम वापस घर आए तो दादी ने बिस्तर ही पकड़ा हुआ था। मेरे पिताजी नौकरी के लिए जाते समय सदैव अपनी माँ को बताकर जाते थे और "माँ, आज तेरे लिए क्या लाऊँ?" ऐसा पूछते थे। वह भी छोटे बच्चे जैसे कभी लड्डू तो कभी जलेबी, कभी समोसे तो कभी सेव, ऐसा कुछ-न-कुछ मँगाती रहती

थी और वह जो भी मँगाती थी, पिताजी सदैव वह लाकर देते थे। वह प्राय: लेटी या बैठी रहती थी। एक दिन रोज की तरह पिताजी उससे पूछने गए, "माँ, आज तेरे लिए क्या लाऊँ?" तो उस दिन दादी ने कोई जवाब नहीं दिया। फिर उन्होंने दादी को हिलाया तो वह गिर पड़ी। वह बैठे-बैठे ही चल बसी थी। पिताजी ने 'माँ' कहकर पुकार लगाई और छोटे बच्चे जैसे रोने लग गए। शादी और बच्चे होने के बावजूद उनके साथ कोई नहीं रहता था। उनकी माँ उनके साथ सदैव रहती थी, इसलिए मेरे पिताजी की सारी दुनिया उनकी माँ ही थी। उस दिन वही चली गई। मेरे पिताजी ने अपनी माँ की खूब सेवा भी की थी। उनका एकमात्र सहारा वही थी। वह दिन, मुझे आज भी याद है, मेरे पिताजी को मैंने प्रथम बार ही रोते हुए देखा था। कहते हैं न, लड़का कितना भी बड़ा हो जाए, माँ के लिए वह छोटा ही रहता है। मेरी दादी के लिए एक अच्छा हुआ। उसके जाने के पूर्व उसने, बहू और पोता-पोती घर वापस आ गए, यह देख लिया था। मेरा मेरी दादी के साथ इतना ही संबंध आया था।

मेरे बच्चे तो बेचारे इस मामले में भाग्यशाली नहीं रहे। उन्हें उतना सान्निध्य और प्यार न तो दादा-दादी का मिला और न नाना-नानी का मिला। इसीलिए उनके मन में भी उनके लिए कोई विशेष लगाव नहीं था। मेरे बच्चों की दुनिया केवल हमारे घर तक ही सीमित थी। यह जानकर ही, जब भी घर रहता, तब बच्चों का अधिक ख्याल रखता था, उनके बालहठ को पूर्ण करता था। क्योंकि हमारे सिवा उनका इस दुनिया में कोई नहीं था। मुझे तो बचपन में नाना-नानी, मौसी, मामा-मामी काफी लोगों का सान्निध्य मिला था। वह सब मुझे याद था। लेकिन मुझे समय देने की फुर्सत नाना और नानी को ही थी। मेरे नाना भी जल्दी ही चल बसे। इसलिए मैं नानी के संपर्क में ही अधिक आया था।

मेरी पत्नी प्राईमरी (प्राथमिक विद्यालय) की शिक्षिका थी। उसकी तनख्वाह भी कम ही थी। जैसे-तैसे हमारी गुजर-बसर होती थी। प्राय: कोई भी अतिरिक्त खर्च उठाने की स्थिति में हम नहीं होते थे। उसकी 1400 रु. तनख्वाह थी। फिर भी वह उसमें से भी 500 रु. प्रति माह गुरुकार्य के लिए अलग रखती थी। वह उसका नियम

था। वह कहती थी कि यह नौकरी ही गुरुदेव की कृपा में लगी है और उनके कार्य के लिए ही लगी है। इसलिए उसने उसकी पहली तनख्वाह से ही 500 रु. प्रतिमाह अलग रखने का नियम बना लिया था। कितना भी कठिन समय आता, वह उन पैसों को कभी भी हाथ नहीं लगाती थी और वही पैसे वह मुझे यात्रा करने, भोजनखर्च के लिए देती थी। उसी बात पर उसका और पिताजी का झगड़ा होता था। पिताजी का कहना था—एक तो उसे, नौकरी करो, ऐसा नहीं कहती है और दूसरी ओर उसे भटकने के लिए प्रतिमाह पैसे भी देती है। यानी उसकी गलत बातों को प्रोत्साहन देती है। उन्हें इस प्रकार से पैसे देना बिल्कुल मंजूर नहीं था। मैं भी इस नियम के प्रति कड़क नहीं था। मैं बोलता था, "अभी इनमें से खर्च कर लेते हैं, बाद में इनमें वापस डाल देंगे।" लेकिन वह उसके लिए कभी तैयार नहीं होती थी। उसका कहना था, "आपको कभी भी जाना पड़ता है। कब जाना है, उसका आपको खुद को पता नहीं होता है। दो-तीन दिनों पूर्व सूचना देते हो कि मैं जा रहा हूँ। तो इतने कम दिनों की सूचना पर उस समय मैं पैसे कहाँ से लाऊँगी? और, पैसे नहीं हैं, इस कारण से आप रुकोगे क्या? नहीं और अगर पर्याप्त पैसे न हों, तो मुझे आपकी चिंता रहती है। दूसरा, यह प्रतिमाह पैसे देकर मुझे एक आनंद आता है कि हिमालय की यात्रा भले ही मैं नहीं कर पाती हूँ पर तुम्हें तो हिमालय भेजने में सहायता कर रही हूँ।"

"कई बार कुछ अतिरिक्त खर्च आ जाते थे तो उसे अपनी ऑफिस (विद्यालय) से फेस्टिवल लोन (उत्सव कर्ज) या अन्य लोन (कर्ज) लेने पड़ते थे। खूब ज्यादा कठिनाई आने पर उसने उसके जेवर भी बेच दिए थे। लेकिन यह बात उसने मुझसे कई दिनों तक छुपा कर रखी थी। बाद में उसने बताया—मुझे जेवर का उतना शौक नहीं है और आवश्यकता थी, इसलिए बेच दिए। वह अपने माँ-बाप से भी मदद नहीं लेना चाहती थी। उसके अपने जेवर बेच देने के बाद मेरी माँ उसे 'लंका की पार्वती' कहती थी यानी जिसके पास अब कोई जेवर आदि नहीं रहे हो, ऐसी। लेकिन वह तो अपनी मस्ती में मस्त थी। वह यही कहती थी कि जो गुरुसान्निध्य आपको मिल रहा है, उसके सामने यह बात कोई मायना नहीं रखती है। जेवर तो कई

स्त्रियों के पास होते हैं लेकिन जो अनुभव, जो गुरुसान्निध्य आपको मिला, वह किसी को नहीं मिल सकता है। मैं तो सोचती हूँ कि मैं तो केवल वर्णन सुनती हूँ तो मुझे इतना आनंद आता है, आप तो साक्षात उनके सान्निध्य में रहे हो तो आपको कितना आनंद आया होगा!

इस प्रकार इस आध्यात्मिक मार्ग में आने पर मैंने जीवन में जो गँवाया है, वही मेरे माँ और पिता ने देखा था और वही रिश्तेदारों ने भी देखा था। इसीलिए इतना सब गवाँने की हिम्मत उनकी नहीं थी। हालाँकि रिश्तेदार यह भी जानते थे कि हम हमारे जीवन में खुश हैं, प्रसन्न हैं। लेकिन रिश्तेदार आपस में कहते थे—आध्यात्मिक मार्ग पर जाने से विरक्ति का भाव आ जाता है और कहीं हममें यह विरक्ति का भाव न आ जाए, यह डर लगता है। इसीलिए हम उस मार्ग पर नहीं जाते हैं।

मैं और पत्नी यह सोचते थे कि यह विरक्ति नहीं है, यह तो अपने-आपको जानने के बाद निर्मित हुआ भाव है। प्रत्येक मनुष्य का, जो भी मनुष्य-योनि में पैदा हुआ है, उसका, अपने-आपको जानना जन्मसिद्ध अधिकार है और मनुष्य-योनि में जन्म लेने पर यह उसे जानना ही चाहिए। क्योंकि अपने-आपको जानने के बाद ऐसा लगता है कि अपना कुछ है ही नहीं। खाली हाथ आए थे और खाली हाथ जाना है। सभी को एक ही स्थान जाना है। जीवन का अंतिम सत्य मृत्यु है। वह अमीर, गरीब, आस्तिक, नास्तिक, रंग, जाति, धर्म, देश का कोई भेद नहीं करती। सबको एक जैसी आती है। हाँ, गरीब को आसानी से आती है और अमीर को कठिनाई से आती है। क्योंकि अमीर के पास खूब पैसे होते हैं, वह डॉक्टर से इलाज करवाता ही रहता है। उसके अंग जो काम करना बंद कर देते हैं, उन्हें वह उनसे बदलवाता ही रहता है। डॉक्टर उसे मरने नहीं देते और परमात्मा उसे जीने नहीं देता। इसलिए अमीर कठिनाई से मरते हैं। यह सब कराने के लिए गरीब के पास पैसे नहीं होते, इसलिए वह जल्दी मर जाता है। डॉक्टर मृत्यु को टाल सकते हैं लेकिन एक दिन वह आती ही है। कल आए, आज आए, क्या फर्क पड़ता है? बस मृत्यु के पूर्व मनुष्य ने अपने-आपको जान लेना चाहिए; आत्मसाक्षात्कार प्राप्त कर लेना चाहिए। क्योंकि फिर वह जान जाएगा कि मृत्यु क्या है।

मेरी रोज ही ऐसी कोई-न-कोई चर्चा होती रहती थी। पिताजी प्रायः उन सभी चर्चाओं से दूर रहते थे। वे, बाजार से सामान लाना या बच्चों को लेकर घूमने जाना, ये ही कार्य करते थे। उन्हें बाहर घूमना अच्छा लगता था। अधिकतर मेरी और मेरी माँ की ही बातें होती रहती थीं क्योंकि हम दोनों ही घर में रहते थे। एक दिन मैंने मेरी माँ से कहा, "एक बात का आश्चर्य लगता है कि हिमालय के एक कोने से दूसरे कोने तक के सभी मुनि, जब भी मुझसे मिलते हैं तो एक ही बात कहते हैं, "तेरा हण्डा बहुत बड़ा है। तेरा हण्डा बहुत बड़ा है यानी तेरी गुणग्राहकता बहुत बड़ी है, तेरी ग्रहण करने की क्षमता बहुत बड़ी है।" सारा ज्ञान एकत्रित ही हो रहा है, सालों से हो रहा है लेकिन अभी तक बाँटने का कार्य प्रारंभ नहीं हुआ है।" माँ ने कहा, "इसका अर्थ है, बाँटना भी उतना ही बड़ा होगा, अधिक लोगों तक होगा और अधिक समय तक होगा। वह बाँटना ही जीवन का लक्ष्य होगा।" माँ ने श्री रामकृष्ण परमहंस की कहानी बताई। उसने कहा, "श्री रामकृष्णजी के जीवन की ही घटना है। वे भक्ति में इतने लीन हो जाते थे कि वे बेहोश हो जाते थे। उनका शरीर का मोह भी धीरे-धीरे छूट रहा था और उनका कार्य तो बाकी था। गुरु की जान सदैव अपने कार्य में अटकी होती है। वे अपने कार्य को पूर्ण किए बिना देह त्याग भी नहीं करते हैं। जैसे-जैसे आध्यात्मिक स्थिति अच्छी होती जाती है, देह पर ध्यान नहीं रह पाता है और फिर अलग-अलग प्रकार की बीमारियाँ होने लग जाती हैं। श्री रमण महर्षिजी को उनके अंतिम समय में कैंसर(कर्क रोग) हुआ था।"

"ठीक इसी प्रकार से श्री रामकृष्णजी को भी उनके अंतिम दिनों में कैंसर हुआ था। क्योंकि शरीर का मोह छूटता है तो शरीर पर भी चित्त नहीं रहता है और जब शरीर पर चित्त नहीं रहता है तो चित्त एक प्रकार से शरीर की जो हीलिंग (चिकित्सा) करता रहता है, वह बंद हो जाती है और शरीर को अनेक प्रकार की व्याधियाँ होने लग जाती हैं। ऐसा ही कुछ श्री रामकृष्णजी के साथ भी हुआ। वे भी जान गए थे कि अब अपने शरीर को त्यागने का समय आ गया है। एक ओर शरीर त्यागने का समय आया था लेकिन दूसरी ओर शिष्य इतने तैयार नहीं थे कि शरीर छोड़ा जा सके। ऐसे समय जब समय

कम बाकी रह जाता है, तब गुरु कुछ ही शिष्यों को चुनकर उन्हीं को ज्ञान हस्तांतरित करने लग जाते हैं। वे चाहते हैं कि जाते-जाते कुछ लोग तो तैयार करके जाऊँ जो मेरे ज्ञान को जीवित रख सकें। वैसे ही वे भी करने लग गए थे। उनका शरीर दिन-प्रतिदिन छूट रहा था और कार्य बाकी था तो उन्होंने अपने शरीर को पकड़कर रखने के लिए एक मार्ग चुना; वे भोजन में ही चित्त डालने लग गए। खाने में इतना अधिक चित्त रखने लग गए कि खाने के बहाने ही सही शरीर न छूट पाए। श्री सारदा माँ घर में हलुवा भी बनाती थीं तो वे बाहर हलुवे की खुशबू सूँघकर घर में बार-बार आते और देखकर जाते कि हलुवा बना है या नहीं। बाहर शिष्यों को ब्रह्मज्ञान देते-देते भी हलुवे के लिए उठकर आते थे, इतना अधिक चित्त खाने में डालने लग गए थे! श्री सारदा माँ भी कभी-कभी उनसे परेशान हो जाती थीं।"

"वे उन्हें बार-बार तंग करते थे—भोजन अभी तक क्यों नहीं बना? कितनी देर लगाती हो खाना बनाने में! वे खाना बनाकर लाती थीं तो झपटकर छीन लेते थे और खाना खाने लग जाते थे। वे कई बार उनसे कहती थीं, "मैंने खाना आपके लिए ही बनाया है। आपको ही देना चाहती हूँ। आपको ही देने आई हूँ। थोड़ा अच्छे से, पटिया लगाकर देती हूँ, सब थोड़ा अच्छे से सजाकर देती हूँ, थोड़ा-सा सब्र क्यों नहीं करते?" वे कभी नहीं सुनते थे। रोज भोजन की थाली छीनकर, झपटकर ही खाना खाने लग जाते थे। "आप रोज ऐसा क्यों करते हो?" तो वे बोले, "जिस दिन तू भोजन की थाली लेकर आए और मैं तुझसे छीनकर खाना न खाऊँ और मुँह फेरकर दूसरी ओर देखने लग जाऊँ तो समझ लेना कि मेरी मृत्यु केवल तीन दिन दूर है।"

"एक दिन वास्तव में ऐसा ही हुआ। श्री सारदा माँ भोजन बनाकर उनके पास लेकर गईं तो उन्होंने उससे अपना मुँह फेर लिया। माँ समझ गई कि अब उनका समय आ गया है और माँ के हाथ से थाली नीचे गिर पड़ी। वे बोले, "अब कुछ नहीं होगा। अब बस तीन दिन ही बाकी हैं।" वे उन्हें कह रही थीं—आप अपने लिए कुछ क्यों नहीं करते? क्यों नहीं अपनी बीमारी के लिए प्रार्थना करते? आप अगर प्रार्थना करेंगे तो ईश्वर आपको ठीक कर देगा।

वे बोले—ऊपर वाले के कार्य में दखलअंदाजी नहीं करनी चाहिए। तू मेरी प्यारी पत्नी है। मैं तो भोजन बाद में भी करने ही वाला हूँ। मैं चला गया तो क्या हुआ, तेरे गले से भोजन करने वाला हूँ। ठीक तीन दिनों के बाद उन्होंने देहत्याग कर दिया। मृत्यु के समय उन्हें समाधान था कि कुछ तो शिष्य तैयार हो गए जो मेरे ज्ञान को ग्रहण कर सके और जो मेरे ज्ञान को मेरे बाद भी फैला सकते हैं। यानी वे अपने कार्य के साथ बँधे हुए थे।"

"जब तक कार्य संपन्न न हो जाता, गुरु शरीर का त्याग नहीं कर सकते। जब पता लगता है कि शरीर छूट रहा है तो फिर किसी-न-किसी बहाने से वे शरीर से संबंधित क्रियाएँ बढ़ा देते हैं। कोई चिल्लाने लग जाते हैं तो कोई गालियाँ देने लग जाते हैं। यानी वे किसी-न-किसी बहाने से शरीर का प्रयोग कर उससे तब तक बँधे रहना चाहते हैं, जब तक उन्हें यह नहीं लग जाता है कि उनके ज्ञान को सँभालने वाला या सँभालने वाले तैयार हो गए हैं। प्रथम, शरीर से चित्त छूटना प्रारंभ हो जाता है और बाद में शरीर के भी छूटने की प्रक्रिया प्रारंभ होती है। जन्म की अंतिम पादान पर भी वह कार्य बाकी रहता है जिसे करने के लिए वे जन्मे थे, तो वे बड़े जोर से कार्य के पीछे लग जाते हैं। कार्य को करने के लिए शरीर आवश्यक है क्योंकि शरीर ही छूट जाएगा तो बाकी कार्य तो रह ही जाएगा। इसीलिए सद्‌गुरु शरीर को ही पकड़ने का प्रयास करते हैं और ऐसे समय सद्‌गुरु और मृत्यु में कश्मकश होती है।"

"सद्‌गुरु देहत्याग तब तक नहीं चाहते, जब तक कोई शिष्य उनकी ज्ञानसंपदा को सँभाल नहीं लेता। जिस प्रकार से कलाकार को अपनी कला अपनी जान से भी अधिक प्यारी होती है, ठीक इसी प्रकार से सद्‌गुरु को अपना ज्ञान अपने जीवन से भी अधिक प्यारा लगता है। वास्तव में, वह ज्ञान उसका भी नहीं होता है, वह तो उसने सँभाला रहता है। अपने जीवन में अपने गुरु से प्राप्त हुए ज्ञान को सँभालना, वृद्धिगत करना और जीवन के अंत में उस ज्ञान को बाँटकर जाना ही उनका कर्तव्य होता है। ज्ञान तो धरोहर है। उसे अपने साथ लेकर जाया ही नहीं जा सकता है। जिस प्रकार से संपत्ति मृत्यु के बाद मनुष्य के साथ नहीं जाती है; मनुष्य खाली हाथ

आया है और खाली हाथ जाएगा; ठीक इसी प्रकार से सद्‌गुरु भी खाली हाथ ही, अपनी ज्ञान-धरोहर को लिए बिना जाना चाहता है। लेकिन, जिस प्रकार संपत्ति अपने पुत्र को या अपने उत्तराधिकारी को दी जा सकती है, फिर वह उसे सँभालने के योग्य हो या नहीं हो, ऐसी सरलता आध्यात्मिक क्षेत्र में नहीं होती है। जब तक आध्यात्मिक ज्ञान की पात्रता वाला शिष्य तैयार नहीं होता, यह ज्ञान दिया ही नहीं जा सकता है। शिष्यों के तैयार होने में समय लगता है और समय की कमी होती है। तो फिर सद्‌गुरु मार्ग निकालते हैं कि सभी नहीं, तो कम-से-कम थोड़े लोगों को तो तैयार करूँ जो इस ज्ञान को सँभाल सकें।"

"इस प्रकार आध्यात्मिक ज्ञान की धरोहर को अपने जीवन के अंतिम समय में सौंपना बड़ा कठिन कार्य मालूम होता है। क्योंकि जब तक आध्यात्मिक ज्ञान को ग्रहण करने वाला नहीं मिलता, तब तक, चाहें, न चाहें, इसे सँभालना ही पड़ता है। वैसे भी दूसरों को दिया ही नहीं जा सकता है, इसको तो लिया ही जा सकता है। लेने वाला मिलना तो चाहिए! जब तक नहीं मिलता, तपश्चर्या करनी पड़ती है। यानी सद्‌गुरु उस ज्ञान के भण्डार को ग्रहण कर अपने गुरु के लिए मोक्ष का मार्ग खुला करते हैं और कोई दूसरा सद्‌गुरु से ग्रहण कर सद्‌गुरु के मोक्ष का मार्ग खुला करता है। यह तो ज्ञान का एक चक्र है जो चलता ही रहता है और तूने तो कई गुरुओं से ज्ञान ग्रहण किया है। यानी तुझे देने वाले भी अधिक हैं और अब तुझे ज्ञान लेने वाले भी अधिक खोजने पड़ेंगे। तेरा मार्ग तो मुझे बड़ा कठिन लग रहा है। जहाँ ज्ञान ग्रहण करने वाला शिष्य एक भी मिलना कठिन होता है, तो तुझे ज्ञान ग्रहण करने वाले शिष्य अनेक कैसे मिल पाएँगे? और जब तक वे अनेक नहीं मिलेंगे, तब तक तेरा भी मार्ग अवरुद्ध रहेगा। आज से तीस सालों बाद, चालीस सालों के बाद तो ज्ञान का एक भी प्रेमी मिलना कठिन लग रहा है, तो अनेक कैसे मिलेंगे? मुझे तो असंभव-सा लग रहा है।"

मैंने माँ से कहा, "यह मुझे भी बड़ा कठिन लग रहा है, पता नहीं कैसे होगा! लेकिन मेरा मेरे गुरु पर बहुत विश्वास है। यह ज्ञान मेरा नहीं है, उनका है। तो वे ही आगे का कोई मार्ग बताएँगे।

मार्ग, भविष्य में मेरा ही नहीं, उनका भी अवरुद्ध होगा। वे कभी नहीं चाहेंगे कि वह हो। इसीलिए जैसे ही वह समय आएगा, गुरुदेव इस समस्या में से भी कोई-न-कोई मार्ग अवश्य ही निकालेंगे। मेरे जीवन के अंतिम दिनों में वे कौन-सा मार्ग दिखाएँगे, यह आज मुझे मालूम नहीं है और हो सकता है, वे कोई नया, अनोखा ही मार्ग ज्ञान को सँभालने के लिए निकालें। अब वह अनोखा मार्ग कौन-सा होगा, वह तो समय आने पर ही पता चलेगा। पर मार्ग अवश्य ही निकालेंगे। यह निश्चित है।"

"आध्यात्मिक ज्ञान कभी किसी को दिया ही नहीं जा सकता है, केवल और केवल लिया ही जा सकता है। सद्‌गुरु भी अपने गुरु से 'ग्रहण' करते हैं और जब तक उनसे लेने वाला नहीं मिलता, उन्हें इंतजार करते रहना पड़ता है। क्योंकि आध्यात्मिक ज्ञान देना उनके हाथ में नहीं है, केवल उपयुक्त शिष्य की राह देखना उनके हाथ में है। यह सारी प्रक्रिया बड़ी जटिल और लंबी है। मनुष्य का एक जीवन इन सबके लिए छोटा मालूम पड़ता है।"

"एक जीवन में एक धरोहर को सँभालना ही कितना कठिन है, तू इतने सब गुरुओं की धरोहर कैसे सँभालेगा?" माँ अपनी चिंता व्यक्त करते हुए बोली और फिर उसने आगे कहा, "उस दिन छत पर मैंने जो चंद्रमा जैसा प्रकाश देखा था, ठीक वैसा ही प्रकाश तेरे जन्म के पहले मुझे कई बार दिखा था और उस समय मैं समझ नहीं पाई थी कि वह क्या था। मैं प्रथम बार गर्भवती हुई थी। गर्भधारणा का मुझे कोई अनुभव नहीं था क्योंकि तू मेरा प्रथम संतान था। तो मुझे लगा कि आँखों के सामने धुँधला-सा प्रकाश गर्भधारणा के कारण दिखता होगा। लेकिन तेरे जन्म के बाद भी वह वैसा ही दिखा था। चंद्रमा के प्रकाश जैसा एक महापुंज होता था और उसके आसपास एक किनारा होता था। यानी एक निश्चित स्थान तक ही वह रहता था। उस दिन जब तेरे आसपास देखा तो याद आ गया कि ऐसा मैंने पहले भी देखा था।"

"लेकिन तब मैं उसे समझ नहीं पाई थी कि वह आभामण्डल का प्रकाश होता है। यह जब इस बार देखा तो एहसास हुआ कि

बचपन से ही तू सामान्य बालक नहीं था। तुझे वाचासिद्धि प्राप्त थी। तू जो कहता था, वही होता था। इसीलिए हम तुझे बत्तीसिया कहते थे। ऐसा कहते हैं, जिसके मुँह में बत्तीस दाँत होते हैं, वह जो कहता है, वह होता है और तू पैर की ओर से जनमा था। ऐसे बच्चे 'पायल्या' कहलाते हैं। जन्म के समय इनके पैर प्रथम बाहर आते हैं और बाकी शरीर बाद में आता है। ऐसे पायल्या बच्चे बड़े भाग्यशाली होते हैं, ऐसा कहते हैं। तेरा जन्म भी इस प्रकार से हुआ था। तेरे जन्म के समय एक ज्योतिषी ने कहा था, "इसकी जन्मपत्रिका में 'मालायोग' है। यानी इस मनुष्य को काफी मालाएँ पहनाई जाएँगी। यानी यह मनुष्य बहुत लोगों का आदरणीय मनुष्य होगा।" और अभी तक ऐसा कुछ भी नहीं हुआ है यानी भविष्य में होने वाला है। तेरा मामा तुझे चिढ़ाता भी था कि मालायोग है; अब अच्छा काम करेगा तो फूलों की मालाएँ पहनाई जाएँगी और बुरा काम करेगा तो चप्पलों की मालाएँ पहनाई जाएँगी! लेकिन मालायोग है तो मालाएँ गले में अवश्य ही पड़ेंगी।"

"सुबह 8 बजकर 10 मिनट पर, सूर्योदय के बाद तेरा जन्म हुआ था। तेरे जन्म के समय का अनुभव मुझे आज भी याद है। वह मेरे जीवन की सबसे अधिक सुखद अनुभूति है। उस अनुभूति को मैं आज तक नहीं भूली हूँ। आज भी मैं उस अनुभूति को याद करती हूँ।"

मेरे जन्म का और सारे जीवन का एक चित्र मेरे सामने आ गया। बचपन नाना-नानी के घर बीता यानी माँ-बाप से दूर। बाद में बड़ी आर्थिक कठिनाइयों में शिक्षा हुई। शिक्षा के बाद एक भटकाव और बेचैनी में नौकरी की। बाद में शादी हुई और नौकरी छोड़ी। पत्नी को कोई सुख नहीं दे सका हिमालय चला गया। मैंने माँ से कहा, "माँ, अभी तक सारा जीवन ही संघर्ष में बीता है। लेकिन अब उस संघर्ष का आदी हो चुका हूँ। अब यह संघर्ष कुछ नहीं लगता क्योंकि मुझे संघर्ष में साथ देनेवाली पत्नी जो मिल गई है। अब मैं अकेला नहीं हूँ। यह संघर्ष करके जो पाया है, उस ज्ञान के सामने यह संघर्ष कुछ भी नहीं है। आज ज्ञान की प्राप्ति के साथ एक समाधान प्राप्त हो गया है क्योंकि मैंने जान लिया है कि मैं कौन हूँ, मैं कहाँ से आया

हूँ, मेरे पूर्वजन्मों का उद्देश क्या था और इस जन्म का उद्देश क्या है। एक निश्चित उद्देश लेकर मैं चल रहा हूँ और दिन-प्रतिदिन उस ओर आगे और आगे बढ़ ही रहा हूँ। आज जीवन में वह करने के लिए मिल रहा है जो मैं करना चाहता था और जिसे करके एक आत्मसंतोष का अनुभव कर रहा हूँ।"

माँ ने कहा, "तू जिस मार्ग पर चल रहा है, उस पर तू अकेला नहीं है। तेरी पत्नी भी तेरे साथ में है। मुझे इसी बात का समाधान है। क्योंकि किसी भी मार्ग पर चलो, अपने साथी का अपने साथ होना अत्यंत आवश्यक होता है और शादी हुई है इसलिए, अन्यथा तो कोई प्रश्न ही नहीं था।"

मेरे पिताजी को आध्यात्मिक विषयों में इतना रस नहीं था। लेकिन वे नास्तिक भी नहीं थे। कुछ लोग नहाने के बाद भगवान के सामने अगरबत्ती लगाते हैं और नमस्कार करते हैं। बस उतना ही था। वे आवश्यकता पड़ने पर पूजा भी कर लेते थे। उनका जीवन तो सदैव दो वक्त की रोटी के जुगाड़ में ही बीता था। जब वे बारह साल के थे, तब ही उनके पिताजी का देहांत हो गया था। बाद में वे और उनकी माँ ही साथ-साथ रहते थे। उनके दो भाई और पाँच बहनें थीं, लेकिन सब बड़े थे और अपनी गृहस्थी में व्यस्त थे। पिताजी बचपन से नौकरियाँ करके पढ़ते थे। पढ़ाई में बहुत अच्छे नहीं थे, औसत ही थे। सिर पर पिता का छत्र न हो तो बच्चा जैसे अकाल ही बड़ा हो जाता है, वैसी ही कुछ स्थिति थी। कभी कुछ काम मिल जाता था, कभी नहीं और जब नहीं मिलता था, तो माँ के पास के पैसों से और माँ के जेवरों को बेचने से उनका और माँ का जीवन चल रहा था। जो भी काम मिला, वह उन्होंने किया। मुंबई में घरों में पेपर (अखबार) बाँटे, जो क्रिकेट के मैच (मुकाबले) होते थे, उनमें स्कोरबोर्ड (गणनापट) पर बैठकर नंबर (संख्या) बदलने का काम किया। एक बार दिलीपकुमार के साथ 'आन' सिनेमा (चलचित्र) में एक्स्ट्रा (सहायक कलाकार) का काम भी किया था। स्टेडियम (क्रिकेट

मैदान) और सिनेमाघरों में गेटकीपर (चौकीदार) का काम किया था। यानी कुछ-न-कुछ करते ही रहे थे और जो भी काम मिला, वह किया था। वे सोलह साल के थे, तबसे सिगरेट पीना भी सीख गए थे। पिता का छत्र सिर पर न हो तो उस बच्चे की ओर देखने वाला कोई नहीं होता है। उनको जो लगा, वह किया। उन्हें समझाने वाला, उन्हें रोकने वाला और कोई नहीं था; माँ और बेटा, दो ही रहते थे।

उन्हें अपनी माँ से बड़ा लगाव था और अपनी माँ की सबसे छोटी संतान थे, इसलिए माँ के दुलारे भी थे। माँ भी आज की माँ जैसी पढ़ी-लिखी माँ नहीं थी। वह ज्यादा पढ़ी-लिखी नहीं थी। घर के बाहर कभी गई नहीं थी। उन्होंने अपना सारा धन अपने छोटे लड़के को सौंप दिया था। उन्हें पूर्ण विश्वास था कि वह उन्हें अच्छे से सँभालेगा ही। मेरे पिताजी ने भी, कितना भी धन हाथ में रहा हो, नौकरी करनी नहीं छोड़ी। जो भी नौकरी मिलती, वह करते थे। वे ज्यादा पढ़े हुए नहीं थे, इसलिए पढ़ते भी थे और नौकरियाँ भी करते थे। बाद में उन्हें रेल्वे में 'कॉल बॉय' का काम मिला। उनका काम रेल के समय से दो घण्टे पूर्व रेल्वेगार्ड के घर जाकर "मैं नियत समय पर स्टेशन पहुँच जाऊँगा।" ऐसी सूचना के नीचे गार्ड के हस्ताक्षर लेने का था। एक चतुर्थ श्रेणी के कर्मचारी के जैसा ही काम था। ऐसी नौकरी में वे थे। लेकिन समाधान यह था कि सरकारी नौकरी थी। एक निश्चित रक्कम (रकम) हर माह घर में आती थी।

ऐसी परिस्थिति में उनकी शादी मेरी माँ के साथ हुई। मेरी माँ की गृहस्थी उनके साथ पाँच-छः सालों तक अच्छे से रही। दो बच्चे भी हो गए; मैं और मेरी बहन। लेकिन बाद में उनकी माँ के पास जो धन था, वह समाप्त हो गया और घर के खर्च भी बढ़ गए थे। पिताजी नौकरी की आय से अतिरिक्त पैसे कमाने के लिए सिनेमा एजेंट का काम कभी-कभी करने लग गए। उसमें दुगुनी कमाई हो जाती थी। उस दुगुनी कमाई के चक्कर में वे बाहर रहने लग गए क्योंकि उसमें सदैव दौरे करने पड़ते थे; सिनेमा की पेटी लेकर अलग-अलग गाँवों में जाते थे। मेरी माँ को उनकी माँ और दो बच्चों को लेकर रहना पड़ता था। कभी वे घर पर पैसे भेजते, कभी नहीं

भेजते थे क्योंकि उनकी आमदनी नियमित नहीं थी। क्योंकि वह काम भी कभी मिलता था, कभी नहीं।

इन्हीं सारी परिस्थितियों को देखकर मेरे नाना मुझे अपने साथ ले गए। बाद में मेरी माँ भी मेरी बहन तथा मुझे लेकर नानाजी के यहाँ आ गई क्योंकि नानाजी ने निर्णय लिया था कि माँ को और पढ़ाकर शिक्षिका बनाया जाए क्योंकि मेरी माँ की छोटी बहन, जो कि तभी अविवाहित थी, शिक्षिका थी। वह सब देखकर यह निर्णय लिया गया और मेरी और मेरी बहन की परवरिश मेरे नाना-नानी के यहाँ होने लग गई। तब मैं पाँच साल का व बहन एक साल की ही थी। मेरी माँ, अच्छी पढ़ाई हो, इसलिए हॉस्टल (छात्रावास) में रहने लग गई। वह गाँधीजी की किसी संस्था में पढ़ती थी। उसके पढ़ाई में ही छः साल गुजर गए। माँ का इस प्रकार जाना मेरे पिताजी को अच्छा तो नहीं लगता था, लेकिन जो परिस्थिति थी, वह भी कटु सत्य थी। मेरे पिताजी उन दिनों में कई बार मेरी माँ से और हम बच्चों से मिलने के लिए आते थे। छः सालों के बाद उनका भी प्रमोशन (पदोन्नति) हो गया। वे क्लर्क (रेल्वे में) बन गए और हम भी वापस आ गए। मेरी माँ के टीचर ट्रेनिंग में पास (उत्तीर्ण) होने पर भी उसने नौकरी नहीं की क्योंकि उसको बाद में नौकरी की आवश्यकता नहीं रही।

पिताजी का जीवन इस प्रकार से व्यतीत हुआ था। यानी उन्हें जीने के लिए ही संघर्ष करना पड़ा था। वे सदैव कार्यरत रहे और कोई काम को उन्होंने छोटा नहीं समझा। जो कार्य मिला, वह कार्य उन्होंने किया। उनकी माँ ने जो विश्वास उन पर किया था, उस विश्वास पर वे खरे उतरे कि उन्होंने अपनी माँ के अंतिम दिनों में भी, जब वह बिस्तर पर ही सबकुछ करती थी, छः माह तक नौकरी करने के साथ-साथ अकेले ही उन्हें सँभाला और माँ को अंत समय तक सँभाला था। इसलिए मेरे मन में मेरे पिताजी के लिए बड़ा सम्मान है कि उन्होंने विपरीत परिस्थितियों में भी अपनी पढ़ाई जारी रखी और अपनी माँ की खूब सेवा भी की। ऐसा करते-करते वे रेल्वे गार्ड के ओहदे तक पहुँचे और फिर कॉल बॉय उन्हें 'गार्ड साहब' कहते थे क्योंकि वे वास्तव में गार्ड हो गए थे। यानी मेरे पिताजी

ने, जो रेल्वे में कॉल बॉय थे, उसी जगह गार्ड बनने तक की प्रगति की थी। इतने नीचे से इतने ऊपर तक की प्रगति मैंने मेरी आँखों से देखी थी। इसलिए मेरे पिताजी के लिए मेरे मन में एक सम्मान था। उस सम्मान को मैं शब्दों में व्यक्त ही नहीं कर सकता। ऐसा संघर्षमय जीवन जीने वाले के पास अध्यात्म की ओर ध्यान देने का समय ही नहीं था और न उसके लिए उपयुक्त वातावरण था। लेकिन वे श्री दत्त महाराज के गाणगापुर गए थे। कई बार 'नरसोबा की वाड़ी' (सांगली के पास स्थित आदिदत्तात्रेय का स्थान) गए थे। शायद आत्मशांति के लिए जाते होंगे क्योंकि बीच के छः साल उन्हें पत्नी और दो बच्चों के बिना, अकेले निकालने पड़े थे। वे अंतर्मुखी थे। उन्हें अपनी भावनाएँ अभिव्यक्त करनी नहीं आती थीं। उनको न तो उनकी श्रद्धा अभिव्यक्त करते हुए देखा था और न ही प्रेम अभिव्यक्त करते हुए देखा था। वे मेरी माँ से बहुत प्रेम करते थे लेकिन कभी अभिव्यक्त नहीं करते थे।

मेरी माँ तो इस संसार से मानो दूर ही थी। मैंने जीवन में कभी माँ को बाजार जाते हुए नहीं देखा था। माँ की साड़ी भी पिताजी ही लाते थे। मेरी शादी होने तक तो घर का सारा सामान मेरे पिताजी ही लाते थे और बाद में मेरी पत्नी लाने लग गई। मैं भी बाजार बहुत कम ही गया हूँ। सबकुछ घर पर ही मिल जाता था।

बचपन में पिताजी मुझसे अक्सर स्कूल की बीच की छुट्टी में मिलने के लिए आते थे। फिर हम स्कूल की पुलिया (छोटा पुल) पर बैठकर बातें करते थे। वे सदैव मेरे लिए कुछ-न-कुछ उपहार लाते थे। एक बार वे मेरे पैरों का नाप लेकर गए और दूसरे दिन करोना कंपनी के सफेद रंग के विशेष शूज (जूते) लाकर दिए थे। वे मुझे आज भी याद हैं। उस समय मैं थोड़ा बड़ा था, मेरी बहन तो एकदम छोटी थी। वह उन्हें पहचानती भी नहीं थी। फिर मैं वे शूज लेकर सबको बताता था कि देखो, मेरे पिताजी मेरे लिए नए शूज लाए हैं। महत्त्व शूज का नहीं था; शूज तो अच्छे थे ही, लेकिन शूज से अधिक महत्त्व पिताजी के प्यार का था। पिताजी घर पर कम ही आते थे। मेरे नाना-नानी के प्रति उनका दृष्टिकोण यह था कि इन्होंने ही मेरी पत्नी और बच्चों को मेरे से अलग किया है। माँ तो हॉस्टेल

में रहती थी। माँ कहाँ रहती थी, उसका पता नाना-नानी उन्हें नहीं देते थे। उनकी इच्छा थी कि माँ केवल पढ़ाई करे; पिताजी बार-बार मिलकर उसे डिस्टर्ब (विचलित) नहीं करें और फिर रह जाता मैं। इसलिए वे बेचारे मुझसे ही मिलने स्कूल में आते थे। पिताजी की आमदनी कम थी। इसी विचार के कारण कि मेरी आमदनी कम होने से ही मेरी पत्नी, मेरे बच्चे मेरे साथ नहीं रहते, उन्हें अपनी आमदनी बढ़ाने की प्रेरणा मिली और उन्होंने भी ट्रेनिंग (प्रशिक्षण) ली। उससे उनकी आगे की तरक्की भी हुई और आमदनी भी बढ़ी और हम लोगों की घरवापसी भी हुई। तब वे हमें लेने आते, इस स्थिति में नहीं थे। उन्होंने 'रेल्वेपास' व कुछ पैसे हमें भेजे थे क्योंकि उस समय उनकी माँ बहुत बीमार थीं और माँ को अकेला छोड़कर वे हमें लेने आ नहीं सकते थे। पिताजी ने बाद में हमारे लिए उनसे जो बन पाया, वह सबकुछ किया। मुझे मॅट्रिक तक पढ़ाया। लेकिन अधिक पढ़ा सकते, ऐसी उनकी स्थिति नहीं थी और आगे की पढ़ाई की कोई जानकारी ही नहीं थी। बाद में छोटे-छोटे काम करके अपने खर्चे निकालते हुए कॉलेज (महाविद्यालय) में गया। मेरे कॉलेज जाने के पूर्व कॉलेज, यूनिवर्सिटी (विश्वविद्यालय) ये शब्द घर में किसी को पता नहीं थे। सुबह कॉलेज जाता था और दिनभर साईकल पर कभी साड़ियों के गट्ठे लेकर बेचता था, तो कभी मिल्ककुकर्स बेचता था, तो कभी हेअर ऑईल (बालों का तेल) की बोतलें बेचता था। ऐसा करके मैंने स्नातक तक पढ़ाई की और बाद में ट्यूशन (निजी शिक्षण) सिखाकर स्नातकोत्तर की पढ़ाई की थी और जब मैं एम.कॉम. (वाणिज्य स्नातकोत्तर) हुआ तो उस जमाने में यह पढ़ाई बहुत मायना रखती थी। तब लोगों को, रिश्तेदारों को बहुत आश्चर्य हुआ। साधारणत: जिसका पढ़ाई में दिल नहीं लगता, वही ये सब व्यवसाय करता रहता है। मैं साथ में पढ़ भी रहा था, यह किसी को पता नहीं था।

जीवन में काफी संघर्ष करना पड़ा। चार आने के फायदे के लिए भी दस बार लोगों के घरों के चक्कर मारता था। लोग वस्तु लेते भी नहीं थे और "नहीं लेंगे," ऐसा भी नहीं कहते थे। शायद, मैं निराश न होऊँ, इसलिए नहीं कहते होंगे। लेकिन फिर मैं, आज

नहीं तो कल लेंगे, इसी आशा में चक्कर लगाता था। कई बार तो इतने चक्कर लगाने के बाद वे "नहीं लेंगे," ऐसा कहते थे और तब लगता था कि "नहीं लेंगे," यह दस चक्कर लगाने के पहले क्यों नहीं बताया? फिर भी उनसे अच्छे संबंध बनाए रखते हुए घर वापस आ जाता था। उन सब घरों से मेरी पहचान इसलिए हुई थी कि एक स्वयंसेवी संस्था का चंदा लेने मैं पहले उनके घर जाता था। वह कार्य तो मैं ऐसे ही, समाजसेवा के लिए कर रहा था। लेकिन वह जो पहचान बढ़ी, उसका फायदा बाद में मुझे मेरे व्यवसाय में हुआ। एक कंपनी का वॉशिंग पाऊडर (साबुनचूर्ण) भी बेचा था। बचपन से ही खूब धंधे किए और चार-चार आने के लिए चक्कर काटे, इसलिए चार-चार आने की भी कीमत मालूम थी। लेकिन कभी कोई व्यसन नहीं किया। दूसरा, मित्र या परिवार ऐसा कुछ था ही नहीं क्योंकि कॉलेज की पढ़ाई के पैसों के जुगाड़ में ही समय निकल जाता था। किताबें कभी भी खरीदी नहीं, यूनिवर्सिटी की लाइब्रेरी (पुस्तकालय) से किताबें लेकर ही सारी पढ़ाई की थी। उतनी महँगी किताबें खरीदने की हैसियत नहीं थी। पढ़ाई का वातावरण भी घर में नहीं था। आगे की पढ़ाई किसी ने की ही नहीं थी तो आगे पढ़ो, ऐसा कौन बोलता? मेरे एम.कॉम. करने के बाद मुझे एक प्राइवेट कंपनी (निजी प्रतिष्ठान) में नौकरी लगी थी। वह पहले तो क्लर्क (लिपिक) की ही थी। बाद में धीरे-धीरे मैंने उसमें प्रगति की और मार्केटिंग मॅनेजर के पद तक पहुँचा था।

मेरे पिताजी में भाव की अभिव्यक्ति कम ही थी। लेकिन, नौकरी के दौरान जब मैं खूब दौरे पर जाता था तो वह उन्हें अच्छा नहीं लगता था और वे कहते थे, "मैं जीवन में इसलिए भटका हूँ क्योंकि मुझ पर मेरे पिता का छत्र नहीं था। अब तू क्यों भटकता है? मैं तो जीवित हूँ।" दूसरा, उन्होंने मेरे से कभी घर के लिए पैसे नियमित देने के लिए नहीं कहा। वे बोलते, "मेरा संसार है, मैं ही चलाऊँगा।" इस प्रकार उन्होंने मुझे एकदम तनावमुक्त रखा था। उलटा, यह ऐसी नौकरी ही छोड़ दे, ऐसा कहते थे। हमारे घर में तब मैं प्रायः वस्तुएँ खरीदता था जो उनकी आमदनी में संभव नहीं थी।

मेरे पिताजी के समान मेरा भी जीवन संघर्ष में ही गया था। लेकिन मैं नहीं चाहता था कि मेरे लड़के का जीवन भी संघर्ष में जाए, इसलिए मैं मेरे लड़के का बड़ा ध्यान रखता था। तब बड़ा लड़का एक लकड़ी की पट्टी लाया था। उस पर उसने दो सेल बाँधकर रखे थे। एक वायर (तार) को एक बल्ब (लट्टू) लगाकर उसे उन सेलों पर लगाकर जलाता था। उसका वह खेल देखकर मेरे पिताजी एक दिन बोले, "इसका दिमाग मॅकेनिकल (यांत्रिक) है। यह आगे जाकर मॅकेनिकल इंजिनियर बनेगा।" हम सभी यह सुनकर बड़े खुश हुए थे जबकि उसे इंजिनियर बनाने की हमारी हैसियत नहीं थी। इंजिनियर बनाने में क्या खर्च आता है, वह भी पता नहीं था। अच्छा सोचने में क्या खर्च होता है? तब से हम सभी लोगों ने सोच लिया—हाँ, इसे मॅकेनिकल इंजिनियर बनाएँगे! बड़े बच्चे का रुझान उस ओर देखकर सब लोग फिर उसी दृष्टि से सोचने लग गए थे। बड़ा लड़का शांत था, समझदार था और दूसरा लड़का तो तभी छोटा था, इसलिए तभी उसके बारे में कुछ कह नहीं सकते थे। जीवन चल रहा था।

समय की अपनी एक गति होती है और समय उसी गति के साथ चलता रहता है। न वह जल्दी चलता है, न वह धीरे चलता है। जब हम कष्ट में होते हैं, दुःखी होते हैं तो एक-एक दिन पहाड़ जैसा लगता है और जीवन बड़ा लगने लग जाता है। जब हम आनंद में रहते हैं, खुश रहते हैं, तब सुबह कब हुई और शाम कब हुई, इसका पता भी नहीं चलता है। यह संसार है तो सुख और दुःख दोनों ही चलते रहेंगे। मैं ऐसे ही सोचते बैठा था, तभी मेरी पत्नी मेरे पास आई और बोली, "यह अकेले छत पर आकर क्या सोचते बैठते हो?" मैंने कहा, "कुछ नहीं। मैं सोच रहा था कि समय तो जीवन में अपनी गति से बहता ही रहता है। मैं कहाँ हूँ, किस जगह हूँ, अब जीवन में इसका कोई अर्थ नहीं रह गया है। अब मैं सदैव महसूस करता हूँ कि मैं सदैव मेरे गुरुदेव के सान्निध्य में हूँ। सदैव उनके सान्निध्य की अनुभूति महसूस करता रहता हूँ। वे सदैव मेरे साथ होते हैं और उनकी किसी योजना के तहत कार्य करो तो एक आनंद मिलता है। वह आनंद महसूस कर रहा हूँ। पता नहीं, ऐसा लगता है—मैं एक

बहुत बड़ी योजना का एक भाग हूँ और गुरुदेव की कोई बहुत बड़ी योजना साकार होने वाली है। वह क्या है, वह नहीं मालूम। लेकिन कुछ तो भी आकार ले रहा है। क्या योजना आकार ले रही है, वह मालूम नहीं। लेकिन जिस प्रकार जीवन चल रहा है, उससे यह लगता है—मेरे आसपास कोई भी होता है, चाहे अपना छोटा लड़का भी क्यों न हो, मैं ठीक रहता हूँ। पर अगर मैं अकेला रहा तो मुझे एक तंद्रा जैसी स्थिति प्राप्त होने लग जाती है और कुछ चैतन्य की तरंगें महसूस होने लग जाती हैं। माँ और पिताजी आए हुए हैं। इसलिए दिन कैसे गुजर जाता है, इसका पता ही नहीं चलता। छोटी बहन की जिम्मेदारी उन पर है। इसकी शादी हो जाए तो हम उन्हें अपने पास ही रख लेंगे।" पत्नी बोली, "माँ कल ही यह बात कह रही थी कि एक बार उनकी जवाबदारी समाप्त हो जाए, तो फिर वे यहाँ रहने के लिए मुक्त हैं।"

मेरे माता-पिता का मुझसे अधिक मेरे बच्चों से लगाव था। हालाँकि वे उनके साथ कम ही रहते थे। पिताजी अपना लगाव दिखाते थे, माँ नहीं दिखाती थी। माँ सबसे ही अलिप्त थी। सबके बीच थी लेकिन किसी के बीच नहीं थी, मानो कीचड़ में एक कमल का फूल खिला हो जो रहता तो कीचड़ में है लेकिन कीचड़ की एक भी बूँद उस कमल पर नहीं होती है। वह थी तो इस संसार के कीचड़ में लेकिन फिर भी सारी मोह-माया से अलिप्त थीं। उसकी आवश्यकताएँ एकदम कम थीं। उसे मैंने, यह वस्तु चाहिए, यह घर में नहीं है, यह खत्म हो गया है, यह ला दो, यह कहते भी नहीं सुना था। पिताजी स्वयं ही सब डब्बे जाँचते थे; क्या है, क्या खत्म हुआ है, देखते और स्वयं ही लाते थे। वह केवल रसोई बनाती थी। जो घर में होता, वह पकाती थी। पिताजी को चाय दिन में चार-पाँच बार लगती थी। इसलिए वे चाय-शक्कर अधिक ही रखते थे। उस समय शक्कर सवा रुपए किलो थी। घर पर बाहर के लोगों का आना-जाना कम ही था।

मेरे घर पर मेरे मामा एकाध बार आते थे। वे प्रायः बहुत दूर, भूटान में रहते थे। ब्रिगेडियर (उच्च सेनाधिकारी) थे। वे जब भी आते, हमारे सभी के लिए उपहार लाते थे। उन्होंने मेरी माँ की नौकरी

के लिए कई स्कूलों में प्रयत्न किए थे। लेकिन मेरी माँ के हाथ में नौकरी की रेखा ही नहीं थी। मैं भी एक-दो बार मामा के बंगले में रहने गया था। उनके घर भूटान से लाया हुआ एक कुत्ता था और घर इतना बड़ा था कि गुम ही हो जाता था। मेरी माँ के ममेरे भाई की लड़की आती थी। वह बहुत अमीर थी। वह दीदी बड़े प्रेम से मुझे व मेरी बहन को कई बार उसके बंगले पर लेकर जाती थी। उसका भी बंगला अमीर लोगों की बस्ती में था। लेकिन उसके भी पाँच बच्चे थे, इसलिए वहाँ अकेलापन नहीं लगता था। सभी बच्चे बड़े थे। हम दोनों बच्चे उनके घर में छोटे थे। वे भी सदैव नए कपड़े मुझे उपहार में देती थीं। हमारे घर पर आने वाले लोग कम ही थे। बाकी मेरे एक मामा नेवी (नौसेना) में थे, दो मामा बैंक में थे। जब मैं मॅट्रिक में था तो मेरे मामा ने मुझे आश्वासन दिया था—तुम मॅट्रिक हो जाओ, तो बैंक में नौकरी लगा देंगे। उनके आश्वासन से प्रेरित होकर मैंने इंग्लिश (अंग्रेजी) विषय लेकर मॅट्रिक की थी। जब मैं दसवीं में पूरक परीक्षा में पास हुआ था, तब मेरी नानी ने पड़ोस के एक ज्योतिषी को पत्रिका दिखाई थी कि यह लड़का मॅट्रिक (तत्कालीन ग्यारहवीं) होगा या नहीं? तो उस ज्योतिषि ने कहा था—यह 23वें साल में एम.कॉम. (वाणिज्य—स्नातकोत्तर) होगा। तब सब हँसे थे कि वे पूछ रहे थे कि मॅट्रिक होगा कि नहीं! वह बोला—मैं विपरीत परिस्थिति में यह बता रहा हूँ, इसलिए आप हँस रहे हो। लेकिन जो योग है, मैं तो वही बता रहा हूँ। उसका अर्थ यह था कि मैं अगले छः सालों में नियमित पास (उत्तीर्ण) होऊँगा और एम.कॉम (वाणिज्य स्नातकोत्तर) तक पढ़ूँगा और उस ज्योतिषी की वह बात एकदम सत्य निकली थी।

मेरी मौसी का ज्योतिष पर बहुत विश्वास था। उसका कहना था—यह शास्त्र सही है। बस जिस समय के आधार पर पत्रिका बनाई गई हो, वह समय सही होना चाहिए और बताने वाला ज्योतिषी सही होना चाहिए। मेरी मौसी, मामा, सभी लोग ज्योतिष के जानकार थे। मेरी पत्रिका में बड़े अच्छे योग थे लेकिन मेरा जीवन संघर्षमय था। उन सबका कहना था—जीवन का उत्तरार्ध सर्वश्रेष्ठ है, यह गुरु ग्रह से प्रभावित पत्रिका है। मेरे माता-पिता की पत्रिका ही नहीं थी और न इन सब बातों पर उनका ध्यान भी था। शिक्षा में मेरी रुचि

दसवीं कक्षा के बाद ही जागी थी। मेरे मामा ने भले ही मेरी नौकरी न लगाई हो पर पढ़ने की लगन अवश्य लगाई थी। बैंकों का भी राष्ट्रीयकरण हो गया था। फिर उनके मैनेजर होने पर भी उनके हाथ में नौकरी लगाना शायद रह नहीं गया था। या मेरी भी पत्रिका में नौकरी का योग तब नहीं रहा होगा। पता नहीं क्या था? पता नहीं क्यों, मैंने केवल मॅट्रिक में ही काफी पढ़ाई की थी, बाद में तो सारी शिक्षा ऐसे ही हो गई। नौकरी भी ऐसे ही लग गई। नौकरी भी किसी के प्रयत्न से नहीं मिली थी। प्राईवेट (निजी क्षेत्र की) नौकरी थी और उसके लगने के बाद भी मैं रेल्वे, बैंक आदि में प्रयत्न कर रहा था। पर पता नहीं, बाद में कहीं भी नौकरी नहीं लगी और उसी नौकरी में काफी प्रगति की। बस वही जीवन की एकमात्र नौकरी थी।

कंपनी (प्रतिष्ठान) मारवाड़ी लोगों की थी। तनख्वाह कम देते थे, सुविधाएँ अधिक देते थे। वे खराब कार्य करने वाले, गलतियाँ बार-बार करने वाले लोगों से झगड़ते नहीं थे, उन्हें निकाल देते थे। एक ही मालिक की सात अलग-अलग कंपनियाँ थीं। निश्चित कुछ नहीं होता था। कभी भी किसी भी कंपनी में भेजा जाता था।

जिन्हें निकालना हो, उन्हें सीधे नहीं निकालते थे। उनकी बदली जानबूझकर दूर-दराज की कंपनी में कर देते थे जिससे वे कर्मचारी खुद ही नौकरी छोड़ देते थे। सारी कंपनियों में केवल पुरुष ही थे। वे स्त्रियों को नौकरी पर रखने के पक्ष में नहीं थे। उनका ऐसा तर्क था कि स्त्री को नौकरी देना यानी एक घर में दो नौकरियाँ देने जैसा है। जबकि हजारों युवक बेरोजगार हैं। हर साल बोनस मिलता था। मैं कभी भी उसके लिए झगड़ता नहीं था। कई बार आधा साल एक कंपनी में और आधा साल दूसरी कंपनी में काम करने पर, बोनस कौन दे, ऐसा प्रश्न उठता था। तब दोनों कंपनियों के मॅनेजर मिलकर आधा-आधा बोनस देते थे क्योंकि मेरे सभी कंपनियों में अच्छे संबंध थे और वे सोचते थे—हमने अपनी आवश्यकता के लिए आधे-आधे वर्ष उसका उपयोग किया। उसके दिवाली के बोनस का नुकसान क्यों करें? यानी सभी लोग मेरे लिए अच्छा सोचते थे। मुझ पर घर से कोई जवाबदारी नहीं थी। इसलिए मुझे तनख्वाह में भी कोई रुचि नहीं थी और न मैं तनख्वाह बढ़ाओ, ऐसा कभी कहता था। जो भी

दे देते थे, वह ले लेता था। मेरे प्राय: टूर (दौरे) ही होते थे। टूर में भत्ते में ही इतने पैसे मिलते थे कि तनख्वाह का हिसाब तो सालभर में एक बार करता था। वह ऐसे ही खाते में जमा होती रहती थी।

एक बार एक काफी बड़ा लोन (कर्ज) मैंने एक माह में, बिना खर्च किए मंजूर कराया था। मुझे लगा कि मालिक खुश होंगे कि मैंने किसी को कोई उपहार दिए बिना बैंक से लोन मंजूर करा लिया। लेकिन मालिक नाराज हुए। वे बोले—तूने लोन एक माह देर से मंजूर कराया। यही पैसा एक माह पहले लाता, तो अपना पैसा बचता जो हमने बैंक के ब्याज पर बेकार, अधिक खर्च किया। उन्होंने समझाया कि कोई भी उद्योग लगाते समय, उद्योग की शुरुआत करने से लेकर वस्तु बनाकर बेचने तक का समय जितना कम हो, उतना अच्छा रहता है। क्योंकि तब तक पैसे की केवल जावक ही रहती है। उन्होंने पैसे को कभी महत्त्व नहीं दिया, समय को ही महत्त्व दिया। वे कहते थे—पैसा उधार भी लिया जा सकता है, समय उधार नहीं लिया जा सकता। गया हुआ पैसा वापस कमाया जा सकता है लेकिन बीता हुआ समय नहीं।

पता नहीं, वे खर्चे अधिक क्यों किए, यह कभी नहीं कहते थे। इतने देर से क्यों किया, इतना ही पूछते थे। उनके पास धन काफी था और समय कम था; सात कंपनियों को चलाना जो था। इसलिए नौकरी से मुझे भी आदत लग गई कि पैसों को महत्त्व मत दो, समय को दो। इसलिए मेरे पिताजी मुझे सफेद हाथी कहते थे जिसे पालना बहुत पैसे वालों के ही बस का होता है। उनका कहना था कि सामान्य कंपनी मुझे अपने पास कभी नहीं रख सकती है क्योंकि मुझे अधिक खर्चे करने की आदत लग गई है। मेरी आमदनी प्राय: घर के लोगों और रिश्तेदारों पर ही खर्च होती थी। प्रवास के दौरान मैं सभी के लिए उपहार खरीदता था। लेकिन मैंने मेरे लिए कभी कुछ लिया हो, यह मुझे याद नहीं। बाजार में जाता था तो सदैव, यह वस्तु इसके लिए अच्छी होगी, यही विचार आता था। यह वस्तु मेरे लिए लेनी चाहिए, यह विचार कभी नहीं आता था। ऐसा क्यों होता था, मालूम नहीं पर ऐसा ही होता था। मैं शराब व सिगरेट नहीं पीता था, इसलिए मेरे सहकर्मी मुझे 'भोलापण्डित' कहते थे। कई बार मैंने

शराब की पार्टियों के बिल्स (देयक) अदा किए थे पर पी कभी नहीं थी। शुरू-शुरू में मुझ पर भी सहकर्मियों का दबाब आया था कि तू भी पीकर देख। जब काफी बार पीछे लगने पर भी मैंने उनके साथ पीना नहीं सीखा तो फिर उन्होंने मेरा पीछा छोड़ दिया। वे कहते थे—तू मत पी, हमको तो पीने दे!

इसमें मेरा कोई एतराज नहीं था। कंपनी की ओर से सब बिल्स दिए जाते थे। उसे मंजूरी दे देता था क्योंकि वह कंपनी के व्यावसायिक संबंधों का एक भाग था। यानी मार्केटिंग मॅनेजर (विक्री प्रबंधक) की लाईन (क्षेत्र) में भी बिना शराब पिए मार्केटिंग की जा सकती है। यह मैंने अनुभव किया। मैंने माँसाहार करने वालों के साथ, शराब पीने वालों के साथ भी खाना खाया हुआ है। लेकिन मैं अपनी ही थाली की ओर ध्यान देता था, दूसरे की थाली की ओर नहीं। माँसाहार भी उसका भोजन है, अन्न है, इसलिए उसकी बुराई भी मैंने कभी नहीं की, उससे घृणा भी नहीं की और उसको ग्रहण भी नहीं किया। इसके कारण शराब पीने वाले, माँसाहार करने वाले भी मेरे मित्र थे। मेरे संबंध सबसे अच्छे ही थे। मालिक खुद भी शराब पीते थे। लेकिन वे सब लोग मुझे शराब नहीं पीता था, इसलिए 'पोंगापण्डित' कहते थे। लेकिन सब मुझसे डरते भी थे। मेरी बहुत इज्जत करते थे। वे आपस में बोलते भी थे—यह अपने जैसा नहीं है। यह कुछ और ही मिट्टी का बना है। नौकरी में सप्ताहभर का लक्ष्य मैं एक दिन में ही हासिल कर लेता था और बाकी दिन मैं ऐसे ही भटकता रहता था। मैं बेचैन रहता था। क्या खोज रहा था, पता नहीं। फिर मालिक मुझे लालच देते, "एक दिन तू ध्यान देता है तो इतना फायदा होता है, सप्ताहभर काम में ध्यान देगा तो कितना अधिक धंधा होगा! अधिक धंधा होगा तो तुझे भी अधिक फायदा होगा। तुझे अधिक पैसे मिलेंगे।" मेरे सामने प्रश्न था—अधिक पैसे लेकर मैं क्या करूँगा? मेरी तो तनख्वाह भी बच रही है। दूसरा, एक बार उन्हें मैंने कहा था, "बाकी दिन ध्यान नहीं देता, इसीलिए एक दिन में ही लक्ष्य पूर्ण हो जाता है।" वे कुछ समझे नहीं। बोले, "तू पागल है!" और हँस दिए।

जो काम देते, वह करता था। यह मुझे नहीं आता और मैं यह नहीं कर सकता, यह कभी नहीं कहा। इसीलिए धीरे-धीरे कंपनी में मेरा महत्त्व खूब बढ़ गया था और मारवाड़ी कंपनी में आदमी जितना पुराना होता है, उतना वह विश्वसनीय माना जाता है। जब मैं मेरे करियर (पेशे) की बुलंदी पर था, तभी नौकरी छोड़ दी थी। वह सभी के लिए झटका था। सबने मुझे समझाने की काफी कोशिश की। पूछा, "कोई और अधिक तनख्वाह दे रहा है क्या? हम तनख्वाह बढ़ाने के लिए तैयार हैं।" "लेकिन अब जीवन में नौकरी करनी ही नहीं है," ऐसा मैंने कहा। मालिक ने अंत में कहा, "हमारी कंपनी के दरवाजे तेरे लिए सदैव खुले हैं। जीवन में नौकरी की कभी भी जरूरत हो तो वापस आ जाना।" मैंने 'हाँ' कहा, उनके चरणस्पर्श किए और बाहर आ गया। मन में सोचा—अब नौकरी करूँगा तो ऊपर वाले की ही नौकरी करूँगा। यह नीचे वाले की नौकरी क्या करनी? मेरे ये शब्द मेरे सहकर्मी न समझ सके। वे इतना समझ गए कि मैं अब नौकरी नहीं करूँगा। मालिक को लगा था कि मेरा पागलपन है। सालभर में वापस उनके पास आ जाऊँगा। लेकिन मैं जो गया, तो चला ही गया। अच्छी-भली नौकरी भी छोड़ दी। अब पत्नी, बच्चों का जीवनयापन कैसे होगा, इस चिंता से ही मेरे पिताजी अधिक परेशान हो गए थे। मेरी कमाई से मैं रिश्तेदारों को जो उपहार देता था, बाद में वे भी बंद हो गए थे। शायद इसलिए रिश्तेदार भी नाराज हो गए थे, पता नहीं क्या था। तब से पिताजी नाराज होते रहते थे और सदैव मुझे समझाते ही रहते थे। मेरा क्या होगा, यह चिंता करते थे। मेरी पत्नी को सरकारी नौकरी लग गई, यह बात उन्हें अवश्य शांति देती थी।

हमारे घर की आर्थिक स्थिति पहले खराब ही थी। मेरी नौकरी लगने के बाद ही थोड़ी सुधर रही थी और ऐसे में ही मेरी छोटी बहन की शादी हुई थी। वह शादी का निर्णय भी पिताजी पहले नहीं ले पा रहे थे। उसके दो कारण थे। पहला, लड़का केवल मॅट्रिक ही था, हालाँकि आई.टी.आई. का कोर्स (अध्ययन) किया हुआ था और मेरी बहन एम.ए.(कला स्नातकोत्तर) तक पढ़ी हुई थी। दूसरा कारण, पिताजी के पास पैसे नहीं थे। मैंने उन्हें समझाया, "लड़का

अच्छे सरकारी प्रतिष्ठान में कार्यरत है। लड़का अच्छा है, शिक्षा की बात छोड़ दो। दूसरा, शादी के खर्च की व्यवस्था मैं करता हूँ।" तब पिताजी में हिम्मत आई और शादी हुई। उसके कुछ दिनों बाद मेरी भी शादी हुई। मेरे ससुराल वाले काफी अमीर लोग थे। मेरे पिताजी तो केवल गार्ड (रेलगाड़ीरक्षक) थे, मेरे ससुर मेडिकल सुपरिन्टेंडेन्ट (चिकित्सा अधिक्षक) थे। उनमें भी ससुर मेरे पक्ष में थे, मेरी सास मेरे पक्ष में नहीं थी क्योंकि हमारे घर की स्थिति अच्छी नहीं थी। ससुर कहते थे, "लड़का अच्छा है। स्थिति तो सुधर जाएगी।" ऐसी परिस्थिति में मेरी शादी हुई थी।

मेरे पिताजी को पत्र लिखने की खूब आदत थी। वे पाँच पैसे के पोस्टकार्ड पर सभी को चिट्ठियां लिखते रहते थे। रिश्तेदारों को अगर एकाध माह चिट्ठी न भेजते तो उनका पत्र आता था कि चिट्ठी क्यों नहीं भेजी। उन्होंने सभी रिश्तेदारों से काफी संबंध बनाकर रखे थे। मेरे नौकरी छोड़ने पर फिर वे ही रिश्तेदार, मेरा क्या हुआ, ऐसा पूछते रहते थे। सभी को लगता था कि 'मैं पीछे रह गया हूँ' और इसीलिए सभी रिश्तेदार मेरा विषय पत्रों में निकालते थे और उसमें पिताजी को कुछ करते नहीं आ रहा था। इसलिए पिताजी की इच्छा रहती थी कि कोई मेरा विषय न निकाले। ऐसी स्थिति थी।

इसीलिए जब भी पिताजी और माँ को अवसर मिलता था तो वे हमारे यहाँ रहते थे। उस समय मेरी छोटी बहन उसकी बड़ी बहन के घर गई थी, इसलिए वे दोनों फ्री (खाली) थे और वे हमारे यहाँ आ गए थे। मेरी दो छोटी बहनों की शादियाँ हो गई थीं। केवल एक ही बहन की शादी होनी बाकी थी। वह कॉलेज में पढ़ रही थी। मैंने पोस्ट ग्रॅज्युएशन (स्नातकोत्तर) किया, तो वहाँ तक पढ़ना एक मापदण्ड हो गया। मेरी दोनों बहनें एम.ए. थीं। यह तीसरी भी एम.ए. कर रही थी। लेकिन मुझे पढ़ने में जो तकलीफें हुई थीं वे उन्हें नहीं थीं। उनकी पढ़ाई आसानी से हो रही थी। ऐसा होता ही है कि नदी का जो आगे का पानी होता है, उसे आगे बढ़कर मार्ग बनाना पड़ता है लेकिन उसके बाद का पानी तो उसके पीछे-पीछे ही आ जाता है। ऐसा ही प्रकार हम भाई-बहनों की शिक्षा के क्षेत्र में हुआ था।

वह जो सबसे छोटी वाली बहन थी, उसकी ही एक जवाबदारी मेरे माता-पिता पर थी।

मेरे पिताजी का भी मुझ पर नाराज होना स्वाभाविक ही था। वे कहते, "तू बीमारी के कारण नौकरी छोड़ता, अपाहिज हो जाने के कारण नौकरी छोड़ता तो अलग बात होती। हमारे भाग्य में ही है, ऐसा मानकर उसे सहन कर लेते। लेकिन अच्छा-भला, मुस्टंडा है, अच्छा पढ़ा-लिखा है! तू चाहे तो आज भी कहीं भी नौकरी कर सकता है; अच्छा अनुभव है, अच्छा व्यक्तित्व है। फिर भी जानबूझकर नौकरी नहीं करता! मुझे, अपने-आपको ही नहीं पट रहा है और रिश्तेदारों को भी नहीं पट रहा है और इसीलिए सारे रिश्तेदार तेरे बारे में चिंतित हैं।" उस समय मैं सोचता था कि हम क्रांतिकारियों की फोटो (छवि)लगाते हैं, उनकी जयंतियाँ मनाते हैं, लेकिन अगर अपने घर का कोई लड़का क्रांतिकारी बनता है तो उसे गालियाँ देते हैं।

ठीक इसी प्रकार, समाज साधुओं का आदर करता है, सम्मान करता है लेकिन किसी के घर का लड़का बोले—मैं साधु बनता हूँ—तो घर में भूचाल आ जाएगा। समाज का यह दोगला रूप मुझे अच्छा नहीं लगता था।

दक्षिणा देने से और धन देने से गुरु का कार्य नहीं हो सकता है क्योंकि गुरु जीवंत है और धन निर्जीव है। धन साधन है, धन निर्जीव है। स्वयं धन कुछ नहीं कर सकता। कुछ करने के लिए जीवंत माध्यम की आवश्यकता होती है। अपने गुरु के कार्य के लिए अपने जीवन की ही आहुति दे देना आवश्यक है। गुरु के कार्य को अगर अगली पीढ़ी तक पहुँचाना है, तो किसी को तो नदी का आगे का पानी बनना ही होगा। केवल थोड़ा-सा धन देने से यह गुरुकार्य बढ़ नहीं सकता। धन से गुरु को सुविधा मिल सकती है, सुख नहीं। गुरु को सुख तो तभी मिलेगा, जब उनके कार्य को जीवंत रखा जाए और जीवनभर सँजोया जाए। जो ज्ञानगंगा उसने अपने गुरु से प्राप्त की है, उसे भविष्य में अगली पीढ़ी तक पहुँचाया जाए। इसके लिए किसी को तो आगे आना ही पड़ेगा। मैं मेरी भूमिका पर निश्चित था। संसार के मोह का त्याग करना आसान न था। लेकिन गुरुकृपा में

ही यह संभव हो पाया था। यह सारा बदलाव मेरे जीवन में शादी के बाद ही आया था। पत्नी से जो प्रेम मिला, उसी प्रेम को मेरे गुरुओं ने विकसित कर दिया। प्रेम के विकसित हो जाने के बाद वह सद्भावना में तब्दील हो गया। फिर सद्भावना धीरे-धीरे स्वभाव ही बन गया। 'प्रेम' शब्द का अर्थ बड़ा विशाल है क्योंकि प्रेम एक से शुरू होकर अनंत तक पहुँच जाता है। प्रेम के बीज के ऊपर गुरुकृपा का नीर बरसता है तो वह सद्भावना का वृक्ष बन जाता है। सद्भावना का वृक्ष बन जाने के बाद वह मनुष्य सभी के प्रति अच्छा ही भाव रखता है, सभी के मंगल की ही कामना करता है, सभी का भला ही चाहता है। दूसरों का मंगल चाहने के कारण मंगल चाहना उसका स्वभाव हो जाता है। उसके मंगल चाहने से एक शक्ति निर्मित हो जाती है। उसकी एक मंगलमय दृष्टि भी किसी पर पड़ जाए तो उसका मंगल हो जाता है। इसीलिए कहा गया है - सद्गुरु के पास अमंगल कुछ होता ही नहीं है। दूसरों के मंगल की कामना, दूसरों के प्रति सद्भावना ही उस मनुष्य की आध्यात्मिक प्रगति करती है। जीवन में इस सद्भावना के सूर्य का उदय होता है तो जीवन के कई अँधेरे कब चले जाते हैं, उसका पता भी नहीं चलता है। उसके हाथ से हिंसा कभी होगी ही नहीं। इसलिए अहिंसा का पालन खुद-ब-खुद हो जाएगा। वह किसी की हत्या नहीं करेगा। किसी को अपशब्द कहकर दुःखी नहीं करेगा। सदैव दूसरों के प्रति सद्भावना रखने के कारण वह ईर्ष्या किसी से नहीं करेगा क्योंकि ईर्ष्या निर्मित ही नहीं होगी। उसके पास जो कुछ है, वह उसी में खुश रहेगा। तो वह स्वयं एक आत्मशांति का अनुभव करेगा। जब वह स्वयं ही शांति का अनुभव करेगा तो वह मन की शांति के लिए शराब, सिगरेट या कोई अन्य व्यसन नहीं करेगा। उसे आवश्यकता ही नहीं होगी। सद्भावना से भरा हुआ मनुष्य चाहे, न चाहे, उसकी आध्यात्मिक प्रगति प्रतिक्षण होती जाएगी क्योंकि वह प्रत्येक साँस सकारात्मक लेगा। जब प्रत्येक साँस सकारात्मक लेगा तो उसका जीवन तो सकारात्मक होगा ही। कहते हैं कि दुनिया गोल है; जो दोगे, वही वापस मिलेगा। सकारात्मक कार्य करना और निःस्वार्थ भाव से करना आध्यात्मिक प्रगति स्वयं ही करा देता है। जिसके भीतर दूसरे के प्रति सद्भावना

होती है, जो सदैव दूसरों का भला ही चाहता है तो उसके हाथ से भला ही होता है। जब दूसरों के प्रति ही सदा सोचेगा तो उसके मन में लोभ की भावना तो कभी भी आ ही नहीं पाएगी। तो लोभ, मोह-माया से भी बचा रहेगा। इस लोभ का कोई अंत नहीं है। लोभ मनुष्य को सदैव अतृप्त रखता है। वह मृगजल जैसा है। जो वस्तु पास रहती है, वह दिखती नहीं है और जो दिखती है, वह पास नहीं होती पर उसके पास आ जाने पर वह दिखनी बंद हो जाती है और फिर वह दिखनी प्रारंभ होती है जो पास नहीं होती है। मनुष्य को यह लोभ की दौड़ दौड़ते हुए, जीवन कब समाप्त हो गया, इसका पता भी नहीं चलता है। यह लोभ मनुष्य का जीवन ही पूर्ण बर्बाद कर देता है। क्योंकि जो मिला है, वह उसे दिखेगा ही नहीं और फिर उसकी 'मिलना चाहिए' की दौड़ समाप्त ही नहीं होगी, भले ही वह स्वयं ही क्यों न समाप्त हो जाए। इसलिए आध्यात्मिक मार्ग की सबसे बड़ी बाधा यह लोभ है। इस सद्‌भावना के सूर्य-उदय के बाद यह लोभ की भावना भी समाप्त हो जाती है क्योंकि सदैव दूसरे का भला करने की सोचते-सोचते उसमें दूसरे का भला करने की भावना स्थाई हो जाती है। फिर वह देना प्रारंभ कर देता है। जो देना प्रारंभ करेगा, वह पाने का लोभ तो कर ही नहीं सकता। तो लोभ स्वयं ही छूट जाएगा। फिर जीवन में कोई आकांक्षा ही नहीं रहेगी, किसी से कोई अपेक्षा भी नहीं रहेगी। वह अपने ही आनंद में रहेगा और अंत में एक समाधान को प्राप्त होगा। उस आत्मसमाधान को प्राप्त करना आध्यात्मिक मार्ग पर चलने वाले प्रत्येक पथिक की मंजिल होती है। इसीलिए शुरुआत किसी-न-किसी को करनी होगी ही। प्रथम, स्वयं को इस सांसारिक लोभ से बचना होगा।

जब मैं स्वयं करूँगा तो ही यह अनुभव, यह अनुभूति मैं दूसरों को दे सकता हूँ। एक अगली पीढ़ी का निर्माण इस प्रकार से हो सकता है। उस समय ऐसा लग रहा था—यह कार्य मैं अकेला नहीं कर सकता, मुझे इसके लिए गुरुकृपा चाहिए और गुरुकृपा सद्‌भावना में है और सद्‌भावना सामूहिकता में है। सामूहिक सद्‌भावना के साथ ही उस नई पीढ़ी का नवनिर्माण हो सकता है जो पीढ़ी इस आत्मिक ज्ञान को सँभालेगी और विकसित करेगी और उसकी अगली पीढ़ी

को देगी। यह क्रम तो चलता रहेगा। तो ही इस ज्ञान की धरोहर सँभाली जा सकती है। तब ये बातें मैं पिताजी को तो समझा नहीं सकता था क्योंकि तब वे पुत्रमोह में ही अटके हुए थे। वे उनकी जगह सही थे और मैं मेरी जगह सही था। उनको कितना भी समझाता, तो भी वे नहीं समझते। उनका ध्यान उस समस्या की ओर जितना कम जाता, उतना अच्छा था। इसलिए मैं बहुत कम समय उनके सामने रहता था और रहता भी था तो सब लोगों के साथ रहता था ताकि उनका ध्यान मेरी ओर न जाए और मेरी ओर नहीं जाता तो, मैं समस्या हूँ, यह याद भी नहीं आ सकती थी। इस प्रकार से रोज कुछ-न-कुछ चल ही रहा था। समय अपनी गति से चल ही रहा था। लेकिन माँ उन सब बातों से दूर ही थी।

वह सबके साथ रहती थी, फिर भी वह अलग थी। उसका पोथी पढ़ना और जाप करना नियमित चलता ही रहता था। उसका भी कहना था कि सद्गुरु का प्रभाव हम पर धीरे-धीरे पड़ता है। सबसे पहले अहंकार कम होता है। वह होने में ही काफी समय निकलता है क्योंकि अहंकार एकदम नहीं जाता है। कब कौन-सा रूप ग्रहण कर ले, यह कहा नहीं जा सकता है। क्योंकि गुरु के कार्य को किया तो गुरुकार्य का अहंकार, गुरुकार्य में कुछ दान किया तो दान का अहंकार, गुरुसान्निध्य मिला तो गुरुसान्निध्य का अहंकार, गुरुसेवा करने मिली तो गुरुसेवा का अहंकार, गुरु को भोजन कराने का अवसर मिला तो उसका अहंकार और गुरु ने बात की तो उसका भी अहंकार आता है! गुरु के साथ लाखों आत्माओं की सामूहिकता जुड़ी होती है। इसलिए उनके सभी कार्यों में अहंकार को बढ़ावा मिलता ही है। जैसे एखादे (किसी) मनुष्य ने एखादे मनुष्य को भोजन कराया तो भोजन कराने वाले मनुष्य को खुशी मिल सकती है लेकिन अगर एकाधे मनुष्य ने सद्गुरु को खाना खिलाया तो अहंकार का निर्माण होगा ही। क्योंकि सद्गुरु एक शरीर होकर भी लाखों लोगों से जुड़ा हुआ होता है। यानी एक मनुष्य का सद्गुरु को भोजन कराना लाखों लोगों को भोजन कराने जैसा होता है। तो लाखों लोगों को भोजन कराएगा तो अहंकार तो आएगा ही! यह सब शिष्य के समझ में नहीं आता लेकिन सद्गुरु जानते हैं। इसीलिए वे सदैव अपने आसपास के

साधक बदलते रहते हैं। जिस शिष्य का जितना हाजमा है, वे उसे उतना ही पास रखते हैं। सामूहिकता की शक्ति का प्रभाव सद्‌गुरु के पास होता है और उस प्रभाव से अहंकार आना स्वाभाविक ही है।

सद्‌गुरु का स्वभाव हॉमियोपेथी की गोलियों जैसा होता है। पहले गोलियाँ बीमारी को बढ़ाती हैं और बाद में ही बीमारी को नष्ट करती हैं। ऐसे ही सद्‌गुरु पहले अहंकार को बढ़ने देगा बाद में जिस प्रकार से एक बलून (गुब्बारा) में अधिक हवा भरने पर वह फूट जाता है, वैसे ही अधिक अहंकार होने पर अहंकार का बलून भी सद्‌गुरु फोड़ देता है और अहंकार का बलून फूट जाने के बाद ही सद्‌गुरु का आत्मज्ञान कराने का कार्य प्रारंभ होता है। धीरे-धीरे शिष्य का अहंकार नष्ट होने लग जाता है और धीरे-धीरे सद्‌गुरु की सद्भावना का अमृत उसमें आने लग जाता है। सद्भावनायुक्त रहना सद्‌गुरु का स्थाई स्वभाव है। वह उसके आत्मा का प्रभाव है। उसका शरीर बुरा करना भी चाहे, सद्‌गुरु से बुरा हो ही नहीं सकता है। सद्‌गुरु इसी पवित्र भाव के कारण ही आध्यात्मिक प्रगति करते हैं| यही भाव जब शिष्य में आना प्रारंभ होता है तो शिष्य की भी आध्यात्मिक प्रगति होने लग जाती है।

मेरी माँ का गुरुमंत्र के जाप पर अधिक विश्वास था। उसका कहना था, “गुरुमंत्र के माध्यम से हम सद्‌गुरु के प्रति झुके हुए होते हैं। इसलिए हमारी दिशा सद्‌गुरु की ओर होती है, सद्‌गुरु के सद्भाव की ओर होती है। इसीलिए जब भी हमारे जीवन में अनुकूल (सद्‌गुरु मिलने के अनुकूल) परिस्थितियाँ आती हैं, हम धीरे-धीरे सद्‌गुरु की ओर बढ़ने लग जाते हैं और प्रतिकूल परिस्थितियों में स्थित होकर परिस्थितियों का सामना करते हैं। लेकिन जीवन में यात्रा कभी पीछे की ओर नहीं होती है। नामस्मरण से एक तो नकारात्मक विचार नहीं आते हैं और दूसरा, जीवन का खराब समय भी आसानी से निकल जाता है। प्रत्येक मनुष्य जन्म ही लेता है अपने पूर्वजन्म के भोग भोगने के लिए और वे भोग तो सभी को भोगने पड़ते हैं। उन्हीं भोगों के कारण श्री राम भगवान को 14 साल वनवास जाना पड़ा था। यानी भगवान को भी भोग भोगने ही पड़े। माता सीता को अग्निपरीक्षा देनी पड़ी। ये सब पूर्वजन्म के भोग हैं। मनुष्य जब जन्म

लेता है तो उसके जन्म का उद्‌देश ही उसके पूर्वकर्मों के भोगों को भोगना होता है।"

"प्रत्येक मनुष्य को उसके भोग भोगने ही पड़ते हैं। उससे किसी को भी मुक्ति नहीं है। अच्छे कर्म किए तो अच्छे फल मिलते हैं और बुरे कर्म किए तो बुरे फल मिलते हैं। अब प्रश्न आता है कि जब सबकुछ अपने कर्मों के आधार पर ही निश्चित है, जीवन में जो होना है, वह तो होगा ही; यानी जीवन में जो बुरे कर्म (अभुक्त कर्म) हमें भोगने हैं, वे हमें भोगने ही पड़ेंगे; तो भगवान की आराधना करने की आवश्यकता क्या है? भगवान का पूजापाठ, भगवान की आराधना करने की आवश्यकता क्या है? 'भगवान' तो निमित्य है, सद्‌गुरु भी निमित्य हैं, वास्तव में, मनुष्य 'भगवान' की या सद्‌गुरु की आराधना करके भीतर की यात्रा पर जाता है। उससे दो फायदे होते हैं। एक तो बुरे भावों, बुरे विचारों के बाहरी धूल और कचरे से बचा रहता है। दूसरा, अपनी भीतर की यात्रा करने से अपने-आपको पहचानने का अवसर मिलता है। ईश्वर की सर्वश्रेष्ठ कलाकृति मनुष्य है। इसलिए मनुष्य के भीतर ही ब्रह्माण्ड की सारी शक्तियाँ विद्यमान हैं। लेकिन इन शक्तियों का खजाना मनुष्य के भीतर है, यह मनुष्य जानता ही नहीं है। वह इसलिए नहीं जानता क्योंकि वह अपना स्वयं का विचार करता ही नहीं है; अपना आत्ममंथन करता ही नहीं है। जीवनभर दूसरों के दोष देखने में ही समय व्यतीत करता है और सारा जीवन ही कब समाप्त हो गया, उसका पता भी नहीं चलता है। इसलिए अपने-आपको जानने का अवसर उसके जीवन में आता ही नहीं है और इन कर्मों के भोगों के चक्कर में बार-बार जन्म लेता है। वह गलतियाँ करता है पर एक जन्म की गलती दूसरे जन्म में नहीं करता है, दूसरे जन्म में फिर कोई नई गलती करता है। फिर उसका फल भोगता है। फिर जन्म लेता है और कोई तीसरी ही गलती करता है और फिर अगला जन्म लेता है।"

"यह जीवनचक्र जन्मों-जन्मों तक चलता ही रहता है। फिर कभी, किसी जन्म में किसी सद्‌गुरु का आगमन जीवन में होता है जो हमें हमारे पूर्वजन्म के बुरे कर्मों को भोगने की सहनशीलता देता है। सद्‌गुरु उन भोगों की, उन तकलीफों की, उन बीमारियों की तीव्रता

कम कर देते हैं और हमारे बुरे कर्म आसानी से नष्ट हो जाते हैं और फिर जीवन में जो भी अच्छे कर्म करते हैं, वे हम सद्‌गुरु को ही समर्पित कर देते हैं। नए अच्छे कर्म सद्‌गुरु को ही समर्पित करने से कर्मों का अहंकार नहीं आता है और पूर्व के अच्छे कर्म भी नष्ट हो जाते हैं क्योंकि पूर्व के अच्छे कर्म भी अगले जन्म का कारण बन सकते हैं। यह सब हिसाब-किताब सद्‌गुरु जानते हैं। आपके साथ ही आपका लेखा-जोखा चलता है। सद्‌गुरु क्या कर रहे हैं, वह कभी समझ में ही नहीं आएगा क्योंकि सभी का कार्य करने का तरीका अलग-अलग होता है। लेकिन सभी सद्‌गुरुओं के परिणाम एक-से ही आएँगे। अपने शिष्य की प्रगति करना, यही सद्‌गुरु के जीवन का एकमात्र उद्‌देश होता है। उसी उद्‌देश को सद्‌गुरु जाने-अनजाने में पूर्ण करते रहते हैं। करते रहते हैं, कहने से अच्छा है—उनके द्वारा यह सब होता रहता है। क्योंकि कर्ता का भाव सद्‌गुरु में नहीं होता है, वे तो माध्यममात्र हैं, एक पवित्र-शुद्ध माध्यम। तो नामस्मरण के माध्यम से हम उसकी दिशा की ओर, उसके गुणों की ओर, उसकी सामूहिक शक्ति की ओर धीरे-धीरे बढ़ते ही रहते हैं। हम गुरु की ओर मुँह करें या पीठ करें, इससे सद्‌गुरु को कोई फर्क नहीं पड़ता। फर्क पड़ता है हमको। हम उनकी ओर मुँह करते हैं तो हमारी दिशा उनकी ओर ही होती है। उसके कारण हम उनके करीब पहुँचते हैं और अगर हमारी पीठ होती है तो हम उनसे दूर होते जाते हैं। इसीलिए सद्‌गुरु की ओर पीठ नहीं की जाती है।"

"तू हिमालय जा सका, उन सद्‌गुरुओं का सान्निध्य पा सका लेकिन हम स्त्रियों के लिए यह सब संभव नहीं है। इसलिए हमारे जीवन में सद्‌गुरु की ओर जाने का आसान मार्ग है—सद्‌गुरु का नामस्मरण। इसीलिए मैंने मेरे लिए अनुकूल मार्ग को ही जीवन में अपनाया है और तूने जो मार्ग अपनाया, वह भी सही है, केवल अपने घर की परिस्थिति उसके अनुकूल नहीं है। पिताजी को यही चिंता है। तेरे मार्ग से उनका कोई विरोध नहीं है। मैं भी कई बार उन्हें समझाती हूँ कि कोई बुरे मार्ग पर नहीं चल रहा है, कोई आपराधिक गतिविधियों में नहीं लगा है, किसी प्रकार का व्यसन नहीं कर रहा है। परमात्मा को खोजने के लिए जा रहा है, जाने दो। हम किसी

को भेजना चाहें तो भी इस मार्ग पर चलने के लिए किसी को तैयार कर सकते हैं क्या? नहीं। क्योंकि इस मार्ग पर भेजने के लिए तैयार नहीं किया जा सकता है, इस मार्ग पर चलने के लिए आत्मा पहले से निश्चित होकर आती है। हम ही पुत्रमोह के कारण चिंतित हो रहे हैं। हम तो उसे बचपन से जानते हैं, उसकी पत्नी तो कल आई है लेकिन फिर भी वह उसका साथ दे रही है। मुझे उसके बारे में सबसे अच्छी बात यही लगती है। ऐसे मार्ग पर चलने में पत्नी का साथ मिलना बड़े भाग्य की बात है। श्री संत तुकाराम महाराज के जीवन में देखो तो उनकी पत्नी ही उनके विरोध में थी। इनको चिंता है—अपने पास कोई जायदाद नहीं है, कोई संपत्ति नहीं है। हम नौकरीपेशा, सामान्य लोग हैं और नौकरी नहीं करेंगे तो बच्चों का भविष्य क्या होगा?"

"उन्हें चिंता तेरी नहीं, तेरे बच्चों की है। मैं उनकी भी चिंता नहीं करती। सब बच्चे अपना-अपना भाग्य लेकर ही जनमते हैं। उन्होंने जब ऐसे आध्यात्मिक माहौल में जन्म लिया है तो इनका भी कोई भाग्य ही होगा जो ऐसे घर में जन्म लिया है। सकारात्मक सोचो तो हो सकता है कि उनका इतना अच्छा भाग्य हो और इतना अच्छा भविष्य हो जितना अच्छा शायद आज हम सोच भी नहीं सकते हैं।"

"मैं उन्हें समझाती हूँ - जीवन में कभी-कभी प्रतिकूल परिस्थितियाँ ही मनुष्य को आगे बढ़ने का उत्साह देती हैं और वैसा ही हो सकता है कि उसके जीवन की प्रतिकूल परिस्थितियाँ ही उसके जीवन में सहायक सिद्ध हों। उसे कभी प्रतिकूल परिस्थितियों की बातें करते सुना क्या? नहीं। क्योंकि यह निर्णय उसके आत्मा का निर्णय है। इसीलिए उसकी आत्मा उसे अनुकूल तथा प्रतिकूल, सभी परिस्थितियों में खुश रहने की शक्ति देती है। आत्मबल मनुष्य को सहनशील बनाता है। कभी-कभी तो लगता है कि वह शरीर से ही समाज में होता है, उसकी आत्मा तो सदैव हिमालय में रहती है। क्योंकि वह यहाँ रहकर भी वहीं की बातें करता है, वहीं के विचार उसके मन में आते हैं। यानी उसका चित्त भी वहीं होता है। मनुष्य कहाँ है, किस स्थान पर है, किसके साथ है, इसका कोई अर्थ नहीं है; महत्त्वपूर्ण है—उसका चित्त कहाँ है। मैंने कई बार यह अनुभव

किया है कि वह यहाँ रहकर भी यहाँ नहीं होता है और हिमालय में नहीं होकर भी हिमालय में ही होता है। उसका चित्त जहाँ होगा, वहाँ से वह ग्रहण करेगा। प्रतिकूल परिस्थितियाँ यहाँ उसके जीवन में होंगी लेकिन वह यहाँ प्रतिकूल परिस्थितियों में होगा, तो ही वह, प्रतिकूल परिस्थिति है, यह समझेगा। अगर प्रतिकूल परिस्थितियों में भी वह यहाँ है ही नहीं, तो नहीं समझेगा। सबसे महत्त्वपूर्ण है कि उसका चित्त कहाँ है। मुझे नहीं लगता कि वह कभी भी यहाँ होने पर यहाँ रहता है।"

प्रकरण 5

पिताजी की हिमालय यात्रा के बारे में जिज्ञासा

एक दिन शाम के समय हम सभी घर पर बातें करते बैठे थे, तो मेरे पिताजी हमारे साथ बैठे। सामान्यत: उन्हें एक साथ बैठकर बातें करने की ज्यादा आदत नहीं थी। वे पता नहीं, एक जगह स्थिर कभी नहीं रहते थे। सदैव कुछ-न-कुछ भाग-दौड़ में, बाहर के कामों में लगे रहते थे। उस दिन भी उन्हें कुछ सामान लेने बाजार जाना था लेकिन पता नहीं, दोपहर की चाय के बाद वे साथ बैठ गए। वे बैठे तो उन्होंने बड़ी जिज्ञासावश पूछा, "तू हिमालय जाता है तो किस रास्ते से जाता है, किस प्रकार से जाता है? क्योंकि उस एरिया (क्षेत्र) में मैं कभी गया ही नहीं हूँ और मुझे उस भाग की कोई जानकारी ही नहीं है। मैं केवल इलाहाबाद तक ही गया हूँ। वहाँ पर आखिरी रेल्वे स्टेशन (रेल स्थानक) कौन-सा है? रेल्वे कहाँ तक है?" रेल्वे (रेल विभाग) में होने के कारण उन्हें रेल्वे की गतिविधियों से बड़ा प्रेम था और निवृत्त होने के बाद भी एक-दो घण्टे स्टेशन पर अवश्य जाकर बैठते थे। रेलगाड़ी की सीटी व रेलगाड़ी की आवाज उनके जीवन का एक हिस्सा ही हो गए थे। वे ऐसे स्थान पर रहना पसंद नहीं करते जहाँ रेल्वे ही नहीं हो।

मैंने कहा, "मैं ऐसे स्थान पर रहता हूँ जहाँ रेल्वे है ही नहीं। मैं जाता रेल्वे (रेलगाड़ी) से ही हूँ। रेल्वे से गुवाहाटी जाता हूँ। उत्तरप्रदेश और बिहार के बाद असम प्रारंभ हो जाता है। इसका आखिरी रेल्वे स्टेशन गुवाहाटी है। वह एरिया (क्षेत्र) 'सेवन सिस्टर्स'

(सात बहनें) कहलाता है। असम, मेघालय, नागालैंड, मिजोरम, त्रिपुरा, अरुणाचल प्रदेश, मणिपुर ऐसे छोटे-छोटे राज्य हैं जो सात हैं। इसलिए वे 'सेवन सिस्टर्स' कहलाते हैं। उन राज्यों की स्थिति शरीर के सिर जैसी ही है। इन सबकी एक गर्दन की जगह भी है; एक स्टेशन आता है—कूचबिहार। वहाँ पर कभी थोड़ा अशांति का वातावरण होता है।" वहाँ पर रात्रि के समय ट्रेन पास (गुजरती) नहीं होती है। अगर शाम के चार बज गए तो दूसरे दिन सुबह होने तक वह ट्रेन वहीं खड़ी रहती है। इसलिए खड़ी रहती है क्योंकि वह इलाका उग्रवादियों का गढ़ है। वह एक ऐसा स्थान है कि वहाँ से ऊपर की ओर भागने पर भूटान में जाया जा सकता है और नीचे की ओर भागने पर बांग्लादेश में जाया जा सकता है। वे उग्रवादी वहाँ पर बमविस्फोट करके प्रायः दूसरे देशों की सीमा में भाग जाते हैं। इसलिए कड़ी सुरक्षा के बीच ही यह एरिया (क्षेत्र) पार करना होता है। रास्ते में दार्जीलिंग की पहाड़ी के सुंदर दृश्य दिखते हैं। असम में भी सभी ओर हरियाली-ही-हरियाली है। असम के गाँवों में घूमता तो वे मुझे कोंकण प्रदेश जैसे लगते। असम में गुवाहाटी सबसे बड़ा स्टेशन है। इस कूचबिहार स्टेशन के बाद ही मिलिट्री (सेना) की छावनियाँ लगनी प्रारंभ हो जाती हैं। असम में तेल के कई कुएँ हैं जहाँ पर पाईप लाईन (तेलवाही) की सुरक्षा के लिए सैन्यदल को लगाया जाता है। गुवाहाटी इन सातों राज्यों का मुख्य व्यापार केंद्र है। गुवाहाटी से इन सातों राज्यों में जाया जा सकता है। इस गुवाहाटी में मारवाड़ी व्यापारी भी बहुत हैं। हिंदी थोड़ी-थोड़ी समझते हैं। इन सातों राज्यों में इनकी भाषाएँ खूब विकसित नहीं हैं। असम में असमी है लेकिन बाकी राज्यों में तो अनेक भाषाएँ हैं। इसलिए अधिकांश राज्यों में असमी का उपयोग राज्यभाषा के तौर पर होता है किंतु हिंदी भी (टूटी-फूटी) बोल लेते हैं। बोलते समय लिंग और काल का ध्यान नहीं रखते हैं। लेकिन हिंदी बोलते हैं, यह बड़ा अच्छा है। यहाँ गुवाहाटी में एक बड़ी पहाड़ी पर कामाख्या देवी का एक बड़ा मंदिर है। इस मंदिर में भेड़-बकरियों की बलि देने की प्रथा है और आज भी रोज बलि दी जाती है। वहाँ पर तांत्रिक-मांत्रिक लोगों का भी जमावड़ा होता है।"

“एक पौराणिक कथा है कि सती का मृत शरीर लेकर शिवजी आकाश में घूम रहे थे तो उस शरीर के मोह से उन्हें छुड़वाने के लिए भगवान विष्णु ने अपने चक्र से सती के मृत शरीर के टुकड़े कर दिए और लोकमान्यता के अनुसार, वे टुकड़े जहाँ-जहाँ गिरे, वहाँ-वहाँ शक्तिस्थान (शक्तिपीठ) निर्मित हो गए। कहते हैं कि गुवाहाटी में उनका योनि वाला भाग गिरा था, इसलिए इस मंदिर में नीचे, गर्भगृह में योनि के आकार का ही एक पत्थर-सा है। उसकी ही पूजा की जाती है और वही उनके शरीर का योनि वाला भाग है, ऐसी मान्यता है। आज भी मासिकधर्म (देवी के) में तीन दिन यह मंदिर बंद रहता है। यह एक बड़ा पीठ है जो कामाख्या पीठ कहलाता है।”

“यह गुवाहाटी शहर काफी दूर-दूर तक फैला हुआ है। शहर में आवागमन के लिए बस, टॅक्सी और रिक्षा भी हैं। सभी राज्यों से गुवाहाटी शहर सड़क मार्ग से जुड़ा हुआ है। ब्ल्यू हिल, ग्रीन वेली वहाँ की प्रसिद्ध प्राईवेट (निजी) बस कंपनियाँ हैं जिनके ऑफिसेस (कार्यालय) सातों राज्यों में फैले हुए हैं। सातों राज्यों में इन कंपनियों की बस सर्विस (सेवा) है। इनके बड़े-बड़े बस स्टेंड (स्थानक) गुवाहाटी में हैं। अच्छी-नई गाड़ियाँ और अच्छे ड्राईवर (वाहक) इन कंपनियों के होते हैं। वहाँ की भौगोलिक स्थिति पहाड़ी होने के कारण वहाँ पर गाड़ी चलाना बड़ा कठिन होता है। असम में हिंदू और मुस्लिम दो प्रकार के लोग ही अधिक हैं और पास के देश से भारत में अवैध रूप से प्रवेश कर आए हुए बांग्लादेशी कम मजदूरी पर भी उपलब्ध होते हैं। वे बांग्लादेशी इस प्रकार से असम में घुसते हैं और यही इस राज्य की समस्या है। असम में असमी संस्कृति है। असमी मंदिर होते हैं। वे प्रार्थनागृह जैसे होते हैं। उनमें कोई मूर्ति नहीं होती है। यहाँ पर पुरुष धोती-कुर्ता पहनते हैं और सिर पर एक कपड़ा बाँधे होते हैं। स्त्रियाँ प्राय: सफेद साड़ी, जिस पर लाल रंग के डिजाईन (रचना) की पट्टी होती है, पहनती हैं। यही उन लोगों का पहनावा है। असम का प्रमुख त्योहार बीहू है। उस समय ‘बीहू’ गीत गाए जाते हैं और उन गीतों पर स्त्री और पुरुष ‘बीहू’ नृत्य करते हैं। इस नृत्य में स्त्री की कमर का ही अधिक उपयोग होता है। एक विशिष्ट प्रकार की रिदम (लय) तथा तीव्र गति के साथ किया जाने वाला

यह एक विशिष्ट प्रकार का डांस (नृत्य) होता है। इसे गोलाकार में खड़े होकर किया जाता है। मकर संक्रांति के समय बीहू नृत्य के बड़े अच्छे कार्यक्रम होते हैं। साल में तीन बार बीहू त्योहार मनाया जाता है जिनमें से मकर संक्रांति पर विशेष उत्साह के साथ मनाया जाता है। प्राय: बस अड्डों पर और बस स्टेंड की हॉटेल में इन बीहू गीतों की कैसेटें दिन-रात चलती ही रहती हैं।"

"मेरा प्रथम पड़ाव प्राय: इस गुवाहाटी में होता है। यहाँ पर मेरे कुछ मित्र हैं, उनके घर रुकता हूँ या कुछ समाजसेवी संस्थाएँ हैं, उनके यहाँ रुकता हूँ। जिस जगह जाते समय रुकता हूँ, सामान्यत: उसी जगह वापसी के समय भी रुकता हूँ। मेरे पास का बॅग (पेटी) मैं प्राय: गुवाहाटी में छोड़ देता हूँ; आगे का सफर केवल एक झोले को लेकर करता हूँ जिसमें एक लुंगी, एक टॉर्च, आग जलाने के लिए एक लाईटर, कुछ बिस्किट, एक जोड़ी कपड़े, शाल और टोपी होती है। ज्यादा सामान नहीं होता। अधिक सामान लेकर चलना कठिन होता है। एक डण्डा सदैव साथ रखता हूँ। डण्डे के उपयोग से पैरों पर प्राय: भार कम आता है। कभी गुवाहाटी रुकता हूँ, कभी इंफाल रुकता हूँ, कभी डिब्रूगढ़ रुकता हूँ। कोई निश्चित नहीं है। प्रत्येक जगह रुकने के मेरे निश्चित स्थान हैं। पत्नी जो पैसे देती है, वह आधा यहाँ पर छोड़कर जाता हूँ ताकि आते समय किसी से पैसे न माँगने पड़ें। इन स्थानों के आगे बसों से जाता हूँ और बसों से उतरने के बाद पैसों की आवश्यकता नहीं होती है क्योंकि आगे, जहाँ आदिवासी बस्तियाँ होती हैं, वहाँ पर पैसा नहीं चलता है। आज भी वहाँ वस्तुविनिमय प्रणाली ही चलती है। मनुष्यबस्ती नहीं के बराबर है। किसी एक के घर का मेहमान संपूर्ण गाँव का मेहमान होता है।"

उन्हीं लोगों को ध्यान सिखाता हूँ और ध्यान के कार्यक्रम में कोई भी शामिल हो सकता है; कोई जाति का, धर्म का भेदभाव नहीं है। यह कार्यक्रम प्राय: किसी के खेत में या घर में होता है। उन्हें अच्छा लगता है, इसलिए वे सुनने और ध्यान करने के लिए आते हैं। मैं कहता हूँ, "हम सब परमात्मा की ही संतानें हैं। हम सब एक ही हैं। परमात्मा ने ही सभी का निर्माण किया है। आपसी भेदभाव परमात्मा ने नहीं, हमने बनाए हैं।" गाँव में प्राय: एक बूढ़ा व्यक्ति मुखिया होता

है। वह जो कहता है, सारा गाँव वही करता है। उन गाँवों के बूढ़े प्रायः मेरे परिचित हैं। वे बोलते हैं, "हमें ध्यान लगे या न लगे, हमें आपके साथ बैठना अच्छा लगता है।" प्रायः शाम के समय इस प्रकार की बैठकें होती रहती हैं। मैं उन्हें कहता हूँ—परमात्मा आपके भीतर ही है, केवल आपको इस बात पर विश्वास होना चाहिए। आप थोड़े समय अपने इस भीतर के परमात्मा के साथ बैठो, आपको उसका एहसास होगा। आपको उसका अभ्यास करना होगा।"

"इस भीतर की अनुभूति को गाँव के लोग बड़ी जल्दी अनुभव कर पाते हैं। शहर के लोगों का चित्त बाहरी बातों पर बहुत रहता है। शहर में चित्त का नाश करने वाली बहुत-सी बातें हैं। ऐसा गाँव में नहीं होता। दूसरा, उनके गाँव के आगे की दुनिया कैसी है, यद्यपि वह जानने की जिज्ञासा उनकी रहती ही है लेकिन वे भय के कारण ही अपनी सीमा के आगे नहीं जाते हैं। जिन्हें मैं गुरु कहता हूँ, वे उन्हें 'पहाड़ के देवता' कहते हैं। उन पहाड़ों पर गए तो वे देवता नाराज हो जाएँगे, हमें शाप देंगे, इस प्रकार की उनकी धारणाएँ हैं और उनके पूर्वजों ने "पहाड़ पर जाने से गाँव का विनाश होगा," जैसी बातें उनसे कही हुई हैं। इसके कारण भी वे अपनी सीमा के आगे नहीं जाते हैं।"

"दूसरा, मुझे कुछ भी व्यसन नहीं है कि रोज शराब चाहिए या रोज गांजा चाहिए। इसलिए मुझे दो रोटी तो कोई भी दे देता है। उससे अधिक तो मेरी कोई निजी आवश्यकताएँ हैं ही नहीं और यह ध्यान सिखाने के पारिश्रमिक के रूप में मैं कुछ भी दक्षिणा स्वीकार नहीं करता। मेरी यह विशेषता उनमें मेरे प्रति एक पवित्र भाव का निर्माण करती है।"

"उन जंगलों में मुझे कोई लूट लेगा, यह भय भी मुझे नहीं होता क्योंकि लूटा जा सके, ऐसा मेरे पास कुछ नहीं होता। कई बार तो शरीर पर वस्त्र भी नहीं के समान ही होते हैं। इस प्रकार की लूट-पाट का अनुभव मुझे जीवन में कभी नहीं आया। कभी-कभी कोई आदिवासी मेरी वस्तुओं की तरफ अधिक जिज्ञासा से देखता था तो वह वस्तु मैं उसको ही दे देता था। जैसे गॉगल (धूप का चश्मा),

घड़ी, कमरपट्टा, अँगूठी, टोपी, स्कार्फ (रुमाल), कुछ भी वे मुझसे माँगते नहीं थे पर वे अधिक समय उस ओर देखने लग जाते थे, तो मैं समझ जाता था कि वह वस्तु उन्हें पसंद आ गई है। मैं फिर वह वस्तु उन्हें दे देता था। लेकिन वे कभी माँगते नहीं थे। उन जंगलों में छोटी-छोटी बस्तियाँ हैं, छोटे-छोटे राज्य हैं... "

बीच में ही पिताजी ने पूछा कि मैंने सुना है कि वहाँ नरभक्षी लोग भी हैं जो मनुष्य को भी मारकर खा जाते हैं। मैंने उनसे हँसते हुए कहा, "नहीं, ऐसे कोई लोग वहाँ नहीं हैं! खेती करते हैं, शिकार करते हैं, मछली पकड़ते हैं पर वे नरभक्षी नहीं हैं। लेकिन कुछ कबीले ऐसे हैं जिनमें घर के मुख्य द्वार पर, उस घर के मुखिया ने अपने जितने शत्रुओं को मारा हो, उन शत्रुओं की मुण्डमाला लगाने की प्रथा है। वह बड़े सम्मान की बात समझी जाती है; उसने इतने लोगों को मारा है! वहाँ मारा युद्ध में ही जाता है। एक व्यक्ति एक व्यक्ति से ही लड़ता है। ये नरमुण्ड उस व्यक्ति के मेडल (पदक) जैसे ही माने जाते हैं। लेकिन वे नरभक्षी नहीं होते हैं। वे एकदम सादे (सीधे) लोग होते हैं। प्रकृति के साथ जुड़े हुए होते हैं।"

"अपने पूर्वजों की आत्माओं को बहुत सम्मान से देखते हैं। पूर्वजों की आत्माओं को वे बलि भी चढ़ाते हैं। उनके प्रत्येक अनुष्ठान में उन्हें याद किया जाता है, उनकी आत्माओं की शांति के लिए प्रार्थना की जाती है। उनका विश्वास है, उनके पूर्वज जीवन के संकटों में उनकी रक्षा करते हैं। इसलिए वे सदैव अपने पूर्वजों को याद करते रहते हैं। बाकी उन गाँवों में कोई भी मंदिर नहीं है, मूर्ति नहीं है। भगवान की आराधना के लिए हम जो भी करते हैं, वह वहाँ कुछ भी नहीं होता है। प्राचीन, भारतीय पद्धति है, पंचतत्त्व ही देव हैं। वे उन्हीं की आराधना करते हैं, उन्हें ही मानते हैं, उनसे ही प्रार्थना करते हैं। उनकी सारी प्रार्थनासभाएँ सदैव खुले आकाश के नीचे, नैसर्गिक वातावरण में संपन्न होती हैं। वे पहाड़ों को भी देवता मानते हैं। पहाड़ पर चढ़ने के पूर्व वे एक निश्चित, ओटले जैसे स्थान पर बैठकर पहाड़ से प्रार्थना करते हैं और अनुमति लेते हैं उस पर चढ़ने की, उसकी लकड़ियाँ तोड़ने की, फल तोड़ने की। उसके बाद

ही वे पहाड़ पर चढ़ते हैं। उनका विश्वास है कि इससे वे पहाड़ से नीचे गिरेंगे नहीं, पहाड़ उनकी रक्षा करेगा।"

"वे कभी अपने क्षेत्र के बाहर गए नहीं हैं। उन्हें इस दुनिया के बारे में कोई जानकारी नहीं है और इस दुनिया को उस दुनिया के बारे में जानकारी नहीं है। वे बाहरी आदमी को प्रथम शंका की दृष्टि से देखते हैं। हमें लगता है कि हमें कोई देख नहीं रहा है लेकिन वे दूर से ही देखते रहते हैं। वे सामने नहीं आते, इसलिए हमें नहीं दिखते। बाद में कुछ लोग मिलकर ही सामने आते हैं और बाकी लोग उन पर नजर रखे हुए होते हैं। वे आक्रामक नहीं होते हैं, केवल, अपनी ओर से उन्हें कोई खतरा तो नहीं है, यह जानने की कोशिश करते हैं। लेकिन अगर उनको कुछ खतरा लगता है, तो वे मिलकर हमला बोल देते हैं।"

"पहले पृथ्वी की जमीन आज की तरह महाद्वीपों में बँटी हुई नहीं थी, वह जुड़ी हुई थी तथा सारा जलभाग भी एक ही था। बाद में भूकंप के कारण पृथ्वी का भूभाग अनेक खण्डों में विभाजित हो गया और कालांतर में वे खण्ड महाद्वीपों के नाम से पहचाने जाने लगे और बाद में वहाँ अलग-अलग देश निर्मित हो गए। भारत देश भी पहले अफ्रीका महाद्वीप का भाग था। वहाँ से जमीन का एक विशाल खण्ड टूटा और चीन से जाकर टकराया और वहाँ हिमालय का निर्माण हुआ। वह खण्ड ही आज भारत देश कहलाता है। इसीलिए जमीन के उस खण्ड की मिट्टी और हिमालय की मिट्टी एकदम भिन्न प्रकार की हैं क्योंकि हिमालय समुद्रतल का ऊपर उठा हुआ भाग है।

सारे मनुष्यों का मूलस्थान एक ही है। इसलिए प्रार्थना की सबसे प्राचीन पद्धति ही मूलपद्धति है। इस पद्धति में पंचतत्त्वों को ही भगवान माना जाता है। उन्हीं की पूजा की जाती है, उन्हीं की आराधना की जाती है, उन्हीं से प्रार्थना की जाती है और यही मूलपद्धति है। जो लोग अभी इस बाहरी दुनिया से दूर हैं, वे आज भी यही पद्धति अपनाए हुए हैं। उनको बाहरी दुनिया की कोई जानकारी ही नहीं है और न ही धर्मों के बारे में कोई जानकारी है। सारे धर्म

बाद में निर्मित हुए हैं। जो बाद में निर्मित हुए, उनकी उन्हें जानकारी ही नहीं है। इसलिए वे अपनी मूलपद्धति को लेकर ही चल रहे हैं।"

"एक पवित्र मनुष्य पवित्र भाव से निसर्ग के सान्निध्य में गया। निसर्ग के सान्निध्य में उसे जो अनुभूतियाँ हुईं, वे ही अनुभूतियाँ उसने आकर समाज में बताईं और उसने जो बताया, सब अपने अनुभवों के आधार पर बताया, जो उसे अनुभव हुआ था, वह बताया। मनुष्य को क्या करना चाहिए और क्या नहीं करना चाहिए, वह बताया। मनुष्य आत्मशांति कैसे पा सकता है, वह बताया और वे ही सब बातें उपदेश हो गईं। समय के साथ-साथ उन्हीं बातों ने धर्म का रूप ले लिया और नए-नए धर्म बाद में निर्मित हो गए।"

"लेकिन इन बातों की जानकारी आज भी उन लोगों को नहीं है। इसीलिए आज भी वे उन्हीं पुरानी बातों को ही मान रहे हैं और यह, पंचतत्त्वों को भगवान मानना, आज भी सारे विश्व में हो रहा है। अमेरिका में रेड इंडियन आज भी इसी पुरानी पद्धति को अपना रहे हैं। यू.के. के वेल्स में ड्रविड इसी पद्धति को अपना रहे हैं। भारत देश में प्राचीन भारतीय निवासी आज भी इसी पद्धति को अपना रहे हैं। न्यूजीलैंड में मावरी जाति के लोग आज भी इसी पद्धति को अपना रहे हैं। आज भौगोलिक दृष्टि से देखो तो अमेरिका, इंग्लैंड, भारत और न्यूजीलैंड, ये चारों देश तो एक-दूसरे से इतने अधिक दूर हैं, फिर भी चारों स्थानों पर भगवान की उपासना की पद्धति एक ही प्रकार की है। क्योंकि वास्तव में, यह सबसे पुरानी पद्धति ही सभी को मालूम थी, बाकी पद्धतियाँ समय के साथ-साथ समाज में आईं और जिसको जो पद्धति अच्छी लगी, उसने वह पद्धति अपनाई। लेकिन सभी उपासनापद्धतियों की मूल धारणा, मनुष्य का चित्त पवित्र कर उसके अंदर के पवित्र भाव को जागृत करना ही थी और जो भाव जागृत करना था, वह था—सद्भावना का भाव। सद्भावना जितनी जागृत होगी, समाज उतना ही जागृत होगा, सुखी होगा।"

"यह मूलभूत उपासनापद्धति पवित्र पंचतत्त्वों पर आधारित थी और उसका उद्देश ही पवित्रता को जागृत करना था। क्योंकि पवित्रता जितनी जागृत होगी, उतना ही मनुष्य, मनुष्य के अधिक

करीब आएगा। मनुष्य का मूल स्वभाव है प्रेम करना। मनुष्य का यह मूल स्वभाव निसर्ग के सान्निध्य में जागृत हो, यही इस पद्धति का उद्देश था। संपूर्ण पद्धति ही चित्तशुद्धि पर आधारित थी।"

"सभी धर्मों के संस्थापक संतों ने धर्मपद्धतियों की स्थापना ही मनुष्यता को जागृत करने के लिए की थी, लेकिन मनुष्य ने अपने अहंकार की वृद्धि के लिए उनका उपयोग किया, अपने निजी हितों के लिए उनका उपयोग किया, अपने सत्तासुख के लिए उनका उपयोग किया और मनुष्य को मनुष्य से दूर करने के लिए उनका उपयोग किया। आज वे ही संस्थापक यह सब देखकर कितने दुःखी हो रहे होंगे कि हमने धर्मों की स्थापना मनुष्यता को जगाने के लिए की थी और आज हमारे बनाए गए मार्गों से मनुष्यता को नष्ट किया जा रहा है, धर्मों का दुरुपयोग हो रहा है। जिन धर्मों की स्थापना मनुष्य-मनुष्य के बीच के प्रेम को वृद्धिगत करने के लिए की थी, वे ही धर्म मनुष्य-मनुष्य के बीच नफरत का निर्माण कर रहे हैं। यही कारण है कि जितने पवित्र भाव से उन्होंने धर्म की स्थापना की थी, उतना पवित्र भाव आज मनुष्यों का नहीं है।"

"ये आदिवासी आज भी जंगलों में रहते हैं, निसर्ग के सान्निध्य में रहते हैं, इसलिए आज भी मासूम हैं, आज भी अबोध बालक के समान पवित्र हैं। समाज के इन अलग-अलग धर्मों की जानकारी उन्हें नहीं है और न ही उनमें धर्मों के बारे में द्वेष की भावना है। उन्हें तो केवल पंचतत्त्व ही देव लगते हैं और आज भी वे आदिवासी शुद्ध व पवित्र हैं। मैंने भी कभी उन्हें बाहरी, समाज के धर्मों के बारे में नहीं बताया है। मैं उनके साथ सदैव उन्हीं के जैसा, अबोध बच्चा होकर रहता हूँ और वे अपने जीवन में खुश हैं, प्रसन्न हैं, मैं भी उनके साथ प्रसन्न रहता हूँ।"

"वहाँ जाकर, उनके सान्निध्य में बड़ा अच्छा लगता है। एक तो उनके मन में विचार नहीं होते हैं, चिंता नहीं होती है। भोजन का या शिकार का विचार भी उनके मन में तब आता है, जब उन्हें भूख लगती है। बाकी समय वे अपनी ही मस्ती में मस्त रहते हैं। वहाँ पर जाने के बाद तो लगता है कि 'धर्म' तो एक छुरी की तरह होता है

जिसका अच्छा या बुरा इस्तेमाल किया जा सकता है। क्या उपयोग किया जाए, यह उपयोग करने वाले पर ही निर्भर करता है। वह अगर अच्छे स्वभाव वाला मनुष्य है तो वह अच्छा उपयोग करेगा और बुरे स्वभाव वाला व्यक्ति है तो वह बुरा उपयोग करेगा। चलो, अच्छा है कि यह धर्मरूपी छुरी उन आदिवासियों के पास नहीं है! वे इसीलिए इसके सदुपयोग और दुरुपयोग की झंझट से बचे ही हुए हैं और उन्हें बचे ही रहना चाहिए। निसर्ग के नियमों से देखो तो वे निसर्ग से जुड़े हुए हैं। कभी प्रलय आ गया तो भले ही सारी दुनिया नष्ट हो जाए, सारी बाहरी सभ्यताएँ समाप्त हो जाएँ, वे लोग बचे ही रहेंगे क्योंकि वे निसर्ग से स्थाई रूप से जुड़े हुए हैं। दुनिया बनेगी और मिटेगी पर वे रहेंगे और रहेंगे ही! क्योंकि आज भी वे इस बाहरी जगत से दूर ही हैं और निसर्ग के साथ जुड़े हुए भी हैं।"

"तो ऐसी उनकी आस्थाएँ थीं। उन्हें बाहरी जगत का इतना कुछ ध्यान ही नहीं था। इसलिए बाहरी जानकारियों से और मानव के विकास से वे लोग दूर ही थे। प्रकृति की गोद में एकदम शांति के साथ रहते थे। वे लोग बड़े भोले और सरल स्वभाव के होते थे। मेरे लिए गुवाहाटी तक पहुँचना आसान रहता था पर उन तक पहुँचना कठिन रहता था। गुवाहाटी से भी आठ-दस दिनों का सफर करना पड़ता था।"

"मुझे वहाँ के राजा की रानी ने एक विशेष प्रकार की शाल बनाकर भेंट की थी और एक झोला भी भेंट किया था। वह शाल यह दर्शाती थी कि यह राजपरिवार से संबंधित है, राजगुरु है। इसलिए फिर बाकी जातियाँ भी सम्मान करती थीं।" पिताजी मुझसे बोले, "यानी अंधों में काणा राजा जैसी ही कुछ स्थिति तुम्हारी वहाँ होती है!" मैंने भी हँसते हुए कहा, "ऐसा ही कुछ समझो। क्योंकि अभी तो केवल वे ही लोग इस ज्ञान की अनुभूति को समझ पाए हैं। समाज में अभी वह संवेदनशीलता ही नहीं है कि इस अनुभूति को अनुभव कर सके। यह वैसा ही है कि किसी को खुशबू या बदबू आना, उसकी सूँघने की स्थिति पर ही निर्भर करता है। उस मनुष्य की संवेदनशीलता पर ही सब निर्भर होता है। यह भी ऐसा ही है। इस अनुभूति का जन्म हिमालय में भी बहुत भीतर के भाग में हुआ और

उस स्थान पर मनुष्यबस्ती ही नहीं थी। यानी एक निर्मनुष्य स्थान पर, एकदम एकांत के स्थान पर ही इस अनुभूति का विकास हुआ। बड़े ही पवित्र व शुद्ध वातावरण में ही इस अनुभूति का विकास हुआ है तो उसे अनुभव करने के लिए भी उतने ही संवेदनशील मनुष्य की आवश्यकता है जो प्रकृति के साथ जुड़ा हुआ हो। अभी वह अनुभूति अतिसूक्ष्म स्थिति में ही है। इसी कारण एक सामान्य मनुष्य को वह अनुभव भी नहीं हो सकती है।"

"समय के साथ-साथ जैसे-जैसे इस अनुभूति का प्रचार होगा, वैसे-वैसे इसे जानने वालों की संख्या बढ़ती जाएगी और उस अनुभूति को अनुभव करने वाले लोगों की सामूहिकता भी बढ़ती जाएगी। फिर वह शक्तिशाली हो जाएगी और बाद में ही वह सामान्य मनुष्य तक पहुँचेगी। अभी बड़ा लंबा समय इसमें लगने वाला है। इस अनुभूति को चैतन्य के स्पंदन से महसूस किया जा सकता है। प्रथम तो मनुष्य का चित्त उतना शुद्ध होना चाहिए कि उसमें वे स्पंदन जागृत हों और दूसरा, मनुष्य इतना संवेदनशील होना चाहिए कि वह उन स्पंदनों का अनुभव कर सके। यह ठीक वैसा ही है जैसे वैद्य मरीज का नाड़ीपरीक्षण करते हैं। प्रथम तो वैद्य को भी इतने पवित्र व शुद्ध चित्त का होना चाहिए कि वह मनुष्य की नाड़ी पर चित्त रख सके और दूसरा, वैद्य भी उतना संवेदनशील होना चाहिए कि नाड़ी के उन स्पंदनों को और उनकी गति को पहचान करके मरीज के स्वास्थ्य का पता लगा सके। पहले के जमाने में उतने संवेदनशील वैद्य होते थे कि केवल नाड़ी देखकर ही मनुष्य की बीमारी का संपूर्ण पता लगा लेते थे। लेकिन समय के साथ वह संवेदनशीलता कम हो गई। अब उतने संवेदनशील और उतने पवित्र वैद्य रह भी नहीं गए हैं और अगर हैं, तो भी वे बहुत ही कम हैं। इस संवेदनशीलता पर वैचारिक प्रदूषण का बड़ा प्रभाव पड़ता है। इसीलिए यहाँ के लोगों से वे आदिवासी अधिक संवेदनशील हैं और उन आदिवासियों से अधिक हिमालय में स्थित ऋषि-मुनि संवेदनशील हैं। यह सब प्रकृति के सतत सान्निध्य का और अच्छी सामूहिकता का प्रभाव है।"

दूसरे दिन सुबह-सुबह ही पिताजी ने पूछा, "फिर आदिवासियों से हिमालय के मुनि और कितने दूर रहते हैं? और फिर आगे, उन तक कैसे पहुँचता है?" मैंने महसूस किया कि पिताजी की जिज्ञासा उन गुरुओं को जानने की हो रही थी। मैंने बताया, "उन आदिवासियों की बस्ती से एक माह या दो माह भी लग जाते हैं। आगे कुछ भी निश्चित नहीं होता है क्योंकि आगे का सारा सफर पैदल ही चलकर करना पड़ता है। पहाड़ी भूभाग होने के कारण चलने की गति भी नहीं रहती है और ऊँचाई पर जैसे-जैसे आगे बढ़ते हैं, ऑक्सिजन (प्राणवायु) की कमी भी अनुभव होने लगती है। इसलिए दिनभर में अधिक चला ही नहीं जा सकता है। कई बार एक-दो सप्ताह एक स्थान पर ही रुकना पड़ता है। उस वातावरण के साथ, ऑक्सिजन की कमी वाले वातावरण के साथ एडजस्ट (तालमेल) होना पड़ता है। बाद में ही ऊपर चढ़ा जाता है। ऊपर चढ़ने और उतरने में भी बहुत अधिक समय लगता है। इसलिए आने और जाने में ही काफी समय जाता है। लेकिन यह भी साधना का ही एक भाग है। जब एक उच्च शिखर को लक्ष्य बनाकर ऊपर की ओर चढ़ते हैं तो चित्त उच्च शिखर की ओर होता है और मेरे भीतर एक सकारात्मक भाव बढ़ जाता है क्योंकि चित्त भी ऊँचाइयों की ओर होता है।"

"हम पहाड़ के शिखर को देखें या पहाड़ के निचले भाग को देखें, पहाड़ को कोई फर्क नहीं पड़ता है। लेकिन फर्क पड़ता है हमें। हम बीच रास्ते में पहुँचकर पहाड़ के उच्च शिखर को देखते हैं, तो हम हमारे जीवन में आध्यात्मिक ऊँचाइयों की ओर भी बढ़ते रहते हैं। कहने का अर्थ यह है कि हमारे शरीर की दिशा हमारे भविष्य की दशा को तय करती है।"

"ऊपर, शिखर पर बैठे मुनियों के आभामण्डल के साथ भी अभ्यस्त होना पड़ता है। उनके करीब जाना उतना आसान नहीं है, बड़े शुद्ध चित्त की आवश्यकता होती है और मैं तो इस वैचारिक प्रदूषण की दुनिया से जाता हूँ तो मैं स्वयं भी सदैव ध्यान रखता हूँ

कि मेरे जाने से उन्हें किसी भी प्रकार की असुविधा न हो, मुझसे किसी भी प्रकार की तकलीफ उन्हें न हो। वे प्राय: उच्च शिखर पर नहीं रहते हैं, लेकिन उच्च शिखर के पास रहते हैं। उच्च शिखर पर हवा, बर्फ, ऊँचाई सभी का साधना में विघ्न आता है।"

फिर अचानक पिताजी बोले, "वे एक शिखर के पास एक ही रहते हैं या वे भी समूह बनाकर रहते हैं? मैंने कुछ संतों को उज्जैन के कुंभ मेले और इलाहाबाद के कुंभ मेले में देखा है। वे बड़े दल-बल के साथ, समूह में आते हैं। वे नागा बाबा होते हैं। उनके अखाड़े होते हैं और वे अपने अखाड़ों के साथ प्रवेश करते हैं। कुछ-कुछ तो बड़े क्रोधी भी होते हैं। ये मुनि ऐसे ही रहते हैं क्या?" मैंने देखा, वे अपने कुंभ मेले के साधुओं के अनुभव से अंदाजा लगा रहे थे कि वे हिमालयीन मुनि कैसे होते होंगे।

मैंने आगे बताना प्रारंभ किया, "मुझे जहाँ तक जानकारी है, यह जो आपने कुंभ के मेले में साधु देखे थे, वे हठयोगी साधु थे जो दल-बल के साथ आए थे। मैं जिनके बारे में बता रहा हूँ, वे तो हिमालय के बाहर आते ही नहीं हैं और वे बाहर आने की स्थिति में ही नहीं हैं। वे इतने अधिक संवेदनशील हैं कि वे हिमालय से नीचे आ ही नहीं सकते हैं। वे मुनि हिमालय के वातावरण से अभ्यस्त हो गए हैं। दूसरा, वे जहाँ रहते हैं, वहाँ का वातावरण ही ऐसा है कि कोई विचार भी नहीं आता और कुछ भी याद ही नहीं रहता है। तो ऐसे में कुंभ मेला कब है, यह याद रखकर कुंभ मेले में आना असंभव ही है। इसलिए वे मुनि कुंभ मेले में भी नहीं आते और अन्य कोई मेले में भी नहीं आते। वे हिमालय से नीचे आ ही नहीं सकते! उनका शरीर ही उन्हें हिमालय के बाहर जाने की अनुमति नहीं देता है। दूसरा, सामान्यत: एक स्थान पर, एक पर्वत शिखर पर वे एक ही होते हैं। लेकिन वे सूक्ष्म रूप से आपस में संपर्क में रहते हैं। कभी-कभी वे संघ बनाकर भी रहते हैं। आठ-आठ या दस-दस लोगों के संघ भी होते हैं। लेकिन तब भी वे एक निश्चित अंतर, एक निश्चित दूरी बनाकर ही रहते हैं। वे सभी साथ होकर भी अपना अस्तित्व अलग रखते हुए, अपना आभामण्डल अलग रखते हुए ही रहते हैं। कभी-कभी वे एकत्र भी होते हैं। उनको मिलो तो कौन किसके गुरु

हैं, वह समझ में नहीं आता है। सब एक-दूसरे को गुरुदेव कहकर ही संबोधित करते हैं। वास्तव में, वे शरीर के भाव से बहुत ऊपर उठ गए हैं। सभी के बीच गुरुतत्त्व तो एक ही है, इसीलिए वे उस गुरुतत्त्व का ही सम्मान करते हैं और इसीलिए वे एक-दूसरे को 'गुरुदेव' कहकर संबोधित करते हैं।"

"हम एक बगीचे में जाते हैं तो उस बगीचे में अनेक प्रकार के फूल होते हैं। उन फूलों के अलग-अलग प्रकार के आकार होते हैं, अलग-अलग प्रकार के रंग होते हैं और अलग-अलग प्रकार की खुशबू होती हैं। हम यह नहीं कह सकते कि यह फूल अच्छा है या इस फूल की सुगंध अच्छी है। क्योंकि प्रत्येक फूल की अपनी सुगंध है, अपना आकार है, अपना रंग है। किसी की किसी के साथ भी तुलना नहीं की जा सकती है कि कौन श्रेष्ठ है और कौन कनिष्ठ है।"

"वहाँ के संघ की स्थिति भी ऐसी ही होती है। संघ में अनेक मुनि होते हैं। प्रत्येक का अपना निजी, अलग आभामण्डल होता है, अपनी एक अलग आध्यात्मिक स्थिति होती है। किसी की किसी के साथ भी तुलना नहीं की जा सकती है। यह तुलना करनी भी नहीं चाहिए। वास्तव में, वहाँ पर पहुँचने पर यह तुलना करने का विचार भी कभी मन में नहीं आता है। यानी जैसे विभिन्न फूल, उनकी अलग-अलग विशेषताएँ होने पर भी एक ही बगीचे में रहते हैं, वैसे ही मुनियों का संघ भी होता है; अलग-अलग मुनि अपनी अलग-अलग विशेषताएँ लिए होते हैं, फिर भी संघ में ही होते हैं। प्रायः मुनियों के संघ कम ही होते हैं। सामान्यतः उन सभी को अकेला ही देखा है।"

"उन पहाड़ी क्षेत्रों में उन्हें देवताओं जैसा आदर-सम्मान प्राप्त है। कभी किन्हीं आदिवासियों ने उन्हें दूर से देखा भी, तो भी वे आदिवासी उनके पास नहीं जाते हैं। वे कहते हैं—वे साधना कर रहे हैं, हम उनकी साधना में विघ्न क्यों डालें? उनकी छत्रछाया में ही हम सुरक्षित हैं और, पास जाने से वे नाराज हो जाएँगे, ऐसा एक भय भी आदिवासियों में देखा है।"

"वे मुनि एक ही पहाड़ी पर अपना सारा जीवन बिता देते हैं और उस पहाड़ी के चप्पे-चप्पे से परिचित होते हैं। उनका ध्यान एक-

एक पहाड़ी पर ही नहीं, एक-एक वृक्ष पर भी होता है। उस विशिष्ट पहाड़ी पर उनका क्षेत्र बँधा हुआ होता है। वे उस क्षेत्र के बाहर न ही जाते हैं और न ही किसी भी मनुष्य का उस क्षेत्र में आना उन्हें पसंद होता है। उनकी निजी आवश्यकताएँ भी कम ही होती हैं। हम जैसे कभी सोते हैं, कभी जागते हैं, वैसे ही यूँ तो वे अधिकतर समय ध्यान-साधना में ही रहते हैं, लेकिन बीच-बीच में से ध्यान से बाहर आकर आसपास के भूभाग में घूमते भी हैं। ध्यान-साधना के समय उनकी इच्छा हो तो ही उन्हें देखा जा सकता है। अगर उनकी इच्छा नहीं हो तो जैसा चंद्रमा का प्रकाश होता है, वैसा प्रकाश ही दूर से दिखता है, उनका शरीर बिल्कुल नहीं दिखता है। दूसरा, उनके पैर पतले और कमजोर ही मैंने देखे हैं। पैरों का उपयोग ही नहीं करते हैं, इसलिए पैरों की माँसपेशियाँ उतनी सक्रिय व विकसित नहीं होती होगीं। पैर सामान्यत: कमजोर व पतले दिखते हैं। बाल सदैव बढ़े रहते हैं। नाखून भी बड़े-बड़े होते हैं। उनका शरीर की ओर उतना ध्यान नहीं रहता है। उनकी ऑक्सिजन की आवश्यकता भी कम ही होती है।"

"अब अगर ऐसी स्थिति उनकी हो तो वे, कुंभ मेला कब है, वह पंचाग में देखकर बराबर उस समय कुंभ मेले में आ जाएँ, यह उनके लिए संभव ही नहीं है। वे, वे लोग हैं जो समाज को छोड़कर मोक्ष की प्राप्ति के लिए वहाँ गए हैं और वह मोक्ष की स्थिति उनको मिल गई है। अब उनके मन में कोई इच्छा ही बाकी नहीं रही है तो वे कुंभ मेले में भला क्यों आएँगे? उन मुनियों के पावन दर्शन मनुष्य समाज कभी नहीं कर सकता है और न ही वे अपना दर्शन देना चाहते हैं।"

"किसी मुनि का दर्शन जबरदस्ती थोड़े ही किया जाता है। हम उनका दर्शन करना चाहते हैं, हमें उन्हें दर्शन देना नहीं हैं। हमारे दर्शन की उन्हें कोई आवश्यकता नहीं होती है और न ही वे हमारा दर्शन करना चाहते हैं। इसीलिए वे हमारे पास नहीं आते, हम उनके पास जाते हैं। दर्शन देना या न देना, उनका अपना निजी अधिकारक्षेत्र है। उस अधिकारक्षेत्र पर मनुष्य को अतिक्रमण नहीं करना चाहिए। हमें केवल दर्शन की शुद्ध इच्छा रखनी चाहिए। अगर हम उसके योग्य होंगे, तभी वे हमें बुलाएँगे। हमें स्वयं उनके पास

दर्शन लेने नहीं जाना चाहिए क्योंकि वह दर्शन लेना दर्शन देने के जैसा हो जाएगा। ऐसे दर्शन देने से शरीर का अहंकार बढ़ेगा जो हमारे लिए योग्य नहीं होगा और ऐसे व्यक्ति के अहंकार की गर्मी से उन्हें भी तकलीफ ही होगी। तो क्यों हम किसी मुनि की साधना में खलल डालने के लिए जाएँ?

यह सोचकर ही मैं, जब तक वे बुलाते नहीं थे, उनके पास कभी नहीं जाता था। मुझे याद है, मैंने ऐसे बुलावों के लिए महिनों भी इंतजार किया हुआ है और जितना इंतजार किया, फल उतना ही मीठा मिला है। इसीलिए शायद कहते हैं कि सब्र का फल मीठा होता है। वास्तव में, इंतजार से हमारी गुणग्राहकता बढ़ जाती है, हमारी ग्रहण करने की क्षमता बढ़ जाती है और कठिनाई से दर्शन होता है, तो वह दर्शन ही सब कार्य करा देता है क्योंकि दर्शन के लिए हमने अपना काफी समय बिताया होता है। हमारे समाज में भी आषाढ़ी एकादशी के दिन पंढरपुर में विट्ठल की यात्रा लगती है तो महिनों तक विट्ठल के दर्शन का इंतजार करना पड़ता है। महिनों चलने वाली यात्रा में सारे समय हमारा चित्त विट्ठल पर ही होता है और हमारे चित्त की दर्शन ग्रहण करने की क्षमता बढ़ जाती है। यात्रा के पीछे भी शायद यही कारण होता होगा।"

"वहाँ तो गुरु के दर्शन भी उनकी इच्छा के कारण ही होते हैं। अगर उनकी इच्छा हो तो ही वे दर्शन देते हैं और न हो, तो वे रहते हैं पर दिखते ही नहीं, केवल प्रकाश दिखता है। उनकी इच्छानुसार दर्शन हो तो वे अधिकृत दर्शन कहलाता है। यानी उनकी इच्छा से उन्होंने दर्शन दिया और हमारी भी दर्शन लेने की पात्रता थी यह दोनों का संगम हो तो ही उस दर्शन का लाभ होता है और इसके लिए मुझे महिनों इंतजार करना पड़ा था। 'अधिकृत' शब्द पर ही सारा अध्यात्म टिका हुआ है। तो ऐसे अधिकृत रूप से दर्शन लेना होता है और ऐसे जब हम दर्शन लेते हैं तो उसकी एक अलग ही अनुभूति होती है।

फिर मेरे पिताजी ने कहा, "वहाँ पर खाना क्या खाता है? क्योंकि वहाँ भोजन की समस्या तो होती ही होगी।" मैंने बताया, "बिस्किट के छोटे पैकेट (पुड़े) जिनमें चार-चार बिस्किट रहते हैं, मैं साथ रखता हूँ। उन्हें खाकर पानी पी लेता हूँ। लेकिन वह भी आपातकालीन स्थिति में। अन्यथा जो भी फल मिले, पत्ते मिले, उन्हें खाकर काम चलाना पड़ता है। हिमालय में एक विशिष्ट प्रकार की पत्ती भी मिलती है जिसे खाने से भूख कम लगती है। उसे खाते रहते हैं। खाने का ऐसा कोई निश्चित नहीं है। रही बात जंगली जानवरों की तो वे स्वयं होकर किसी पर हमला नहीं करते जब तक कि वे भूखे न हो। मैंने उनका भी अध्ययन बड़ी गहराई से किया है। हिंसक जानवर भी पूरे समय हिंसक नहीं होता है। वह हिंसक तभी होता है, जब उसे भूख लगती है। सारे जीव एक-दूसरे के ऊपर निर्भर हैं। एक जीव के ऊपर ही दूसरे जीव का जीवन निर्भर करता है। यह प्रकृति का चक्र एक है और इसके अधीन सब चलता रहता है।"

"इस प्रकृति के चक्र में सभी जीवों का अपना महत्त्व है और सभी जीव एक-दूसरे पर निर्भर हैं। सब जीव मिलकर ही प्रकृति में एक संतुलन बनाए रखते हैं। प्रकृति के नियमों के अनुसार, जो प्राणी अन्य प्राणियों का आहार होते हैं, वे पैदा भी अधिक मात्रा में होते हैं। लेकिन सभी का अपना एक महत्त्व है और प्रत्येक जीव प्राकृतिक संतुलन के लिए आवश्यक है। कितनी ही खराब परिस्थिति रही हो मैं पूर्णतः शाकाहारी ही रहा हूँ और वे मुनि भी, सभी, शुद्ध शाकाहारी ही हैं। माँसाहार चेतना के विरोध में है क्योंकि ध्यान-साधना अपने भीतर की चेतना को जागृत करने की ही साधना है, अपने दोषों को दूर करने की ही प्रक्रिया है। तो जानवर का माँस खाकर हम उसके दोष क्यों ग्रहण करें? क्योंकि प्राणी के माँस के साथ-साथ उसके दुर्गुण भी हमारे शरीर में आ जाते हैं, जैसे वह जानवर हिंसक रहा हो तो हम भी हिंसक हो जाते हैं। दूसरा, उस जानवर को हम मारकर खाते हैं यानी उसके रूप में हम दूषित ऊर्जा खाते हैं जबकि ध्यान-साधना अपने दोषों को दूर करने के लिए की जाती हैं, अपनी ऊर्जा को वृद्धिगत करने के लिए की जाती है। इसलिए माँसाहार को ध्यान-साधना के विरोध में माना जाता है। इसलिए कोई भी मुनि

माँसाहार नहीं करते हैं और जो भी मनुष्य ध्यान-साधना में नाभि चक्र तक भी विकसित हो जाता है तो उसकी जैसे शराब पीने की बुरी आदत छूट जाती है, वैसे ही उसका माँसाहार करना भी छूट जाता है। हाँ, वहाँ के आदिवासी प्रायः सभी माँसाहारी हैं। उनके भोजन में माँस होता ही है। घर में अधिक माँस उपलब्ध न हो तो वे माँस का एक-एक टुकड़ा ही सामने रखते हैं और उस टुकड़े को देखकर ही चावल खाते हैं। लेकिन थोड़ा-न-थोड़ा माँस होता ही है और कई बार तो घर में भोजन केवल माँस का होता है। उनके पास खाने के लिए कुछ है ही नहीं तो वे माँस ही खाएँगे! कई बार ऐसी परिस्थितियों का भी मैंने सामना किया है—उन्होंने मुझे भी माँस खाने के लिए दिया है। उन्हें माँसाहार-शाकाहार, यह कुछ नहीं समझता है। केवल 'भोजन' समझते हैं और 'भूख' समझते हैं। मैं खाता तो नहीं था लेकिन उनसे स्वीकार कर लेता था क्योंकि स्वीकार न करना उनके समाज में अपमान समझा जाता है। मैं नहीं खाता, इसलिए मैं स्वीकार नहीं करूँगा, यह कहना अपमान समझा जाता है। उस समाज में वे कुछ भी दें, उसे स्वीकार करना ही पड़ता है। इसलिए वे माँस भी देते थे तो वह भी मैं स्वीकार कर लेता था। बाद में खाता नहीं था और वे समझते कि माँस मुझे पसंद नहीं होगा। ऐसे ही, वे लोग चावल को सड़ाकर एक प्रकार की शराब बनाते हैं, वह भी वे पीने के लिए देते थे। तो मैं वह भी स्वीकार कर लेता था और बाद में पीता नहीं था। लेकिन सबकुछ स्वीकार तो करना ही पड़ता है। मुझे वहाँ के लोग पसंद थे। वे एकदम सरल स्वभाव के होते थे। मैंने उनके साथ खाना खाया है। उनका भोजन माँस है, ऐसा सोचकर मैंने कभी घृणा का भाव नहीं रखा है। क्योंकि मेरा मानना यह था कि भले ही मुझे वह अच्छा न लगता हो, लेकिन वह उनका भोजन है तो घृणा करने जैसा कैसे हो सकता है?"

"उस आदिवासी समाज की तीन बातें मुझे अलग लगती थीं, बाकी सब अच्छा ही था। वे जो तीन बातें थीं, उसमें से पहली बात थी—उनका माँसाहार। शायद वह उनकी आवश्यकता ही थी क्योंकि वही आसानी से उपलब्ध था। वे प्रायः सभी जीवों को खाते थे। सभी पक्षियों को भी खाते थे। इसलिए उनके आसपास पक्षी भी नहीं

दिखते थे और मैं सोचता था, माँसाहार न करके भी मैं इनके साथ सालों से जीवित रह ही रहा हूँ यानी माँसाहार करना आवश्यक नहीं है। वे तो देवताओं को भी पशुबलि ही चढ़ाते थे और उस बलि चढ़ाए गए प्राणी को बाद में सभी मिलकर खाते थे। प्रायः ये बड़े-बड़े ही जानवर होते थे। अलग-अलग देवताओं के अलग-अलग जानवर होते थे। जिस जानवर को खाने की इच्छा होती थी, वह जानवर जिस देवता को बलि चढ़ाया जाता था, पहले उस देवता की पूजा करते थे और बाद में बलि चढ़ाकर उस जानवर को खाते थे। यानी माँसाहार उनके जीवन का एक अविभाज्य अंग ही था। दूसरी बात थी—शराब। वे चावल की खेती करते हैं और चावल से ही शराब भी बनाते हैं। वे चावल को सड़ाकर उसमें प्रायः कुछ जड़ी-बूटियाँ भी मिलाते थे और शराब पीते ही थे। उनके यहाँ बच्चे भी शराब पीते थे। बच्चा पैदा होने पर पहले उसे एक बूँद शराब की चखाई जाती थी, बाद में उसे उसकी माँ का दूध पिलाया जाता था। बच्चों की उम्र के हिसाब से उनकी शराब की मात्रा बढ़ाई जाती थी और वे दिनभर ही, जैसे पानी पीते हैं, वैसे ही शराब पीते रहते थे।"

"उनकी तीसरी बात है, वे मृत (देहविहीन) आत्माओं को बहुत मानते हैं, अपने पूर्वजों की आत्माओं को खूब मानते हैं। यह सब भूतकाल से संबंधित है और भूतकाल से संबंधित बातों पर चित्त रखने से हमारा चित्त वर्तमान पर कम होता है। ये तीन बातें छोड़ो तो वे लोग बड़े मिलनसार और सरल स्वभाव के होते हैं। कुछ भी मन में आया तो वे पूछ लेते हैं। खूब ज्यादा सोचते नहीं बैठते हैं। वे लोग बहुत कम विचार करते थे, इसलिए मुझे उनके सान्निध्य में अच्छा लगता था। मेरे उन लोगों से अच्छे संबंध हो गए हैं।"

"उनके प्रत्येक गाँव में एक दोण्डाई होता था। वह झाड़-फूँक और मंत्र-तंत्र जानता था। यानी वह गाँव का पुरोहित होता था और उसे एक लड़की को, जो तेज बुखार से बीमार थी, झाड़-फूँक करके आधे घण्टे में ठीक करते हुए मैंने अपनी आँखों से देखा है। उनकी क्या विद्या थी, वे ही जानें पर बीमार लोग ठीक होते थे, यह सच था। वे ओझा बीमार लोगों को ठीक करने के लिए काढ़े का सहारा लेते थे। विभिन्न पत्तियों को साथ-साथ उबालकर बनाया हुआ एक

काढ़ा देते थे। वह गरम-गरम ही पीना पड़ता था। दूसरा, कुछ पत्थर होते थे, उन पत्थरों को घिसकर जो अवलेह जैसा बनता था, वह भी बीमार को चाटने के लिए देते थे। कई बीमारियों को अग्नि से ठीक करते थे।"

"मेरी व्यवस्था गाँव के दोण्डाई के घर पर होती थी और वे दोण्डाई भी मेरा बहुत सम्मान करते थे। इसलिए मुझे 'बड़ा दोण्डाई' यानी दोण्डाई का भी दोण्डाई कहते थे। कई बार कई जड़ी-बूटियाँ भी मैं उन्हें हिमालय से खोजकर ला देता था और उनका उपयोग भी उन्हें बताता था। मेरे गुरुदेव के कारण उसका थोड़ा ज्ञान मुझे हुआ था। दूसरा, भूमि के द्वारा भी बीमारियों का उपचार करते थे। भूमि से प्रार्थना करते थे, भूमि का मंत्र बोलते थे और बीमारी ठीक होने लग जाती थी। दूसरा, यह विश्वास की बात है। वहाँ पर कोई दवाखाना तो है नहीं और न ही डॉक्टर है। इसलिए उनके पास जो ओझा हैं, उन्हीं पर उन्हें विश्वास करना पड़ता है और कभी-कभी उपचार में कोई मरीज मर भी जाता था, तो भी वे उसे स्वीकार कर लेते थे कि हमारे पूर्वजों ने उन्हें उनके पास बुला लिया। लेकिन सब बड़ी शांति से होता था। जबकि हमारे समाज में कोई मरीज किसी अस्पताल में मर जाए तो लोग अस्पताल की तोड़-फोड़ करते हैं, डॉक्टर को मारते हैं। यह देखकर लगता है कि हम ही जंगली लोग हैं जबकि 'जंगली' लोग तो भले लोग हैं, बड़े सभ्य हैं, शांत हैं। हम स्वयं जंगली हैं और दूसरों को जंगली कहते हैं।"

"हिमालय में सामान्यतः जिस रास्ते से चढ़ता था, उस रास्ते से ही वापस नीचे उतरता था। लेकिन कई बार जाते समय जिस रास्ते से चढ़ता था, वे आते समय नष्ट हो चुके होते थे। वहाँ पर वातावरण सदैव परिवर्तनशील होता है। तो कई बार जाना कहीं रहता था और जाता कहीं ओर था।"

"मेरी पत्नी व बच्चों को भी वे लोग बुलाते रहते हैं। मैंने मेरे परिवार के बारे में भी उन्हें बताया हुआ है। कभी समय मिला तो मैं इन्हें भी उधर लेकर जाऊँगा। अभी बच्चे छोटे हैं, इसलिए नहीं जा रहा हूँ।"

उस दिन देखा कि पिताजी भी सुन रहे थे, अन्यथा इन सब बातों के लिए उनके पास समय ही नहीं होता था और मेरे वहाँ जाने से इतने नाराज थे तो ये बातें वे जानना भी नहीं चाहते थे। लेकिन कभी कुछ हुआ और लड़का वापस ही नहीं आया तो कम-से-कम कहाँ जाता है, कहाँ रहता है, कौन-से रास्ते से जाता है, उसके साथ कौन होता है, यह तो पता होना ही चाहिए, यह सोचकर ही वे सब पूछताछ कर रहे थे। मैं भी वह समझ रहा था और मैं सोच रहा था कि उन्हें विश्वास दिलाऊँ कि मैं एकदम सुरक्षित ही रहता हूँ और मेरी पहचान के काफी लोग वहाँ हैं।

एक दिन सुबह हम सभी बैठकर ऐसे ही बातें कर रहे थे। पत्नी ने कहा, “हर साल ही स्कूल के सेंट्रल ऑफिस (केंद्रीय कार्यालय), दिल्ली से नए पदों के लिए आवेदनपत्र मँगाए जाते हैं। इस बार ट्रांसफर (स्थानांतर) के फॉर्म (आवेदनपत्र) भरें क्या? ” फिर पिताजी ने पूछा, “ट्रांसफर मिल जाने पर वेतन में क्या बढ़ौती होगी?” पत्नी ने कहा, “सेलेरी (वेतन) डेढ़ गुनी हो जाएगी और पहाड़ों पर रहने का भत्ता भी अलग से प्राप्त होगा। दूसरा, हिमालय के प्राकृतिक स्थान पर रहने के लिए मिलेगा। भारत के बाहर जाना ठीक नहीं लगता क्योंकि विदेशों में हमारा जाना तो हो ही नहीं सकता क्योंकि हमारे पास बाहरी देशों की जानकारी नहीं है। तो एक ही लोकेशन (स्थान) रह जाती है, ‘नेफा बॉर्डर’, जहाँ ट्रांसफर लेकर जाया जा सकता है। वहाँ के मिलिट्री स्कूल में जा सकते हैं।” फिर पिताजी ने और क्या-क्या सुविधाएँ मिलती हैं, उनका पता लगाया और यह निर्णय लिया गया कि कुछ समय के बाद जब ऑफिस द्वारा आवेदनपत्र मँगवाएँ जाएँगे, तब ‘नेफा बॉर्डर’ की लोकेशन माँगेंगे और पिताजी और माताजी ने भी उनकी सहमति दी थी, “वहाँ बदली करने से दो फायदे होंगे। एक तो तुम्हारी आर्थिक स्थिति अच्छी हो जाएगी और दूसरा, तेरी नौकरी वाला प्रश्न लोग नहीं पूछेंगे। क्योंकि तू नौकरी करने वाला ही नहीं है और अच्छा-खासा, हट्टा-कट्टा पति घर पर बैठे और पत्नी नौकरी करके घर चलाए, घर की यह स्थिति अपनी समाजव्यवस्था के विरुद्ध है, तो यहाँ तुम लोग रहोगे तो चर्चा का विषय बने ही रहोगे। एक तो तू भी नहीं सुनता है और रिश्तेदारों

को भी मैं कुछ समझा नहीं पाता हूँ, इसलिए यही निर्णय दोनों दृष्टि से अच्छा है।"

"यह स्थान भौगोलिक दृष्टि से अच्छा ही है। लेकिन दूर है। हम इतनी दूर तो नहीं आ सकते। लेकिन तुम लोग तो छुट्टियों में आ ही सकते हो। चलो, इस बार आए तो इस समस्या का भी निदान हो गया! तू रिश्तेदारों की दृष्टि के सामने ही न होगा तो कोई प्रश्न भी नहीं पूछेगा।"

दूसरा, पत्नी ने भी समझाया कि जब सरकार की ओर से जाते हैं तो सारी सुविधाएँ वहाँ मिलिट्री की ओर से मिलती ही हैं और इनको भी हिमालय पास पड़ेगा, इनको भी सुविधा होगी। चलो, यह निर्णय अच्छा हुआ!" हम सभी खुश थे कि चलो, एक बड़ी समस्या का हल तो निकल गया! उस दिन काफी देर तक हम लोग बातें करते बैठे थे।"

दूसरे दिन सबेरे मैंने ही विषय निकाला, "माँ, याद है, ब्रिगेडियर मामा ने मेरे मॅट्रिक होने के बाद ही मुझे पहली नौकरी नेफा बॉर्डर पर ही, मिलिट्री (जी.आर.ई.एफ.) में लगाई थी और वहाँ पर तूने अपने पुत्रमोह के कारण नहीं भेजा था, तब मामा तुझ पर काफी नाराज हुए थे। जी.आर.ई.एफ. में अच्छी नौकरी थी। खाने के लिए मेस (भोजनशाला) थी, रहने की व्यवस्था भी अच्छी थी और मेरा साक्षात्कार भी अच्छा हुआ था। इस नौकरी की संपूर्ण जानकारी मामा ने ही हमें दी थी और सारा मार्गदर्शन भी किया था। उसने वह नौकरी लगाने में काफी मेहनत की थी और मिलिट्री (जी.आर.ई.एफ.) की ओर से नियुक्ति का पत्र भी आया था और फिर भी तूने तब मुझे वहाँ जाने नहीं दिया था। बाद में मामा तुझ पर काफी नाराज हो गए थे कि लोगों को सरकारी नौकरी मिलती नहीं है और तुम्हें मिली है तो तुम्हें उसकी कद्र नहीं है। पता नहीं, क्या-क्या बोला था। उसके बाद काफी दिनों तक वह हमारे घर भी नहीं आया था। लेकिन हिमालय जाने का योग मेरे नसीब में लिखा ही था। उस समय मुझे मिलिट्री में भर्ती होना बड़ा अच्छा लगता था। लेकिन तब मेरी वह इच्छा पूर्ण नहीं हुई। लेकिन फिर भी मैं ध्यान सीखने

के लिए हिमालय में गया ही! यानी हिमालय जाने का योग आज से पहले भी आया ही था। पता नहीं, क्या आकर्षण है लेकिन मेरा कुछ पूर्वजन्म का ही संबंध हिमालय के साथ है, ऐसा लगता है। क्योंकि जाने-अनजाने में मैं उस ओर चला ही जाता हूँ; वह मिलिट्री (जी.आर.ई.एफ.) की नौकरी का अवसर, बाद में नौकरी के समय श्री शिवबाबा की अनुभूति। श्री शिवबाबा के कारण मैं प्रथम बार हिमालय गया और उस समय कभी भी ऐसा नहीं लगा कि किसी नई जगह आ गया हूँ। हम जैसा अपने ही घर आ जाने के बाद महसूस करते हैं, वैसा ही उस समय लगा था और अब तो मैं कई साल वहाँ रह चुका हूँ तो यह मैदानी भाग ही मुझे पराया लगता है। यहाँ पर रहकर मैं सदैव वहाँ की बातें करता रहता हूँ लेकिन वहाँ रहकर यहाँ की कभी याद भी नहीं आती है। ऐसा क्यों होता है, मालूम नहीं। वहाँ का वातावरण ही एकदम अलग है। हिमालय का अपना ही एक आकर्षण है। उसे शब्दों में बताया नहीं जा सकता है। वह तो केवल अनुभूति है और अनुभूति को केवल अनुभव ही किया जा सकता है। उसे अभिव्यक्त करना संभव ही नहीं है।"

"अब वापस, फिर से हिमालय में ही जाकर रहने का अवसर मिलने वाला है। नौकरी के कारण ही क्यों न हो, पत्नी को भी वहाँ जाने का अवसर मिलने वाला है। हिमालय का चैतन्य मीलों दूर से ही मालूम पड़ जाता है। आप उसकी ओर पीठ किए हो या मुँह किए हो, उससे उसको कुछ फर्क नहीं पड़ता है। फर्क पड़ता है हमको। हमें अच्छा चैतन्य मिलना और न मिलना इस पर निर्भर है कि आप उसकी ओर पीठ किए हुए हो या मुँह किए हुए हो। हिमालय का चैतन्य मीलों दूर से इसलिए भी पता लगता है क्योंकि हजारों सालों से वह तपस्वियों की तपोभूमि रहा है। उन मुनियों की सामूहिकता वहाँ है और उस सामूहिकता के कारण ही वहाँ चैतन्य निर्मित हो गया है। वहाँ पर रहना भी एक रोमांचकारी अनुभव है।"

उस दिन हम सभी लोग खुश थे मानो कोई बड़ी पहेली को ही सुलझा लिया हो। माँ बोली, "अब तेरी पत्नी तेरे साथ है, अब मैं तुझे उसके हवाले कर सकती हूँ। मेरा पूर्ण विश्वास है—वह तेरा साथ बराबर देगी ही! मेरा तेरे से अधिक तेरे पत्नी पर विश्वास है

क्योंकि तू मानसिक रूप से असंतुलित हो सकता है, वह नहीं। वह एकदम पठानछाप है! और वह सभी परिस्थितियों का सामना करने में सक्षम है। तू थोड़ा भावुक है। यही तेरी कमजोरी है। लेकिन तेरी शादी के बाद अब मुझे तेरी उतनी चिंता नहीं रही है। अब तू बड़ा भी हो गया है और माँ और बाप बच्चों का साथ जिंदगीभर थोड़े ही दे सकते हैं। एक समय के बाद बच्चों को अपना ख्याल स्वयं ही रखना पड़ता है और तुम पति-पत्नी के संबंध बहुत अच्छे हैं। यह तेरा सबसे अधिक सकारात्मक पहलू है। इस आध्यात्मिक मार्ग पर चलने वाले लोगों की पत्नियाँ ही उनका साथ नहीं देती हैं। यह तेरे लिए अच्छा है कि वह केवल तेरा साथ ही नहीं दे रही है, बल्कि आध्यात्मिक मार्ग में आगे बढ़ने में सक्रिय रूप से मदद भी कर रही है। इसीलिए अब मुझे तेरी कोई भी चिंता नहीं है!"

मैंने कहा, "दूसरा, माँ, मुझे कोई आत्मसाक्षात्कारी हिमालय से इस मैदानी भाग पर वापस आया हुआ नहीं दिखता है और इसी कारण वहाँ की जानकारी ही इस मनुष्य-समाज को नहीं है। वहाँ की थोड़ी भी जानकारी जिस आदिवासी समाज को है, वह आदिवासी समाज भी इस जगत में कभी नहीं आता है और यहाँ की जानकारी भी वहाँ के समाज को नहीं है। इसके दो कारण हैं। यहाँ से जो मनुष्य वहाँ जाता है, वह वहाँ जाते-जाते ही ऐसी निर्विचार अवस्था में पहुँच जाता है कि उसे इस जगत का ध्यान ही नहीं रह पाता है। बाद में वहाँ पहुँचकर भी यहाँ का कोई विचार ही नहीं आता तो यहाँ की जानकारी वहाँ देना संभव नहीं होता है और उन मुनियों को भी कुछ जानने में रुचि नहीं होती है।"

"दोनों जगहों में मैं जमीन-आसमान का अंतर महसूस करता हूँ मानो ये दो अलग-अलग दुनियाँ ही हैं और दोनों को एक-दूसरे की कोई जानकारी ही नहीं है। यहाँ पर अलग-अलग धर्म हैं, अलग-अलग उपासनापद्धतियाँ हैं। हिमालय में कोई भी धर्म नहीं है। वहाँ पर उपासनापद्धतियाँ भी अलग-अलग नहीं हैं। यहाँ पर धर्म के

नाम पर झगड़े होते हैं, वहाँ पर धर्म ही नहीं है तो झगड़े भी नहीं होते हैं। यहाँ पर वैचारिक प्रदूषण है, वहाँ पर तो प्रयत्न करके भी विचार नहीं आते हैं तो वैचारिक प्रदूषण का प्रश्न ही नहीं है। यहाँ पर अनेक भाषाएँ हैं, वहाँ पर एक ही भाषा है; चैतन्य की भाषा। वह सभी समझते हैं। यहाँ पर अनेक जातियाँ हैं, वहाँ पर एक ही जाति है; वे न किसी को ऊँचा समझते हैं और न किसी को नीचा समझते हैं। सभी एक-दूसरे से प्रेम करते हैं, एक-दूसरे का आदर करते हैं, सभी सबमें परमात्मा के दर्शन करते हैं। इस दुनिया में अलग-अलग राज्य हैं, देश हैं, वहाँ उन मुनियों के लिए कोई भौगोलिक सीमा नहीं है, कोई राज्य नहीं हैं, सब एक ही है। इस जगत में गोरे और काले का भेद है, वहाँ कोई आपके रंग को नहीं देखता। वे भीतरी रंग देखते हैं। वह एक ही है।"

"यहाँ पर विभिन्न राजनैतिक पार्टियाँ हैं जो मनुष्य को मनुष्य से अलग करती हैं। वैसे देखो तो सत्ता की एक ही पार्टी है। उसकी एक ही पद्धति है, एक ही भाषा है, एक ही तरीका है। उस स्थान पर कोई भी पार्टी आए, सभी में एक ही बात होती है—सत्ता का नशा, बस और क्या? मनुष्य का भ्रम है कि वह सत्ताधीश है। वास्तव में, वह सत्ताधीश नहीं है, वह सत्ता का गुलाम है। उसके हाथ में सत्ता नहीं है, सत्ता के हाथ में वह है। वहाँ जो भी होगा, उसका बर्ताव एक जैसा ही होगा। सत्ता के बाहर मनुष्य की भाषा एक होती है। सड़क पर खड़ा होकर वह कुछ भी बोल सकता है लेकिन सत्ता में आने पर वह वही बोलेगा जो सत्ता उससे बुलवाएगी। अभी वे योगी पुरुष नहीं जनमे हैं जो सत्ता में रहकर भी अपनी, आत्मा की भाषा बोल सकें, अपनी इच्छानुसार कार्य कर सकें और ऐसे लोग जब तक नहीं आएँगे, तब तक ऐसा ही चलता रहेगा और मनुष्य भ्रम में पड़ा रहेगा कि यह सत्ता में आने पर वही करेगा जो यह कह रहा है।"

"यहाँ पर पुरुष और स्त्री का भेद है। हिमालय पर कोई स्त्री ही नहीं है, वहाँ केवल पुरुष ही हैं तो यह प्रश्न ही नहीं है। ये तो एकदम ही अलग दो जगत हैं जिनको एक-दूसरे के बारे में कोई जानकारी ही नहीं है और यह सब मैं इसलिए अनुभव कर पा रहा हूँ क्योंकि मैंने दोनों ही दुनियाँ देखी हैं।"

"हिमालय में कई योगियों की आत्माएँ भटक रही हैं। उन्होंने अपनी गुरुदक्षिणा नहीं दी थी, इसलिए शरीर की मृत्यु हो गई लेकिन फिर भी मोक्ष अभी तक नहीं मिला है जबकि मोक्ष की स्थिति उन्होंने अपने जीवनकाल में प्राप्त कर ली थी। उनके गुरु से उन्हें जो ज्ञान प्राप्त हुआ था, वह उन्होंने किसी और को नहीं दिया था। इसलिए जो यह गुरुदक्षिणा नहीं दे पाते, उन्हें मोक्ष भी नहीं प्राप्त होता है। आज भी हिमालय में वे मृत (देहविहीन) आत्माएँ भटक रही हैं और उन्होंने अपने-आपको एक स्थान से बाँधकर रखा है। जब उस स्थान पर कोई मनुष्य आएगा और वे उसे वह ज्ञान प्रदान करेंगी, तभी उन्हें मोक्ष की प्राप्ति होगी। हमारे जगत में गुरुदक्षिणा यानी गुरु को कुछ धन देना या कोई वस्तु अर्पित करना है लेकिन उस जगत में गुरुदक्षिणा का अर्थ है—जो ज्ञान हमें गुरु से मिला है, वह ज्ञान दूसरों को प्रदान करना। गुरु के कार्य को वृद्धिगत करना ही सही अर्थ में गुरुदक्षिणा है। इसलिए आत्माएँ सैकड़ों सालों से एक ही स्थान पर भटक रही हैं। जब उस स्थान पर कोई मनुष्य पहुँचेगा, वह ज्ञान वे उस व्यक्ति को प्रदान करेंगी और अपना मोक्ष प्राप्त कर लेंगी। लेकिन वहाँ तक मनुष्य का पहुँचना ही असंभव है क्योंकि वे इतने कठिन स्थान पर जाकर तपस्या करते हैं कि वहाँ सामान्य मनुष्य पहुँच ही नहीं सकता है। तो आगे की बात होना ही असंभव है। अब वे और कितने साल ऐसे भटकेंगी, मालूम नहीं है। हिमालय की दुनिया एक दूसरा ही जगत है और मैंने भी अनुभव किया है, वहाँ से यहाँ आना और यहाँ से वहाँ जाना असंभव है।"

"अब मैं ही यह कैसे कर पा रहा हूँ, यह भी गुरुदेव की किसी बड़ी इच्छा का ही एक भाग है। यह किसी बड़ी योजना की तैयारी लग रही है। मेरा स्वयं का भी नियंत्रण मेरे ऊपर नहीं है, ऐसा कभी-कभी लगता है और जब उन्हें मुझसे कार्य करवाना है तो मेरे परिवार का ध्यान रखेंगे ही। इसलिए मुझे पत्नी और बच्चों की भी चिंता नहीं है। मैंने मेरा सारा जीवन ही गुरुकार्य के लिए समर्पित कर दिया है। इसलिए मुझे पूर्ण विश्वास है कि वे मुझे उसी मार्ग पर लेकर जाएँगे जिस मार्ग पर उन्हें ले जाना है और मैं गलत मार्ग पर जा ही नहीं सकता क्योंकि उनका मेरे ऊपर पूरा नियंत्रण है। शायद

अपना यह फैसला भी उनकी ही किसी आगामी योजना का हिस्सा हो, ऐसा प्रतीत होता है।"

सदैव ऐसा लगता था कि साथ में कोई सामूहिकता की शक्तियाँ हैं जो किसी ओर, बड़ी सामूहिकता की ओर मुझे ले जा रही हैं। उस दिन मेरी माँ और बाबा (पिताजी) वापस उनके घर जाने वाले थे। इसलिए उस दिन पत्नी ने भी स्कूल से छुट्टी लेकर रखी थी। उस बार हमारी सभी विषयों पर काफी चर्चा हुई थी और मेरी माँ से हुई बातों से मुझे एक प्रकार का आधार महसूस हुआ था कि कम-से-कम माँ तो ये सब बातें समझ रही है। इस प्रकार वे वापस घर जाते समय एक समाधान और शांति के साथ जा रहे थे। उन्होंने मेरे बच्चों से भी विदाई ली और दोपहर का भोजन करने के बाद वे अपने घर के लिए रवाना हो गए। उस बार वे काफी दिन रुके थे, इसलिए हमें बहुत अच्छा लगा था। दूसरे दिन से हमारी रोज की दिनचर्या चालू हो गई थी। अच्छा समय बड़ी जल्दी व्यतीत होता है। दिन कैसे जा रहे थे, वह पता भी नहीं चलता था।

जीवन में मुझे काफी खाली समय मिलता था जो मैं मेरे पत्नी-बच्चों के साथ और चिंतन करने में ही व्यतीत करता था। मेरा ध्यान सदैव कहाँ से यात्रा प्रारंभ हुई और क्या-क्या पाया और क्या-क्या और अच्छे से किया जा सकता था, उस ओर रहता था। भविष्य में जिस मार्ग पर मैं जाने वाला होता, वह मार्ग किस ओर होगा, उसकी दिशा ठीक होगी क्या, उस ओर जाने से आगे क्या होगा, उसका पूर्वाभास भी हो जाता था। अपने-आपको ही जानने और समझने का प्रयास करता था। अपना स्वयं का ही चिंतन करता था। अपने स्वभाव का चिंतन करता था। क्या किया और क्या और अच्छा किया जा सकता था, यह सोचता था। मेरे से कहाँ गलतियाँ हुईं, वह जानने का प्रयास करता था क्योंकि घर का मुखिया होने से मेरी गलती मुझे कौन बताता? लेकिन यह एक अच्छा था कि मेरी पत्नी मेरी मित्र थी। मैं सही करता तो भी वह बताती थी और गलत करता तो भी वह बताती थी। वह सदैव कहती थी कि तुम किसी गलत रास्ते पर हो, यह मुझे कभी लगा ही नहीं। इसीलिए मैंने सदैव तुम्हारा साथ दिया है। मैं उसे कहता था कि मेरी कहीं कुछ गलती हो रही हो,

तो बता क्योंकि मैं भी एक सामान्य मनुष्य ही हूँ। इसलिए मेरी चर्चा पत्नी से होती थी। उसे मैं छोटी-से-छोटी बातें भी बताता था। मेरे मन में कोई छोटा-सा विचार भी आता, तो भी बताता था। भले ही वह अच्छा विचार होता या बुरा विचार होता, मैं उसे बताता ही था। इस प्रकार से मेरी पत्नी ही मेरी मित्र थी और वह भी उसकी स्कूल की छोटी-छोटी बातें बताती थी। इसलिए उसके सहकर्मियों से न मिलने के बावजूद भी मैं सभी के स्वभाव से परिचित था।

एक दिन घर पर उसके एक सहकर्मी अपने एक मित्र को लेकर शादी की पत्रिका देने आए थे। एकाध घण्टा ही वे बैठे होंगे और बाद में चले गए। मैंने पत्नी से पूछा, “तेरे जो सहकर्मी अपनी लड़की की शादी की पत्रिका देने आए थे, उनके साथ में उनके जो मित्र थे, उन्हें तू जानती है क्या? वह बोली, “नहीं, मैं उन्हें नहीं जानती हूँ लेकिन वे उनके पक्के मित्र हैं और उनका नाम रामगोपाल है। लेकिन उनके बारे में क्यों पूछ रहे हो?” मैंने कहा, “वे उस शादी तक नहीं रहेंगे जिसकी वे पत्रिका बाँट रहे हैं।” वह बोली, “ऐसा अशुभ क्यों बोल रहे हो?” मैंने कहा, “देख, मुझे जो विचार आता है, वह बताता हूँ। मैं यह नहीं सोचता कि यह तुझे बताना चाहिए या नहीं। यह विचार आया और तुझे बताया!” सहकर्मी की लड़की की शादी एक सप्ताह बाद ही थी और पत्नी को भी थोड़ा विचित्र लगा क्योंकि मैं ऐसा कुछ कभी कहता नहीं था।

पत्नी ने पूछा, “ऐसा अशुभ विचार आपके मन में क्यों आया?” तो मैंने कहा, “मुझे इस बारे में अधिक कुछ बताते नहीं आएगा। लेकिन वे जब मेरी बिल्कुल सामने वाली कुर्सी पर बैठे तो महसूस हुआ।” पत्नी ने कहा, “वे रामगोपालजी भी किसी स्कूल में प्रिन्सिपल (प्रधानाध्यापक) हैं। इनके मुँह से उनका नाम मैं कई बार सुन चुकी हूँ। वे बड़े भले आदमी हैं।” मैंने कहा, “मैंने यह नहीं कहा कि वे खराब आदमी हैं। लेकिन उनकी मृत्यु निकट है, ऐसा एहसास हुआ। ऐसा लगा तो मैंने बताया और जब मैं उन्हें नीचे छोड़ने गया था तो

मेरे मन में यह विचार चल रहा था कि यह मेरी उनसे बस आखिरी मुलाकात है। यही सोचकर मैं उन्हें अधिक महत्त्व दे रहा था।"

दूसरे ही दिन पत्नी स्कूल से एकदम दौड़ते-दौड़ते ही आई और बोली, "आपने कहा था, वैसा ही हुआ। आज उन रामगोपालजी की एक सड़क दुर्घटना में मृत्यु हो गई। वह सुनकर उनकी मृत्यु का जितना धक्का लगा, उससे अधिक विस्मय इस बात का हुआ कि आपको कैसे पता चला था। आज मेरा स्कूल में भी मन नहीं लग रहा था और मैं कब आपको यह बात बताऊँ, ऐसा लग रहा था। आप बताओ, कल आपको यह कैसे पता चला?"

मैं बोला, "स्कूल से आई है, कपड़े बदल, हाथ-पैर धो। तब तक मैं चाय बनाकर लाता हूँ। यह विषय बड़ा गहन है। पाँच मिनट में मैं नहीं समझा सकता हूँ।" फिर वह कपड़े बदलने गई। मैं तब तक चाय बनाकर लाया। मेरी पत्नी को भी चाय बहुत पसंद थी। इसीलिए मेरे पिताजी और वह काफी बार थोड़ी-थोड़ी चाय पीते रहते थे और मुझे चाय का ऐसा कोई शौक नहीं था। मुझे किसी चीज में कोई रस नहीं होता था। लेकिन पत्नी को कंपनी (साथ) देने के लिए चाय पीता था। उतने में बड़ा लड़का भी आ गया। उसे भी कपड़े बदलने के लिए मैंने कहा। वह स्कूल से कपड़े ऐसे लेकर आता था मानो सप्ताहभर से उसने वे ही कपड़े पहने हों।

पत्नी ने जल्दी-जल्दी चाय समाप्त की। बोली, "बताओ, यह कैसे पता लगा? आपको कुछ दिखता है या कोई शक्ति आकर आपको बताती है? क्या मृत्यु भी दिखती है? या मृत्यु का आभास होता है?" मैंने शांत रहकर कहा, "तू कितने प्रश्न पूछ रही है! मैं बता ही रहा हूँ। हड़बड़-हड़बड़ मत कर! नहीं तो जो समझाने वाला हूँ, वह भी समझ में नहीं आएगा और बाद में मैं समझा भी पाऊँगा कि नहीं, मुझे मालूम नहीं क्योंकि यह ज्ञान मेरा नहीं है। मैं भी कहीं से लेकर तुझे दे रहा हूँ। मैं उस ज्ञान का माध्यममात्र हूँ। यह ज्ञान मेरे में नहीं है जो मैं बार-बार तुझे दे सकूँ। अब जो बता रहा हूँ, वह शांति से सुन। अब बीच में मत बोलना, नहीं तो मेरी लिंक (कड़ी) टूट जाएगी और बाद में मैं कुछ भी नहीं बता पाऊँगा।"

मैंने मेरी आँखें बंद कीं और बताना प्रारंभ किया, "मनुष्य पूर्वजन्म में जो कर्म करता है, वे कर्म या तो अच्छे होते हैं या फिर बुरे होते हैं। अच्छे कर्म करता है तो उनका अच्छा फल भोगता है और बुरे कर्म करता है तो उनका बुरा फल भोगता है। यानी यह वर्तमान का जीवन पूर्वजन्म के फलों को भोगने के लिए ही होता है। किसी को जीवन में अच्छे फल भोगने पड़ते हैं, किसी को बुरे फल भोगने पड़ते हैं। यानी इस जीवन में क्या फल मिलेगा, वह पूर्वजन्म के अनुसार निश्चित ही होता है। उस कर्मफल को बदला नहीं जा सकता है और वह मनुष्य के हाथ में नहीं है। इस नियम से देखो तो भगवान की आवश्यकता ही नहीं है क्योंकि मनुष्य अच्छे कर्म करेगा तो अच्छे फल प्राप्त करेगा और बुरे कर्म करेगा तो बुरे फल प्राप्त करेगा। सबकुछ कर्म पर ही निर्भर है तो प्रश्न उठते हैं—क्या भगवान को इसमें जगह ही नहीं है? क्या सबकुछ मनुष्य के कर्मों पर ही निर्भर है? लेकिन ऐसा नहीं है। मनुष्य जब अच्छे कर्मों के अच्छे फल भोगता है तो उसका वह अच्छा समय कब समाप्त हो जाता है, उसे उसका पता भी नहीं चलता है लेकिन जब मनुष्य अपने बुरे कर्मों के बुरे फल भोगता है, तब एक-एक दिन क्या, एक-एक पल काटना भी कठिन हो जाता है और बुरे कर्म भोगते समय ही मनुष्य को किसी अतिरिक्त ऊर्जाशक्ति की आवश्यकता होती है जो उसे वह बुरा फल भोगने में मदद कर सके, बुरा फल भोगने की शक्ति दे सके।"

"यह अतिरिक्त ऊर्जाशक्ति न हो तो मनुष्य तो आत्महत्या ही कर लेगा क्योंकि मनुष्य में बुरा कर्म करने की शक्ति बहुत होती है लेकिन बुरे कर्म का बुरा फल भोगने की शक्ति बिल्कुल नहीं होती है। इसीलिए थोड़े-से में ही मनुष्य टूटने लग जाता है और ऐसे समय ही, मनुष्य को टूटने से बचने के लिए ही एक अतिरिक्त ऊर्जाशक्ति की आवश्यकता होती है। इस अतिरिक्त ऊर्जाशक्ति के दो प्रभाव होते हैं। दोनों प्रभाव अस्थाई होते हैं। एक तो मनुष्य के द्वारा बुरे फल भोगे जाते समय वह अस्थाई रूप से उसे सहनशीलता प्रदान करती है और दूसरी ओर, वैसा काम न करने की सीख भी देती है और अच्छा कार्य करने की प्रेरणा भी देती है। अब इस अस्थाई प्रभाव से कुछ मनुष्य सीख जाते हैं और भविष्य में बुरे कर्म न करते

हुए अच्छे कर्म करते हैं। कुछ मनुष्य समय बीतने के साथ-साथ यह सीख भी भूल जाते हैं और फिर वैसे ही बुरे कर्म करते हैं और बुरा फल पाते हैं। ऐसा इसलिए होता है क्योंकि अतिरिक्त ऊर्जाशक्ति बार-बार उसे सतर्क नहीं कर सकती। क्योंकि न ही वह शरीरधारी होती है और न ही उस मनुष्य का उस शक्ति से संबंध होता है। अपने कठिन समय में मनुष्य ने उसे पुकारा और केवल उतने समय के लिए वह आ गई। बाद में मनुष्य का चित्त उस शक्ति से हट गया और वह भी चली गई।"

"यह ठीक वैसा ही है कि आप आपके घर का दरवाजा खोलोगे तो ही प्रकाश भीतर आएगा। आप दरवाजा बंद करोगे तो प्रकाश आना बंद हो जाएगा और अँधेरा हो जाएगा। यानी घर में प्रकाश का होना, यह प्रकाश पर निर्भर नहीं है, मनुष्य पर निर्भर है कि वह अपने घर में प्रकाश चाहता है या नहीं, उसने दरवाजा खोला है या नहीं। प्रकाश तो बाहर है ही। प्रकाश घर में तभी आएगा, जब मनुष्य दरवाजा खोलेगा। ठीक इसी प्रकार, अतिरिक्त ऊर्जारूपी प्रकाश आपके जीवन में तभी आएगा, जब आप चाहेंगे, आप इच्छा करेंगे। प्रकाश तभी तक रहेगा, जब तक आप चाहेंगे। ठीक वैसे ही अतिरिक्त ऊर्जा भी मनुष्य को तभी तक मिलती है, जब तक वह चाहता है। इसलिए यह अतिरिक्त ऊर्जा अस्थाई होती है। वह मनुष्य के कठिन समय में साथ देती है और उसके साथ को मनुष्य कितना याद रख पाता है, उसी पर उसका भविष्य निर्भर करता है। अच्छे कर्मों के अच्छे भोग भोगने के लिए और बुरे कर्मों के बुरे भोग भोगने के लिए इस धरती पर जन्म लेना पड़ता ही है। यह जीवन और मृत्यु का चक्र चलता ही रहता है और इसी जीवन में हमें यहाँ से वहाँ तक का सफर पूर्ण करना पड़ता है। जन्म और मृत्यु के बीच की कड़ी को ही जीवन कहते हैं। जब हमारा जन्म और मृत्यु पर नियंत्रण नहीं होता है तो उन दोनों के बीच की कड़ी, जीवन पर नियंत्रण कैसे हो सकता है? कर्मों के इस चक्र के बीच जीवन चलता रहता है।"

"जीवन में दरवाजा खोलने पर ही प्रकाश अंदर आ सकता है, अतिरिक्त ऊर्जा मिल सकती है। आपके जीवन में आपके दरवाजे पर दस्तक देने का कार्य सद्‌गुरु करते हैं। वह भी परमात्मा का ही

रूप होता है। अदृश्य परमात्मा को हम अतिरिक्त ऊर्जा समझते हैं। यही अतिरिक्त ऊर्जा जीवन में दृश्यरूप लेकर अवतरित होती है। यह अवतरण भी क्रमबद्ध तरीके से होता है। कभी किसी जीवन में एक बार दर्शन होता हैं, कभी किसी जीवन में उनसे साक्षात्कार करने का अवसर मिलता है, कभी किसी जीवन में उनका सान्निध्य मिलता है तो कभी किसी जीवन में उनके प्रति समर्पण होता है। यह बात वे भी जानते हैं कि एक जन्म में इतनी गुणग्राहकता प्राप्त होना कठिन है और संपूर्ण समर्पण इस क्रम की आखिरी कड़ी है। क्योंकि यह क्षण वह क्षण होता है, जब आपके जीवन के सभी बुरे कर्मों (अभुक्त कर्मों) को सद्‌गुरु ग्रहण कर लेते हैं और बुरे कर्म संपूर्ण नष्ट हो जाते हैं। जो अच्छे कर्म होते हैं, वे आप सद्‌गुरु को ही समर्पित कर देते हैं तो आपके जीवन में कुछ रह ही नहीं जाता है। न अच्छे कर्म रहे; क्योंकि वे आपने समर्पित कर दिए; और न बुरे कर्म रहे; क्योंकि उन कर्मों को भी सद्‌गुरु ने ही ग्रहण किया और आपको आत्मसाक्षात्कार करवाया। अब बाकी कुछ रहा ही नहीं जिसे लेकर आप नया जन्म ले सको। नया जन्म तो अपने पूर्वजन्म के कर्मों (अभुक्त कर्मों) को भोगने के लिए ही होता है।"

"जब पिछले जन्म के कर्म बचे ही न रहे तो नया जन्म लेने का उद्‌देश ही न रह गया। कर्मों का सारा चक्र ही समाप्त हो गया और जीवन और जीने का उद्‌देश ही न रह गया। तो वह स्थिति जीवनकाल में ही प्राप्त हो जाना मोक्ष है। मोक्ष सर्वोच्च स्थिति है जो हमें अपने जीवनकाल में ही प्राप्त होती है। मोक्ष शरीर में रहते हुए ही प्राप्त करना पड़ता है, मोक्ष की स्थिति के लिए शरीर में रहना आवश्यक है। मोक्ष की स्थिति शरीर के बाद नहीं, शरीर के साथ ही प्राप्त होती है। लोगों की गलतफहमी है कि कोई मर गया यानी मोक्ष को प्राप्त हो गया, या कोई मर जाए तो उसके मोक्ष के लिए प्रार्थना की जा सकती है। मर जाने के बाद कुछ नहीं होता है। जो कुछ होता है, वह मनुष्य के जीवनकाल में ही होता है।"

उतने में ही पत्नी बीच में बोली, "वह तो ठीक है लेकिन यह तो बताओ कि उन सर (शिक्षक) की मृत्यु जल्दी ही होने वाली है, वह आपको कैसे पता चला। यह तो बताया ही नहीं!" मैंने उससे

कहा, "वही बता रहा हूँ। तू, मेरी जो लिंक लगी (संबंध जुड़ा) है, उसे बीच में टोककर तोड़ मत। सब बताता हूँ!" और पत्नी की जिज्ञासा बढ़ती ही जा रही थी कि मैंने उन सर की मृत्यु की जानकारी पहले कैसे प्राप्त की थी।

मैंने शांत रहते हुए, आँखें बंद करके बताना प्रारंभ किया, "यह सब मैं बता रहा हूँ लेकिन यह सब मेरा ज्ञान नहीं है। ऊपर से जो आता है, वह मैं केवल बताता हूँ। मनुष्य जीवन में जैसे भी विचार करता है, उन सबका प्रभाव उस मनुष्य के आभामण्डल के रंगों पर पड़ता है। मनुष्य के इन विचारों से मनुष्य का आभामण्डल बनता है। अगर अच्छे कर्म करता है तो उसके अच्छे कर्मों का प्रभाव उसके आभामण्डल पर पड़ता है और बुरे कर्म करता है तो उनका भी प्रभाव उसके आभामण्डल पर पड़ता है। इस प्रभाव की किरणें अंदर से बाहर की ओर ही होती हैं और इसीलिए वह अपने आभामण्डल से आसपास के वातावरण को प्रभावित करता रहता है। अगर अच्छा प्रकाश बाहर की ओर फेंकेगा तो उसका प्रभाव आसपास अच्छा पड़ेगा। जो भी मनुष्य उसके सान्निध्य में आएगा, उसे अच्छा लगेगा और वह मनुष्य जाने-अनजाने में ऐसे मनुष्य के सान्निध्य में अधिक-से-अधिक समय तक रहेगा और कोई मनुष्य अगर बुरे कर्म करता है, तो उसका आभामण्डल एक बुरा प्रकाश बाहर की ओर फेंकता है और ऐसे मनुष्य के सान्निध्य में रहना कोई भी पसंद नहीं करता है। किसी भी मनुष्य को तो क्या, किसी जानवर को भी उसके पास रहना पसंद नहीं होता है क्योंकि वे उसके पास अच्छा महसूस नहीं करते हैं और जब मनुष्य जीवित रहता है, आभामण्डल का वह अच्छा या बुरा प्रभाव बना ही रहता है। उस प्रकाश में और उसके प्रभाव में उस मनुष्य के द्वारा किए गए कर्मों से बदलाव होता रहता है और न तो वे रंग शाश्वत होते हैं और न ही रंग का वह प्रभाव शाश्वत होता है।"

"उस दिन जब वे सर अपने घर आए थे तो मेरा ध्यान अनायास ही उनके आभामण्डल के प्रकाश पर गया था और वह प्रकाश बाहर से अंदर की ओर जा रहा था। सामान्यतः ऐसा नहीं होता है, सदैव अंदर से बाहर की ओर प्रकाश की किरणें निकलती रहती हैं। उस

दिन उनके आभामण्डल की किरणें बाहर से अंदर की ओर जा रही थीं जो प्रकृति के विरुद्ध है; इस प्रकार का प्रभाव तो केवल मृत्यु के समय ही देखा जाता है। लेकिन मेरी अपेक्षा एक सप्ताह तक की ही थी। इतनी जल्दी हो जाएगा, ऐसा नहीं लगा था। इसका यह भी कारण हो सकता है कि उनके आभामण्डल के भीतर उस बुरे प्रभाव को रोकने की सकारात्मक ऊर्जा बिल्कुल भी न रही हो। वे अंदर से भी कमजोर हो गए थे।"

"कई बार अंदर से कमजोर मनुष्य बाहर 'मैं शक्तिशाली हूँ, कमजोर नहीं हूँ' का सदैव प्रदर्शन करता रहता है। मनुष्य की मृत्यु सूक्ष्म रूप में पहले ही हो जाती है और उस मृत्यु को बाद में शरीर पर देखा जा सकता है। यानी पहले ही इस प्रभाव को उस पर देखा जा सकता है और ऐसे समय अगर वह किसी अतिरिक्त ऊर्जारूपी सद्गुरु के सान्निध्य में हो तो सद्गुरु उसे उस मृत्यु से बचा सकते हैं| ऐसी मृत्यु को अधिदैविक मृत्यु कहते हैं। मृत्यु अच्छी ऊर्जा के प्रभाव में केवल टाली जा सकती है। जो जनमा है, उसे तो अंत में जाना ही है। यह शरीर नाशवान है। वह एक दिन अवश्य मृत्यु को प्राप्त करेगा। लेकिन यह शरीर अवसर भी है अच्छे कर्म करने का। अब शरीर का हम कितना सद्-उपयोग करते हैं और कितना हम दुर्-उपयोग करते हैं, यह हमारे ऊपर ही निर्भर है। अच्छा भी कर सकते हैं, बुरा भी कर सकते हैं।"

"परमात्मा हमें बार-बार शरीर देकर मोक्ष पाने का अवसर प्रदान करता रहता है और हम अपने कर्मों को नष्ट करने में ही जन्म बिता देते हैं। हमारे जन्म का उद्देश ही निष्काम कर्म करना है। हम जन्म तो इसी उद्देश को सामने रखकर लेते हैं लेकिन जन्म लेने के बाद यही बात हम भूल जाते हैं। इसीलिए जीवन में सान्निध्य बड़ा महत्त्वपूर्ण है। हम कहाँ रहे, इससे अधिक महत्त्वपूर्ण है कि हम किसके साथ रहे। क्योंकि हम जिन लोगों के साथ रहते हैं, उन लोगों के सान्निध्य का प्रभाव हमारे विचारों पर भी पड़ता है और हम जैसे विचार करते हैं, वैसे ही कर्म हमारे हाथ से होने प्रारंभ हो जाते हैं। इसलिए जीवन में हमें किसका सान्निध्य मिला, वही सबसे महत्त्वपूर्ण है।"

"उस दिन उन सर के आभामण्डल का प्रकाश बाहर की ओर आना बंद हो गया था। एक बलून (गुब्बारा) हवा निकलते समय जिस प्रकार से सिकुड़ना प्रारंभ होता है, वैसे ही उनका आभामण्डल भी सिकुड़ना प्रारंभ हो गया था और यह आभामण्डल का सिकुड़ना ही इस बात की जानकारी देता है कि उस मनुष्य की मृत्यु अब निकट ही आ गई है, भले ही वह शरीर से अच्छा दिख रहा हो, घूम-फिर रहा हो, स्वस्थ हो। इनका कोई मायना नहीं है। यानी शरीर की मृत्यु के पूर्व विचारों का शरीर संकुचित होने लगता है, यही इस बात से समझा जा सकता है। यह भी एक अनुभव ही रहा।"

दूसरे दिन सबेरे पत्नी के स्कूल जाने के पूर्व मैंने उसे बताया, "कल जो मैंने तुझे समझाया, वह सब तू आज स्कूल में मत समझाते बैठना क्योंकि यह बात आम आदमी की समझ में नहीं आएगी।"

फिर हमारे बाद के कुछ दिन उस घटना और आभामण्डल की चर्चा में ही बीते। एक ही विषय लेकर हम लोग उस पर अलग-अलग प्रकार की चर्चाएँ करते रहते थे। पत्नी प्रश्न पूछती थी तो मेरे भीतर से उनके उत्तर भी निकलते थे और मुझे भी स्थूल रूप में नई जानकारी मिलती थी। लेकिन उन चर्चा के दिनों में मैंने महसूस किया कि सामने वाले की स्थिति और उसकी शुद्ध इच्छा और जिज्ञासा पर ही भीतर से निकलना निर्भर रहता है। सामने वाला अगर जकड़ा हुआ हो; किसी बात को जानना ही न चाहता हो; और एक ही बात को कट्टरता से पकड़कर बैठा हो तो कोई भी नई जानकारी मेरे भीतर से बाहर आ ही नहीं सकती। यह ठीक वैसी ही प्रक्रिया है कि बच्चा जब अपने माँ के स्तन से अपना मुँह लगाकर उसे चूसता है, तभी माँ के स्तन से दूध की धारा निकलनी प्रारंभ होती है। यानी चूसेगा तो ही धारा निकलेगी, नहीं चूसेगा तो नहीं निकलेगी। यानी यदि माँ के स्तन में दूध है तो दूध की धारा का माँ के स्तन से निकलना पूर्णतः बच्चे की चूसने की प्रक्रिया पर ही निर्भर होता है। माँ के स्तन में दूध होता भी है, वह देना भी चाहती है तो भी वह नहीं दे सकती है क्योंकि बच्चा चूस ही नहीं रहा है। यानी ज्ञान भी तभी बाहर निकलता है, जब कोई सुपात्र उसे ग्रहण कर रहा हो। यह ज्ञान की गंगा भीतर से नैसर्गिक रूप से ही निकलती

है। मेरे माँ-पिताजी आए थे, तब हम सबने मिलकर निर्णय लिया था कि पत्नी की स्कूल में ट्रांसफर की सूचना निकलेगी तो हम उसके लिए आवेदनपत्र भरेंगे। उसके अनुसार ही, जब उस समय सूचना निकली, तब पत्नी ने आवेदनपत्र में अपनी पसंद के रूप में नेफा बॉर्डर, 'हिमालय के तलहटी के स्कूल' को ही लिखा था। वहाँ, मिलिट्री एरिया में कई स्कूल थे और बाद में हम उस अगले ऑर्डर की प्रतीक्षा करने लग गए। बीच में काफी दिन इंतजार में ही बीत गए। हम अपनी रोजमर्रा की जिंदगी में व्यस्त हो गए। इसी बीच मेरी पत्नी के साथ-साथ विभिन्न विषयों पर चर्चाएँ भी होती रहती थीं। वह कोई तो प्रश्न निकालती और फिर चर्चा शुरू हो जाती थी। या तो मैं ही मेरी हिमालय की कोई घटना लेकर बताने लग जाता था। हिमालय के गुरुओं के बारे में एक महत्त्वपूर्ण यह था कि जब तक उनकी इच्छा नहीं होती थी कि उनके बारे में किसी को बताया जाए, तब तक उनके बारे में पत्नी को बताने की बात मुझे याद भी नहीं आती थी और यह भी लगता था कि वह भी मेरी पत्नी की ग्रहण करने की क्षमता पर ही निर्भर था। जैसे-जैसे उसकी ग्रहण करने की क्षमता बढ़ती जाती थी, वैसे-वैसे वे बातें बाहर आने लग जाती थीं।

हम प्रायः रोज, शाम के समय बच्चों को लेकर घूमने जाते थे। छोटा बच्चा प्राम (बच्चों को घुमाने की गाड़ी) में होता था। पत्नी की छोटी बहन ने वह प्राम हमारे छोटे लड़के के लिए उपहार में दी थी ताकि वह उसमें बँधा रहे। अन्यथा वह बहुत चंचल था। उसे सँभालना कठिन था। रोज का नियम ही बन गया था कि शाम के समय बच्चों को लेकर बाहर घूमने जाते थे। किसी बगीचे या खाली मैदान में छोटे लड़के को प्राम में से बाहर निकालते थे।

एक दिन अचानक ही पत्नी बीच की छुट्टी में आई और बोली, "हमें नेफा बॉर्डर का ऑर्डर आ गया है और अगले 15 दिनों में ही हमें उस स्कूल में जॉईन (जाना) होना है। शायद अगले सप्ताह में ही मुझे यहाँ से फ्री (कार्यमुक्त) कर देंगे। प्रश्न केवल सामान का ही है। वहाँ इतना अधिक सामान लेकर नहीं जा सकते हैं। काफी लंबा है।" मैंने कहा, "शांति रख। शाम के समय जब तू आएगी, तब हम उस बारे में मिलकर सोचेंगे।"

शाम के समय जब वह घर आई, तब हमने बैठकर, जो भारी सामान नहीं ले जा सकते थे, उन्हें बेच देने का ही निर्णय लिया; फ्रीज, अलमारी, पलंग, साईकल आदि बेचना ही ठीक समझा। वहाँ पर ऐसा होता ही रहता था। ऐसा सामान परिचित सहकर्मी, जिन्हें आवश्यकता होती, ले लेते थे। बाकी सामान एक बड़ी कोठी (एक तरह का भण्डारण पात्र) और चार बड़े बक्सों में भरने का निर्णय लिया और फिर हम धीरे-धीरे उसी में लग गए। मैंने बाहर जाकर राशनकार्ड बंद करवाया, गॅस (रसोईगैस) को वापस किया। बैंक का खाता तो वह आखिरी दिन ही बंद करने वाली थी। बाकी ऐसा कुछ विशेष था ही नहीं। बड़ा लड़का उसकी ही स्कूल में पढ़ता था। उसका टी.सी. (स्थानांतर प्रमाणपत्र) आखिरी दिन निकालने का निर्णय लिया। उस एरिया में किस स्कूल में जाने वाले हैं, वह पता नहीं था। गुवाहाटी रिजन (क्षेत्र) में जाने का ऑर्डर आया था। वहाँ तो 7 राज्य थे। वहाँ के किस राज्य में वे रखेंगे, वह उन्हीं पर निर्भर था। इसलिए कहा जाना है, यह अनिश्चित था। इतना पता था कि गुवाहाटी जाना है; वहाँ के क्षेत्रीय कार्यालय में जाने के बाद वे जहाँ भेजेंगे, वहाँ जाना होगा।

क्रमश......

गुरुतत्त्व

"गुरु शरीर नहीं है। परमात्मा की शक्ति को ग्रहण करने के लिए जो माध्यम है वह गुरुतत्त्व है।"

—श्री शिवकृपानंद स्वामीजी

हिमालय में स्थित 800 साल प्राचीन ध्यान-संस्कार जन सामान्य तक पहुँचाना गुरुतत्त्व का पवित्र उद्‌देश रहा है। लगभग दो दशक की समयावधि में ही यह एक नन्हे-से बीज से विशाल, सुंदर उपवन बन संसार के सभी जीवों के लिए निःस्वार्थ प्रेम की अनुभूति करा रहा है। आज इस महान उद्‌देश के फल स्वरूप 'गुरुतत्त्व' 'ध्यान और आध्यात्मिकता' का एक वैश्विक मंच बन चुका है।

आज की भागदौड़ भरी दुनिया में लोग बहुत ही तनावभरे दौर से गुजर रहे हैं। आज हम मनोरंजन के विविध आयामों के माध्यम से थोड़ी देर के लिए तो तनाव मुक्त तो हो जाते हैं पर उस स्थिति को स्थाईरूप से बनाए नहीं रख पाते। इसीलिए कई बार हमको जंगलों में या पहाड़ों के बीच बस जाने की इच्छा होती है। आज के आधुनिक युग में, जहाँ मानसिक शांति पाना भी इतना कठिन मालूम पड़ता है, वहाँ शाश्वत सुख, आत्मानंद की तो क्या ही बात करें?

ऐसी परिस्थिति में श्री शिवकृपानंद स्वामीजी ने सन 1994 में इस 800 साल प्राचीन ध्यान-संस्कार को लोगों में निःशुल्क बाँटना शुरू किया, जो आगे जाकर 'गुरुतत्त्व' में परिवर्तित हुआ। जब एक शिष्य इस ध्यान में प्रतिदिन केवल 30 मिनट ध्यान के माध्यम से अपने गुरु के प्रति संपूर्ण रूप से समर्पित हो जाता है तो गुरु की आध्यात्मिक स्थिति अनायास ही शिष्य को प्राप्त हो जाती

है। यह एक अनुभूति का मार्ग है। एक बार आजमाकर देखिएगा जरूर, शायद हो सकता है यह एक प्रयोग आपका जीवन बदल दे!

'गुरुतत्त्व' एक ऐसा स्थान है जिसमें विश्व के प्रत्येक मनुष्य का स्वागत है चाहे वो किसी भी जाति, लिंग, धर्म, सामाजिक समूह और राष्ट्र का हो। आज 'गुरुतत्त्व' 20 से भी अधिक देशों में मौजूद है, जहाँ पर सैकड़ों स्वयंसेवकों द्वारा संचालित 10 से भी अधिक आश्रम और हजारों ध्यानकेंद्र दुनिया के सभी मनुष्यों को ध्यान और अनुभूति का ज्ञान निःशुल्क बाँट रहे हैं। इसके अलावा, 'गुरुतत्त्व' 24*7 प्रार्थनाधाम, नामकरण, गर्भ संस्कार, तत्त्वनाद, लाइव चैट सपोर्ट जैसी अन्य सेवाएँ भी प्रदान करता है। ये सभी सेवाएँ लोगों के जीवन को सरल और आनंदमय बनाने के उद्देश से निःशुल्क उपलब्ध हैं।

यदि आप इस ध्यान को अनुभव करना चाहते हैं तथा अधिक जानकारी पाना चाहते हैं तो नीचे दिए गए लिंक से हमसे जुड़ें।

gurutattva.org

youtube.com/gurutattva

instagram.com/gurutattva

facebook.com/gurutattvaworld

twitter.com/gurutattvaworld

श्री मंगलमूर्ति तथा श्री गुरुशक्तिधाम

समय-समय पर गुरुशक्तियाँ विश्व के अलग-अलग स्थानों पर जन्म लेकर मानव-समाज को स्वयं के भीतर की यात्रा के लिए प्रेरित करती रही हैं, जैसे गौतम बुद्ध, महावीर स्वामी, संत ज्ञानेश्वर। ये गुरुशक्तियों के माध्यम अपने साथ ज्ञान का, चैतन्य का अथाह भण्डार लेकर आते रहे हैं। उनके जीवनकाल में उनसे यह ज्ञान ग्रहण करने वाले साधक बहुत कम होते हैं।

उनके समाधिस्थ होने के बाद बहुत सारे लोग उस सूक्ष्म ज्ञान को प्राप्त करना चाहते हैं, उस चैतन्य को अनुभव करना चाहते हैं किंतु यह संभव नहीं होता क्योंकि वह माध्यम जीवंत नहीं होता।

स्वामीजी ने इसी बात को ध्यान में रखते हुए उनके पास जितना भी ज्ञान का भण्डार था वह मंगलमूर्तियों में स्थापित कर दिया है। भविष्य में वे समाधिस्थ होने पर भी जो साधक समर्पित भाव से मंगलमूर्तियों के समक्ष आत्मसाक्षात्कार पाने के लिए प्रार्थना करेंगे, वे आत्मसाक्षात्कार प्राप्त कर सकेंगे। गुरुदेव कहते हैं— उनके जीवनकाल में उन्होंने जितना ज्ञान बाँटा है वह तो कुल ज्ञान का केवल 10 प्रतिशत ही है। बाकी बचा हुआ 90 प्रतिशत ज्ञान मंगलमूर्तियों में ही स्थापित किया है।

आज के आधुनिक युग में हम इंटरनेट के कारण क्लाउड या वेबसाइट को समझ सकते हैं। जैसे क्लाउड में हम अपनी बड़ी-बड़ी फाइल भी सेव करके रख सकते हैं, ठीक उसी प्रकार से गुरुदेव ने यह सारा सूक्ष्म ज्ञान मंगलमूर्तियों में स्थापित कर दिया है। यह मंगलमूर्तियाँ विश्व के सभी महाद्वीपों पर गुरुशक्तिधाम में स्थापित की जा रही हैं। ताकि विश्व के किसी भी देश में रहने वाला व्यक्ति

यदि आत्मसाक्षात्कार प्राप्त करना चाहता है तो वह अपने आसपास के किसी भी गुरुशक्तिधाम में जाकर समर्पित होकर आत्मसाक्षात्कार प्राप्त कर सके। इस तरह से विश्व के प्रत्येक मानव को अपनी देह से आत्मा की यात्रा करने का समान अवसर प्राप्त हो सकेगा।

ऐसे गुरुशक्तिधाम सिंगापुर, ऑस्ट्रेलिया, अफ्रीका, यू.के., जर्मनी, कैनेडा में हैं तथा भारत में आठ गुरुशक्तिधाम हैं। इनमें से कई स्थानों पर श्री गुरुशक्तिधाम का निर्माण हो चुका है और कई स्थानों पर वे निर्माणाधीन हैं। आज देश-विदेश से हजारों अध्यात्ममार्गी साधक श्री गुरुशक्तिधाम में आकर ध्यान करते हैं और आत्मसाक्षात्कार को प्राप्त करते हैं। आत्मसाक्षात्कार जैसी अतिदुर्लभ घटना को भी इस आध्यात्मिक आविष्कार ने सरल एवं सुलभ बना दिया है।

क्या आपने श्री गुरुशक्तिधाम में आकर ध्यान किया है? जहाँ ध्यान करना नहीं पड़ता, हो जाता है।